The History of Reformed Doctrine

개혁주의 교리사

김학관 지음

기독교문서선교회

기독교문서선교회(Christian Literature Center: 약칭 **CLC**)는 1941년 영국 콜체스터에서 켄 아담스에 의해 시작되었으며 국제 본부는 미국의 필라델피아에 있습니다.

국제 CLC는 59개 나라에서 180개의 본부를 두고, 약 650여 명의 선교사들이 이동도서차량 40대를 이용하여 문서 보급에 힘쓰고 있으며 이메일 주문을 통해 130여 국으로 책을 공급하고 있습니다.

한국 CLC는 청교도적 복음주의 신학과 신앙서적을 출판하는 문서선교 기관으로서, 한 영혼이라도 구원되길 소망하면서 주님이 오시는 그날까지 최선을 다할 것입니다.

The History of Reformed Doctrine

Written by
Kim, HakGwan

Korean Edition
Copyright © 2017 by Christian Literature Center
Seoul, Korea

서언

김학관 박사
웨스트민스터신학대학원대학교 겸임교수

21세기 기독교는 성경적이고 역사적인 순수한 신앙과 참된 교회로 돌아가야 한다. 기독교회는 2017년 종교개혁 500주년을 맞이하고 있지만, 세계 교회는 중세 시대 말기의 상황보다도 더 어둡고 긴 터널을 지나고 있다.

과거 16세기의 종교개혁운동은 하나님께서 역사 가운데 로마가톨릭교회의 영향 아래서 영적으로 깊이 잠든 수많은 사람들이 참 빛을 보고 영생을 찾았던 신앙과 진리의 회복운동이었다. 그런데 현대교회는 종교개혁자들이 순교적인 삶으로 외쳤던 '하나님의 절대주권' 사상과 '오직 성경'에 기초한 정통신앙의 길에서 벗어나, 인간과 세상 중심의 인본주의적인 신학 사상과 기독문화를 따라가고 있다. 이제는 하나님께서 계시하신 '옛 길'(the ancient paths) 곧 '선한 길'(the good way)로 돌아가야만 한다(렘 6:16). 그것은 곧 참 길이요 진리요 생명이신 예수 그리스도의 순수한 복음과 진리로 돌아가는 것이다(요 14:6).

역사 속에서 기독교회는 성령의 은혜와 섭리 가운데 성경의 진리를 공적으로 확정하고, 그것을 '신조'(Creed) 혹은 '신앙고백'(Confession of Faith)으로 보존해 왔다. 그래서 개혁교회는 성경을 신앙과 삶의 절대적 규범으로 믿으며, 공인 신조들을 교리의 객관적 규범으로 믿는다. 또한 역대 신조들 안에

고백된 진리를 정통교리로 믿고 따르며 후대에 지속적으로 전수해 왔다. 이러한 성경적이고 역사적이며 공교회적인 신학 사상을 가리켜 '개혁주의 전통'(Reformed Tradition)이라고 한다.

기독교 교리사(The History of Christian Doctrines)는 교리의 역사적 기원과 형성과정을 바르게 고찰하여 명확하게 알리는 것을 그 임무와 역할로 하고 있다. 교리사의 주제는 '교의'(dogma)와 '신조들'(creeds)이며, 또한 교리사 연구는 역사적으로 발생했던 주요 '교리적 논쟁들'(doctrinal controversy)에 대해 역사적으로 고찰하는 것이다. 그런데 교리사는 매우 중요한 신학분야임에도 불구하고, 이 분야에 대한 연구는 오래되지 않았으며, 그동안 교리사에 대한 저술들도 매우 미흡한 현실이다.

종래의 교리사에 대한 연구는 주로 교의학 분야에서 시작되었으며, 그 중 교리사에 대한 일부 서적들은 성경을 비평하고 정통교리를 부정하는 자유주의 신학자들에 의해 저술되기도 하였다. 그 결과 기존의 저서들은 일부교리나 논쟁들에 대해서는 비교적 잘 서술하고 있으나, 역사적인 개혁주의 전통에 대한 안목이 부족하고, 정통교리의 전승과정에 대한 올바른 근거도 미약한 실정이었다.

본서는 기독교의 정통교리를 추구하는 그리스도인을 위한 신학입문서로서, '개혁주의 교리사'(The History of Reformed Doctrines)란 이름으로 모든 성도들이 반드시 알아야 할 핵심교리들을 쉽고 명확히 소개하였다. 또한 성도들이 성경적이고 역사적인 참 진리 위에 견고한 신앙을 세움으로 오직 하나님께 영광을 돌리며 살아가도록 도움을 주고자 하였다.

제1부에서는 교리사에 대해 기본적인 이해를 돕고자 했다. 먼저 교리의 개념과 교리사의 특징 및 연구방법을 소개하였고, 다음으로 기독교와 교리사의 역사적 흐름을 고찰한 후 교리사 연구의 가장 중요한 신학적 토대로서 개혁주의 전통에 대해 다루었다.

제2부에서는 '개혁주의' 교리사에 대해 서술했다. 개혁주의 정통교리의 12가지 핵심주제인 성경론, 삼위일체론, 예정론, 기독론, 인간론, 성령론, 구원론, 교회론, 선행론, 기도론, 선교론 및 종말론에 대해 다루었다. 각 주제는 먼저 기본개요와 주요논쟁들을 소개하였고, 다음으로 역대 신조의 주요내용들을 기술한 후 어거스틴과 칼빈의 신학 사상을 제시하였다.

아울러 개혁주의 전통에 근거한 교리사를 더욱 명확하고 실제적으로 제시하고, 최근에 대두된 여러 가지 신학적 논제들을 다룸으로서 기독교회가 당면한 현실을 올바로 이해할 수 있도록 저술되었다. 그리고 부록에서는 개혁주의 정통교리를 담은 12신조와 함께 한국교회의 개혁방안 12개조를 제안함으로 시대적이고 현실적인 대안을 제시해 보았다.

지난 2천 년의 교회사(The Church History)는 하나님께서 그의 '영원한 경륜'(Eternal Economy) 가운데 행하신 교회를 위한 일하심이다. 이제라도 성령께서 은혜를 베푸사 주의 교회를 다시 진리로 이끌어주시고, 주의 교회가 이 어둡고 절망스런 세상에서 생명의 빛을 밝히 비추도록 간절히 기도한다.

삼위일체 하나님께서는 역사 속에서 교회로 하여금 성경의 진리를 알게 하시고, 그것을 신조로 작성하여 교회를 파수하며 후대에 전수하도록 섭리하셨다. 이는 하나님이 역사 가운데 교회를 위해 행하신 크고도 놀라운 섭리의 열매요, 교회사의 소중한 유산이다.

기독교회는 최고선이신 여호와 하나님을 아는 지식 가운데 참된 경외심과 온전한 믿음을 회복하도록 힘쓰며, 주 예수 그리스도의 재림을 소망하는 가운데 오직 성경과 역대 신조들 속에 담긴 진리 위에 굳게 서서 하나님 나라와 의를 위해 충성을 다함으로 오직 하나님께 영광을 돌리도록 힘써야 할 것이다.

목차

서언_ 5

제1부 | 교리사 개요

제1장 교리사 이해 · 13
1. 교리와 교리사_ 13
   1) 교리의 개념 2) 교리사 이해 3) 교리사의 특징
2. 교회사와 교리사_ 18
   1) 교회사 이해 2) 교회사와 교리사
3. 교리사 연구_ 24
   1) 교회사적 연구 2) 교의학적 연구 3) 교리사의 서술

제2장 기독교와 교리사 · 27
1. 기독교와 교리사_ 27
   1) 초기 기독교의 배경 2) 초대교회와 정통교리
   3) 로마가톨릭교회(Roman Catholic Church)와 종교개혁 4) 현대신학과 개혁주의
2. 초기 기독교와 사도신경_ 33
   1) 초기 기독교 2) 사도신경

제3장 개혁주의 전통 · 43
1. 개혁주의 전통_ 43
2. 개혁주의 신학 사상_ 46
3. 개혁교회와 역대 신조_ 48
   1) 교회와 신조 2) 개혁교회와 역대 신조

제2부 | 개혁주의 교리사

제1장 성경론··· 57

1. 개요_ 57
2. 주요논쟁_ 60
   1) 성경의 정경화 2) 초대교회와 성경론 논쟁 3) 종교개혁 이후의 성경론
3. 역대 신조_ 68
4. 요점 : 오직 성경_ 73
   1) 오직 성경과 전체 성경 2) 적정과 절도의 원리

제2장 삼위일체론··· 82

1. 개요_ 82
2. 주요논쟁_ 85
   1) 초대교회와 삼위일체론 논쟁 2) 니케아 공회의 3)종교개혁 이후의 삼위일체론
3. 역대 신조_ 93
4. 요점 : 하나님의 존재_ 96
   1) 하나님의 본질과 실체 2) 삼위의 위격적 상호관계 3) 하나님의 피조물과의 관계

제3장 예정론··· 104

1. 개요_ 104
2. 주요논쟁_ 105
   1) 펠라기우스주의와 예정론 2) 루터파와 예정론 3) 알미니안주의와 칼빈주의
3. 역대 신조_ 112
4. 요점 : 하나님의 사역_ 116
   1) 하나님의 속성과 사역 2) 하나님의 의논과 구속경륜 3) 예정론의 구조
   4) 예정론의 오해 5) 예정론의 효과

제4장 기독론··· 133

1. 개요_ 133
2. 주요논쟁_ 136
   1) 초대교회와 기독론 논쟁 2) 종교개혁 이후의 기독론 3) 케노시스 기독론
3. 역대 신조_ 148
4. 요점 : 중보자 그리스도_ 153
   1) 그리스도의 위격적 연합 2) 그리스도의 구속사역 3) 그리스도의 삼중직

제5장 인간론 ··· **167**

1. 개요_ 167
2. 주요논쟁_ 170
   1) 영지주의와 인간론 2) 펠라기우스주의와 인간론 3) 종교개혁 이후의 인간론
3. 역대 신조_ 175
4. 요점 : 하나님의 형상_ 178
   1) 하나님의 형상과 자유의지 2) 생명나무와 선악과 3) 신적 작정과 죄의 허용

제6장 성령론 ··· **193**

1. 개요_ 193
2. 주요논쟁_ 194
   1) 초대교회와 성령론 논쟁 2) 필리오케 논쟁 3) 페리코레시스와 사회적 삼위일체론
3. 역대 신조_ 206
4. 요점 : 보혜사 성령_ 210
   1) 성령과 구속경륜 2) 구속사와 성령세례 3) 성령의 은사와 교회

제7장 구원론 ··· **227**

1. 개요_ 227
2. 주요논쟁_ 228
   1) 초대교회와 영지주의 2) 펠라기우스주의와 반펠라기우스주의
   3) 종교개혁 이후의 구원론 4) 오시안더와 부활복음
3. 역대 신조_ 238
4. 요점 : 그리스도와의 연합_ 243
   1) 구원의 서정 2) 칭의론 3) 성화론

제8장 교회론 ··· **256**

1. 개요_ 256
2. 주요논쟁_ 258
   1) 기독교회사와 교회론 논쟁 2) 로마가톨릭교회의 교회론
3. 역대 신조_ 265
4. 요점 : 교회의 본질_ 274
   1) 교회의 참된 본질 2) 개혁주의 성찬론

제9장 선행론 ··· **294**

1. 개요_ 294

2. 주요논쟁_ 297
   1) 기독교 율법주의와 반율법주의 2) 신칼빈주의와 언약적 율법주의

3. 역대 신조_ 304

4. 요점 : 성도의 생활_ 312
   1) 십계명 2) 개혁주의 언약 사상 3) 성화와 선행

제10장 기도론 ·· 341

1. 개요_ 341

2. 주요논쟁_ 344
   1) 초대교회와 신령주의 운동 2) 중세 시대 이후의 신비주의 운동
   3) 현대교회와 은사주의 운동

3. 역대 신조_ 350

4. 요점 : 성도의 직무_ 354
   1) 주기도문 2) 기도의 특권과 직무 3) 하나님의 작정과 기도

제11장 선교론 ·· 366

1. 개요_ 366

2. 주요논쟁_ 368
   1) 기독교 선교역사 2) 신정통주의와 WCC 3) 신복음주의와 WEA

3. 역대 신조_ 375

4. 요점 : 교회의 사명_ 377
   1) 하나님의 작정과 선교 2) 선교적 교회운동

제12장 종말론 ·· 385

1. 개요_ 385

2. 주요논쟁_ 387
   1) 초대교회와 종말론 2) 중세 시대 이후의 종말론 3) 현대교회와 종말론

3. 역대 신조_ 395

4. 요점 : 하나님나라_ 398
   1) 그리스도와 하나님나라 2) 하나님나라와 천년왕국
   3) 성도의 영원한 상급 4) 역사와 기독교윤리

부록1. 개혁주의 장로교회 12신조(초안)_ 416
부록2. 한국교회 개혁방안 12개조(제안)_ 419

참고문헌_ 422

제1부 | 교리사 개요

제1장 교리사 이해

제2장 기독교와 교리사

제3장 개혁주의 전통

제 1 장

교리사 이해

1. 교리와 교리사

1) 교리의 개념

일반적으로 교리(Doctrine)란 종교적으로 참된 신앙의 내용을 함축적으로 요약하여 표현한 것을 말한다. 또한 기독교 교리(The Christian Doctrine)란 성경에 기초한 기독교의 핵심진리이자 기독교 교회사 속에서 공교회(Catholic Church)가 공회의를 통하여 진리로 믿고 고백하여 확정한 신학 사상이다. 그런즉 참된 교리란 성경의 진리요, 교회사 속에서 참된 교회와 성도들이 믿고 고백한 신앙의 본질이며 교회의 진정한 토대라고 할 수 있다.

기독교의 진리는 영생에 이르는 하나님을 아는 참 지식(요 17:3)이고 구원에 이르는 참 지혜(딤후 3;15)를 가리킨다. 그것은 '하나님과 주 예수를 아는 지식'(벧후 1:2)으로서 사람이 마땅히 알아야 할 것과 바르게 행하여야 할 본분을 알려준다. 아울러 이 진리는 모든 인간에게 있어야 할 참되고 건전한 지혜로서 하나님에 관한 지식과 우리 자신에 대한 지식이다. 인간은 하나님

을 알 때, 비로소 자신을 알게 된다.[1]

하나님에 대한 참된 지식이 없이는 자신에 대한 올바른 지식을 얻지 못한다.[2] 이 지식은 하나님을 향한 온전한 경외함과 신뢰를 갖게 한다. 실로 우리의 복된 삶은 하나님을 아는 지식에서 나오며, 또한 우리 자신에 대한 지식에서 나온다.[3] 우리 자신에 관한 지식이 우리를 일깨워서 하나님을 찾게 하기 때문이다.

나아가 신학은 하나님을 향해 사는 교리이다.[4] 여기서 신학을 교리라고 표현한 것은 모든 진리가 신학 안에 있으며, 복음이 사람이나 사람의 가르침에서 나온 것이 아니라 오직 하나님께서 말씀하신 계시로부터 온 것임을 명확히 밝히고 있다. 인간이 하나님을 향해 산다는 것은 오직 그리스도 안에서 하나님의 뜻과 하나님의 영광을 위해 사는 것이다. 물론 이 신학 안에는 행복한 삶이 포함되어 있지만, 올바르게 사는 것이 행복하게 사는 것보다 중요하다.[5]

기독교 교리는 오직 성경에 기초한다. 성경은 하나님에 대한 참된 지식과 우리를 올바르게 살게 하는 충족한 교리를 알려준다. 이것이 바로 신학이며, 신학은 우리를 영원히 복되게 살게 한다. 성경에 기초한 하나님에 대한 참된 지식이 바로 신학이며, 정통교리이다. 그것은 인간에게 창조주 하나님을 아는 지식인 동시에 인간을 구원과 영생에 이르는 참된 지식이다. 하나님께서는 자신을 직접 계시하심으로 자신을 알리시고, 그들에게 하나님에 대한 바른 고백을 가지고 살아갈 것과 그들 자신이 하나님 앞에서 바른 정체성과 삶을 살아갈 것을 요구하신다.

주께서는 "너희는 나를 누구라 하느냐"(마 16:15)라고 물으셨으며, 바울도

---

1 John Calvin, *Institute of the Christian Religion* (1559). Ⅰ. 1.
2 Inst., Ⅰ. 2.
3 William Perkins, *A Golden Chain* (Puritan Reprints, 2010), Ⅰ.
4 William Ames, *The Marrow of Theology* (Baker Books, 1997), Ⅰ.
5 Ibid., Ⅰ. 8.

"너희가 믿음에 있는가 너희 자신을 시험하고 너희 자신을 확증하라"(고후 13:4)고 말했다. 나아가 바울은 디모데를 향하여, 그리스도 예수의 좋은 일꾼이 되어 자신이 믿고 따르는 '믿음의 말씀'(λόγοις τῆς πίστεως)과 '선한 교리'(καλῆς διδασκαλίας, good doctrine)로 성도들을 양육하라고 권면한다(딤전 4:6).

오늘날 교리(Doctrine)라는 용어는 교의(Dogma)란 말로도 사용되고 있는데, 이는 신자들이 믿고 고백한 진리를 보편교회(Catholic Church)가 공적으로 확증한 것을 말한다. 기독교 정통교리는 기독교회의 보배로운 자산들을 미래의 세대들에게 전해 주는 것이기 때문에 기독교의 전승으로서의 가치를 지닌다.[6]

2) 교리사 이해

기독교 교리사(The History of Christian Doctrines)는 교의의 역사이다. 이는 사도 시대 이후 신학적 사상이 어떻게 발흥하여 점진적으로 형성되었는가 하는 것을 살피는 것이다.[7] 그래서 교리사는 주 예수 그리스도의 구속사역의 열매로서 이스라엘 예루살렘에 최초의 기독교회가 생겨난 이후로 지금까지 이어진 기독교회의 참된 신앙에 대한 역사적이고 교의학적 연구이다.

이는 기독교회사 속에서 역사적으로 형성되고 전수되어 계승해 온 신앙의 내용 곧 정통교리(dogma)와 신조들(creeds)에 대한 연구이며, 하나님께서 성경에 기초한 참된 교리들을 통하여 어떻게 그의 교회들을 보존하시고 확장해 오셨는지를 살피는 것이다.

교리사의 가장 중요한 임무는 역사적으로 기독교회가 성경에 기초한 참 신앙으로 믿고 고백한 핵심진리에 대하여 명확히 고찰하는 것이다. 즉 성령의 역사 가운데 역대 교회가 성경에 근거한 참 신앙의 내용으로 보존해 온

---

[6] Louis Berkhof, 『기독교 교리사』, 박문재 역 (고양: 크리스찬다이제스트, 2008), 18.
[7] Ernst H. Klotsche, 『기독교 교리사』, 강정진 역 (서울: CLC, 2002), 18.

진리가 무엇이며, 그 진리가 어떤 상황에서 어떻게 정통교리의 내용을 담은 공인 신조로 형성되고 발전되어왔는지를 밝히는 것이다. 그래서 교리사 연구는 기독교 교리의 핵심주제인 성경, 삼위일체 하나님, 예정, 창조와 섭리, 예수 그리스도, 성령, 인간, 죄, 구원, 칭의와 성화, 교회, 종말 등을 면밀히 고찰하는 것이다.

아울러 교리사 연구의 목적은 하나님께서 신구약 성경을 통하여 계시하신 구속의 진리가 통일된 하나의 정통신앙의 내용이자 교회사 속에서 공인 신조들로 객관적이고 명확하게 고백되어 왔음을 밝히고, 이를 바르게 계승하고자 하는 것이다.

3) 교리사의 특징

기독교의 교리는 교회사 속에서 형성되고 발전되어 왔다. 이 말은 교리는 변할 수 있다는 것이며, 역사적 발전을 겪으면서 더욱 풍성해지고 견고한 안정성을 갖게 되었다는 말이다. 이러한 교리사의 흐름 속에는 성경과 관련된 중요한 두 가지 특징이 있다. 그것은 교리가 교회사 속에서 연속성과 불연속성을 공유하고 있다는 것이다.

첫째, 교리의 역사적 불연속성(discontinuity)이다. 이것은 이전 시대에 공교회로부터 확정된 어떤 교리가 다음 시대의 역사를 거치면서 그 교리가 신앙고백의 본문에서 제거되거나 혹은 전혀 상반된 내용으로 변형된 것을 말한다. 이러한 교리적 불연속성은 이전에는 대단히 중요한 교리였지만, 그 다음 시대에는 그 가치나 의미가 상실되거나 그에 대응하는 다른 교리로 대치된 경우에 나타난다. 또한 기존의 교리가 수정되거나 혹은 전혀 새로운 교리가 첨가된 경우에도 불연속성이 일어난다. 이 경우는 해당 교리의 수정된 부분과 첨가된 개별 교리의 구체적인 이유와 목적을 밝히고, 그 신학적 교리적 정당성을 파악하고 분석하는 것이 매우 중요하다.

둘째, 교리의 역사적 연속성(continuity)이다. 이것은 이전 시대에도 공교회로부터 특정 교리가 매우 중요하고 필수적인 신앙의 내용으로 고백되어졌고, 후대의 역사 속에도 지속적으로 그 교리의 가치와 의미가 동일하게 고백되거나 혹은 더 명확하고 풍성하게 고백되고 있는 것을 말한다. 이러한 교리적 연속성은 교리가 역사적으로 유기적인 성격을 가지고 발전해 왔다는 것을 말해 준다. 아울러 그것은 기독교 신앙의 핵심교리들이 각 시대나 환경과 상관없이 동일한 가치를 지니고 있음을 보여준다.

기독교의 정통교리란 교회사 속에서 어느 한 시대나 한 지역의 개별적인 신앙고백으로 형성되는 것이 결코 아니며, 그것은 전 역사를 거치면서 모든 시대와 모든 지역의 참 교회들로부터 참 진리로 인정되고 확증되어지는 것이다. 우리는 전체 교리에 대한 역사적인 연구 속에서 성경에 기초한 참 진리 곧 정통교리의 연속성과 불연속성을 살펴보아야 한다. 이는 현재 우리의 신앙을 점검하고, 기독교의 참 진리를 파수하고 전수함에 있어서 가장 중요한 일이다.

먼저 이전 시대에 공교회로부터 참된 진리의 내용으로 확정되었던 교리가 지금의 신앙고백이나 신학 사상에서 사라졌다면, 우리는 개별 교리에 대한 상호비교와 함께 면밀한 교리사적인 연구를 통해 다시 그 진리의 내용을 회복해야 할 것이다.

다음으로 이전 시대에는 전혀 고백된 적이 없던 새로운 교리가 이 시대의 신앙고백이나 신학 사상에서 나타나고 있다면, 이것도 역시 교리사적인 연구를 통해 그 교리에 대한 역사적 기원과 가치와 의미를 명확히 점검해야 한다. 이런 관점에서 볼 때, 정통교리는 전 역사 속에서 공교회로부터 성경에 기초한 참 진리로 공인되고 확정된 기독교의 소중한 유산이다. 그것은 한 시대나 한 교회의 산물이 아니며, 성령께서 역사 속에서 그의 교회를 위해 일하심의 열매이다.

성령께서는 교회사 속에서 성경의 진리를 역대 교회와 성도들에게 명확히 알리시고, 그들로 하여금 이 진리를 공교회의 정통신앙으로 고백하게 하셨다. 또한 역대 교회는 이 진리의 내용 곧 정통교리를 '신조' 혹은 '신앙고백서'와 같은 공적인 문서로 작성하여 파수하고 지속적으로 전수해 왔다. 그래서 기독교 정통교리의 본질은 기독교회사 전 역사에 걸친 교리의 연속성에 근거한다고 말할 수 있다. 그 실례로 16세기에 일어난 종교개혁운동은 로마 가톨릭교회의 신학 사상이 초대교회의 정통신학과 단절되어 나타난 교리적 불연속성으로 인해서 일어난 사건이라고 할 수 있다.

결론적으로 정통교리는 교회사 속에서 성경에 기초하여 더욱 명확하고 풍성하게 고백되어지고 발전되었으며, 역대 교회로부터 동일하게 참된 신앙의 내용으로서 정통신학으로 공인되고 확정되었다. 그래서 개혁교회는 성경에 기초하여 참 진리의 내용을 공적으로 확정하여 고백한 '공인 신조'를 믿고 따르며, 그것을 '교리의 규범'으로 삼고 있다. 이러한 정통교리의 교회사적 유산을 가리켜 '개혁주의 전통'(Reformed Tradition)이라고 부른다.

2. 교회사와 교리사

1) 교회사 이해

(1) 기독교 역사관

삼위일체 하나님은 역사의 창조주요 주재자이시다.[8] 하나님께서는 영원 전에 그의 영광을 위하여 그의 기쁘신 뜻대로 크고도 놀라운 경륜을 세우시고, 그 영원한 경륜을 따라 역사와 만물을 창조하시고 섭리하시는 분이시다. 이는 하나님께서 역사의 유일한 주체라는 것이다. 우리는 지극히 선하시고

---

8   Augustine, 『고백록』, 김희보 역 (서울: 동서문화사, 2008), 334. 하나님은 모든 시간 이전에 모든 시간의 창조주시며, 어떠한 시간도 하나님과 마찬가지로 영원하지는 않다.

지혜로우신 하나님께서 영원 전에 그의 온전한 계획과 목적을 갖고 역사를 창조하시고, 또한 그의 영원한 뜻을 이루시기 위한 구체적이고 완전한 수단과 방법까지도 미리 정하시고 섭리하고 계심을 믿는 것이다. 그러므로 역사는 결코 우연히 존재하거나 맹목적으로 순환하거나 무한히 발전을 하는 것이 아니다.

기독교 역사관은 인본주의적이고 세속적인 역사관과 완전히 다르다. 일반적으로 세속적인 역사관이 인간에서 출발하여 역사와 만물에 대한 탐구와 이해를 추구하고 있다면, 기독교 역사관은 역사와 만물의 창조주이신 여호와 하나님으로부터 출발하여 그의 계시인 성경을 따라서 이 세계와 역사를 정의하고 이해한다. 또한 기독교는 이 세상의 역사와 만물에 대한 이해에 있어서 유한하고 부패한 인간의 이성이나 경험에 의존하지 않으며, 오직 성경을 통하여 역사와 세계와 만물과 인간에 대한 하나님의 뜻과 온전한 경륜을 알고자 한다.

역사란 하나님의 일하심이다. 다시 말하자면, 역사는 하나님께서 그의 영원한 '경륜'(οἰκονομίαν, administration, economy)을 성취하는 무대이다(엡 1:9-10). 즉 하나님께서 그의 크고도 놀라운 구속경륜을 따라 행하시는 '하나님의 일하심의 기간'이라고 할 수 있다. 그리고 하나님은 역사 속에서 비밀의 경륜 곧 구속의 경륜을 알리셨는데, 이러한 구속의 계시를 기록한 것이 성경이다.

성경은 하나님께서 역사 속에서 우리의 구원을 위해 베풀어주신 선물이다. 먼저 하나님께서는 창조사역과 언약을 통해 자신의 뜻을 바로 알리시고, 다음에는 인간이 범죄함으로 절망적인 존재가 되자 그들을 구원하시기 위한 구속의 비밀을 알려주셨다. 이 영원부터 창조주 하나님 속에 감추어졌던 '은혜로우신 경륜' 곧 '비밀의 경륜'(the economy of the mystery)은 바로 예수 그리스도시다(엡 3:9).

자비롭고 은혜로우신 하나님은 영원한 비밀의 경륜을 사람에게 알리셨을 뿐만 아니라, 역사 속에서 그 구속경륜을 따라 구속을 성취하신다. 이는 하나님께서 예수 그리스도를 보내셔서 구속을 완성하시고, 성령을 보내셔서 그리스도의 의를 택한 사람들에게 적용하심으로 그들을 구원하시는 일이다. 사도 바울은 자신의 사역의 목적에 대하여, "내가 교회 일군 된 것은 하나님이 너희를 위하여 내게 주신 경륜을 따라 하나님의 말씀을 이루려함이니라"고 고백했다(골 1:25).

(2) 교회사의 이해

기독교회사는 교회를 위한 하나님의 일하심이다. 성령은 예수 그리스도의 복음을 증거하러 오셨으며, 주의 제자들을 온 세상에 보내사 천국복음을 전파하게 하심으로 주의 교회를 세우셨다. 성령은 주의 진리로 교회의 거룩성과 신앙의 순결성을 지키시는 분이시다. 그리고 성령은 교회로 하여금 성경의 참 진리를 바로 알고 고백하게 하시고, 또한 그 진리를 파수하는 가운데 후대에 전수하도록 역사하신다.

성령께서는 역사 속에서 그의 은혜와 능력으로 영원한 경륜을 지속적으로 성취해 나가신다. 특히 성령은 주의 교회를 통하여 구속의 경륜을 이루시는데, 그것은 성령의 외적인 사역과 내적인 사역으로 나누어 볼 수 있다. 먼저 성령의 외적인 사역은 주의 교회에 은혜와 능력을 주셔서, 교회로 하여금 천국복음을 널리 전파하게 하시고 택한 자들을 구원하심으로 하나님 나라를 확장해나가시는 것을 말한다. 다음으로 성령의 내적인 사역은 주의 교회로 하여금 성경의 진리를 바로 알고 고백하며, 또한 그 진리를 가르치고 행하는 가운데 이단과 거짓교리를 대항하여 교회를 거룩하게 파수하시는 일이다.

아울러 성령께서는 교회로 하여금 성경에 기초한 진리의 내용을 바르게 알고 그 진리를 따라 행하도록 역사하셨다. 이는 기독교회가 내적으로 참된 진리 가운데 교회를 거룩하게 파수하며, 외적으로 악한 세력과 이단들을 대적하며 진리를 전파함으로 하나님 나라를 지속적으로 확장하도록 섭리하신 것이다.

나아가 기독교회는 하나님의 크신 섭리로 성경의 참 진리를 공적으로 확정하고 문서로 작성해 전수해 왔다. 그것이 바로 성경에 기초한 기독교 신앙의 핵심진리이자 기독교회의 공적이고 객관적인 정통신학을 표현한 '신조들'(Creeds)이다. 이 공인 신조는 하나님께서 계시하신 성경의 핵심진리요, 또한 기독교회의 정통교리의 공적이고 객관적인 실체로서 성령의 일하심의 열매요, 교회사의 소중한 유산이다.

오늘날 개혁교회는 교회사 가운데 역사하신 성령 하나님의 크고도 놀라운 섭리를 인정하며, 하나님의 주권과 오직 성경의 권위를 높이는 가운데 공인 신조를 따라서 하나님을 알아가고 순종함으로써 오직 하나님께 영광을 돌리도록 해야 할 것이다.

(3) 교회사의 흐름

기독교회사는 교회의 설립에서부터 전 역사의 흐름에 대한 연구이다. 흔히 기독교회사는 시대별 분류방법에 따르면, 초대교회사(1-6세기), 중세교회사(6-16세기), 종교개혁사(16-17세기), 근세교회사(17-19세기), 현대교회사(19-21세기) 등으로 구분된다. 그리고 교회사 연구는 각 시대별로 교회에 영향력을 주었던 인물들과 사건들에 대해 서술하는 것이다. 또한 각 시대의 상황 속에서 일어났던 주요 신학적 논쟁들과 그 문제점이 무엇이었는지를 탐구하는 것이다.

19세기에 독일 근대신학의 창시자로 불리우는 신학자 슐라이어마허(Schleiermacher, 1768-1834)는 신학의 구조를 나무의 뿌리와 줄기 및 꽃의 세 부분으로 구분하고, '역사신학'은 나무의 줄기로서 기독교의 과거와 현재를 대상으로 하여 성경과 교회사 및 교리나 생활 속의 교회 현황에 대한 지식으로서 교의학이 포함된다고 보았다.[9]

---

9 J. Wallman, 『종교개혁 이후의 독일교회사』, 오영옥 역 (서울: 대한기독교서회, 2016), 229.

오늘날 역사신학 혹은 기독교회사에 대한 분야는 매우 광범위한 내용들을 다루고 있다. 그것은 교회사에 대한 통시적인 연구로부터 시작하여, 각 시대별교회사, 장로교회사, 신앙고백사, 교리사, 교회사의 주요인물과 저술 연구, 교회사의 각 시대별 신학 사상 연구, 역사적인 이단 연구 등의 영역들을 다루고 있다.

2) 교회사와 교리사

기독교회사(The Church History of Christianity)에 대한 연구는 일차적으로 각 시대별로 기독교회가 처한 역사적 배경들을 살핀다. 먼저는 각 시대에 많은 영향을 끼친 교회지도자를 다루고, 다음으로 교회와 관련하여 발생한 주요사건들과 문제점들을 다룬다. 또한 교회사 연구의 목표는 기독교회의 역사적 흐름에 있어서, 각 시대의 교회가 믿고 고백했던 진리를 명확히 파악하고 밝히는데 있다.

아울러 교회사 연구의 본질은 교리사 연구에 있다고 할 수 있다. 이는 기독교회가 믿고 고백한 참 진리 곧 정통교리의 형성과정과 발전을 연구하기 때문이다. 그래서 교회사 연구는 기독교회가 정통교리의 내용을 어떻게 파수하고 전수하였는지를 고찰하며, 정통교리가 교회사 속에서 거짓 교회들에 의하여 어떻게 변질되어 왔는지를 살펴보는 것이다. 여기서 가장 중요한 일은 오늘날 우리에게 계승되고 전수된 참 진리의 내용은 무엇이며, 또한 우리가 잃어버린 진리들이 무엇인지를 살펴보는 것이다.

결국 교회사에 대한 연구는 교리사에 대한 연구를 핵심으로 한다. 그것은 교회사 속에서 정통교리의 내적 형성과 발전에 대해 살피고, 또한 기독교회의 정통교리에 대한 바른 이해와 시대적인 자세, 역사적인 계승과 회복의 전 영역을 포함하고 있다.

다음으로 교리사의 직임은 교리의 공식화에 이르도록 하는 역사적 기원과 필연적인 과정을 밝혀서, 교회로 하여금 그 교리를 필연적으로 수납할 수밖에 없다는 사실을 알리는 것이다. 또한 교리사는 교리들이 서로 떨어진 별개가 아니라 하나로 연결된 것임을 밝히는 역할을 한다. 실례로 삼위일체 교리는 그리스도의 양성교리에서 도출되었다. 즉 그리스도의 양성교리와 삼위일체 교리는 별개의 다른 교리가 아니다.

기독교회사 속에서 교리사에 대한 관심은 19세기말에 시작되었으며, 20세기에야 뒤늦게 신학적인 연구와 함께 몇 권의 책이 저술되기 시작했다. 독일의 루터파 역사신학자로서 『교리사』(1886-1889)를 저술한 하르낙(Adolf von Harnack, 1851-1930)에 의하면, 전반적으로 기독교의 교리사에 대한 연구는 매우 미약한 상황이며, 그것들은 "교리적 전승에 대한 역사적 관점을 탄생시키기는커녕 그 길을 거의 예비하지도 못했다"고 평가되고 있다.[10]

기독교 정통교리는 교회사 속에서 형성되고 발전했다. 성령의 크고도 놀라운 은혜와 섭리로 말미암아 참 진리의 내용들은 변하지 않고 역사 속에서 모든 시대에 참된 교회와 참된 성도들에게로 끊임없이 이어져 왔다. 또한 여러 시대를 거치면서 주요한 진리의 내용들이 더욱 명확하고 풍성하게 확정되었던 것이다.

그래서 교리사에 대한 연구는 역대 교회들이 성경에 기초하여 참 신앙의 내용으로 확증하여 공인한 진리의 내용 곧 '신조' 혹은 '신앙고백서'들을 자세히 살펴보고 연구하는 작업이라고 할 수 있다.

우리는 교리사에 대한 연구를 통하여, 기독교 교리의 형성과 발전과정을 자세히 살펴봄으로서 정통신학의 역사적인 계보와 함께 그 핵심내용을 명확하게 파악하도록 해야 한다. 또한 교리사에 대한 연구는 성경적이고 역사적인 참 진리에서 벗어나 참된 본질을 잃어버리고 영적인 위기에 처한 현대교회의 정체성과 위치를 바로 평가해야 한다. 그럼으로써 기독교회가 다시금

10　Louis Berkhof, 『기독교 교리사』, 29.

진리 안에서 참된 교회의 본질과 시대적 사명을 올바르게 감당할 수 있도록 해야 할 것이다.

3. 교리사 연구

1) 교회사적 연구

교리사 연구는 교회사적 방법과 교의학적 방법으로 나누어 살펴볼 수 있다. 우선 교회사적인 연구방법을 다루어 보면, 이 연구방법은 교리에 대한 수평적인 연구방법이라고 할 수 있다. 그것은 교회사의 각 시대별로 교리의 주제들에 대하여 연구하는 것으로서, 한 시대의 공교회적 신앙고백이나 주요 인물들의 신학 사상들을 연구하여 교리의 내용과 의미를 찾는 것이다.

교회사적 연구방법은 기독교회사의 역사신학적 분류에 따른 교리의 시대별 연구라고도 할 수 있다. 즉 각 시대별로 발생한 주요한 교리적 논쟁들과 그에 대응한 교회지도자들이나 신학자들의 저서들을 통하여 정통교리의 형성과정과 그 내용들을 고찰하는 것이다. 이는 보다 실제적으로 교회사 속에 등장한 여러 이단들의 신학 사상에 대한 기독교회의 응전으로서 생겨난 정통교리에 대해 시대별로 연구하는 것이다.

그래서 교회사적 연구는 교회사의 한 시기 속에 나타난 교회의 신학 사상들과 주요 이단논쟁들을 다루고, 당시의 시대적 환경 속에서 정통교리가 어떻게 형성되고 해석되었는지를 살피는 것이다. 나아가 이 연구는 기독교회가 역사적으로 확정한 정통교리의 내용이 무엇인지를 살펴보는 것이다.

2) 교의학적 연구

교리사 연구의 또 다른 연구방법은 교의학적 연구이다. 이는 교리에 대한 수직적인 연구방법으로서, 먼저 교리의 개별 주제들을 결정하고, 다음으로 그 주제들에 대하여 교회사적으로 분석하여 서술하는 것이다. 즉 주제별 역사적 연구방법이라고 할 수 있다.

이 연구방법은 흔히 알려진 교의신학의 체계를 따라서 교리사 연구의 개별주제들을 특정한 후, 이 한 가지 주제에 대하여 기독교회사 전반에 걸친 논쟁들을 다루고 다시 정통교리의 입장에 대해 서술하는 것이다.

일반적으로 교의신학에서는 각 교리에 대한 성경적인 근거들을 제시하고, 이에 대한 정통신학의 이해들을 서술한 후 교회사 속에 등장한 기독교 이단들이나 여러 교파 간의 다양한 신학적 주장들에 대한 논쟁점들을 다루는 형식으로 기술되어 왔다. 그런데 교리사의 교의학적 연구에서는 교리의 개별 주제에 대하여 교회사 속의 기독교 이단들의 그릇된 주장과 역대 교회의 정통신앙에 대한 비교 연구에 중심을 두고 있으며, 그러한 주제에 대하여 역사적인 방법으로 서술한다.

결국 교의학적 교리사 연구는 교리의 개별 주제에 대한 핵심적인 명제를 소개한 후, 각 교리와 관련된 주요 신학적 논쟁들과 정통교회들의 신학적 입장을 소개하는 데 역점을 둔다.

3) 교리사의 서술

교리사의 내용을 서술하는 방법은 상술한 교리사 연구의 두 가지 방법이 병행되어야 한다. 즉 교회사적 연구(수평적 연구)와 교의학적 연구(수직적 연구)가 종합적으로 진행되어야 한다. 이것은 교의학적인 교리사의 연구 속에서 교회사적 교리사 연구를 진행하는 것이다. 즉 교리사를 교의학적 연구의 틀

위에서 교회사적인 방법을 병행하여 서술하고자 하는 것이다.

개혁주의 조직신학자인 벌코프(L. Berkhof, 1873–1957)가 제시한 교리사의 내용구분과 서술방법론은 다음과 같다. 그는 교리사의 내용을 일반 교리사와 특수 교리사로 나누며, 또한 교리사의 서술방법론으로 수평적 방법론과 수직적 방법론 및 순수 객관적 방법론과 신앙고백적 방법론으로 구별하고 있다.[11]

본서를 위와 같은 분류법에 의해 살펴보자. 먼저 내용면에서 특수 교리사 혹은 주제별 서술방법론으로 기술하고 있으며, 다음으로 교리사의 서술방법론으로서 수직적 방법론과 신앙고백적 방법론을 가지고 기록되었다고 할 수 있다. 그래서 개혁주의 신학의 12가지 핵심교리를 제시한 후, 먼저 각 교리에 대한 시대별 배경과 함께 주요논쟁들을 다루고, 다음으로 그 교리와 관련된 역대 신조들의 핵심내용을 시대적 순서를 따라서 소개하였다. 그리고 마지막 부분에서는 개혁주의 전통에 근거하여 각 교리에 대한 핵심요점과 개혁주의 신학자들의 견해를 일목요연하게 소개하고 있다.

---

11 Louis Berkhof, 『기독교 교리사』, 24–28.

제 2 장

기독교와 교리사

1. 기독교와 교리사

1) 초기 기독교의 배경

기독교의 초대교회는 예수 그리스도와 구속사역의 성취와 오순절 성령의 강림을 기점으로 예루살렘에 최초의 교회가 태동함으로 시작되었다. 성령의 역사로 복음이 온 유대와 사마리아와 땅 끝까지 전파되었으며, 각 지역에는 많은 교회가 세워졌다.

1-2세기의 초기 기독교에서부터 기독교회 안에는 다른 복음을 주장하는 거짓 교사들이 있었으며, 왜곡된 진리로 교회를 미혹하는 이단분파들이 많이 일어났다. 이러한 분파들 가운데에는 대표적으로 헬라철학의 기초 위에 형성된 혼합주의 종교인 영지주의 사상을 비롯하여 유대적 기독교 이단인 에비온주의, 반성경적 반유대주의적 이단인 말시온주의, 신비주의 이단인 몬타니즘 등이 있다.

영지주의(Gnosticism)는 주후 70년에서 250년까지 널리 퍼졌던 운동으로, 헬라철학에 기독교적 요소를 포함한 종교 혼합주의 사상이다. 여기서 영지주의란 말은 '지식'(knowledge)을 뜻하는 희랍어 '그노시스'(γνῶσις)에서 유래

하였으며, 이는 로마제국 안에서 기독교, 유대교, 헬라철학 그리고 동양의 신비종교가 섞인 혼합주의적 사상체계로서 5세기까지 큰 영향을 주었다.

그런데 영지주의는 구원교리에 있어서, 영혼은 선하고 물질과 육체를 악한 것으로 여기는 이원론에 근거해서 육체의 부활을 부정하고 오직 영혼과 신과의 연합만을 중시하였다.[1] 그래서 영혼을 구원하려면 오직 '지혜'를 얻어야만 하며, 이 지식은 영원자의 계시를 전달해 줄 사자를 통해 주어지는 신비적인 조명을 받아야만 한다. 결국 영지주의에서는 그리스도를 사자로 내세워 사명을 완수시킨다.

당시 정통교회는 예수 그리스도가 실제로 십자가 위에서 죽으셨다가 부활했으며, 주의 재림 때에 일어날 사람의 부활은 육체적 부활임을 역설했다. 또한 영지주의자들의 유출설에 맞서서 만물은 하나님의 의지와 섭리에 의하여 무로부터 창조되었으며, 물질과 육체는 하나님께서 선하게 창조하신 것임을 가르쳤다.

에비온주의(Ebionism)자들은 기독교인의 율법준수를 주장하였는데, 이는 예수님과 그의 제자들을 비롯하여 기독교회의 처음 교인들이 모두 유대인들이라는 사실 때문이었다. 본래 '에비온'(אֶבְיוֹנִים)이란 단어는 '가난한 자들'이란 뜻으로, 예루살렘의 기독교인들을 부르는 말이었다. 그러나 그리스도를 믿은 유대인들은 자신들이 조상 대대로 믿어오던 유대교의 전통을 그리스도 신앙과 연결시키고자 노력했다.

이 유대인 그리스도인들(Jewish Christians)은 사도 바울이 이방인에게 복음을 전하며 율법에 부정적 입장을 취한다고 여겨서 그를 변절한 배교자로 여겼으며, 기독교 신앙을 유대교의 틀 안에서 견지하려고 했다.[2] 그들은 구약성경을 중시하였으며 바울서신을 받아들이지 않고, 복음서 중에서도 유대적 성향이 짙은 마태복음만을 인정했다. 또한 예루살렘을 중시하며, 할례, 율법

---

1 Justo L. Gonzalez, 『초대교회사』, 서영일 역 (서울: 은성, 1995), 100.
2 Louis Berkhof, 『기독교 교리사』, 44.

등 유대인의 생활방식을 준수하였고, 예수의 동정녀 탄생을 불신했다.

말시온주의(Marcionism)는 성경의 정경화 문제를 낳은 2세기 중반에 가장 위협적인 이단이다. 영지주의의 영향을 받은 말시온은 이단적 가르침을 주장하여 144년에 교회로부터 파문당했다. 그 후 그는 독자적으로 교회를 세웠고 많은 추종자를 얻었으며, 그들은 거의 수세기 동안 정통교회를 대적했다.[3] 그런데 말시온은 예수의 제자들을 유대주의자들이라고 생각하고 오직 바울만이 진정한 사도라고 여겼다. 또한 구약을 인정하지 않았으며 신약 중에도 목회서신을 제외한 바울서신과 누가복음의 일부만을 경전으로 받아들였다.

몬타니즘(Montanism)은 이방종교의 사제였다가 기독교로 개종한 몬타누스가 자신이 '전능하신 주 하나님'이라고 부르면서, 자신의 가르침이 '새 예언'(new prophecy)이라는 주장하고 방언과 열광적인 체험을 강조하면서 나타났다.[4] 특히 그들은 기존교회의 권위를 인정하지 않았으며, 오직 임박한 종말에 대비할 것을 강조하면서 결혼을 금지하고 금식과 엄격한 금욕생활을 강조하고 순교를 장려했다. 그리고 몬타누스는 요한계시록에 나오는 새 예루살렘이 곧 하늘로부터 내려와서 프리기아 지방의 페푸자라는 마을에 임할 것이라고 믿고, 그곳에 모여서 재림 예수를 기다렸다. 또한 몬타누스의 사후에는 두 여사제인 프리스킬라와 막시밀라가 이 운동을 지속적으로 이끌어나갔다.

당시 정통교회는 이단분파들로부터 교회를 지키기 위해 적극적으로 싸웠다. 1-2세기 속사도와 변증가들은 여러 가지 저술을 통하여 기독교의 정통신앙을 사수하고 변호하였다. 또한 초대교부들은 사도들의 순수한 복음의 가르침 곧 정통신앙을 보존하고 교회의 거룩성을 지키기 위해서 참된 진리의 내용들을 교리화하였으며, 각 지역의 교회에서는 성경의 핵심교리를 '신경'과

---

3 Justo L. Gonzalez, 『초대교회사』, 104.
4 Ernst H. Klotsche, 『기독교 교리사』, 81.

'요리문답'의 형태로 작성하여 가르치고 전수하는 일에 온 힘을 다했다.

나아가 4-5세기의 기독교회는 이 세상의 헛된 철학과 그릇된 이단 사상들을 대적하고 오직 성경으로 참된 진리를 파수하고자 범교회적인 공회의를 열어 신구약 성경의 정경화를 추진했다.

2) 초대교회와 정통교리

기독교회는 각 지역교회의 감독 혹은 장로를 중심으로 하나로 뭉쳐서 참된 진리로 이단을 척결하고 교회를 바로 세우기 위해 노력했다. 그런데 3세기 이후 점차 교권의 우위성을 주장하는 감독주의 사상이 등장하였으며, 여러 교부들이 감독직이 다른 직분보다 우위에 있다고 주장하면서 계급구조적인 감독정치의 기초가 마련되었다.

3-5세기에 이르러 초대교회 안에는 성경과 정통신앙에 부합하지 않은 교리를 주장하는 많은 이단들이 등장했다. 그들은 로고스에 대한 신학적 논쟁으로부터 시작하여 삼위일체론, 기독론, 성령론, 인간론, 구원론 및 교회론에 이르기까지 그릇된 사상으로 교회를 혼란하게 만들었다. 초대교회의 대표적인 이단들은 말시온, 몬타누스, 사벨리우스, 데오도투스, 사모사타 바울, 오리겐, 아리우스, 아폴리나리우스, 네스토리우스, 유티케스, 펠라기우스, 도나투스 등과 같은 사람들이었다.

이 시기에 기독교회의 초대교부들은 이러한 이단들과 대항하기 위하여 공회의를 열어 그들의 비성경적인 사상들을 정죄하고, 기독교회의 정통교리를 확정하여 신조로 작성하기도 했다. 또한 초기부터 큰 논쟁을 빚어온 헬라 철학의 '로고스'(λόγος) 사상과 기독교의 '그리스도'(Χριστός)와의 관계에 대한 정확한 입장을 밝히고, 그리스도가 육체로 성육신하시고 부활하신 것과 재림하실 것을 주장함으로 그리스도의 구속사역에 대한 역사적 실재성을 명확하게 증거했다.

3) 로마가톨릭교회(Roman Catholic Church)와 종교개혁

313년에는 로마황제 콘스탄틴(Constantinus, 324-337)에 의하여 '밀란의 칙령'이 선포되어, 기독교회는 로마제국 안에서 자유를 얻게 되었다. 또한 392년에는 통일된 동서로마제국의 마지막 황제였던 데오도시우스(Theodosius The Great, 379-395)가 기독교를 국교로 선언함으로 새로운 전기를 맞게 되었다. 그리하여 기독교회는 300여 년에 걸친 긴 박해와 어둠의 터널을 벗어나 로마제국의 종교로 부흥하게 되었다. 그러나 기독교는 이러한 신앙적 자유와 외적인 성장과는 반대로 신속히 세속화되고 말았으며, 결국 교회의 거룩성과 진리의 순결성도 점차 잃어버리게 되었다.

그 후 468년에 로마의 주교 리오 대제(Pope Leo, 400-461)는 로마감독은 베드로의 후계자이며 그리스도의 대리자임을 강하게 주장하였으며, 로마교회의 우월성을 주장하여 로마가톨릭교회의 기틀을 세웠다. 그리고 로마제국의 기독교회는 초기부터 수도를 중심으로 한 로마교회의 영향력이 커지면서 다른 지방의 주교들이 이단문제가 발생하면 로마감독에게 조언을 구하기도 했다. 당시 로마의 감독들은 여러 차례 열린 공회의를 향하여 로마황제처럼 지방의 주교들에게 칙서형식으로 답서를 보냄으로 그의 우위성을 나타냈으며, 점차 막강한 권세를 가진 교황의 면모를 바꾸어갔다.

주후 590년에 로마교회의 주교였던 그레고리 1세(Gregory, 540-604)는 592년에 롬바르드족이 로마로 침공해 왔을 때 자신이 직접 담판에 참여하여 그들을 퇴치함으로 로마제국을 위험에서 건져내기도 했다. 그리하여 그는 점차 모든 교회들의 으뜸이며, 모든 교회를 책임지는 자리에까지 이르게 되었다. 그리고 607년에는 동로마제국의 황제인 포카스가 보니페이스 3세(Pope Boniface III, 재위 607)를 '보편적인 교회의 감독'이라고 부른 후로 로마제국의 사람들은 로마감독을 '교황'이라고 부르기 시작했다. 또한 745년에 프랑크왕 피핀 3세는 이탈리아의 바티칸을 교황령으로 선포함으로서 교황제도가 확고한 자리를 잡게 되었다. 800년에 취임한 샤를마뉴 대제가 로마교회의 감독을 교황으로 선포함으로서, 황제가 수위권을 갖고 있던 동방교회와도 완전히 독립된 위치를 확보하게 되었다.

중세 시대는 무려 1000년에 걸쳐서 로마교황이 가톨릭교회와 세속적인 통치권을 행사하는 가운데 로마가톨릭교회의 비성경적인 신학 사상과 온갖 그릇된 종교의식에 의하여 영적인 깊은 어둠의 시간을 지나게 되었다. 10-15세기에 이르러 유럽의 대다수 사람들이 로마가톨릭교회의 교황을 중심으로 한 사제들의 타락과 200여 년에 걸친 십자군 전쟁 등으로 인해 많은 고통을 받았다. 또한 하나님의 특별한 소명을 받은 종교개혁의 선구자들이 등장하여 교황제도와 로마가톨릭교회를 대항하여 싸우다가 순교했다.

16세기에 이르러 하나님이 세우신 루터와 칼빈과 같은 많은 종교개혁자들이 일어나 오직 성경에 기초한 구원관과 참 진리를 주장함으로, 초대교회로부터 내려오던 성경적이고 사도적인 신앙의 길에서 타락한 로마가톨릭교회에서 벗어나서 하나님 중심과 성경 중심의 참 교회를 회복하게 되었다. 이 시기에 종교개혁자들은 오직 성경으로 로마가톨릭교회의 그릇된 사상들을 정죄하고, 역사적인 정통교리로 다시 확정하고, 그것을 공인 신조로 작성하여 가르치고 전수했다.

4) 현대신학과 개혁주의

17세기에는 종교개혁자들의 신학 사상과 정통교리의 틀에서 벗어나려는 인본주의적인 흐름과 반교리적 운동이 뚜렷하게 나타났다. 이러한 경향은 먼저 재세례파와 소시니안파를 통해 나타났으며, 다음에는 경건주의 운동과 웨슬리안 복음주의 운동을 통하여 전개되었다.

18-19세기를 지나면서 기독교회는 인본주의 철학 사상과 세속문명의 급속한 발전으로 인하여 종교개혁의 유산인 개혁주의 신앙전통으로부터 더욱

멀어지게 되었으며, 특히 자유주의 신학 사상과 오순절 은사주의 운동이 일어나 현대교회를 큰 혼란으로 빠뜨렸다.

20세기에는 신정통주의와 신복음주의 운동의 영향 아래서 선교운동이 활발히 전개되었다. 그러나 이들의 신학이 근본적으로 성경적이고 역사적이고 공교회적인 참 진리의 터 위에 바로 서있지 못함으로 인하여 더욱 세속적이고 타협적인 길로 나아가고 말았다.

오늘날에는 성경의 권위를 높이는 가운데 역사적인 정통교리를 배우고 가르치는 진리 중심의 교회회복이 절실하다. 이러한 교회의 회복은 오직 성경을 따라 하나님을 바르게 알아가며, 역사적인 정통교리와 참된 신앙고백을 따라 실천하는 것이다. 이제 기독교회는 성경에 기초한 정통 삼위일체론과 예정론, 참된 신앙의 원리로서 구원론과 교회론 그리고 종말론에까지 참된 교리의 명확한 표준을 재정립하고, 목회자가 성도들에게 그것을 신실하게 가르침으로서 교회의 참된 본질과 사명을 회복하도록 힘써야 할 것이다.

2. 초기 기독교와 사도신경

1) 초기 기독교

초대교회의 정통신앙의 기초는 유일하신 창조주 '여호와 하나님'에 대한 신앙이었다. 그래서 초대교회는 하나님에 대한 참된 고백에서부터 시작하여 성경적인 '삼위일체론' 정통교리로의 신학적 발전을 이루게 되었다. 이러한 삼위일체론의 신학적 논쟁은 무엇보다 예수 그리스도에 대한 이해에서 출발했다.

당시 로마제국 안에는 유대적이고 헬라적인 사상의 기초위에서 기독교를 세우고자 하는 많은 분파들이 등장하였으며, 그들의 그릇된 관점으로 예수 그리스도에 대한 비성경적이고 거짓된 교리를 주장함으로 여러 분파와 이단들을 형성하기도 했다.

그래서 초대교회는 이단운동들에 대항하여 예수 그리스도가 성육신하신 하나님의 아들로 믿고 고백하였으며, 이단들의 거짓된 교리로부터 참된 '사도적 전통'(apostolic tradition)을 구별하기 위하여 교회의 신앙을 요약하여 문서로 체계화하게 되었다. 이것이 바로 공교회적이고 객관적인 교리의 규범인 신조(Creed)였다. 이러한 신조는 교회의 신앙과 신앙을 보완해 주고 설명해 주는 다양한 교리를 구별해 내기에 충분했으며, 또한 교회의 정통성에 대한 확증으로서 그 중요성이 증대되었다.

초대교회의 교부들은 성도들에게 기독교 신앙을 교육하고 이단들을 대항하기 위해 성경의 핵심진리를 요약한 신경을 만들어 사용했다. 당시의 기독교회들은 초기신경이 사도들의 신앙을 계승했다고 보았으며, 이는 '사도신경'(Apostle's Creed)과 매우 비슷한 구조와 내용을 갖고 있었다. 이러한 신조는 성경의 핵심교리요 교회의 가르침을 요약한 신앙생활의 지침으로서 예배와 세례문답으로 사용되었다. 그 내용이 이그나티우스의 문헌(110년), 『헤르마스의 목자』(100-140년), 『바나바 서신』(130년), 『디다케』(120-165년) 등에 수록되기도 했다.

그런데 초대교부들의 가르침과 저작에 나타나는 특징들을 살펴보면, 이들의 가르침에는 독창성과 깊이가 결여되었으며, 내용이 빈약하고 명확성이 결여되어 있었다. 또한 우리에게 진리에 대한 통찰을 더해 주거나 깊이 있게 인도해 주지 못하고, 성경의 교리적 가르침들의 상호관계를 제대로 조명해 주지 못했다고 평가되고 있다.[5]

---

5 Louis Berkhof, 『기독교 교리사』, 38-40.

(1) 클레멘트(Clement of Rome, 30-101)

제4대 로마교회의 감독으로 불리는 클레멘트는 사도 베드로의 제자로서 사도적 가르침을 따라 교회를 목양했다.[6] 그는 베드로가 순교한 후에 로마교회의 계승자였던 리누스와 아나클레투스가 순교를 당하자, 로마교회의 감독직(92-101)을 승계했다. 그는 사도 요한이 밧모섬에 유배되었던 96년경에 "고린도교회에게 보내는 로마교회의 편지"를 보내었는데, 이 편지는 초기 기독교의 최초의 문서라고 볼 수 있다.[7]

당시 고린도교회에는 분쟁이 일어나 지도자들을 쫓아내었고, 교회는 위기에 처했다. 그러자 클레멘트는 성도들이 장로들에게 순복할 것을 요청하고, 그리스도 안에 교회의 하나됨을 주장하면서 고린도교회가 이전처럼 하나님의 영광을 회복할 것을 호소했다. 아울러 그는 교회지도자의 가장 중요한 책무는 '사도적 전승의 교리'를 가르치는 것이라고 하였으며, 또한 구원을 얻는 의는 선행이나 공덕에 의한 것이 아니라 오직 하나님의 의를 믿는 믿음이라고 했다.

(2) 이그나티우스(Ignatios, 50-117)

사도 요한이 제자인 이그나티우스는 안디옥교회의 제2대 감독이었으며, 진리의 규범을 작성하여 이단을 대항해야 한다고 주장했다. 특히 그는 순교를 향해 가면서 일곱 개의 서신들을 남겼는데, 이는 초기 기독교 역사의 가장 중요한 기록이 되었다.[8] 그는 이 서신들을 통하여, 예수 그리스도의 동정녀 탄생과 총독 빌라도에게 죽으심 그리고 육체부활 등의 핵심요점을 통하여 영지주의 이단을 반박하였다.[9]

---

6   Ernst H. Klotsche, 『기독교 교리사』, 45.
7   Louis Berkhof, 『기독교 교리사』, 37.
8   Justo L. Gonzalez, 『초대교회사』, 28.
9   Philip Schaff, *The Creeds of Christendom, with a History and Critical notes* (Grand Rapids, MI: CCEL, 2002). Vol. II, 29.

이그나티우스는 역사상 최초로 '가톨릭교회'(Catholic Church)란 단어를 사용하였는데, 이는 사도들에 의하여 직접 창설되고 가르침을 받은 모든 교회들을 포용하는 보편교회(공교회)를 의미하는 것이었다.[10] 나아가 그는 초대교회의 성도들이 극심한 박해 가운데에서 감독을 중심으로 하나의 신앙, 하나의 그리스도, 하나의 교회를 이루어가야 함을 강조했다.

(3) 폴리캅(Polycarp, 69-156)

기독교 최초의 정통신학은 아시아 서머나 교회의 초대감독이었던 순교자 폴리캅에 의하여 세워졌다. 실로 그는 사도 요한의 제자로서 속사도 교부들 중 가장 뛰어난 사람들 중 하나였으며, 아시아에 있는 모든 감독들의 지도자였다. 그는 초대교회의 교리적 기초를 세운 이레니우스와 파피아스와 같은 훌륭한 제자들을 배출한 영적 스승이었으며, 순교 후에 모든 기독교인들로부터 최고의 존경을 받기도 했다.

폴리캅은 사도 요한에 의해 아시아의 일곱 교회 중 하나인 서머나의 감독으로 임명되었다. 그는 서머나에 인접한 도시인 에베소에서 사역하고 있던 자신의 스승 사도 요한과 20여 년을 교제하였으며, 로마제국 전역에서 흥왕하고 있던 여러 이단들과 싸웠다. 특히 그는 기독교 복음과 신앙의 사도적 전승을 강조하였으며, 제자들에게 항상 그의 이야기가 주님을 직접 본 사람들로부터 들은 것이라는 것을 강조했다.[11]

아울러 그는 135년에 쓴 『빌립보교회에 보낸 편지』를 통하여 참 하나님이시오 참 사람이신 '그리스도'를 증거했다. 또한 그는 기독교인의 순교는 자신의 신앙의 확실성을 보여주는 것이며, 기독교인들과 이방세계에까지 신앙

---

10 Ernst H. Klotsche, 『기독교 교리사』, 50.
11 Justo L. Gonzalez, 『초대교회사』, 111. 당시 감독들은 사도적 전승을 강화하기 위해 사도들의 후계자임을 증명하는 것이 필요했다. 로마, 안디옥, 에베소 등의 가장 오래된 교회들은 사도에까지 올라가는 감독들의 계보를 소유하고 있었다.

의 능력을 보여주는 계기가 된다고 하면서 순교를 크게 예찬했다.

(4) 이레니우스(Irenaeus, 130-202)

프랑스 리옹의 감독인 이레니우스는 성도들에게 교리를 전수하기 위해 '사도적 신앙의 증명'과 영지주의 이단을 반박하기 위해 『이단을 반박함』 (*Against Heresies*, 180)을 저술했다. 그는 폴리캅의 제자이자 기독교 최초의 신학자로서 성경과 사도적 전승을 가감없이 그대로 전달하고, 이단을 대적하였다.[12]

이레니우스는 예수 그리스도는 새 아담이며, 사탄에게 굴복하지 않은 새 인간의 시작이라고 주장하고, 예수 그리스도가 인류를 '총괄갱신'(엡 1:10) 한다고 말했다. 이러한 그의 '총괄갱신'(ἀνακεφαλαιώσασθαι, recapitulation)의 사상은 그의 핵심신학으로서, 하나님이 그리스도를 말미암아 아담의 죄로 말미암은 첫 창조의 실패 곧 사탄의 사업을 무효화하고 인간역사를 재연하는 것이었으며, 새로운 머리 아래 새로운 인류를 형성한다는 것을 의미했다.[13]

아울러 그는 성령과 말씀은 하나님의 양손이라고 말했다.[14] 여기서 성령은 아버지의 손으로서 창조사역에서 세계를 장식하는 일을 하였으며, 성령의 주된 사역은 신자들을 거룩하게 하는 것에 집중한다고 보았다. 또한 삼위의 관계에 대하여 말하기를, 아들이 아버지와 영원부터 함께 있었고 옛날부터 함께 계셨으며, 성자이신 '로고스'는 창조주이시고 만물의 조성자로서 전능하신 하나님이시고 완전한 하나님이시라고 분명히 선언함으로써 아버지와 아들의 동등성과 동일성을 밝혔다.[15]

---

12 Philip Schaff, *The Creeds of Christendom*, Vol. Ⅱ. 31.
13 Justo L. Gonzalez, 『기독교 사상사』, 김종희 역 (서울: CLC, 2004), 85.
14 Justo L. Gonzalez, 『초대교회사』, 119.
15 Inst., Ⅰ. 13. 27. 이레니우스는 '성경에서 절대적으로 또는 아무 구별 없이 하나님이라고 불리신 분은 참으로 유일하신 하나님이시다. 그리고 그리스도야말로 절대적인 의미에서

(5) 터툴리안(Tertullianus, 145-220)

북아프리카 카르타고의 법률가이자 장로였던 터툴리안은 '삼위일체'(trinitas)란 용어와 '실체'와 '위격' 등의 용어를 처음으로 사용하였으며, 삼위일체론의 기초를 놓았다. 그러나 그 역시도 삼위일체론에 대한 분명한 인식에는 이르지 못했다.[16]

터툴리안은 성부와 성자와 성령의 세 위격은 실체의 동일성으로 말미암아 분할이 불가하고 상호결합되어 있으며, 이렇게 한 하나님이 삼위로 계시는 것을 정통신앙이라고 보았다. 하지만 그는 하나님이 유일하시지만, 하나님은 분배 혹은 섭리에 의해 존재한다고 주장함으로서, 그 때까지 삼위일체론에 대한 명확한 이해를 갖고 있지 못했다. 그의 주장은 삼위일체의 하나님은 본체의 단일성에 있어서 유일하심에도 불구하고 그 단일성은 분배의 신비에 의해 삼위로 배열된다는 것이다. 이는 삼위가 존재는 상태에 있어서가 아니라 품위에 있어서 그러하고, 또한 본체에 있어서가 아니라 형식에 있어서 그러하며, 권능에 있어서가 아니라 현현에 있어서 그러하다는 것이었다.[17]

말년에 터툴리안은 로마교회들의 세속화를 비판하면서, 정통교회를 떠나 몬타누스파에 가입하여 엄격한 금욕주의를 추구하기도 했다. 그러나 그는 다시 몬타누스파에 실망하고 나와서 자기 자신만의 새로운 종파를 창설하여 시역했는데, 이를 '터툴리안파'라고 불렀다.[18]

하나님이라고 불리셨다'라고 말했다.
16 Louis Berkhof.『기독교 교리사』, 85.
17 Inst. Ⅰ. 13. 28.
18 Justo L. Gonzalez.『초대교회사』, 131.

2) 사도신경

초대교회 안에서 성경에 근거한 참 믿음 곧 정통신앙을 분명히 하기 위해 사도들의 가르침을 명제화한 것이 나타났는데, 그것이 바로 '사도신경'(Symbolum Apostolicum)이다. 이 사도신경은 기독교회사 속에서 역대 교회가 공회의를 통하여 성경의 참된 진리로 공인하여 확정한 모든 신경들의 기초이며, 오늘날에까지 기독교의 가장 중요한 신앙고백이다.

기독교회사 속에서 등장한 신경의 초기 형태는 107년경에 이그나티우스(Ignatios, 50-117)의 "트랄리온 사람들에게 보낸 편지"에서 찾을 수 있다.[19]

> 예수 그리스도는 하나님의 아들이시다. 그분은 다윗의 자손으로서 마리아에게 나셨는데, 그분은 참으로 육체를 취하셔서 참으로 하나님과 동정녀에게서 태어났으며, 말씀이 죄가 없으신 육체가 되셔서 우리 가운데 거하신 것이다. 또한 그분은 참으로 먹고 마셨으며, 참으로 본디오 빌라도에게 고난을 당하셨고, 참으로 십자가에 못박혀 죽으셨고, 참으로 삼일 후에 죽은 자들 가운데에서 살아나셨다. 그의 아버지께서 그를 살리셨으며, 그분은 사도들과 함께 40일을 보내신 후에 아버지께로 올라가셔서 그의 대적들을 그의 발아래 둘 때까지 아버지의 우편에 앉아 계신다.

그 후 150년경에는 '사도들의 편지'라는 신경이 등장하였는데, 여기에는 하나님, 그리스도, 성령, 교회, 사죄 등 현재의 '사도신경'과 매우 비슷한 내용을 갖고 있었다. 그리고 180년경에 최초의 조직신학자라고 불리우는 이레니우스가 『이단반박』(Against Heresies)이라는 책에서, 초기신경의 독특한 양식을 반복하여 소개했다.[20]

---

19 Philip Schaff, The Creeds of Christendom, Vol. Ⅱ. 29-30.
20 Ibid., 31-33.

> 온 세상에 땅 끝까지 흩어져 있는 교회는 사도들과 그들의 제자들로부터 다음과 같은 믿음(τὴν πίστιν)을 전수받았습니다. 하늘과 땅을 창조하신 성부 하나님이신 한 분 하나님을 믿습니다. 그리고 이분은 바다와 그 안에 있는 모든 것을 만드셨습니다. 그리고 하나님 아들이신 한 분 예수 그리스도를 믿습니다. 그리고 그분은 우리의 구원을 위해서 육체가 되셨습니다. 그리고 성령 하나님을 믿습니다. 그리고 그분은 예언자들을 통해서 하나님의 명령과 예수님의 강림과 동정녀의 탄생과 고난과 죽은 자 가운데서 부활과 사랑하시는 예수 그리스도 우리 주님의 육체로의 승천과 아버지의 영광 가운데서 하늘로부터 나타나실 것과 한 머리 하에 만물을 다스리실 것과 모든 인류의 모든 육체를 일으키실 것을 믿습니다.

당시 니케아 회의 이전의 교부들은 사도신경을 '진리의 규범,' '신앙의 규범,' '사도적 전통,' '사도적 가르침'이라고 불렀으나, 나중에는 '신앙의 상징'이라고 불렀다.[21] 즉 사도신경은 사도들의 가르침을 요약한 것으로서 '신앙의 규범'이자 '상징'이었다. 그래서 사도신경은 이단들을 대항하여 참 신자들을 식별할 수 있는 증거로 사용되었다.

그 후 215년경에는 '로마신경'이 사용되었는데, 이는 히폴리투스가 만든 '사도적 전통'(Apostolic Tradition)에 대한 문답으로서 사도신경의 원시형태가 기록되어 있다. 이 로마신경은 "너희는 나를 누구라 하느냐, 주는 그리스도시요 살아 계신 하나님의 아들이시니이다"(마 16:15-16)라는 말씀을 기초로 삼았다. 그 내용은 신앙의 대상이신 창조주 하나님, 독생자 예수 그리스도, 성령, 거룩한 교회, 성도의 부활 등이었다.

250년경에 키프리안(Cyprian, 201-258)은 "마그네인들에게 보내는 편지"에서 "나는 하나님 아버지와 그의 아들 그리스도와 성령을 믿습니다. 나는 거

---

21 Philip Schaff, 『신조학』, 박일민 역 (서울: CLC, 2000), 19.

룩한 교회를 통한 죄 사함과 영원한 생명을 믿습니다"라고 하는 세례자를 위한 공식문을 사용하였는데, 이것은 교회가 이단을 대항하고 기독교의 정통 교리를 확고하게 선언하고자 한 것이었다.[22]

사도신경에 대한 헬라어 본문은 마르셀루스가(336-341) 제시했으며, 또한 라틴어로 기록된 최초의 본문은 390년에 루피누스가 밀라노 노회를 통해 "시리키우스에게 보낸 글"에서 본문(390년)과 주석(404년)을 소개하고 있는데, 이 신경은 삼위의 이름으로 거행하는 세례식에 맞추어 사용했다.[23] 그리고 이 문서를 '사도신조'라고 공식적으로 명칭을 붙인 것은 밀란의 주교였던 암브로시우스(390년경)였으며, 또한 400년경에는 로마와 밀란에서 기독교 신앙을 접하고 공부한 어거스틴이 히포 레기우스에서 라틴어와 헬라어 본문과 동일한 사도신경을 제시했다.[24]

그 후 700년경에 서방교회에서는 현대와 동일한 사도신경을 널리 사용하였다. 특히 800년대 프랑크 왕국의 샤를마뉴 대제가 통치하던 시기에는 모든 교회에서 사도신경을 사용하였으며, 또한 목회자는 사도신경과 함께 십계명과 주기도문을 가르치도록 요청되었다.

16세기 종교개혁자 칼빈(Calvin, 1509-1564)은 제네바 요리문답(1542)에서 하나님의 참된 신뢰의 근거는 바로 예수 그리스도 안에서 하나님을 아는 것에 있는데, 이런 지식의 핵심이 모든 그리스도인들이 고백하는 신앙고백 곧 '사도신경'에 요약되어 있다고 말했다.[25]

그리고 벨직 신앙고백서(1561)에서는, "우리는 기꺼이 세 신경, 즉 사도신경, 니케아신경, 그리고 아타나시우스신경을 받아들이는 바이며, 이것은 고

---

22 Philip Schaff, *The Creeds of Christendom*, Vol. Ⅱ. 42.
23 Philip Schaff, 『신조학』, 20.
24 Philip Schaff, *The Creeds of Christendom*, Vol. Ⅱ. 81.
25 Catechism of the Church of Geneva 제15문. 사도신경은 그리스도인들이 교회 안에서 항상 고백했던 것이며 또한 이것은 순수한 사도적 가르침으로부터 나온 참된 신앙의 요약이기 때문입니다.

대 교부들에 의하여 확증된 바와 일치하는 것이다"라고 고백한다.[26]

하이델베르크 요리문답(1563)에서는, "그리스도인은 하나님께서 복음으로 우리에게 약속하신 모든 것을 믿어야 하는데, 그 복음은 사도신경에 요약되어 있으며 전 세계적으로 고백되어지는 믿을 만한 기독교신조다"라고 고백한다.[27] 이 요리문답에서는 사도신경의 구조를 셋으로 나누었으며, "그것은 성부 하나님과 우리의 창조, 성자 하나님과 우리의 구원, 성령 하나님과 우리의 성화가 그것입니다"라고 말한다.[28]

결론적으로 기독교의 정통교리는 역대 교회의 공인 신조들에 잘 나타나 있다. 그러므로 개혁주의 교회(Reformed Church)는 역대 교회의 공인 신조에 선언된 진리를 따르며, 참 진리를 파수하고 전파하며 실천하는 교회인 것이다.

---

26   Belgic Confession, 제9장.
27   Heidelberg Catechism, 제22문.
28   Heidelberg Catechism, 제24문.

제 3 장

개혁주의 전통

1. 개혁주의 전통

　개혁주의 신학(Reformed Theology)이란 흔히 종교개혁기에 활동한 개혁자들의 신학 사상을 가리킨다. 이는 협의적으로 칼빈의 생애와 그의 저술들에 드러난 신학 사상으로서 '칼빈주의'라고도 부르며, 이 용어는 종교개혁의 한 부류인 루터파교회와 대조적으로 사용되었다.
　그래서 '칼빈주의'(Calvinism)란 16-17세기에 칼빈의 신학 사상을 계승한 개혁자들의 신학 사상이며, 교회사적으로는 공인된 신조인 '벨직 신앙고백서(1561)', '하이델베르크 요리문답(1563),' '돌트신경(1619)' 및 '웨스트민스터 신앙고백서(1647)' 등에 나타난 신학 사상을 말한다.
　기독교의 신학전통은 크게 신본주의 신학전통과 인본주의 신학전통으로 나눈다. 여기서 신학적 신본주의는 하나님께서 계시하신 성경에 기초한 신학전통을 말하며, 신학적 인본주의는 인간의 이성에 기초한 철학 사상에 토대한 그릇된 신학전통을 말한다.
　먼저 신본주의 신학전통은 하나님의 역사와 피조세계에 대한 절대주권과 하나님의 정확무오한 말씀인 성경의 절대적 권위에 기초하고 있으며, 이는 하나님 중심과 성경 중심의 신학 사상으로서 개혁주의의 핵심원리이다.

다음으로 인본주의 신학전통은 철학 사상에 기초하여 기독교를 이해하고 설명하고자 하는 신학 사상으로서, 인간의 주체성과 가능성을 토대로 형성되었다. 이는 철학 사상에 기독교를 혼합한 영지주의 전통에 서있으며, 이 영지주의는 모든 이단의 원조이며 뿌리이다.

개혁주의 전통(Reformed Tradition)은 기독교회가 세상의 핍박과 이단들의 도전가운데 신앙을 지키고 진리를 바로 세움으로 형성되었다. 또한 하나님의 특별한 은총가운데 공회의를 열어 성경적이고 사도적이며 공교회적인 진리를 공인된 신앙고백으로 확정하고, 그것을 신조로 작성하여 선포함으로 지금까지 계승되어 온 것이다. 이 개혁주의 전통은 '성경적, 사도적, 공교회적'(Biblical, Apostolic, Catholic) 신학 사상이며, 개혁교회란 교회사 속에서 역대 교회가 확정한 공인 신조들을 성경에 기초한 참 진리의 내용으로 믿고 따르는 신앙고백적 교회를 말한다.

첫째, 개혁주의는 성경적 신학전통이다. 개혁주의는 그 신앙과 삶에 있어서 '오직 성경'의 권위를 높이며, 우리의 모든 이성적이고 경험적인 사상들을 성경의 권위 아래 둔다. 그래서 개혁주의 신학은 성경에 가장 충실한 신학전통으로서, 성경을 하나님의 자기 계시이자 정확무오한 하나님의 말씀으로 고백하며, 오직 성경만이 신앙과 삶의 절대표준임을 믿는다.

둘째, 개혁주의는 역사적 신학전통이다. 개혁주의는 한 개인이나 한 지역 교회나 한 시대의 산물이 아니다. 그것은 순수한 사도적 가르침의 전승이며, 하나님께서 그의 섭리로 교회에게 주신 열매이자 교회사의 유산이다. 만약 기독교 신앙과 정통교리의 역사성을 부인한다면, 그것은 하나님의 섭리를 부정하는 결과를 가져올 것이다.

나아가 개혁주의는 역대 교회를 위한 하나님의 특별한 은총과 섭리를 인정하며, 참된 기독교 신앙이 역사적 교리에 기초하고 있다고 믿는다. 즉 개혁주의는 역사성을 가지고 있으며, 인본주의에 기초한 모든 주관적이고 상황주의적인 신학 사상들을 배척한다. 그러므로 우리가 교회사나 교리사를 제대로 알지 못하고 개혁주의를 이해한다는 것은 불가능한 일이다.

셋째, 개혁주의는 공교회적 신학전통이다. 이는 개혁주의 신학이 공적이고 객관적인 교리의 규범이라는 것이다. 즉 그것은 주관적이고 부분적인 한 개인이나 한 교회 혹은 한 시대의 신학 사상이나 종교적 가르침이 아니다.

역사적으로 정통교회들은 이 세상의 인본주의 철학 사상과 수많은 기독교 이단들의 도전 속에서 오직 성경으로 돌아가 하나님이 계시하신 참된 진리를 공적으로 확정하고 '신조'로 작성하였다. 이로써 이단들을 대항하여 교회의 거룩성을 파수하였고 신조를 모든 성도들에게 가르치고 후대에 지속적으로 전수해 왔다.

기독교의 정통신학을 세우신 분은 하나님이시다. 성령께서는 교회사 속에서 그의 섭리와 은총을 통하여 주의 교회로 하여금 성경의 참 진리들을 바로 알고 믿게 하시고, 또한 그 진리로 순수한 신앙과 교회의 거룩성을 파수하도록 역사하셨다. 비록 기독교회는 역사적으로 많은 세상권세들의 핍박과 이단들의 공격을 받았지만, 하나님의 특별한 은총과 보호하심 가운데 진리를 확정하고 그 진리 위에 바로 설 수 있었다. 또한 온 세상에 진리를 전파함으로 택한 백성들을 구원하여 하나님 나라를 확장해 왔다.

결론적으로 개혁주의 전통은 사도신경을 비롯한 초대교회의 공인 신조들에 기초하고 있으며, 그리고 초대교회의 정통교리를 확립하는데 크게 기여한 '어거스틴'(Augustinus, 354-430)의 신학 사상에 잘 나타나 있다. 아울러 16세기 종교개혁 시기에 이르러서는 초대교회의 정통교리가 종교개혁자 '칼빈'(John Calvin, 1509-1564)의 신학 사상으로 발전되었으며, 이후 개혁주의 정통교리가 16-17세기의 공인 신조들에 잘 표현되어 있다.

본서는 기독교 교리사에 대한 연구와 서술에 있어서 개혁주의 전통에 기초하고 있다. 그래서 개혁주의 신학 사상과 역대 교회의 정통신조에 기초하여 교리사에 대한 연구와 함께 정통교리의 내용을 충실하게 서술하였다.

2. 개혁주의 신학 사상

개혁주의 신학 사상은 하나님 중심과 성경 중심의 신본주의 신학 사상이다. 이러한 관점은 신본주의 신학 사상과 인본주의 신학 사상 혹은 신학을 가장한 인본주의 종교철학에 대한 보다 실제적인 비교를 통해서 분명하게 이해될 수 있다. 이는 구체적으로 신본주의적 관점과 인본주의적인 관점에서 기독교인의 역사관과 구원론 그리고 세계관의 차원에서 비교함으로 더욱 명확하게 제시된다.

첫째, 역사의 주체가 누구인가라는 것이다. 역사의 주관자가 창조주 하나님인가 아니면 역사 속에 살고 있는 사람인가 묻는 것이다.

둘째, 구원의 근거가 무엇인가라는 것이다. 구원이 하나님의 주권과 그의 전적인 은혜로 주어지는가 아니면 사람의 주체적 행위와 인간조건을 통해 얻어지는 것인가라는 것이다. 역사상 모든 거짓된 신학 사상의 특징은 인간의 전적인 부패와 무능력을 인정하지 아니하고, 인간의 가능성을 주장한다는 특징을 가지고 있다.

셋째, 기독교 신앙의 궁극적 목적이 무엇인가라는 것이다. 기독교 신앙이 이 세계 내에서 사람의 완전한 행복이나 또는 인간 이상의 실현과 존재하는 이 세상을 목적으로 하고 있는가 아니면 장차 완성되고 도래할 하나님 나라 곧 천국과 하나님의 영원한 영광을 목적으로 하고 있는가에 대한 것이다.

한편 신본주의 신학과 인본주의 신학의 차이점은 신학 연구의 과정에서도 명확하게 드러난다. 그것은 신학의 주체와 신학의 표준, 신학의 원리 그리고 신학의 목적 등으로 나누어 살펴볼 수 있다.

첫째, 신학의 주체에 대하여, 성경에 대한 참된 이해와 신학적인 연구가 하나님 곧 성령에 의한 것인가 아니면 인간의 이성이 주체자로 작용하는가라는 것이다.

둘째, 신학의 표준에 대하여, 하나님이 계시하신 성경을 표준으로 하여 인간의 참된 진리의 탐구와 모든 물음에 대한 답을 찾아가는 것인가 아니면 인간의 철학에 표준을 두는 것 곧 인간의 선험적 지식이나 경험을 기초로 하여 성경을 연구하거나 신학적 탐색을 하는 것인가라는 문제이다. 이는 성경에 대한 시각에서 쉽게 구별할 수 있다. 신본주의 신학은 성경을 하나님께서 은혜로 주신 신앙과 삶의 유일한 준칙이자 절대적 규범과 원리로 믿는다. 반면 인본주의 신학은 성경을 자신들의 이성적 탐구를 위한 대상과 수단으로 여긴다.

셋째, 신학함의 원리에 대하여, 하나님을 믿는 기독교인이 그의 신앙을 전제로 하여 성경을 연구하는 것인가 아니면 신앙이 없어도 성경을 연구하여 진리를 얻을 수 있는가라는 것이다. 더욱이 이것은 기독교인임을 자칭하는 사람이 신앙을 배제하고 순수한 인간의 철학 혹은 그의 이성을 주체로 하여 자유롭고 창의적인 신학적 연구를 진행할 수 있는가라는 것이다.

넷째, 신학함의 목적에 대하여, 모든 기독교인이 하나님을 경외하고 그에게 영광을 돌리는 방식으로 진리를 추구하는 것인지 아니면 신학적인 연구가 기독교인을 포함한 인간의 현세적이고 실제적인 필요와 이 세상의 이상을 구체화시키고 실현시키기 위한 다른 목적을 갖고 있는가라는 것이다.

참된 신학의 자세는 성령 안에서 하나님을 경외하고 신뢰하는 마음을 가지고, 성령의 조명을 간구하는 가운데 오직 하나님께 영광을 돌리기 위해서 하나님을 알아가는 것이다.

개혁주의 사상은 'Sola'(오직)로 시작하는 5가지에 잘 표현되어있다. 이것은 오직 성경, 오직 은혜, 오직 믿음, 오직 그리스도, 오직 하나님의 영광이다. 또한 개혁주의 핵심교리는 'Tulip'(튜울립)으로 칭하는 5가지 요점으로 정의된다. 이는 1619년 화란 돌트에서 결정된 '돌트신경'의 내용을 핵심적으로 반영한 것이다. 이는 인간의 전적 타락(Total Depravity), 하나님의 무조건 선택(Unconditional Election), 그리스도의 제한 속죄(Limited Atonement), 성령의 불가항력적 은혜(Irresistible Grace), 성도의 견인(Perseverance of the Saints)이다.

3. 개혁교회와 역대 신조

1) 교회와 신조

신조란 역대 교회가 공회의를 열어서 성경의 핵심진리 곧 정통교리를 공적인 문서로 작성한 것이다. 즉 신조는 성경에서 나온 것이며, 성경은 신조의 기초이다.[1] 성경은 하나님의 자기 계시로서 하나님의 정확무오한 말씀이요, 절대적인 진리이다.

성경은 '신앙의 규범'(regula fidei)이며, 신앙고백은 '교리의 규범'(regula doctrinae)이다.[2] 성경은 신앙과 진리의 절대표준이며, 신조는 성경에서 나온 객관적인 교리의 규범으로서 목회자의 설교와 가르침의 공적인 지침이라고 할 수 있다.

성경과 신조는 결코 분리될 수 없다. 왜냐하면 신조란 바로 성경의 핵심진리를 요약하여 고백한 것이며, 또한 그 참된 진리의 내용을 구체적인 신앙생활과 목회에 적용할 수 있도록 명확하게 선언한 교리의 규범이기 때문이다.

신조는 기독교회가 정통신앙을 파수하는 데 도움을 준다. 신조는 참된 교회와 거짓 교회를 분별하게 해 주고, 목회자가 성경을 바르게 해석하고 설교하도록 하는 목회의 표준이며, 성도들에게 마땅히 가르쳐야 하는 성경의 핵심내용이다. 더욱이 신조는 기독교의 참 진리를 가지고 이단들을 대항하고, 성도들이 온 세상에 나아가 기독교 신앙을 변호하며 진리를 올바로 증거할 수 있도록 도움을 준다.

칼빈은 '제네바 요리문답(1542)'의 서문에서, 교회는 언제나 성도들을 기독

---

[1] Confession de La Rochelle, 제5조. 우리는 세 가지 신앙고백, 즉 사도신조, 니케아신조 및 아타나시우스신조를 고백하는 까닭은 이 신조들이 하나님의 말씀에 일치되기 때문이다.
[2] Philip Schaff, 『신조학』, 11.

교 신앙교리 안에서 양육하라는 특별한 권면을 받아 왔는데, 또한 사탄이 교회를 폐허로 만들었을 때에라도 참된 교회들은 역사적인 전통을 따라서 교리문답이라고 불리는 거룩한 규범들을 항상 사용해 왔다고 말했다.[3]

> 사탄은 자신이 교회를 흩어서 가동할 만한 폐허로 만들어 버렸음에도 불구하고 세상에 있는 대부분의 교회 안에 아직 어떤 은혜의 징표들이 남아 있는 것을 보자 이 거룩한 규범을 파괴해 버리고 말았다. 따라서 사탄이 남겨놓은 것은 교화능력이 전혀 없고 단지 미신만을 산출해 낼 수 있는 몇 가지 유물들에 불과하다. 이것이 바로 현재 우리 교회 안에 왜 내적인 변화는 없고 허식만이 존재하고 있는가에 대한 이유를 설명해 주는 확실한 증거이다. 우리가 여기서 제시하는 이 교리문답은 옛적부터 그리스도인들 가운데서 지켜져 왔고, 교회가 완전히 부패했을 경우를 제외하고는 결코 포기된 적이 없는 전통적인 것이다.

사실 칼빈은 순수한 교리를 방어하는 데 용감하였으며, 모든 이단들의 그 기초까지 파괴했다. 그는 두 가지 탁월한 은사를 가지고 있었는데, 그것은 문제의 뿌리까지 꿰뚫고 들어가는 능력과 가장 적은 어휘를 사용하여 답변을 구성해 내는 놀라운 기술이었다.[4]

화란의 개혁신학자 바빙크(Herman Bavinck, 1854-1921)는 신조의 필요성에 대하여, 다음과 같이 말했다.[5]

> 교회가 하나님께로부터 이 성경을 받은 것은 거저 그것에 기대기 위함도 아니요, 이 보배를 땅 속에 파묻어 두기 위함은 더욱 아니다. 오히

---

3 Catechism of the Church of Geneva 서문.
4 Theodore Beza, 『존 칼빈의 생애와 신앙』, 김동현 역 (서울: 목회자료사, 1999), 197-198.
5 Herman Bavinck, 『개혁교의학 개요』, 135-136.

려 교회는 이 하나님의 말씀을 보존하고, 그것을 해명하고, 선포하고, 적용하고, 번역하고, 외부에 널리 퍼뜨리고, 권장하고, 수호하도록 부르심을 받았다. 말하자면 교회는 진리와 기둥의 터(딤전 3:15)이므로, 세상을 대적하여 진리를 떠받치고 그것을 유지하며 굳게 세우는 하나의 주춧대요 기초가 되어야 한다. 만약 교회가 이 의무를 등한시 하게 되면, 이단들이 득세하게 되고 진리의 말씀이 왜곡될 수 있게 된다. 따라서 교회는 단호하고 분명한 목소리를 내고, 또한 하나님께서 친히 그의 말씀 속에 허락하신 진리가 무엇인지 진술할 의무가 있다. 이렇게 해서 성경에 기초하여 세워진 진리는 하나의 신앙고백 혹은 신조로 이어진다. 이 신앙고백은 모든 신자들의 의무요 또한 그들의 마음에서 우러나오는 명령이기도 하다.

기독교회가 신조를 명확히 하고 신앙고백을 분명히 알고 고백하여야 할 필요가 있음에도, 다른 한편에서는 신앙고백이 성경의 유일한 권위와 개인의 양심의 자유를 해치며 신학의 발전을 저해한다는 주장들이 있었다. 그러나 역대 신조나 신앙고백은 결코 성경을 약화시키는 것이 아니라 도리어 성경을 지지하고 그 권위를 굳게 세운다. 더욱이 신조는 신앙이나 지식의 성장을 저해하는 것이 아니라 올바로 자라도록 지켜주며, 신앙고백들 자체가 믿음의 유일한 규범인 성경을 근거로 점검받고 개정되는 것이다.[6]

아울러 바빙크는 사도신경의 유래와 그 중요성에 대하여, 다음과 같이 말했다.[7]

> 사도신경은 2세기 초엽부터 존재하였는데, 이는 유대교적인 견해 쪽에서는 예수 그리스도를 사람 이상으로 보지 않았고, 이교도 견해 쪽에서

---

6 Ibid., 137.
7 Ibid., 139.

는 독생자로 성육신하신 것을 인정하지 않으려 하였기 때문에, 그리스도께서 하나님의 독생자였음과 육체로 오셨음을 분명히 선언한 것이다. 따라서 사도신경이 요약하고 있는 기독교의 사실들에서, 그리고 그리스도의 인격(person) 교리와 삼위일체의 교리에서, 기독교 교회들 모두가 의견의 일치를 보며, 이로써 유대교와 이교를 대적하여 하나의 단위로 연합되는 것이다.

오늘날 개혁주의 신학자들은 성경과 역대 신조에 담긴 정통교리에 근거하여, 작금의 많은 신학자들이 제시하고 연구해 온 성경신학의 중심주제들에 대해서도 교리사적으로 면밀히 고찰해야 할 사명이 있다.

그러므로 개혁주의 신학전통이 성경신학의 바른 위치와 방향을 찾을 수 있도록 기여하며, 또한 성경신학이 개혁신학의 든든한 토대로 바로 세워지도록 노력해야 할 것이다.

나아가 기독교의 성경신학적 연구가 현대교회의 반교리적 경향에 대응하고, 또한 신앙의 자발적이고 감정적인 면들이 지나치게 강조되는 현실 가운데 우리의 신앙적 구조에 교리적 기초가 필수불가결하다는 것을 증언해 줄 수 있도록 해야 할 것이다.[8]

2) 개혁교회와 역대 신조

개혁교회는 성경적이고 사도적이며 공교회적인 신앙고백을 담고 있는 공인 신조를 정통교리로 고백한다. 역대 기독교회의 공인 신조에는 초대기독교의 사도신경을 기초로 하여 작성된 니케아신경(325), 칼케돈신경(431), 아타나시우스신경(500)이 있으며,[9] 또한 종교개혁 시대에 작성된 벨직 신앙고

---

8 Geerhardus Vos, 『성경신학』, 원광연 역 (고양: 크리스챤다이제스트, 2005), 30–31.
9 Philip Schaff, *The Creeds of Christendom*, Vol. Ⅰ. 57–58. 아타나시우스신경은 니케아 회

백서(1561), 하이델베르크 요리문답(1563), 돌트신경(1619), 웨스트민스터 신앙고백서(1647)와 웨스트민스터 대소요리문답(1647, 1648)이 있다. 그리고 개혁교회 안에서는 위의 대표적인 공인 신조들과 함께 니케아콘스탄티노플신조(381), 제네바 요리문답(1542), 프랑스 신앙고백서(1559), 스코틀랜드 신앙고백서(1560), 제2스위스 신앙고백서(1566) 등도 배우고 따라야할 중요한 신앙고백으로 널리 사용되고 있다.

한편 미국장로교회는 1706년에 필라델피아 독노회를 설립하였으며, 1729년에는 최초의 미국장로교 대회를 개최하였는데, 이 대회에서는 웨스트민스터 신앙고백서를 표준문서로 채택했다. 또한 1789년에 이르러 미국장로교 총회가 성립되었다.

그 후 1801년에는 회중교회와 장로교회가 통합하여 하나의 총회를 구성하게 되었다. 이러한 흐름 속에서도 장로교회는 목회자훈련을 위하여 프린스턴신학교(1812)를 설립했다. 당시 프린스턴의 신학자들은 개혁파 신앙고백주의의 옹호자들이었다. 그래서 찰스 하지(Charles Hodge, 1797-1878)는 프린스턴이 할 일이란 완전하고 순전한 칼빈주의를 지켜내는 것임을 분명히 밝히면서, "이 학교에서는 결코 새로운 사상을 만들어 내지 않는다"라고 천명했다.[10]

19세기 중반에는 노예문제로 인하여 남부의 미국장로교회(PCUS)와 북부의 미합중국장로교회(1869)로 나누어졌다. 1903년에 북장로교회는 웨스트민스터 신앙고백서에 두 개의 장을 추가하여 확대 개정하는 동시에 '선언문'을 추가했다. 이러한 개정작업은 당시의 사회적 상황과 선교적 필요에 부합하여야 한다는 요청을 근거로 이루어진 것이었다. 그리고 북장로교회는

의(325)에서 칼케돈 회의(451)에 이르는 정통교리와 어거스틴의 삼위일체와 성육신에 대한 사상을 매우 분명하게 요약하고 있으며, 9세기 이후에 아타나시우스가 이 신조의 저자인 것으로 알려지게 되었다.

10 John J. Murray, 『현대 영국 개혁주의 부활』 (서울: 부흥과개혁사, 2010), 172.

1925년 총회에서는 웨스트민스터 신앙고백서를 다시 수정하여 채택했으며, 게다가 전통적으로 보수적이던 남장로교회도 북장로교회와 마찬가지로 1939년과 1942년에 웨스트민스터 신앙고백서를 수정하고 첨가했다.

1958년에 이르러 미합중국장로교회와 북아메리카연합장로교회가 합쳐서 미국연합장로교회(PCUSA)가 성립되었으며, 1967년에는 신정통주의 영향을 받아 새로운 신앙고백을 작성함으로 전통으로부터 완전히 변질되고 말았다.

20세기 자유주의의 도전 속에서 미국장로교회 안에서 보수파들은 1910년에 근본주의 5대 교리를 채택하여 교회를 보호하는 데 힘을 썼다. 그러나 프린스턴신학교가 좌경화되자, 1929년 6월에 메이첸을 비롯한 보수주의 신학자들이 나와서 옛 프린스턴의 기풍을 이어가고자 웨스트민스터신학교를 새롭게 설립하였으며,[11] 1936년에 보수주의 교회들은 100여명의 목사들과 함께 정통장로교회(OPC)를 형성하였다.

그리고 1973년에는 미국장로교회(PCA)가 미국연합장로교회에서 교리적 사회적 문제로 분리되어 형성되었는데, 이 교단은 1647년의 웨스트민스터 신앙고백서를 표준문서로 채택하고 있다.

다음으로 한국장로교회는 영국의 청교도적 신앙전통을 이어받은 미국장로교회의 영향을 받아 형성되었는데, 1907년 조선예수교장로교회 독노회가 채택한 표준문서는 '12신조와 소요리문답'이었다. 초창기에 한국장로교회는 인도장로교회의 신조를 그대로 수용하여 '12신조'를 작성하였으며, '소요리문답'은 웨스트민스터 표준문서의 전체가 아닌 한 부분을 채택했다. 그리고 서문에서는 '소요리문답'을 교회와 신학교가 마땅히 가르쳐야 할 것을 말하고 있으나, 역사적으로 한국교회 안에서는 성실하고 온전한 교리교육이 실행되지 않았다.

---

11   Ibid., 175.

1917년에 한국장로교회가 제정한 '교회헌법'은 '웨스트민스터 신앙고백서 수정안(1903)'을 수용하고 있는데, 이는 개혁교회의 정체성을 잃어버린 미국 장로교회의 헌법을 그대로 채택한 것에 불과했다. 그 후 1963년에 대한예수교장로회 합동측 제48회 총회에서 처음으로 웨스트민스터 신앙고백서와 대요리문답이 표준문서로 채택되었으며, 고신교단과 합신교단에서도 채택된 바 있다. 그러나 많은 장로교단은 미국장로교의 수정헌법(1903)을 채택한 상황이다.[12] 이 헌법은 알미니안주의와 보편구원관을 명시함으로 큰 오류를 갖고 있는데, 각 교단들이 목회적 필요와 시대상황에 맞추어 교회헌법을 수정함으로서 개혁주의 전통에서 멀어져 버리고 말았다.

이제 한국교회는 기독교의 본질을 회복하도록 힘써야 한다. 특히 그 뿌리와 근거가 되는 16-17세기의 개혁주의 전통으로 돌아가야만 한다. 그것은 역사적으로 기독교회가 성경에 기초하여 믿고 고백한 공인 신조들과 그 안에 담긴 순수한 복음과 참된 진리로 돌아갈 때에 비로소 가능한 일이다.

---

12   Philip Schaff, *The Creeds of Christendom, with a History and Critical notes* (Grand Rapids, MI: CCEL, 2004), Vol. Ⅲ. 780-782. 이 헌법은 3개의 장을 수정하고(제10장 실제적 부르심, 제16장 선행, 제25장 교회), 2개의 새로운 장(제34장 성령, 제35장 하나님의 사랑과 선교)을 신설했다.

The History of Reformed Doctrine

제2부 | 개혁주의 교리사

제 1 장 성경론

제 2 장 삼위일체론

제 3 장 예정론

제 4 장 기독론

제 5 장 인간론

제 6 장 성령론

제 7 장 구원론

제 8 장 교회론

제 9 장 선행론

제10장 기도론

제11장 선교론

제12장 종말론

제1장

성경론

1. 개요

성경은 하나님의 자기계시(self-revelation)이며 정확무오한 절대진리임을 믿는다. 성경 66권은 하나님께서 직접 영감하신 것으로 신앙과 삶의 절대규범이다. 신구약 성경은 삼위일체 하나님께서 사람으로 하여금 예수 그리스도를 믿어 구원을 얻으며, 또한 하나님을 참되게 알아가고 하나님을 영화롭게 하도록 인도한다.

개혁주의는 성경 중심의 신학이다. 그래서 성경을 하나님의 자기계시이자 정확무오한 말씀으로 믿으며, 신앙과 삶의 유일한 표준과 객관적이고 절대적인 규범으로 고백한다.

> 모든 성경은 하나님의 감동(θεόπνευστος, inspired by God)으로 된 것으로 교훈과 책망과 바르게함과 의로 교육하기에 유익하니, 이는 하나님의 사람으로 온전하게 하며 모든 선한 일을 행할 능력을 갖추게 하려 함이라(딤후 3:16).

그래서 개혁교회는 하나님의 주권을 높이고 하나님께서 계시하신 말씀을 따라 믿고 순종함으로 오직 하나님의 영광을 돌리기 위해 힘쓰는 교회로서, 오직 '하나님 중심'과 '성경 중심'의 신앙으로 세워지는 참 교회를 지향한다.

삼위일체 하나님께서는 그의 영광을 위하여 영원한 경륜을 세우시고, 그의 뜻을 따라서 만물과 인간을 창조하셨다. 본래 인간은 하나님의 형상으로 창조되었으며, 참되고 유일하신 하나님을 알고 있었다. 또한 창조주 하나님께서는 만물을 통하여 인간에게 선하신 하나님을 계시해 주셨다. 그러므로 자연계시는 인간에게 참 하나님이 계시는 것과, 인간은 전적으로 하나님께 의존하여 존재하고 있음을 끊임없이 선포해 오고 있다.

인간에게는 창조주 하나님을 아는 지식과 함께 하나님에 대한 온전한 믿음과 순종이 요구되었다. 하지만 인간은 하나님께서 은혜로 주신 자유의지를 선용하지 못하고 탐심으로 인해 불순종하고 타락함으로 죽음과 영벌에 처하게 되었다. 결국 하나님께 범죄한 인간은 하나님에 대해 무지하게 되었다. 이제 자연계시는 단지 인간의 타락한 상태에 대해서 말해 주며, 타락한 죄인들에 대하여 하나님께서 매일 진노하고 계심을 보여준다.[1] 또한 자연계시는 유기된 자들에게 그들의 무지를 핑계할 수 없는 조건으로 남게 되었다.

그런데 자비의 하나님께서는 참되고 유일하신 구주요 중보자이신 예수 그리스도를 보내시어 구속사역을 성취하시고 범죄한 인류를 구원해 주실 것을 계시하셨는데, 이 하나님의 구속의 계시를 기록한 것이 바로 성경이다. 곧 성경은 하나님의 크고도 놀라운 '구속경륜'(economy of salvation)을 기록한 특별계시의 말씀이다. 이는 하나님께서 구원의 특별한 목적을 가지고 자신을 사람들에게 알리시는 은혜의 행위며, 선하시고 지혜로우신 하나님께서 그의 기쁘신 뜻대로 세우신 영원한 경륜과 특별한 섭리에서 나온 것이다.

성경은 하나님께서 영원 전에 그리스도 안에서 택하시고 영생주시기로 작

---

[1] G. I. Williamson, 『웨스트민스터 신앙고백서 강해』, 류근상 역 (서울: 크리스찬출판사, 2009), 13.

정한 자들에게 복음의 계시를 전달해줌으로서, 그들로 하여금 그리스도를 믿음으로 죄사함을 받고 의로운 하나님의 자녀가 되게 하며, 그들을 장차 천국에 들이시는 무조건적이고 완전한 자비와 호의에서 주어진 특별한 은총의 선물이다.

창조주 하나님께 범죄하여 타락함으로 영적인 소경된 사람은 더 이상 스스로의 힘으로 하나님을 알 수 없다. 또한 그는 자신의 죄를 해결하고 구원을 이룰 수 없는 전적으로 무능력한 존재가 되었다. 결국 죄인이 그의 절망적인 상태에서 벗어나려면 반드시 성령의 은혜로 거듭나야만 한다. 따라서 하나님께서는 범죄한 인류에게 영생의 길을 열어 주셨다. 그 길은 바로 성경의 주제요 계시의 중심이시며, 참 길이요 진리요 생명이신 예수 그리스도(Iησοῦς 'Εγώ εἰμι ἡ ὁδὸς καὶ ἡ ἀλήθεια καὶ ἡ ζωή, 요 14:6)시다.

삼위일체 하나님께서는 성경을 통하여 예수 그리스도를 계시하시고, 그를 통하여 자신을 계시해 주셨다. 하나님이 바로 성경의 원저자이시다. 아울러 하나님에 대한 참된 지식은 오직 성경과 성령의 조명을 통해서만 얻을 수 있다. 그것은 성경 안에 있는 예수 그리스도의 객관적 계시(외적 인식원리)와 성경을 통하여 택한 자들을 중생시키고 참 진리로 인도하시는 성령의 내적 조명(내적 인식원리)을 말한다.

성경은 삼위일체 하나님을 아는 참 지식 곧 그리스도 안에서 구원에 이르는 지혜를 갖게 하는 유일한 표준이다(딤후 3:15). 나아가 삼위일체 하나님을 바르게 아는 것이 영생이기 때문에(요 17:3), 성경은 하나님께서 우리로 하여금 예수 그리스도를 믿음으로 영생을 얻게 하시는 구원의 말씀이다(요 20:31).

2. 주요논쟁

1) 성경의 정경화(The Canonization)

성경의 정경화란 신구약 성경 66권이 기독교회의 공적인 권위를 갖게 된 것을 말하며, 오직 성경만이 기독교회의 신앙과 행위의 유일하고 절대적인 표준이며 규범임을 공적으로 확증한 것이다. 그런데 성경의 정경화는 무엇보다 하나님의 섭리로 이루어졌다. 실제로 성경은 역사 속에서 하나님의 놀라운 은혜와 섭리 속에서 각 지역의 교회와 성도들로부터 매우 자연스럽게 그 권위가 인정되고 있었으며, 후에는 공교회(Catholic Church)가 공회의를 열어 확증하여 선언하고 따르는 방식으로 이루어졌다.

먼저 구약성경은 주전 5세기 학사 에스라에 의해 수집되어 귀환한 이스라엘 백성 속에서 사용되었다. 주전 250년경 헬라제국의 통치 하에서 이집트 알렉산드리아에서 모인 72인의 유대인 지도자들에 의하여 구약성경이 헬라어로 번역되었다. 이를 70인경(septuagint)이라고 부른다. 이 70인경은 구약성경 39권을 정경으로 인정하고 있었다.

주전 167년경 시리아 지역의 유대인들에 의한 마카비혁명이 일어나 하스모니안 왕조(주전 167-63)가 세워졌는데, 이 100여 년의 시간 동안에 히브리어 구약성경과 함께 70인경이 혼용되어 사용되었다. 이러한 사실은 1948년에 사해 지역 쿰란동굴에서 발견된 200여 개의 '사해 사본'(The Dead Sea Scrolls)에서 입증되었다. 신학자들은 이 히브리어 구약 사본들이 하스모니안 왕조 시대 사이에 당시 신앙의 한 부류였던 '에세네파'에 의해 기록된 것으로 보고 있다.

1세기에 예수님과 사도들이 활동하던 초기 기독교회에서는 구약성경의 헬라어 역본인 70인경이 매우 자연스럽게 정경적 권위를 가지고 널리 사용되었다. 즉 예수님과 사도들 그리고 초대교부들에 의해 보편적으로 구약성경 39권이 정경으로 인정되었던 것이다.

주후 70년 이스라엘 성전이 파괴된 후에, 유대인 랍비들은 예루살렘을 떠나 야브네에서 율법학교를 세우고 유대교 신앙을 유지하고 있었다. 그리고 90년경 유대인 랍비들은 유대교 신앙을 보존하기 위해 정경화의 필요성을 인식하고, '얌니아 회의'(Council of Yavneh)를 열어서 70인경의 목록을 따라서 구약 39권을 정경으로 확정했다.

4세기에는 70인경의 바티칸 사본(325-350)과 시나이 사본(375-400)이, 5세기의 알렉산드리아 사본(450) 등의 헬라어 역본들이 존재했다. 아울러 9세기 이후에는 유대인들 지도자들이 모여 종래의 히브리어 구약성경에 '맛소라'(전통) 곧 모음이나 강세표를 다는 방식으로 된 '맛소라 사본'(Massoretic text)을 편집하였으며, 이 성경이 10-12세기경에 대량으로 인쇄되어 널리 소개되었다. 이 맛소라 사본은 바벨론과 팔레스타인 지역의 티베리아 맛소라로 나뉘는데, 그 중 티베리아 맛소라가 가치가 있다. 이는 다시 가문을 따라 벤 납달리 사본과 벤 아쉐르 사본으로 나누어지며, 오늘날 신학계에서는 벤 아쉐르 사본 중에서 9세기경 모세 벤 아쉐르가 필사한 레닌그라드 사본(Codex Leningradensis)이 그 권위를 인정받고 있다. 아울러 다른 사본들로는 이집트의 나쉬 파피루스 사본, 9세기의 대영박물관 사본, HUB(Hebrew University Bible) 성경의 모체가 되고 있는 알렙포 사본(14세기 시리아에서 발견됨) 등이 있다.

현재까지 발견된 히브리어 사본은 약 1,000여 개 정도로 알려져 있는데, 그 중에서 주전(B.C.)에 필사된 사본은 '사해 사본'이 유일한 실정이다. 그 후 1937년에 독일신학자 키텔은 레닌그라드 사본을 채택하여 제3판(BHK)을 발간하였고, 또한 1977년에 독일성서공회는 이를 다시 수정하여 BHS(Biblia Hebraica Stuttgartensia)라는 이름으로 발간했다.

다음으로 신약성경은 1세기경 주님의 사도들에 의해 기록되었으며, 먼저는 팔레스타인과 소아시아 지역을 중심으로 전해졌다. 그 후 로마제국 내의 여러 교구들에서 널리 사용되었으며, 점차 각 교구의 감독들과 공회의를 통하여 자연스럽게 정경으로 인정되었다.

2세기 속사도 교부들의 저작들을 살펴보면(로마의 클레멘트, 이그나티우스, 폴리캅, 『바나바 서신』, 『헤르마스의 목자』, 『디다케』 등), 당시에 신약의 책들이 각 지역의 교회 안에서 보편적으로 사용되고 있었다는 사실과 함께 신약성경이 지닌 사도적 정경성과 무오성을 잘 증언해 주고 있다. 또한 변증가들과 초대 교부들의 저작들은 신약성경을 기초로 하여 이미 초기 기독교 교리가 형성되고 있음을 알 수 있다.

주후 325년에 니케아 공회의에서는 아리우스와 같은 이단 사상들을 대적하여 정통교리의 확립에 기여하였고, 328년에 알렉산드리아의 감독이 된 아타나시우스(Athanasius, 296-373)는 말시온과 같이 성경의 정경성을 파괴하는 이단들을 대항하기 위하여, 처음으로 367년 자신의 교구에서 신약 27권을 정경으로 인정했다.

393년에는 어거스틴의 주도하에 열린 히포 레기우스 회의에서 최초로 신약정경을 결정하였고, 이어서 397년과 419년에 열린 카르타고 회의에서 정식으로 추인되었다.[2] 당시 정경성의 기준은 사도성(기록자), 영감성(구원의 교리), 보편성(교회의 확실한 전승) 등이었다. 아울러 성경의 정경화가 진행되던 4-5세기에 신약성경의 필사본은 이집트의 알렉산드리아 사본, 로마를 중심으로 한 웨스턴 사본, 팔레스틴의 가이사랴 사본 그리고 콘스탄티노플을 중심으로 한 비잔틴 사본 등이 존재하고 있었다.

그 후 1380년에 영국의 위클리프는 라틴어 불가타성경을 최초로 영어로 번역했고, 1516년 에라스무스는 12세기 이후의 5권의 비잔틴 필사본들과 라틴어 불가타성경을 참고하여 헬라어 신약성경을 발행했으며, 또한 1524년에 틴데일은 에라스무스의 헬라어 신약성경을 영어로 번역했다.

---

2   Ernst H. Klotsche, 『기독교 교리사』, 87.

1611년 영국 제임스 왕의 명으로 54명의 주교들이 성경의 역대 사본들과 함께 주로 틴데일성경(1525)을 토대로 개정작업을 진행하고, 스테파누스성경(1550), 베자성경(1560) 등을 참고하여 번역한 제임스성경(KJV)이 발간되었다. 또한 1886년에는 수차례 개정을 거쳐 새킹제임스성성(NKJV)이 발간되었다. 그리고 1881년 개정역(RV), 1901년 표준역(ASB), 1952년 개역표준판(RSV), 1970년 새미국성경(NSB), 1971년 새미국표준성경(NASB), 1977년 새국제성경(NIV) 등 여러 영어성경이 발간되었다.

현재 신약성경은 약 5,400개에 이르는 부분 혹은 전체 본문이 기록된 헬라어 필사본과 라틴어, 시리아어 등으로 번역된 약 8,000개에 이르는 번역본들이 있다. 그리고 1898년에는 네슬 알란드 헬라어 신약성경이 출간되었고, 1966년에는 UBS(연합성서공회)의 헬라어 신약성경이 출간되었다.

2) 초대교회와 성경론 논쟁

성경은 유일하신 하나님과 그의 보내신 자 예수 그리스도의 계시이다. 그래서 주님은 성경의 모든 말씀이 바로 자신을 가리켜 기록된 것임을 말씀하시고, 아울러 모든 예언의 말씀이 자신을 통해 온전히 성취되었음을 알려주셨다(눅 24:14,44). 즉 하나님의 아들이자 말씀이신 예수 그리스도가 육신을 입고 이 땅에 오심으로 계시가 완성되었다.

알파와 오메가이신 그리스도께서는 친히 경고하시기를, "누구든지 이것들 외에 더하면 하나님이 이 두루마기에 기록된 모든 재앙을 더하실 것이요, 만일 누구든지 예언의 말씀에서 제하여 버리면 하나님이 두루마리에 기록된 생명나무와 거룩한 성에 참여함을 제하여 버리시리라"고 하셨다(계22:18-19). 사도 베드로도 "성경의 모든 예언은 사사로이 풀 것이 아니니, 예언은 언제든지 사람의 뜻으로 낸 것이 아니요 오직 성령의 감동하심을 받은 사람들이 하나님께 받아 말한 것임이라"고 경고했다(벧후 1:20-21).

하나님께서 이 구속의 계시를 우리에게 주신 목적은 바로 사람으로 하여금 예수께서 하나님의 아들 그리스도이심을 믿어 영생을 얻게 하려함이다 (요 20:31). 그런데 기독교회사 속에서는 성경을 제하거나 또는 성경에 외경이나 종교회의 문서들과 자신들만의 그릇된 신앙전통들을 더하여 성경의 정경성을 파괴하고 교회를 혼란에 빠뜨린 수많은 기독교 이단운동가들이 나타났다.

먼저 에비온주의자들은 구약과 율법의 준수를 강조하면서 바울서신과 복음서들을 부정하였으며, 또한 몬타누스파는 종말적인 새로운 예언의 시대가 도래 하였으며 계시가 계속되고 있다고 주장했다. 이 몬타누스파를 비롯한 재세례파 그리고 제네바의 방임파와 같은 신비주의 종파의 사람들은 성경의 필요성을 부인하고 신자의 마음에 말하는 성령의 '내적 광명'을 중시했다.[3]

다음으로 영지주의적이고 반유대주의적 이단분파인 말시온주의는 구약의 하나님을 율법과 공의의 하나님으로 신약의 하나님을 자비와 구원의 하나님으로 구분했다. 그들은 성경을 구분하여 구약을 율법서로 신약을 복음서라고 불렀으며 예수의 제자들을 유대주의자들이라고 생각하여 사도로 인정하지 아니하고, 오직 은혜로 말미암은 구원을 강조한 바울만을 유일한 사도로 간주했다. 그들이 사용한 신약정경은 축약된 11개의 책으로 구성되었는데, 그것은 누가복음의 일부와 바울의 10개 서신들이었다.[4] 또한 성경 가운데 유대적 요소를 갖고 있거나 영지주의를 부정하는 내용을 담고 있는 책들을 제외하였다. 즉 히브리서, 마태복음, 마가복음, 요한복음, 사도행전, 공동서신 및 요한계시록을 모두 배제한 것이었다.

결국 말시온주의자들의 이러한 잘못된 인식은 성경을 자신의 잣대로 정경에서 제외시키거나 축소 혹은 확대시키는 큰 잘못을 범하고 말았다. 따라서 초대교회는 이러한 이단운동에 대항해서 신구약 성경의 정경화를 신속히 추

---

3 Louis Berkhof, 『기독교 신학개론』, 신복윤 역 (서울: 성광문화사, 1991), 46-47.
4 Ernst H. Klotsche, 『기독교 교리사』, 79.

진하게 되었다.

381년경 수도사 제롬(Jerome, 348-420)은 콘스탄티노플에 있다가 로마로 가서 로마 주교인 다마서스 감독의 비서로 일하게 되었는데, 382년에 다마서스는 그에게 성경을 라틴어로 번역해 줄 것을 요청했다.[5] 그는 250년경 오리겐(Origen, 185-254)이 편집한 '헥사플라'(Hexapla, 70인역 대조 헬라어 사본, 15권의 외경 수록)와 331년경 콘스탄틴 황제의 명을 받은 가이사랴의 감독 유세비우스가 편집한 성경을 기초로 라틴어성경인 '불가타'(Vulgate)를 사적으로 번역했다. 하지만 여기에는 70인경과 다른 내용들이 가감되었고, 외경들도 추가되었다.

로마가톨릭교회는 이 불가타성경을 표준성경으로 사용하게 되었으며, 동방 정교회는 1453년 비잔틴제국이 멸망할 때까지 헬라어성경을 사용하게 되었다. 그 후 로마가톨릭교회는 1563년 트렌트 공의회에서 불가타성경을 정경으로 선언하고 '결정 문헌'을 작성하였으며, 그 결정 문헌에서는 구약성경 39권에 외경인 토비아스(Tobias), 유디트(Judith), 지혜서(Wisdom), 바룩서(Baruch) 등의 7권을 추가했다. 아울러 그들은 성경이 교회로부터 나왔다고 주장한다. 그래서 성경의 권위와 확실성은 교회의 증언에 의한 것이라고 말하며, 외경이나 종교회의 문헌들 혹은 교회의 유전들이 교회의 결정에 따라서 정경이 될 수 있다고 본다. 나아가 그들은 오직 교황만이 성경의 유일한 해석권이 있다고 하면서, 그는 성경을 해석하고 교리를 제정함에 있어서 오류가 없다고 주장한다.[6]

---

5 Justo L. Gonzalez, 『초대교회사』, 319.
6 Inst., Ⅰ. 7. 1. 성경은 반드시 성령의 증거로 확인되어야 한다. 그러므로 그 권위는 확실한 것으로 세워지게 될 수 있다. 그리고 성경의 신빙성이 교회의 판단에 기인된다는 것은 사악한 거짓이다. 성경의 권위는 하나님으로부터 온 것이지 교회에서 온 것이 아니다.

3) 종교개혁 이후의 성경론

16세기의 소시니(Sozzini, 1539-1604)는 이성의 합리성에 근거하여 성경 가운데 모든 신적 기사와 이적들을 부정함으로 인본주의 신학의 길로 나아갔으며, 이는 자유주의 신학의 효시가 되었다. 그리고 이들의 후예인 유니테리언파는 성경을 인본주의적인 윤리서적으로 전락시키고 말았다.

17세기의 코케이우스(Cocceius, 1603-1669)는 성경을 원리와 규범이 아닌 교의학적 연구의 대상으로 보았으며, 언약을 작정에, 역사를 이념에, 인간론적 방법을 신학적인 방법에 대조시키었다. 그는 영원한 언약의 실체를 시간적이고 역사적인 것으로 전락시켜서 데카르트의 철학과 결합하고 말았다. 나아가 그는 당시 일반화되었던 개혁교회의 입장을 바꾸려고 했으며, 성경을 전제없이 주어진 상황과 문맥에서 이해해야 한다고 주장했다.[7]

코케이우스는 구약을 율법 시대로 신약을 은혜 시대로 보았고, 언약을 행위언약과 은혜언약을 구별하여 대립하는 것으로 이해하였으며, 행위언약의 폐지와 대치로서 은혜언약을 말했다. 이 사상은 신구약을 다른 언약으로 보는 동시에 계시의 점진적 발전사로 보는 오류를 낳았다. 왜냐하면 신구약의 차이란 단지 계시의 명료성이나 방식의 차이가 아니라 작정의 역사성과 다양성 아래서 구원의 객관적 축복들에 있어서 차이가 있었다는 것이다. 그 결과 신구약의 통일성 곧 삼위일체 하나님의 통일적 경륜에서 나온 언약의 통일성을 강조해 온 개혁주의 언약 사상을 파괴하였다.

18세기의 이신론(Deism)은 하나님의 일반계시를 인정하면서도, 초자연계시의 필요성과 가능성 그리고 실재성을 부정했다.[8] 이들은 데카르트의 이성에 기초한 합리주의를 계승하였는데, 하나님은 자연과 피조물 위에 초월해 계시고, 자연은 신이 정해놓은 자연법칙에 따라서 운행되며, 인간은 이성으

---

[7] 김재성, 『개혁신학 광맥』 (경기: 킹덤북스, 2016), 340-341.
[8] Louis Berkhof, 『기독교 신학개론』, 27.

로서 그 자연법칙을 알 수 있다고 주장했다. 당시 이신론은 영국에서 시작되어 프랑스, 독일 그리고 미국으로 주로 지식층 간에 퍼져 나갔다. 특히 독일 자유주의 신학자들은 고등비평을 통하여 성경의 권위와 무오성을 파괴했다.

20세기의 신정통주의자들(Neo Orthodoxy)은 성경을 하나님의 객관적인 계시의 말씀으로 인정하지 않으며, 성경을 무오성을 부인했다. 그래서 그들은 "성경이 하나님의 말씀을 포함하고 있다"라고 말하거나, "성경이 하나님의 말씀이 된다"라고 말했다. 특히 바르트는 성경과 계시를 구분하여, 계시는 신과 인간의 대면 혹은 만남이라고 하였으며, 하나님의 말씀이 사람에게 다가올 때 계시와 성경이 하나가 된다는 '계시의 현재성'을 주장했다.[9]

이 신정통주의자들은 성경의 복음적 사실 곧 예수 그리스도의 행적을 신화로 보고 그리스도의 동정녀 탄생이나 부활과 승천의 사실을 부정하고, 성경의 모든 이적과 기사들을 모두 제거하고 말았다. 이들은 자유주의 신학자들과 동일한 전통 위에서 성경의 권위와 정통교리를 부정하고 파괴한다.

19세기 후반에는 성경 외에 새로운 계시를 주장하는 이단운동들이 대거 등장하였는데, 그들 가운데에는 미국의 몰몬교의 조셉 스미스, 안식교의 알렌 화이트 등이 있다. 그 후 20세기의 신비적 은사주의자들은 방언과 예언의 은사를 강조하며, 신비적 체험과 함께 성령의 직접계시를 주장한다. 이 은사주의 운동은 지금까지도 기독교회에 많은 해악을 끼치고 있다.

최근 한국교회 안에는 '킹제임스성경'(KJV)만이 바른 성경으로 주장하면서, 다른 성경들을 사단이 변개한 성경이라고 비평하는 단체가 등장했다. 그들은 하나님께서 이 킹제임스성경의 번역에 참여한 자들에게 특별한 영감을 주셨다고 말하며, 또한 킹제임스성경만이 참된 권위를 갖고 있다고 주장한다. 하지만 이들은 킹제임스성경이 수많은 역본 중의 하나라는 사실과 그 자체도 수많은 오류가 있음을 부정하고 있다. 또한 자신들의 그릇된 신앙과

---

[9] Harvie M. Conn, 『현대신학 해설』 (서울: 개혁주의신행협회, 1994), 37.

영적인 교만으로 현대교회에서 사용하고 있는 성경들을 부정하는 참담한 잘못을 저지르고 있다.

개혁교회는 하나님께서 영감하여 직접 기록하게 하신 성경원본의 권위와 무오성을 믿는다. 그리고 성경의 권위는 오직 성경의 저자요 진리 자체이신 하나님께 있으며, 성경의 최고의 판단자요 해석자는 오직 진리의 영이신 성령이심을 고백한다.

전능하신 하나님께서는 그의 비상한 보호와 섭리를 통하여 성경의 원본을 본질적으로 순수한 상태로 보존하셨다. 다만 원본과 역본의 구별은 기록과 번역의 차이에 불과하며, 성경의 진리 그 자체는 불변하고, 성령 안에서 모든 사람에게 영적 도덕적으로 완전하고 충족하다.

3. 역대 신조

1) 니케아콘스탄티노플신조(381)는 예수 그리스도가 '성경대로' 부활하사(고전 15:4)라고 고백하고 있는데, 이는 진리의 절대기준으로서 오직 성경의 권위를 높이고 있다.

2) 프랑스 신앙고백서(1559)는 신구약 66권을 정경으로 인정하면서, 성경의 권위는 오직 하나님께로부터 나온 것임을 고백한다.[10]

> 우리는 이 책들이 정경이며 우리의 신앙의 확실한 규범임을 아는데, 그것은 의견의 일치나 교회의 합의보다는 오히려 성령의 증거와 내적인 조명에 의하는 것이니 성령께서는 아무리 유익할지라도 교리를 찾아낼

---

10 Confession de La Rochelle, 제4조, 제5조.

수 없는 교회의 다른 문서들과 정경들을 우리가 구별할 수 있게 하신다. 성경 안에 있는 말씀은 하나님에게서 나왔으며, 이 책의 권위는 다만 하나님에게서만 받은 것이지 사람에게서 받은 것이 아님을 믿는다. 성경이 모든 진리의 척도이며 하나님을 섬기는 일과 우리의 구원에 필요한 모든 것을 포함하고 있는 만큼 사람이나 천사라 할지라도 성경에 더 첨부하거나 혹은 성경에서 삭제하거나 고치는 것은 잘못하는 일이다.

3) 벨직 신앙고백서(1561)도 성경의 권위가 교회로부터 나온 것이 아니라 오직 하나님께 있음을 고백한다.[11]

> 우리는 이 모든 성경을 우리의 믿음을 규정하며 기초를 이루는 것으로, 또한 믿음을 확증시키는 성스러운 정경으로 믿는다. 이 쓰여진 모든 것을 확실히 믿는 것은 교회가 이를 받아들였거나 승인했기 때문이 아니라, 무엇보다도 성령께서 우리의 마음속에서 그 말씀이 하나님께로부터 왔음을 증거하기 때문이며, 성경이 그 스스로 증거하기 때문이다.

아울러 '성경의 충족성과 완전성'에 대하여, "우리는 성경이 하나님의 뜻을 충분히 내포하고 있으며, 인간이 구원을 얻기에 필요한 모든 것을 충분히 그 속에서 지시하고 있음을 믿는다"라고 고백한다.[12]

4) 웨스트민스터 신앙고백서(1647)에서는 '성경의 절대성 필요성'에 대하여 고백함으로 시작하고 있다.[13]

---

11 Belgic Confession, 제5장.
12 Belgic Confession 제7장.
13 Westminster Confession of Faith(WCF, 1647), 제1장 제1항.

주님은 여러 시대에, 그리고 여러 가지 방식으로 자신을 계시하시고, 자기의 교회에 자신의 뜻을 선포하시기를 기뻐하셨으며, 그 후에는 진리를 더 잘 보존하고, 전파하기 위해서, 그리고 육신의 부패와 사탄과 세상의 악에 대비하여 교회를 더욱 견고하게 하며, 위로하시기 위해서 바로 그 진리를 온전히 기록해 두시는 것을 기뻐하셨다.

성경은 하나님의 영감으로 말미암아 주어진 것으로, 성도의 '신앙과 생활의 법칙'이다.[14] 왜냐하면 성경 안에는 하나님 자신의 영광과 사람의 구원과 믿음과 삶에 필수적인 모든 것에 관한 하나님의 전체 경륜이 분명하게 세워져 있기 때문이다.[15] 특히 성경의 권위는 전적으로 성경의 저자요 진리 자체이신 하나님께 있다.[16]

> 성경에는 권위가 있다. 그 권위 때문에 우리는 성경을 믿고 순종해야 하는 것이다. 성경의 권위는 어떤 사람이나 교회의 증거에 의해 좌우되는 것이 아니고, 그것의 저자이시요, 진리 자체이신 하나님께 전적으로 달려 있다. 그러므로 우리가 성경의 권위를 받아들여야 하는 것은, 그것이 하나님의 말씀이기 때문이다(벧후 1:19-21; 딤후 3:16).

그리고 성경의 종결성과 충족성을 분명히 밝히면서, 성령의 내적 조명의 필요성에 대하여 다음과 같이 고백하고 있다.[17]

> 하나님 자신의 영광과, 인간의 구원, 신앙과 생활에 필요한 모든 것에 관하여 하나님이 가지고 계시는 모든 계획은 성경에 분명하게 기록되

---

14   WCF 제1장 제2항.
15   WCF 제1장 제6항.
16   WCF 제1장 제4항.
17   WCF 제1장 제6항.

어 있거나, 아니면 선하고 적절한 추론에 의하여 성경에서 연역될 수가 있다. 그러므로 이 성경에다 성령의 새로운 계시에 의해서든지 혹은 인간들의 전통에 의해서든지 아무 것도 어느 때를 막론하고 더 첨가할 수기 없다. 그러나 말씀으로 계시되어 있는 그러한 것들을 구원론적으로 이해하는 데는 하나님의 성령의 내적 조명이 필요하다는 것을 우리는 인정한다.

나아가 성경의 '구원적 통일성'에 대하여, "성경이 제시하는 것은 하나님께서 생명에 이르도록 선택한 사람들을 위해 그리스도가 오셔서 구속사역을 이루셨으며, 성령으로 말미암아 택함을 입은 자들이 그리스도를 믿음으로 완전한 죄사함과 영원한 구원을 얻을 수 있도록 약속하셨다는 것"이라고 말한다.[18]

그래서 구약의 성도들이나 신약의 성도들 모두가 동일한 원리로 구원받았다는 사실을 알려준다.[19]

> 언약이 율법 하에서는 약속들, 예언들, 제물들, 할례, 유월절 양, 그리고 유대 백성들에게 전해진 다른 모형들과 의식들에 의하여 집행되었는데, 이 모든 것은 장차 오실 그리스도를 예표했다. 당시에는 약속된 메시야를 믿는 신앙으로 선택자들을 교훈하며 세우는 데 성령의 사역으로 말미암아 이것들만으로도 충분하였고 효과적이었다. 그 메시야로 말미암아 그들은 완전한 죄사함과 영원한 구원을 얻었다. 그리고 실체이신 그리스도께서 나타나시게 되자, 이 언약은 말씀선포와, 세례와 주의 만찬인 성례의식으로 집행되었다. 이 의식들을 통해서 그 언약이 모든 민족

---

18 WCF 제7장 제3항. 이 언약은 일반적으로 '은혜언약'이라고 불린다. 그 언약에 의하여 주님은 죄인들에게 예수 그리스도로 말미암아 생명과 구원을 값없이 주셨다.
19 WCF 제7장 제5-6항.

들, 곧 유대인들과 이방인들에게 더욱 충분하고, 확실하고, 영적인 효과를 가지고 제시되고 있다. 그러므로 본질 면에서 차이가 있는 두 종류의 은혜언약이 있는 것이 아니고, 여러 세대에 걸쳐 있지만 하나의 동일한 언약이 있을 뿐이다.

결론적으로 제14장은 성경의 통일성을 강조한다. 즉 전체 성경이 일관되게 동일한 구원의 원리를 밝히고 있다.

구원에 이르는 신앙의 주요한 행위는 은혜언약에 근거하여, 칭의와 성화와 영생을 위하여 그리스도만을 받아들이고, 영접하고, 의존하는 것들이다.[20]

이어서 제21장 '예배와 안식일' 부분에서는, 교회가 오직 성경에 규정된 원리를 따라서 하나님을 참되고 거룩하게 예배할 것을 요구한다.[21]

참되신 하나님을 예배하는 합당한 방법은 그 자신이 친히 정해 주셨으므로 그 자신의 계시된 뜻 안에서 한정되어 있다. 사람들의 상상이나 고안, 또는 사탄의 지시에 따라 어떤 구상을 사용하거나, 성경에 규정되어 있지 않은 다른 방법을 따라서는 하나님을 예배할 수가 없다.

5) 웨스트민스터 대요리문답(1648)은, 성경을 '신앙과 순종을 위한 유일한 법칙'이라고 선언한다.[22] 결론적으로 교회는 모든 종교적 논쟁에 있어서 최

---

20 WCF 제14장 제2항.
21 WCF 제21장 제1항.
22 Westminster Larger Catechism 제3문.

종적으로 성경에 의존해야 하는 것이다.[23] 그리고 우리가 이 세상의 모든 영역과 모든 사실들에 대하여 우리의 삶이 언제나 자신에게로 향하는 것이 아니라, 오직 하나님의 영광에게로 돌아가는 것이 되어야 할 것이다.[24]

4. 요점 : 오직 성경

1) 오직 성경과 전체 성경

개혁주의 전통을 따르는 성경관은 '오직 성경'(Sola Scriptura)과 함께 '전체 성경'(Tota Scriptura)의 원리를 강조한다.

먼저 '오직 성경'이란 하나님께서 사람에게 하나님을 아는 지식, 곧 구원에 이르는 참 지식을 오직 성경에서만 찾을 수 있도록 계시하셨다는 것이다. 개혁교회는 오직 성경 외에 다른 하나님의 계시나 구원의 길이 없음을 고백한다. 이는 하나님의 계시가 성경 안에서 종결되었다는 성경의 완료성과 충족성을 말한다. 그래서 예수 그리스도께서는 "누구든지 이 말씀 외에 더하거나 제하여 버리는 자는 저주를 받을 것이라"고 말씀하셨다(계 22:18-19).

다음으로 '전체 성경'이란 하나님을 아는 지식이 전체 성경에 걸쳐서 온전히 계시되었다는 신구약의 통일성을 강조한다. 이는 모든 성경이 하나의 진리로서 통일되고 일치된 구원의 진리라는 것이다.

성경은 하나님의 구속경륜에 기초한 언약적 통일성을 가지고 있으며, 신구약 성경이 본질적인 차이가 있는 것이 아니라 하나의 통일된 계시로서 동일한 신앙의 원리 곧 구원의 방식을 알려 주고 있다. 다만 신구약 성경의 차이란 계시전달의 다양한 방식에 불과하다. 이는 하나님의 계시의 명료성과

---

[23] WCF 제1장 제8항.
[24] WCF 제1장 제5항. 하나님께 모든 영광을 돌려 드리는 것.

영감성을 말한다. 전체 성경에는 하나님을 아는 참된 지식이 명확히 계시되고 있는데, 이는 성령의 영감을 통하여 구원과 삶에 필요한 모든 지식이 기록되었다는 것이다.

그래서 전체 성경이 서로 모순됨이 없이 성경의 진리됨을 스스로 증거하고 있으며, 구원의 진리가 모든 성경 속에 풍성하고 통일되게 나타나고 있다.[25]

> 우리는 성경 전체에서 나온 성경해석이라야 정통적이요, 참되다고 주장하며, 신앙과 사랑의 규범에 일치하며 하나님의 영광과 인간의 구원에 크게 공헌하는 성경해석이라야 정통적이며 참되다고 주장한다.

흔히 교의는 필요가 없고 오직 '그리스도' 혹은 오직 '성경과 성령'만을 강조하면서 '신조'를 무시하는 사람들이 있다. 이들은 성경의 명료성을 무시하는 것이다. 그것은 역사상 성경 안에 계시된 하나님의 진리를 능히 알아볼 수 없었다고 하는 가정에서 나왔기 때문이다. 우리가 신조를 소중히 여기는 것은 성경의 명료성을 믿기 때문이다.[26]

기독교회사에 등장한 많은 이단들은 성경 외에 다른 경전을 만들거나 새 계시를 주장하며, 성경을 잘못 해석하고 그릇된 교리를 가르침으로 신자들을 미혹하고 교회를 파괴해 왔다. 그러므로 무엇보다 성경에 대한 올바른 신앙고백이 있어야 한다.

그래서 개혁교회는 성경을 하나님의 자기계시이며 정확무오한 말씀으로 믿는다. 그런데 초대교회의 영지주의자들과 자유주의자들은 성경의 정경성을 파괴하였고, 오늘날 신정통주의자들은 성경의 무오성을 부인하고 있다.

개혁주의 전통을 따르는 신본주의 신학전통에서는 성경을 하나님께서 명령하신 신앙과 삶의 절대적 표준이자 신학함의 유일하고 절대적인 원리와

---

25   The Second Helvetic Confession(1566), 제2장.
26   G. I. Williamson, 『웨스트민스터 신앙고백서 강해』, 42.

규범으로 믿는다. 그런데 인본주의 신학전통에서는 성경을 이성적인 신학탐구의 대상이나 수단으로 여긴다. 인본주의 신학자들은 성경의 정경성이나 무오성을 부정하며, 성경을 자신들의 사상이나 철학을 옹호하는 보조수단으로 사용하고 있다.

2) 적정과 절도의 원리

개혁주의 전통은 성경해석의 원리에 있어서, '적정(moderate)과 절도(sobriety)'를 강조한다. 이 원리는 '오직 성경과 전체 성경'의 사상에 기초하여 성경을 해석하여야함을 말하는 것으로서, 성경의 해석자가 성경에 계시한 내용에서 벗어나 임의적으로 호기심과 상상으로 해석하지 말 것을 경계하는 것이다.[27] 그러므로 성경해석자는 반드시 오직 성경에서 전체 성경을 해석하도록 하여야 하며, 또한 전체 성경의 입장에서 오직 성경을 해석하는 원리를 가지고 해석해야 한다.

웨스트민스터 신앙고백서는 올바른 성경해석의 원리를 가르치고 있다. 그것은 "성경해석을 위한 무오한 법칙은 성경 자체다"라는 것이다.[28] 즉 "성경은 성경으로 해석한다"는 종교개혁자들의 성경해석의 원리를 바르게 천명하고 있는 것이다.

성경의 계시는 통일성을 가지고 동일한 구원의 진리를 말하고 있는데, 다만 신구약의 차이라는 것은 처음에는 모호했던 것이 점차 확실하게 나타나는 계시의 명료성과 계시의 방식에 있을 뿐이다. 즉 계시가 역사적으로 점진적으로 발전된 것이 아니다. 여기서 우리가 신구약의 통일성을 말할 때에는, 단순히 기독론적인 통일성이 아니라 삼위일체 하나님의 역사의 통일성이요

---

[27] Confession de La Rochelle, 제8조. 우리는 우리에게 숨겨진 비밀들 앞에 겸손히 머리를 숙이며 우리의 이해가 미치지 않는 것에 대하여서는 질문을 일삼지 않고 다만 우리의 평화와 안전을 위하여 성경에서 우리에게 계시된 것을 이용할 뿐이다.
[28] WCF 제1장 제9항

구원의 길과 서정에까지의 통일성을 말한다. 그러므로 올바른 성경해석자는 단순히 기독론적 통일성이나 성령론에 맞추어 해석할 것이 아니라 삼위일체의 통일성에 초점을 맞추어 해석해야 한다.

개혁주의는 성경을 시대적 상황에서나 계시의 한 부분으로 이해하는 것이 아니라 전체로 이해한다. 이는 하나님의 계시를 오직 성경에서만 인식하는 데에 강조점을 두는 것이다. 또한 개별적인 교리나 교훈에 집중하는 것이 아니라 계시의 주체이신 하나님과 하나님의 예정에 기초한 구속경륜과 구원의 전(全) 과정, 구원의 방식과 목적 및 종결 등에 대한 총체적인 이해를 추구하는 것이다.

기독교회사 속에서 성령의 은혜로 말미암아 교회가 오직 성경과 전체 성경의 원리를 따라서 공적으로 확정한 참된 진리의 내용이자 정통교리가 바로 역대 신조와 신앙고백서들이다. 그러므로 기독교회는 오직 성경을 가지고 성령께서 그의 섭리로 알게 하신 신조와 정통교리 안에서 바르게 이해해야 하며, 설교자는 이러한 정통교리가 전체 성경 안에서 보다 정확하고 풍성하게 드러나도록 해석하고 전파해야 할 것이다.

(1) 어거스틴

어거스틴(Augustinus, 354-430)은 초대교회사 속에서 '성경의 정경화'에 크게 기여했다. 그는 397년에 제3차 카르타고(Carthago) 회의를 주도하여 신구약 성경을 정경으로 공인하는 결정을 내림으로써 기독교의 중요한 기초를 놓았으며, 419년의 카르타고 회의에서 이를 재확정하기도 했다.[29]

그는 성경의 참된 진리를 가지고 펠라기우스주의나 도나투스주의와 같은 많은 이단들을 대항하여 싸움으로 교회와 성도들을 바른 신앙으로 지키는데 큰 역할을 감당했다. 아울러 그는 성경이 하나님의 영감을 받은 하나님의 말

---

29 Ernst H. Klotsche, 『기독교 교리사』, 87.

씀이라고 말했다.[30]

> 이 중보자께서는 자기가 필요하다고 여기는 모든 것들을 계시하시되, 처음에는 선지자들을 통해 하셨고, 그 다음에는 자기 자신의 입술로 하셨고, 그 다음에는 사도들을 통해 하셨다. 또한 성경을 영감하여 그것으로 표준과 최고의 권위를 삼아서, 우리가 반드시 알아야 함에도 불구하고 우리 스스로는 배울 수가 없는 모든 진리들에 이르도록 역사하셨다.

어거스틴은 우리가 성경을 통해서 하나님을 만나기 위해서는 신앙이 필요하며 이성으로 하나님을 알아가야 한다고 했다. 즉 믿음은 이성에 선행하며 동시에 이해를 필요로 한다. 그러나 이성만으로는 진리를 알 수 없기에 계시가 우선되어야 하며, 우리의 이성은 성경의 권위를 필요로 한다고 했다.[31]

결론적으로 우리는 신앙을 통하여 지성에 이르며, 지성은 신앙의 열매인 것이다. 아울러 신앙이 인간의 이성보다 앞서며, 계시는 이성의 참된 기초라고 말할 수 있다.

(2) 칼빈

칼빈(Calvin, 1509-1564)은 제네바 요리문답(1542)에서 "사람의 삶의 제일이 되는 목적이 하나님을 아는 것"인데(제1문) 오직 "하나님의 말씀인 성경을 통해서 알 수 있다"고 말한다.[32] 그리고 그는 하나님께서 교회에게 주신 '은총의 수단'으로서 하나님의 말씀에 대하여 언급하기를 "하나님께서는 우리에게 당신의 거룩한 말씀을 남겨 주셨는데, 이 말씀이야말로 하늘나라에 들어가는 입구와 같으며" 또한 이 말씀은 성도의 행복을 위해 주신 것으로서

---

30 Augustine, *De civitate Dei*, 11. 2.
31 Augustine, Confession, Ⅵ. v. 8.
32 Catechism of the Church of Geneva 제13문.

"오직 66권의 성경에 있다"라고 말했다.[33]

그리고 칼빈은 우리가 성경으로부터 유익을 얻기 위해서는, 반드시 성령의 도우심을 받아야 한다고 주장했다.[34]

> 하늘에서 온 진리로서 양심이 완전한 확신을 가지고 받아들이고 솔직한 순종으로써 그 말씀에 복종하며 진심으로 이것을 사랑하여 따르며 우리가 그 말씀과 하나가 되기 위하여 이 말씀을 우리 마음속에 새겨 넣어야 하는데, 그 일은 우리의 능력으로 아니라 우리 안에서 성령님을 통해서 그렇게 되도록 역사하시는 분은 오직 하나님이십니다.

아울러 그는 성도들이 그들의 무지로 인해 향방이 없이 달리는 어리석은 삶을 살지 않으려면 오직 하나님의 말씀의 인도하심을 받으며 살아야함을 강조했다.[35]

> 우리가 이 말씀에서 벗어나게 되면 아무리 빨리 달린다 하더라도, 그 길에서 탈선했기 때문에 목적지에는 결코 도달하지 못할 것이다. 왜냐하면 사도 바울이 말한 대로 '가까이 가지 못할 빛에 거하시는'(딤전 6:16) 그 하나님의 광채는 말씀의 실로 인도 받지 못하면, 우리에게는 이해할 수 없는 미궁과 같은 것이라고 논의하지 않을 수 없기 때문이다. 그러므로 이 길 밖에서 벗어나 전속력을 다해서 달리는 것보다는 오히려 절름거리며 이 길을 따라 걸어가는 것이 더 낫다.

그래서 신자의 올바른 신앙생활이란 오직 성경의 진리를 따라서 수행되어

---

33 Catechism of the Church of Geneva 제300-301문.
34 Catechism of the Church of Geneva 제302-303문.
35 Inst., I. 6. 3.

야 한다.[36]

> 다음과 같은 어떤 표준이 유지되지 않으면 안 된다. 즉, 생각하는 것과 말하는 것의 확실한 규범을 성경에서 찾고, 마음의 생각과 입으로부터 나오는 일체의 말을 여기에 순응시켜야 한다는 것이다. 성경 자체의 진리를 성실하고 정확하게 전달해야 하며, 겸손하고 조심스럽게 그리고 적당한 때에 사용해야 한다.

다음으로 칼빈은 '적정과 절도'의 원리를 따라서 성경을 바르게 해석해야 할 것을 가르쳤다. 즉 바른 해석자는 성경으로부터 지나쳐서 해석을 해서도 안 되고 성경 어느 본문을 버리면서까지 성경을 해석해서도 안 된다는 것이다. 그것은 오직 성경이 말하고 있는 바를 말하고, 성경이 말하지 않는 것에 대해서 침묵하는 것이다.[37]

> '오직 성경과 호기심의 거절'이라는 원리에 의해서, 하나님을 그의 말씀 외에 어떤 다른 곳에서 찾지 않고, 하나님과 그의 신비에 대하여 항상 경외하며 조심하는 것이다. 그리고 하나님의 역사에 있어서도 그에게 영광이 되는 것만을 생각하는 것이다.

우리가 기독교의 진리를 추구하거나 예정론과 같이 심오하고 중요한 진리들을 연구할 때에도 반드시 오직 성경에서만 찾아야 한다. 우리가 주께 대해서 알아도 좋은 모든 일을 탐구할 때에, 주의 말씀만이 우리를 인도할 수 있는 유일한 길이며, 우리가 주에 대해서 보아야 할 모든 것을 보려고 할 때에,

---

36　Inst., I. 13. 3.
37　Inst., Ⅱ. 8. 22.

우리의 눈을 비추어주는 빛은 주의 말씀뿐이다.[38]

> 어거스틴의 글에 이런 말이 있다. 우리는 믿음의 길에 들어섰으므로 어디까지나 이 길을 걸어가야 한다. 이 길은 임금님의 침실에 이르는 것인데, 거기에는 지식과 지혜의 모든 보화가 감추어 있다. 주께서 그의 위대하고 선택된 제자들에게 '내가 아직도 너희에게 이를 것이 많으나 지금은 너희가 감당치 못하리라'고 말씀하셨을 때에(요 16:12), 그분께서는 조금도 원망을 품으시지 않았다. 우리는 걸음을 계속해서 전진하며 성장해야 한다. 그래야만 우리가 아직 깨달을 수 없는 일들을 우리의 마음이 받아들일 수 있게 될 것이다. 저 끝날이 되면, 그때에는 우리가 지금 알 수 없는 일을 알게 될 것이다.

(3) 바빙크

바빙크(Herman Bavinck, 1854-1921)는 성경의 정통성과 권위에 대하여, "사도 시대와 그 이후 시대에 기독교의 본질에 대하여 유대인과 이방인과의 관계에 견해 차이가 없었던 적이 없었음에도 불구하고 성경을 하나님의 말씀으로 받아 왔다는 것은 놀라운 사실이 아닐 수 없다"라고 말했다.[39]

> 예수님과 사도들의 가르침에는 구약을 언급하며 호소하는 예가 끊임없이 나타나고 있으며, 이는 구약의 권위가 복음의 전제가 되었다는 것이다. 그래서 구약은 복음을 딛고 선 주춧대요, 복음이 자라나온 뿌리였다. 그러므로 성경이 없는 신약교회는 없었고, 처음부터 교회는 율법과 시편과 선지자들을 소유하고 있었다.

---

38 Inst., Ⅲ. 21. 2.
39 Herman Bavinck, 『개혁교의학 개요』, 133.

당시 보편교회가 구약과 함께 복음서와 공동서신서를 읽으면서 사도들과 그들의 제자들에게서 참 진리의 지식을 얻었다. 2세기말에는 신약이 구약과 더불어 '성경전체'로, '믿음의 기둥의 터'로, '그 성경'으로 여겨지고, 예배 모임에서 정규적으로 읽혀지게 되었다.[40]

결론적으로 기독교의 진리는 오직 하나님께로부터 나와서 하나님을 아는 참된 지식으로 우리를 인도한다. 이는 삼위일체 하나님을 존재의 원리로 하며, 성경을 외적 인식의 원리로 하고, 성령의 조명을 내적인 인식의 원리에 의한 것이다. 우리는 삼위일체 하나님께서 은혜로 주신 믿음을 통하여 하나님이 그의 기쁘신 뜻을 따라 계시하신 성경 안에서 성령의 조명으로 진리를 알게 되는 것이다.

나아가 성경은 사변적인 교의학이나 종교윤리학의 교본이 아니라, 구속의 언약과 구속사를 다루는 극적인 요소가 가득 찬 하나의 역사책이다.[41] 그러므로 성경의 기능은 자연의 진리들에 대한 인지기능을 교정시키고 새롭게 하는데 있는 것이 아니라, 인간의 구속에 관한 새로운 진리의 세계를 소개하는 데 있다.[42]

우리는 성경을 통하여 우리를 구원하신 자비롭고 은혜로우신 삼위일체 하나님을 참되고 바르게 알아가며, 또한 하나님께 참된 경외와 온전한 순종을 드림으로써 오직 하나님께 영광을 돌려야 할 것이다.

---

40 Ibid., 134.
41 Geerhardus Vos, 『성경신학』, 30.
42 Ibid., 34.

제 2 장

삼위일체론

1. 개요

우리는 참되고 유일하시며 자존하시는 삼위일체 여호와 하나님을 믿는다. 하나님 안에는 성부, 성자, 성령의 삼위가 계신데, 삼위가 한 분 하나님이시다. 삼위는 그 본질과 권위와 영광이 동등하시며, 또한 동시에 사역하시고 결코 분리됨이 없으시다.

삼위일체 하나님은 기독교 신앙의 본질이며 핵심이다. 기독교는 하나님을 아는 지식에 기초하여 세워지기 때문이다. 즉 하나님을 바로 알지 못하고서는 인간이 구원에 이르는 참 지식을 갖지 못할뿐더러, 기독교인으로서의 올바른 정체성과 사명을 바로 수행할 수도 없다. 그러므로 하나님에 대한 바른 지식 곧 성경적인 삼위일체론은 참된 지식의 근원이며, 참된 신앙의 토대이다.

우리가 가지고 있는 거의 모든 지혜 곧 참되며 건전한 지혜는 두 부분으로 되어있는데, 그 하나는 하나님에 관한 지식이요, 다른 하나는 우리 자신에 관한 지식이다.[1] 그런데 하나님에 대한 올바른 지식은 그가 친히 계시하신

---

1 Inst., I. 1. 1.

오직 성경을 통해서만 알 수 있다. 성경은 하나님께서 삼위일체로 존재하심을 알려주고 있으며, 또한 창조주 여호와 하나님은 한 분이신데, 그 한 분 하나님에는 성부와 성자와 성령의 삼위가 계시며, 이 삼위 하나님이 곧 한 분 하나님이시라고 말한다.

아울러 삼위일체 하나님은 한 본질과 한 실체로서 통일된 경륜을 가지시고 통일적으로 사역하신다. 그래서 삼위는 역사 가운데 그의 경륜을 이루시기 위해서 위격적으로는 구별된 사역을 실행하시면서도 동시에 사역하시며 결코 분리됨이 없으시다는 것이다.

삼위일체 하나님께서는 자신과 함께 그분 안에 있는 모든 선하고 아름다운 것을 우리에게 기꺼이 주시는 분이시다. 그런즉 하나님 자신이 바로 우리의 전부이며, 우리의 최고선이요, 우리의 최고의 상급이다. 하나님의 피조물인 인간은 모든 것을 오직 하나님께로만 받아서 누리고 있다. 우리의 생명이 하나님께서 은혜로 주신 것이고, 우리가 살고 있는 모든 세계와 환경들이 하나님의 창조와 섭리의 은총으로 말미암아 주어지고 있다. 그래서 하나님이 창조하신 인간에게는 "본성의 빛과 창조의 섭리의 사역 가운데 하나님의 선하심과 지혜와 능력이 분명하게 나타나 있어서, 아무도 하나님을 모른다고 핑계할 수가 없다."[2]

삼위일체 하나님께서 태초에 자기의 영광을 위하여 천지를 선하게 창조하셨으나,[3] 인간은 스스로 하나님께 범죄하여 타락하였고, 모든 사람은 무지의 깊은 어둠 속에 갇혀서 영생이신 하나님을 아는 참 지식을 잃어 버렸다.[4]

인간의 이성은 무엇을 분별할 수 있는가를 분석해야겠다. 이 영적 통찰

---

[2] WCF 제1장 제1항.
[3] WCF 제4장 제1항. 태초에 삼위일체 하나님께서는, 그의 영원하신 능력, 지혜, 선의 영광을 나타내시려고 엿새 동안에 세상과 그 가운데 보이는 것들과 보이지 않는 모든 것들을 없던 가운데서 매우 선하게 창조하시기를 기뻐하셨다.
[4] Inst., Ⅱ. 2. 18.

에는 세 가지 요소가 있다. 첫째, 하나님을 아는 것, 둘째, 우리에게 대한 아버지 같은 그의 자비, 즉, 우리의 구원을 아는 것, 셋째, 하나님의 율법을 표준으로 삼아 우리의 생활을 정돈하는 법을 아는 것이다. 처음 두 가지 점에서는, 특히 둘째 점에서는 가장 위대한 천재들이라 할지라도 두더지보다 더 눈이 어두웠다.

우리의 구원도 바로 삼위일체 하나님의 자비와 은총에서 나온 것이다. 구원의 근거는 삼위일체 하나님께 있다. 즉 성부의 영원한 선택과 성자 예수 그리스도의 구속과 성령의 인침으로 말미암은 것이다. 먼저 성경은 유일하고 참되신 하나님과 그가 보내신 예수 그리스도를 아는 것이 '영생'(αἰώνιος ζωὴ, eternal life)이라고 말한다(요 17:3).

하나님께서는 죄인들에게 구속의 은총을 베풀어 주셨다. 이는 예수 그리스도를 보내시어 우리의 모든 죄를 대속하시고, 우리로 하여금 복음을 듣고 그리스도를 믿어 구원을 얻게 하신 일이다. 삼위일체 하나님께서는 그의 영원한 영광을 위하여 그의 기쁘신 뜻을 따라 영원 전에 그리스도 안에서 우리를 택하셨으며, 때가 차매 성령의 은혜로 말미암아 우리를 부르사 그리스도와 연합하여 영생을 얻게 하셨다.

기독교회는 삼위일체 하나님과 구원에 대한 참된 진리들을 바로 알고 견고한 신앙에 서서 하나님께 영광을 돌리도록 힘써야 할 것이다. 삼위일체론은 기독교 신앙의 총체요, 본체이고, 모든 교의의 뿌리이며, 새 언약의 본질이다.[5] 이 거룩한 삼위일체야 말로 우리의 신앙고백의 중심이요 핵심이며, 우리의 참된 종교를 구별 짓는 표지요, 그리스도의 모든 참된 신자들의 찬송이요, 위로인 것이다. 이 거룩한 삼위일체에 대한 고백이야말로 기독교 교회가 안전히 보존하고 수호하도록 책임을 맡은 보배로운 진주인 것이다.[6]

---

5 Herman Bavinck, 『하나님의 큰일』, 김영규 역 (서울: CLC, 1999), 150.
6 Herman Bavinck, 『개혁교의학 개요』, 169-170.

2. 주요논쟁

1) 초대교회와 삼위일체론 논쟁

초대교회 교부들은 신성의 근원이신 성부 하나님이 불변이요 고정적인 것은 틀림없다고 믿었으나, 동시에 인간과의 직접적 관계를 가능하게 하는 인격적 존재인 '로고스'(λόγος) 혹은 말씀을 중시했다.

1세기 알렉산드리아의 유대인 철학자인 필로(B.C. 30-45)는 헬레니즘적인 유대교를 추구하였으며, 그는 성경의 하나님이 곧 철학자들의 신과 동일하며 히브리인의 도덕적 가르침도 헬라철학자들 중 최고의 그것과 동일하다고 보았다.[7]

2세기의 저스틴(Justin, 125-163)은 성경에서 하나님이 모세에게 말씀하셨다는 것의 진정한 의미는 곧 하나님의 로고스가 그에게 말씀하셨다는 것이라고 한다.[8] 그런데 문제는 과연 하나님의 말씀이신 로고스가 하나님과 어떤 관계에 있으며, 또한 그가 하나님과 영원히 함께 하시는 가라는 것이었다.

이 로고스의 본질과 기원에 대한 문제는 신약의 그리스도의 정체성에 대한 논의로 이어졌으며, 결국 초대교회의 삼위일체론과 기독론 정립에 큰 영향을 주었다. 또한 영지주의의 영향을 받은 말시온(Marcion)은 눈에 보이는 세계가 악하므로 구약의 창조주 역시 악하거나 무지하다고 보았다. 그는 예수의 아버지 즉 성부는 구약의 하나님이신 여호와와 다른 존재라고 보았으며, 성부의 목적은 영적 세계만을 창조하는 것이라고 했다. 즉 구약과 신약

---

[7] Justo L. Gonzalez, 『초대교회사』, 28.
[8] Ibid., 95. 저스틴은 기독교와 이교도 철학의 접촉점이 있음을 주장하면서 진정한 '기독교 철학'을 주장하였는데, 고대의 지혜자들도 로고스를 알았기 때문에 기독교인들이었다고 말한다.

의 동일한 하나님을 선과 악의 대립적인 이원론적 하나님으로 만들었다.

'삼위일체'(trinitas)란 용어를 역사상 처음으로 사용한 터툴리안(Tertullianus, 145-220)은 삼위의 본질의 동일성을 인정하면서도, 성자와 성령이 성부에게 종속된다는 '종속론'을 주장했다.[9] 그리고 사벨리우스파는 삼위 하나님을 신적 존재의 연차적 계시의 양태로 변형시킴으로 이교도적인 범신론과 신비주의 사고를 보였으며, 아리우스에게서는 유대교적이요 이신론적이며 합리주의적인 사고방식이 특징적으로 표현되어 나타났다.[10]

여기서 초대교회에 일어났던 삼위일체론에 대한 그릇된 주장들을 정리해 보면, 다음과 같이 살펴볼 수 있다.

첫째, 양자론 혹은 동력적 군주론이다. 2세기말 초대교회 안에서는 예수를 사람으로 보는 견해와 한 위격이신 아버지가 아버지와 아들과 성령으로 그 존재 양식을 변화하여 나타나셨다고 주장하는 양태론주의자들이 나타났다. 데오도토스는 만물이 하나님에 의해 창조되었다는 것은 인정했다. 그러나 영지주의와 에비온파의 견해들을 종합하여 예수는 그냥 사람이었는데 아버지의 경륜에 따라 동정녀에게서 낳았다고 했다. 또한 예수는 사람들과 섞여 살았으나 종교적으로 탁월했으며, 요단강에서 세례 받을 때에 그리스도를 받았다고 주장했다. 즉 예수는 수세 시에 그리스도가 되었다는 입장이다. 그리고 사모사타의 바울은 그리스도가 사람에서 하나님으로 되었다고 주장했다. 곧 아들이 단순한 한 사람인데, 부활 후에 하나님의 아들이 되었다고 하는 '양자론'을 말했다.

둘째, 양태론 혹은 양태론적 군주신론이다. 이는 하나님이 한 분이시고 그리스도는 완전한 신성을 가졌으므로 아버지와 아들은 본질상 하나라는 주장이다. 이들은 그리스도가 수난받을 때 실제로 수난받으신 이는 아버지라고 하여 '성부수난설'을 주장했다. 또한 그리스도가 자신을 성령으로 교회에 부

---

9 Ernst H. Klotsche, 『기독교 교리사』, 104.
10 Herman Bavinck, 『개혁교의학 개요』, 185.

어주셨고, 성부의 한 위격이 세 양태로 나타나셨다고 주장하여 정통 삼위일체론을 부인했다. 이러한 주장은 노에토스와 프락세아스와 사벨리우스가 주장했는데, 특히 사벨리우스가 체계화했기 때문에 '사벨리오스주의'로 불리운다. 그는 아버지와 아들과 성령이 하나이고 '한 위격인데 세 이름으로 불리워진다'고 보고, 삼위의 관계를 태양의 유비로서 설명하여 한 실체가 있지만 삼중으로 활동한다고 주장했다.

셋째, 종속주의를 살펴보자. 오리겐(Origenes, 185-254)은 알렉산드리아의 필로와 클레멘트의 신학 사상을 계승하여, '진정한 철학'으로서의 기독교 철학을 주장했다.[11] 그는 신플라톤 철학으로 로고스를 설명하였는데, 하나님은 처음부터 아들을 가지셨으며, 이는 하나님께서 피조물과 하나님 간의 중보자를 필요로 했기 때문이라고 생각했다. 또한 로고스는 선자체가 아닌 '선의 형상'이며, 영광자체가 아니라 영광의 광채라고 했으며, 하나님은 완전히 분리되고 계급적인 세 존재였다. 즉 로고스는 하나님의 첫 형상이며, 하나님의 아들은 신의 영광의 광채이자 그의 인격의 형상이므로 아버지보다 열등한 존재로 보았다.

313년경에는 알렉산드리아의 오리겐의 종속론을 이어받은 아리우스(Arius, 250-336)는 성자 곧 로고스가 성부와 같은 신이 아니라 하나님에 의해 창조된 피조물로서, 그는 창조 이전에 존재하지 않았으며, 성자는 삼위 하나님과 상이본질이라고 주장함으로써 그리스도의 완전한 신성과 선재성을 부인했다.[12] 그는 하나님 아버지 외에 모든 존재는 창조로만 존재가 가능하다고 보았으며, 만일 아들이 아버지의 실체에서 출생했다면 그는 아버지의 일부이거나 발출된 존재로서, 아버지는 분열과 변이가 가능하게 된다고 주장했다.

---

11 Justo L. Gonzalez, 『기독교 사상사』, 73. 오리겐은 신학자의 주된 과제가 철학과 기독교 신앙사의 일치를 발견하고 드러내는 것이라고 믿었다.
12 Justo L. Gonzalez, 『초대교회사』, 254.

결국 아리우스는 하나님이 영원 전에 독생자를 낳았으며, 아들은 피조된 자로서 참 하나님이 아니라고 보았다. 즉 삼중의 신이 있지만 셋은 전혀 질적으로 완전히 다른 세 존재들의 집합이며, 창조주 아버지와 창조된 아들과 성령 곧 세 실체의 영광은 동등하지 않다고 주장했다. 그러므로 아들이 무에서 창조되어 존재하기 시작한 때가 있으면, 아들은 영원한 아들이 아니고 참 하나님도 아니고 피조물일 뿐이다. 따라서 그리스도인 아들이 성취한 구원은 어떤 피조물이 이룬 것이므로 구원은 하늘에서 오는 것이 아니라고 본 것이다.

당시 알렉산드리아의 감독이었던 알렉산더는 아리우스 신학이 점차 확산되기 시작하자, 320년경에 알렉산드리아에 공회의를 소집하여 아리우스의 신학을 정죄하고 그를 추방했다. 그리고 알렉산더의 뒤를 이어서 알렉산드리아의 감독이 된 아타나시우스(Athanasius, 296-373)는 아리우스파를 대항하여 싸웠으며 '니케아신경'(325)을 확정하여 정통 삼위일체론을 확립하는 데 기여했다. 또한 그의 주장은 381년에 작성된 '니케아콘스탄티노플신조'에서도 정통교리로 확정되었다.[13]

아타나시우스는 『아리우스파에 대항한 네 개의 연설들』이란 저술을 통하여, 구속과 구원을 위한 유일하고 진정한 토대는 그리스도의 본질적인 신성이라고 주장했다.[14] 그는 아리우스파가 '아들과 성령이 모두 피조물'이라는 주장에 대하여, '성령도 아버지와 아들과 함께 동일실체'라고 선언했다. 그는 아들이 하나님과 동일한 실체이므로 그가 만군의 여호와이고 전능하고 참된 하나님이시라고 보았다.

그리고 아타나시우스는 창조주인 로고스가 '섭리의 주'라고 보았으며, 그

---

13 Ibid., 275. 아타나시우스는 『이방인들에 대항하여』와 『말씀의 성육신에 관하여』라는 책에서, 전체 인간들의 역사뿐만 아니라 기독교 신앙의 중심이 되는 사건이 곧 예수 그리스도 안에서 발생한 하나님의 성육신이라는 깊은 확신을 보여준다. 인간으로서 내재하는 하나님의 존재, 이것이야말로 그가 이해한 기독교의 진수였다.

14 Ernst H. Klotsche, 『기독교 교리사』, 118.

리스도는 만물을 조성하신 분이시며 세상을 통치하시는 분이라고 했다. 아울러 그는 성령이 한 신성이고 삼위일체임을 증명하려고 노력했다. 즉 아버지와 아들을 함께 결합하여 한 신성이고 한 실체임을 밝혔으며, 또한 로고스와 성령을 함께 결합하여 성령이 한 신성이고 삼위일체임을 증명했다. 나아가 삼위일체는 분할이 불가할 뿐만 아니라 한 신성이므로 위격 간에 차별이나 계급이 없음을 강조했던 것이다. 즉 세 위격들이 완전하며, 삼위는 한 신성으로 항상 완전함으로 가감이 불가하다는 것이다.

2) 니케아 공회의(325)

325년에 콘스탄틴 황제는 아리우스와 삼위일체론 문제로 인해 교회가 둘로 분열되자, 로마제국의 분열을 초래할 수 있다는 염려 속에서 감독들을 소집하여 회의를 개최했다. 이 회의에서는 '니케아신경'(318, 교부들의 신앙)을 작성하고, 아리우스를 이단으로 정죄했다. 당시 아타나시우스는 유세비우스(Eusebius of Nicomedia)를 대표로 하는 아리우스주의자들을 강하게 비판하였으며, 328년 알렉산드리아의 주교가 된 후 콘스탄틴 황제가 지지하던 아리우스주의자들과 싸워 성경적인 '삼위일체' 신앙을 굳게 지켰다.

그런데 니케아 공회의 후에도 반세기에 걸쳐서 '동일본질'(ὁμοούσιος)에 대한 투쟁이 있었다.[15] 362년의 '알렉산드리아 공회의'에서는 '동일본질'을 정통신앙으로 확정하였지만, 이는 지역교회의 공회의였기 때문에 국가적인 보편 공회의의 결정이 있어야 했다. 또한 성령이 피조물이라는 주장에 대하여, 아들에게 적용된 '동일본질'이 성령에게도 적용되어 성령이 인격적인 하나님이라는 확증이 요청되고 있었다.

381년 '니케아콘스탄티노플신조'(150교부들의 신앙)에서는 아버지와 아들

---

15   J. L. Gonzalez, 『초대교회사』, 280. 콘스탄틴 황제는 아리우스주의자였으므로 니케아 신앙의 수호자를 제거하고자 했다.

과 성령이 '동일신성' 또는 '동일실체'라고 하는 삼위일체의 교리를 확정하였는데, 이로써 성부와 성자의 '상이본질'(ἑτερούσιος)을 주장하던 '아리우스주의'와 함께 '유사본질'(ὁμοίσιος)을 주장하던 가이사랴의 유세비우스(Eusebius of Caesarea, 260-340)를 대표로 하는 '반아리우스주의'(Semi Arianism)를 정죄했다. 그리하여 역사상 처음으로 '성부와 성자와 성령이 한 동일실체'임이 확증되었다. 이 공회의에서는 이단들을 정죄하고 니케아 정통신앙을 가진 자들의 손에 교회가 맡겨지도록 결정했다. 하지만 이 회의는 동방의 주교들이 주로 모였기 때문에, '성령이 아버지로부터 나오신 분'이라고만 확정하였는데, 이는 동서교회의 '필리오케'(Filioque, 그리고 아들로부터)의 논쟁으로 이어졌으며, 결국 교회분열의 씨를 제공하게 되었다.

결론적으로 아리우스주의자들은 '상이본질'을 주장하고, 반아리우스주의자들은 성자는 성부와 '유사본질'을 지닌 반신반인 정도의 존재라고 주장하였다. 이러한 이단들에 대항하여 아타나시우스는 성부와 성자는 '동일본질'을 주장함으로 반박하였으며, 성자가 피조된 분이 아니라 성부에 의해 출생하신 분(begotten)이라고 했다.

3) 종교개혁 이후의 삼위일체론

16세기 종교개혁 시대의 이단자인 세르베투스(Servetus, 1511-1553)는 삼위일체의 교리에 대하여, 이 교리가 하나님을 머리가 셋 달린 괴물로 표현하고 있다고 주장함으로써, 정통 삼위일체론을 완전히 부인했다.[16]

> 하나님의 영원하신 말씀이란 하나님께서 함께 하시는 그리스도의 영이며 그의 관념의 반영이고 따라서 성령은 신격의 그림자라고 주장했던

---

16 Inst., I. 13. 22.

것이다. 그러나 후에 그는 마치 우리 안에 심지어는 나무나 돌 속에 동일한 영이 실질적으로 존재하여 하나님의 일부분을 이루고 있기나 하는 것처럼 하나님의 분배의 양식에 따라 성자와 성령 안에 하나님의 일부분이 있다고 주장함으로써, 성자와 성령의 신격을 파괴했다. 그 중에서도 가장 저주받아야 할 것은, 그가 하나님의 아들과 성령을 보통 피조물과 무분별하게 혼합시키고 있는데, 이들 각 부분이 바로 하나님이라고 그는 공공연하게 주장했다. 특히, 신자들의 영혼은 하나님과 동질적이며 영원히 하나님과 공존하는 것이라고 주장하기도 했다. 심지어 그는 다른 곳에서, 인간의 영혼뿐만 아니라 다른 피조물에게까지도 실질적인 신격을 부여했다.

결국 그는 1553년 프랑스 리용에서 로마가톨릭에 의하여 이단으로 정죄되어, 칼빈이 목회하고 있던 제네바로 도망쳤으나 끝내 회개하지 않고 시의회의 재판에 따라 사형에 처해졌다.[17]

다음으로 소시니안파(socinianism)는 삼위일체 교리가 이성에 반하는 것으로 거부하고, "하나의 신적 본질은 인격의 다수가 불가능하다"고 주장했다.[18] 그래서 그리스도의 아버지만이 한 분 하나님이라고 보았다. 또한 성자가 하나님이 창조하신 피조물이라고 주장하여 하나님과 동일본질을 가진 존재가 아니라고 주장하였으며, 성령은 하나의 힘이나 세력으로 보고 그 존재성 자체를 부인했다.

17세기의 이신론(deism)에서는 하나님을 세상을 창조한 신으로 인정하지만, 세상이 스스로 운행되도록 만들어 두시고 도덕법과 같은 일정한 원리들을 확립하신 후 뒤로 물러서서 세상이 운행되는 것을 관찰하시는 '부재하신

---

17 Confession de La Rochelle(1559), 제13조. 우리는 과거 교회를 어지럽혔던 모든 이단들과 특히 세르베투스의 악마적인 망상을 배척한다.
18 Ernst H. Klotsche, 『기독교 교리사』, 342.

하나님'(an absentee God)이셨다. 이들은 유신론적 태도를 가지고 있으나, 실제로는 기독교의 신비와 기적을 제거하고 이성을 유일한 권위로 하여 이성에 구성된 윤리적 자연종교를 세우려고 했다. 결국 삼위일체 교리는 이성의 영역에 속하지 않는 초월적인 영역의 것으로서 부인했다.[19]

19세기에 슐라이어마어는 사벨리우스와 같이 삼위일체론에 대한 양태론적 해석을 하고 있다. 만물의 근저에 있는 미지의 통일성으로서의 하나님 자신이 성부이고, 특히 예수 그리스도 안에서 의식적인 인격을 지닌 하나님이 성자이며, 교회 안에서 부활하신 그리스도의 생명인 하나님이 성령이라고 한다.[20]

20세기의 바르트는 신적인 것과 인간적인 것의 불연속성을 강조하면서, 기독론 중심의 신론을 전개했다. 이는 '기독론적 집중'이라고 불리우며, 하나님을 '전적 타자'로 놓고, 그리스도 안에서 새로운 인식을 추구하고자 한 것이었다.[21] 이전의 자유주의가 내재한 하나님을 요청했다면 바르트는 타자로서의 하나님만을 주장했으며, 자유주의가 종교를 문화적 가치로 고양했으나 바르트는 종교를 최고의 죄로 정죄했다. 결국 자유주의는 윤리 위에 신학을 세웠고, 바르트는 신학 위에 윤리를 세우고자 했다.[22]

한편 여호와의 증인의 창시자인 러셀(Russel, 1852-1916)은, 예수 그리스도는 아브라함에게 나타난 천사들의 모습과 같이 현상화로 나타난 인간적 신체요 창조된 존재일 뿐이요(창 18장), 역사적으로 성육신하지 않았다고 했다. 그들은 삼위일체를 완전히 부인한다. 여호와만을 신으로 인정하고, 그리스도는 신보다 열등한 존재이며, 성령은 하나님의 보이지 않는 힘이나 능력으로 간주한다.

---

19 Ibid., 440.
20 Louis Berkhof, 『기독교 교리사』, 102.
21 Justo L. Gonzalez, 『기독교 사상사』, 208.
22 Harvie M. Conn, 『현대신학 해설』, 21.

다음으로 몰몬교는 하나님을 최고의 경지에 올라선 인간으로 이해한다. 하나님도 한때는 인간과 같은 존재였고, 인간도 결국 하나님의 존재와 같이 변한다고 주장한다. 이들에게 그리스도는 인간에 불과하며, 인간은 종교적 수앙과 신비적 승화를 통해 신이 된다고 가르치고 있다. 또한 하나님은 천상의 회의에서 인도자이며, 이 회의에는 예수 그리스도, 에녹, 엘리야, 아브라함, 바울, 베드로, 요셉 스미스, 불링햄 영 등이 참여한다는 다신론 혹은 범신론을 주장한다.

3. 역대 신조

1) 니케아신경(325)은 삼위일체 하나님에 대하여, 다음과 같이 고백하고 있다.[23]

> 나는 유일하신 주 예수 그리스도를 믿습니다. 그는 하나님의 독생자이시며, 온 우주에 앞서 나셨고, 참 신이시며, 참 빛이시며, 참 신 가운데 신이시며, 하나님에게서 나셨고, 창조함을 받지 않으셨고, 성부 하나님과 동일본질이시다. 또한 성령을 믿습니다.

2) 니케아콘스탄티노플신조(381)는, 삼위일체 하나님에 대하여 좀 더 명확하게 고백하고 있다.[24]

> 우리는 한 분이시며, 전능하사 천지와 보이는 것과 보이지 않는 모두를 만드신 하나님 아버지를 믿는다. 또 한 분 주 예수 그리스도를 믿으니,

---

23　Nicene Creed(325)
24　Nicene Constantinople Creed(381)

> 그는 하나님의 독생자이시오 만유보다 먼저 아버지께로서 나신 자요 빛 중의 빛이시오, 참 하나님의 참 하나님이시오, 지음을 받지 않고 나셨으며, 아버지와 한 본체(본질)를 가지셨고 또한 성령, 곧 주 되시고 생명을 주시는 자를 믿으니, 이는 아버지에게서 나오신 자로, 아버지와 아들과 더불어 찬송과 경배를 받으시며, 선지자들로 말씀하신 분이시다.

3) 아타나시우스신경(500)은, "삼위일체 하나님은 참되고 유일하신 하나님이시다. 우리는 이 각각의 삼위께서 그 스스로 하나님이시오, 주님이시라는 사실을 기독교의 진리로 받는 바이다. 삼위가 한 하나님으로서 함께 영원히 동등하시다"라고 고백한다.[25]

> 그들은 세 영원한 분들이 아니시며, 한 영원한 분이시다. 창조되지도 않았고 우리의 이해를 초월한 세 하나님이 있는 것이 아니라, 단 한 하나님만이 계실 뿐이다. 그러나 세 하나님의 전능자가 계신 것이 아니요, 오직 한 하나님의 전능자가 있을 뿐이다. 성부가 하나님이시듯이 성자도 성령도 하나님이시다. 그럼에도 세 하나님이 계신 것이 아니라 한 하나님만이 계실 뿐이다.

4) 벨직 신앙고백서(1561)는, 삼위일체 교리는 초대교회와 고대교부들의 정통교리라고 밝히고, 삼위일체 하나님의 특별한 직위와 행하심이 바로 우리 인간을 지향하고 있음을 주목해야 한다고 말한다.[26]

---

25 Athanasius Creed(420-450). 삼위 자체가 일체이시고, 일체 자체가 삼위이신, 유일하신 하나님을 믿는 것이다.
26 Belgic Confession, 제9장. 이는 유대교나 이슬람교 또한 마르키온파, 마니교, 프락세아스, 사벨리우스, 사모나테누스, 아리우스등 정통 교부들에 의하여 거짓 기독교로 또는 이단들이라고 정죄 받은 자들의 주장과는 다른 것이다. 따라서 이런 점에서 볼 때, 우리는 기꺼이 세 신경, 즉 사도신경, 니케아신경, 그리고 아다나시우스 신경을 받아들이는 바이며, 이것은 고대교부들에 의하여 확증된 바와 일치하는 것이다.

성부는 그의 능력으로 인하여 우리의 창조자가 되시며, 성자는 그의 피로써 우리의 구원자요 구속주가 되시며, 성령은 그가 우리 마음속에 거하심으로 우리를 거룩하게 하시는 분이신 것이다. 삼위일체에 관한 가르침은 사도 시대로부터 오늘날에 이르기까지 잠된 교회의 가르침에 의하여 늘 확증되었고 주장되어 왔다.

5) 제2스위스 신앙고백(1566)에서는, '성부, 성자, 성령은 셋이 아니라 세 위이시다. 삼위는 동일본질을 가지셨으며, 품위와 순서에 있어서는 구분이 있으나 차등이 있는 것은 아니다. 신적 본체나 본질에 있어서는 구분이 있으나 성부, 성자, 성령은 동일하시다'라고 고백한다.[27]

6) 웨스트민스터 신앙고백서는 먼저 하나님의 본질에 대하여 다음과 같이 고백하고 있다.[28]

> 하나님은 본질적으로, 그리고 스스로 완전한 생명과 영광과 선과 행복을 가지고 계신다. 그는 본질에 있어서, 그리고 자기에 대하여 홀로 완전히 자족하신다. 그래서 그는 자기가 만드신 피조물의 도움을 필요로 하지 않으시며(행 17:24-25), 그들에게서 아무 영광도 얻으려 하지 않으시고(욥 22:2-3), 다만 자신의 영광을 피조물들 안에서, 그것들에 의해서, 그것들에게, 그것들 위에 나타내실 뿐이다. 그는 홀로 모든 존재의 유일한 근원이시요, 모든 만물은 그에게서 나오고, 그로 말미암고, 그에게로 돌아간다(롬 11:36).

그리고 "하나님의 본체는 하나이시며 동시에 성부, 성자, 성령 삼위가 계

27　The Second Helvetic Confession, 제3장.
28　WCF 제2장 제2항.

신데, 삼위가 한 하나님이시다"라고 말하며,[29] "삼위는 그 존재에 있어서 자존하시며, 모두가 영원부터 존재하셨다. 그러나 위격상호관계에서 볼 때에는, 성부로부터 성자가 발생하셨으며, 성부와 성자로부터 성령이 발출하셨다"라고 고백한다.[30]

웨스트민스터 소요리문답(1647)에서는, "삼위일체 하나님은 영이신데 그의 존재하심과 지혜와 권능과 거룩하심과 공의와 인자하심과 진실하심이 무한하시며 무궁하시며 불변하시다"라고 말한다.[31]

4. 요점 : 하나님의 존재

1) 하나님의 본질과 실체

삼위일체론은 성경에 기초하여 하나님의 존재를 가장 잘 설명해 주는 방식이다. 이 용어는 일체(unitas)이신 하나님은 한 본질 혹은 한 실체로서 한 분 하나님이시지만, 삼위(tritas)의 위격적 구별이 있다는 말이다. 그리고 삼위일체론을 바로 이해하기 위해서는, 먼저 '본질'(οὐσία)과 '위격'(ὑπόστασις)이란 명확히 이해해야만 한다. 즉 본질(essence)이란 개념은 실체(substance)란 용어와 같이 사용되며, 위격(hypostasis)이란 개념은 인격(πρόσωπον, person)이란 용어와 함께 존재나 실재(existence, subsistence)란 의미로 사용된다.

역사적으로 삼위일체론은 크게 두 이론 곧 내재적 삼위일체론과 경세적

---

29 WCF 제2장 제3항. 하나님의 본체는 하나이시며 곧 동시에 삼위이시다(요일 5:7; 마 3:16-17; 28:19; 고후 13:13). 본체와 능력과 영원성에 있어서 동일하신 성부 하나님과 성자 하나님과 성령 하나님이시다.
30 WCF 제2장 제3항. 성부는 아무에게서도 나시거나 나오시지 않으시고, 성자는 성부에게서 영원히 나셨고(요 1:14,18), 성령은 성부와 성자로부터 영원히 나오신다(요 15:25; 갈 4:6).
31 Westminster Smaller Catechism(1647) 제4문.

삼위일체론으로 구분하여 설명하고 있다. 먼저 내재적 삼위일체론(immanent Trinity)은 하나님이 그의 본질상 한 실체라는 점을 강조하는 것으로서, 삼위 곧 성부와 성자와 성령이 동일한 신성을 가지신 한 하나님이시라는 것이다. 그러나 이 이론은 하나님의 본질적 일체성을 강조하면서도, 삼위의 위격적인 구별과 함께 삼위의 구별된 사역과 통일적 사역에 대해서는 보다 충족한 이해를 주지 못하고 있다는 단점이 있다.

다음으로 경세적 삼위일체론(economic Trinity)은 하나님이 그의 사역에 있어서 분리되지 않으시고, 성부와 성자와 성령이 공동으로 협력하여 사역하신다는 것을 강조하고 있다. 그러나 이 이론도 하나님의 사역에서는 삼위의 구별을 통한 공동체성과 삼위 간의 협력성을 말하지만, 본질상 한 실체로 존재하시는 하나님과 하나님의 통일적 경륜에 기초한 통일적 사역의 실행에 대해서는 부족한 이해를 갖고 있다.

결국 하나님의 존재에 대한 두 가지 이론은 서로 각자의 시각 즉 내재론과 경세론이라는 한 가지 관점에서만 삼위일체 하나님을 말하고 있기에 온전히 하나님을 표현하는 데에 어려움이 있다. 그러므로 삼위일체 하나님에 대한 참된 이해는 성경에 기초하여 존재와 상호관계 및 그의 존재에 기초한 통일적 사역에 대한 구조적이고 총체적인 안목을 가지고 정의되어야 한다.

여호와 하나님은 참되고 유일하신 하나님이시다. 이 한 분 하나님 안에는 삼위 곧 성부와 성자와 성령이 계신데, 이 삼위가 곧 한 분 하나님이시다. 이 말은 삼위 하나님이 본질상 동일한 신성을 가진 한 본질 혹은 한 실체로 존재하신다는 것이다. 그러므로 삼위는 그의 권능과 영광과 본질과 속성에 있어서 결코 차별이 없으시다. 나아가 삼위일체 하나님은 동일신성을 가지신 통일적 실체로서 한 본질 혹은 한 실체로 존재하신다. 그래서 하나님은 한 실체로서 통일된 경륜을 가지시고 통일된 사역을 하신다.

결론적으로 삼위일체 하나님은 한 실체로 일하신다. 이 말은 한 분 하나님께서 한 의지로서 하나의 통일적 경륜을 세우시고, 또한 그의 통일적인 사역을 통해 그 경륜을 이루신다는 것이다.

2) 삼위의 위격적 상호관계

삼위 하나님은 위격적 상호관계에 따라서 구별되신다. 논리적 순서에 따라서 제1위이신 성부가 계시며, 다음은 제2위이신 성자가 계시고, 마지막으로 제3위이신 성령이 계신다. 이는 삼위의 본질에 대해서 말하는 것이 아니라 오직 삼위의 위격에 대해서만 말하는 것이며, 특히 무시간적인 성자의 발생과 성령의 발출을 말한다. 따라서 성부는 성자를 대하여 항상 성부이시며, 성자는 성부를 대하여 항상 성자이시고, 성령은 성부와 성자로부터 항상 나오신다.

먼저 성부가 모든 신성의 근원이며 성자를 항상 낳으시는데, 이를 성자의 '영원 발생'(γέννησις)이라고 한다. 여기서는 성부와의 관계에서 성자의 피동성이 표현되고 있다. 이는 오직 성부와 성자 간의 상호관계에서만 사용되는 용어이다. 그러므로 성부는 성자를 낳으신 분이요(ἀγεννησία, begetter), 성자는 성부로부터 낳으심을 입은 분이시다(γέννησις, begotten). 즉 성부로부터 성자가 영원히 그리고 항상 발생하심을 나타내며, 성부는 항상 성자의 아버지시며, 성자의 항상 성부의 아들이 되신다는 것이다.

다음으로 성령은 성부와 성자로부터 영원히 그리고 항상 나오시는 분이시다(proceeding), 이를 성령의 '영원 발출'(ἐκπόρευσις)이라고 한다(요 15:26). 여기서 성부와 성자의 관계에 있어서 성령의 수동성과 능동성이 나타난다. 이는 성부와 성자로부터 성령이 영원히 그리고 항상 발출하심을 나타내며, 성부와 성자는 항상 성령을 보내시는 분이며, 성령은 항상 성부와 성자로부터 나오신다.

3) 하나님의 피조물과의 관계

삼위일체 하나님은 그가 창조하신 피조물과 근원적이며, 또한 사역적인 관계를 가지신다.

먼저 하나님은 피조물에게 한 근원이요 한 주체가 되신다. 이는 삼위 하나님 곧 성부와 성자와 성령이 모든 피조물들의 창조주가 되시며, 주권자가 되신다는 것이다. 즉 삼위는 모두가 혹은 일체로서 사람에게는 한 분 하나님이시며, 창조주, 주권자, 왕, 목자가 되신다. 그러므로 삼위 하나님은 한 분 하나님으로서 모든 피조물의 전 근원이 되시고, 창조와 구원의 주체가 되시며, 나아가 피조물의 경배와 영광의 대상이 되신다.

다음으로 삼위 하나님은 피조물과의 사역적 관계에 있어서, 위격적 사역에는 구별이 있으나 동시에 사역하시며 분리되지 않으신다. 즉 한 본질과 한 실체이신 삼위일체 하나님께서 동시적이고 비분리적으로 사역하시지만, 위격적으로 구별된 사역이 있다는 말이다. 이러한 삼위의 사역은 '파송'(ἀποστέλλω, send) 곧 보내심(mission)의 관계로 이루어진다. 먼저 성부는 성자를 보내시는데, 성자는 하나님의 본체로서 성부와 동일하시지만, 인성으로는 자신을 능동적으로 비하하심으로 종의 형체를 가지시고 오셨다. 또한 성부와 성자는 성령을 보내시는데, 성령은 수동성과 함께 능동성을 갖고 나오신다.

하나님의 외부로의 사역은 그의 구속경륜 속에서 성부가 주재자로 성자는 구속주로 성령은 실행자로 불리운다. 모든 영광이 삼위일체 하나님께로 귀속되지만, 대표적으로 창조의 영광은 성부에게 구속의 영광은 성자에게 능력의 영광은 성령에게 돌려진다. 이러한 삼위일체 하나님의 동시적이고 분리되지 않는 사역은 그 실체적 통일성에 근거하고 있으며, 그 실행에 있어서는 주로 성부로부터(from) 성자 안에서(in) 성령으로 말미암아(through) 이루어진다. 아울러 하나님의 '신격'(deity) 과 '신성'(divinity)은 바르게 구별되어 이해해야 한다. 하나님의 '신격'은 자존적이고 영원하며 독립적인 것으로서 인간이 공유할 수 없는 것이지만, 그의 '신성'(divine nature)은 부분적으로 인간이 신의 성품에 참예할 수 있도록 은혜를 베푸신다는 것이다(벧후 1:3-4).

삼위일체 하나님은 그의 기쁘신 뜻을 따라 만물을 창조하셨으며, 역사 속에서 그의 능력으로 그의 뜻을 성취하신다. 즉 하나님의 크고도 놀라운 구속의 경륜은 그 안에서 온전히 그리고 반드시 성취된다.

(1) 어거스틴

어거스틴은 모든 것을 초월해 있는 '최고선은 하나님이시다'라고 말했다. 따라서 최고선은 불변하는 선이요 참으로 영원하고 참으로 불멸하는 선이며, 모든 선한 것들은 다 하나님께 나왔다고 한다.[32]

삼위일체론과 관련하여, 어거스틴은 특히 '일체'로서의 하나님을 강조하면서, "우리가 일체라고 부르는 것은 하나님은 한 본질이며 한 실체로 존재하신다는 것이다"라고 했다.[33] 그래서 그는 "삼위일체 하나님은 실체에 따라서 동등하시다"라고 말했다.[34] 아울러 삼위일체 하나님은 통일이며 인격이기 때문에 밖을 향하는 하나님의 모든 행위는 언제나 삼위일체 전체의 행위이며, 어느 위격, 어느 인격도 그 자체만으로 행동하지 않는다고 하였다. 그러므로 어거스틴은 삼위의 위격(hypostasis)이나 인격(persona)의 구별을 논하면서, 무엇보다 삼위의 신적 통일성을 강조했던 것이다.

어거스틴은 삼위일체의 하나님 그 자체를 인격으로 파악함으로써 인격적인 신에 대한 신앙의 기초를 놓게 되었다. 그래서 그는 하나님을 인격적인 신으로서의 유비로써 설명하였는데, 곧 아버지와 아들과 성령에 대하여 '사랑하는 자'와 '사랑받는 자'와 '사랑하는 힘'으로 구별하여 보았다.[35] 그리고

---

32 Augustine, 『자유의지론』, 1197.
33 Augustine, *De Trinitate*. vⅡ. 4, 9.
34 Augustine, *De Civitate Dei*, 11. 10. 삼위일체의 유일하신 하나님은 속성과 본질이 다르지 않다.
35 Augustine, *De Trinitate*, 9. 2.

어거스틴은 이러한 하나님에 대한 유비를 인간에게도 적용하여 인간의 '존재와 인식과 의지'의 세 부분에서 삼위일체의 흔적을 볼 수 있다고 했다.[36]

결국 이 모든 것의 실체는 삼중의 형태를 가진 사랑, 곧 사랑하는 자이기 때문에 모든 피조물 역시 삼위일체의 흔적을 지니고 있다고 말했다.[37] 그래서 삼위일체의 지식이 참으로 도달하는 길은 사랑이며, 사랑은 그 자체의 상호작용 안에서 삼위일체의 흔적이 있는데, "사랑이라는 것은 두 가지의 것, 즉 사랑하는 주체와 사랑을 받는 객체와 그 양자를 연합시키거나 혹은 연합시키고자 노력하는 사랑으로 분석함으로써 드러난다"라고 했다.[38]

아울러 어거스틴은 성자의 완전한 '나심'과 곧 신성의 중간이 없는 발생을 말하면서 낳으신 성부와 나신 성자의 완전한 동등을 강조한다. 그는 성령이 성부와 성자에게서 나오셨고 성부께서 성자와 성령을 보내신 고로, 성령은 성부와 성자와 동등하다고 말했다.[39]

그래서 삼위 하나님의 위격 상호관계에 있는 발생은 성부에게 돌려지고, 발출은 성부와 성자에게 돌려지고 있지만, 이 발생과 발출은 본질의 수여가 아니다. 또한 성령을 하나님의 은사라고 하는 것은 성부와 성자에게서 나오시고, 하나님의 영은 아버지와 아들의 영이시기 때문이다.[40]

어거스틴이 삼위일체론의 가장 핵심적인 내용으로 강조하고자 한 것은 바로 "삼위일체 하나님의 사역은 결코 분리되어 역사하지 않으신다"는 것이었다.[41] 즉 성부와 성자와 성령은 본질이 동등하심으로 삼위일체 하나님으로

---

36 Augustine, *Confession*, XIII. xi. 12.
37 Augustine, *De Trinitate*, 9. 4. 사람의 마음이 자기를 알 때에도 마음과 사랑과 지식 세 가지가 있는데, 이 세 가지는 하나이고 그것들이 완전할 때는 동등하다. 이 세 가지는 일종의 삼위일체이다.
38 Augustine, 『삼위일체론』, 김종흡 역 (서울: 크리스찬다이제스트, 1994), 248.
39 Augustine, 『삼위일체론』, 185.
40 Augustine, *De Trinitate*, Ⅳ, 20, 27.
41 Augustine, 『삼위일체론』, 167.

서 분리됨이 없이 일하신다.[42] 이는 삼위일체 하나님께서 피조물과의 관계에서 언제든지 삼위 하나님이 한 실체 혹은 한 주체로 일하신다는 것이며, 또한 피조물과의 관계에 있어서 삼위가 한 기원이 되신다는 것이다.[43]

결론적으로 어거스틴은 성경을 통하여 하나님은 '보내시는' 하나님으로 계시되고 있음을 밝혔다. 성부는 성자를 보내셨으며, 성부와 성자는 성령을 보내셨다. 또한 성령은 항상 나오는데 시간 내에서가 아니라 영원에서 나오시며, 그분은 영원히 선물이지만 시간 안에서 주어졌다.[44]

(2) 칼빈

칼빈은 '삼위일체'(Trinity)와 '위격'(Person)이란 용어가 거짓 교사의 정체를 드러내기 위해 반드시 필요하다고 보았다.[45] 그는 삼위일체의 신비한 비밀에 대하여, 나지안주스의 그레고리(Gregory of Nazianzus, 329-389)의 말을 인용하여 다음과 같이 말했다.[46]

> 나는 즉시 삼위의 광채에 휩싸이지 않고는 한 분을 생각할 수 없고, 곧바로 한 분으로 이끌림을 받지 않고는 삼위를 분별할 수도 없다.

그리고 삼위일체에 관하여는, "한 하나님은 실체에 따라서는 언제든지 분리할 수 없다"고 보았다.[47]

> 성자는 성부와 함께 똑같은 영을 공유하시기 때문에, 성자가 성부와 한

---

42 Augustine, *De Trinitate*, Ⅳ. 21.
43 Augustine, *De Trinitate*, v, 14, 15.
44 Augustine, *De Trinitate*, v, 15, 16.
45 Inst., I. 13. 4.
46 Inst., I. 13. 17.
47 Inst., I. 13. 16. 삼위는 동일한 본질 안에 한 하나님으로 계신다.

하나님이시라는 사실을 입증해 준다. 따라서 성령이 성부와 성자의 영이기 때문에, 성령은 성부, 성자와 다른 존재가 아니라는 것도 증명해 준다. 왜냐하면, 그 모든 신적 성품이 각 실재 안에서 이해되며 따라서 각자가 자신의 고유한 특성을 소유하고 있기 때문이다.[48]

아울러 삼위의 구별에 대하여, "성부는 활동의 시초가 되시고 만물의 기초와 원천이 되시며, 성자는 지혜요 계획이시며 만물을 질서 있게 배열하시는 분이며, 성령님께는 그와 같은 모든 행동의 능력과 효력이 돌려지고 있는 것을 보게 된다"고 말했다.[49]

나아가 삼위의 위격적 상호관계는 시간상의 배열이 아니며, 또한 삼위 간에 본질상의 차이가 있다거나 종속적이지도 않으며 위격적 독특성에 따른 발생, 발출에 따른 위격적 순서 외에 어떤 것도 아니다.

그래서 칼빈은 하나님의 신적 본질이 오직 성부에게만 있다고 생각하는 것은 옳지 않다고 했다.[50]

> 우리는 순서와 지위에 있어서 신성의 근원이 성부에게 있다는 것을 인정하지만, 그렇다고 해서 마치 성부가 성자의 신격의 원작자이거나 한 것처럼 본질이 성부에게만 고유하다고 생각하는 것은 용서할 수 없는 행위라고 단정한다.

결론적으로 칼빈은 삼위일체에 대하여, "한 본질에 삼위가 존재하신다"(Three Persons in one Substance)고 말했다. 그래서 삼위가 동일본질을 가진 한 실체요 한 본질임을 강조하면서도, 동시에 삼위가 통일적 경륜을 가지고 역사 속에서 우리의 구속을 위해 실제적으로 일하고 계심을 보여준다.

---

48 Inst., I. 13. 19.
49 Inst., I. 13. 18.
50 Inst., I. 13. 24.

제 3 장

예정론

1. 개요

　삼위일체 하나님께서는 그의 영광을 위하여 자기의 기쁘신 뜻을 따라서 영원한 경륜을 세우셨다. 그리고 하나님께서는 이 경륜을 따라서 창세 전에 구원받아 영생에 이르게 할 택자들과 영벌에 처할 유기자들을 예정하셨으며, 또한 그 목적을 이루시기 위한 수단과 방법까지도 작정하셨다.

　개혁주의 신학 사상의 핵심은 삼위일체 하나님과 그의 예정론에 기초를 두고 있다. 특히 '예정'(predestination)은 성경에서 말하는 삼위일체 하나님의 사역에 대한 교리로서, 하나님의 존재에 대한 바른 지식 안에 포함된 핵심진리이다. 예정은 하나님께서 그의 자유로우신 절대의지를 따라서 행하신 하나님의 거룩한 사역이다.

　그리고 하나님께서는 영원 전에 그리스도 안에서 영생에 이르도록 은혜를 베푸실 자들을 택하셨는데, 이 작정으로 말미암아 모든 택자들의 이름이 생명책에 기록되어 있다(계 20:12). 아울러 예정론은 구원의 서정의 원인이며, 또한 구원론 교리의 가장 중요한 토대이다. 그러므로 예수 그리스도의 구속과 성도의 구원은 바로 하나님의 영원한 예정의 결과이자 하나님의 자유롭고 은혜로우신 선택의 열매이다.

삼위일체 하나님께서는 동일신성을 가진 한 본질 혹은 한 실체로서 일하신다. 즉 삼위일체 하나님은 영원한 경륜을 세우시고, 통일적으로 사역하시며, 또한 위격적으로는 구별된 사역을 하시나, 동시에 사역하시고 결코 분리됨이 없이 일하신다. 그래서 하나님께서는 영원한 구속경륜을 세우시고 일하시는데, 하나님께서는 그 경륜을 이루시기 위해 위격 상호 간에 보내심과 보내심을 받음의 관계를 가지고 일하신다.

이 영원한 구속경륜을 따라 성부는 성자를 택한 자들의 중보자로 파송하실 것과 성자가 그들의 중보자로 보내심을 받기로 언약하셨다. 그러므로 성자는 성부와 맺으신 '구속언약'의 수행자로 동시에 택자들의 중보자로 이 세상에 오시는 것이다.

성자는 '파송'(πέμπω, mission)의 관계 속에서, 성부를 향해서는 수동적인 순종의 모습을 가지며, 그가 구속할 자녀들을 위해서는 능동적으로 기꺼이 이 세상에 오신다. 그리고 성령도 성부와 성자로부터 보내심을 받아 영원한 구속경륜을 완성하시기 위해 이 세상에 오신 것이다. 실제로 성령은 그리스도의 구속사역을 확증하시고 적용하셔서 택한 자들을 구원하시는 능력으로 일하신다.

2. 주요논쟁

1) 펠라기우스주의와 예정론

초대교회의 이단인 펠라기우스주의(Pelagianism)는 성경적인 예정론에 기초한 어거스틴의 은총론과 구원론을 전적으로 부정하고, 인간의 자유의지에 근거한 자발적 구원의 가능성을 주장했다. 400년경에 영국의 수도사인 펠라기우스(Pelagius, 360-418)는 로마로 들어오게 되었는데, 당시 로마사회는 매우 타락해 있었다. 그는 이러한 타락의 원인이 전통적인 스토아철학의 운명론과 결정론의 영향을 받아 사람들의 의지나 윤리적 책임감이 희박해져 있다고 보았다. 그래서 로마인들에게 실천적인 스토아철학에 근거하여 인간의 책임을 강조하고 금욕적 삶을 요구했다.

그런데 펠라기우스는 어거스틴의 예정론이 신자들의 무기력함과 사회적 책임을 회피하도록 만든 원인이라고 생각했다. 그는 예정론을 반박하면서, 인간은 원래 무죄한 가운데 자유의 몸으로 태어나며, 인간은 선행을 통하여 축복을 받아 누릴 수 있는 능력을 지녔다고 주장했다. 결국 인간은 자유의지로 하나님의 명령을 지킬 수 있으며, 그 명령에 대한 책임과 결과도 인간에게 있다고 주장했다.

5세기의 반펠라기우스주의(semi-Pelagianism)도 예정에 기초한 하나님의 전적인 은혜를 부정하였다. 그래서 그는 인간이 자유의지로 믿을 것을 미리 아시고 택하셨다고 하는 예지예정을 주장하면서, 중생은 하나님의 은혜와 인간 의지가 연합하여 산출한다는 '신인협력론'을 주장했다.

이 반펠라기우스파의 지도자는 크리소스톰의 제자였던 존 카시안과 제롬의 제자였던 마실리아의 겐나디우스 등이었다. 그들은 인간의 전적 타락을 부인하고 회심에 있어서 협력하는 수단으로서의 신적 은혜가 필요하며, 어거스틴의 예정론을 비판하면서 영원한 구원으로의 무조건 선택은 없고, 예정은 예지에 의거한다고 주장했다.[1]

결국 529년에 열린 제2차 오렌지공의회에서는 펠라기우스주의를 배격하고 온건 어거스틴주의를 채택했다. 그러나 이 회의에서 결정된 25개의 교회법은 원죄의 적극적인 면이 아니라 보다 소극적이고 부정적인 면으로 정의되었다. 구원론에 있어서의 불가항력적 은총과 무조건 선택이 부정됨으로 예정론을 약화시키었으며, 또한 은혜를 통해서 영혼의 구원을 위해 필요한

---

[1] Ernst H. Klotsche, 『기독교 교리사』, 162-164.

선행을 할 수 있다고 규정함으로 도리어 인간의 이성과 자유의지의 역할을 강화시켰다.[2]

그 후 로마에서 출생한 그레고리 1세(Gregory the Great, 540-604)는 어거스틴, 제롬, 암브로시우스의 신학 사상을 배운 후에 수도사가 되어 그의 재산을 수도원을 짓는 데에 바쳤으며, 590년에는 로마교회의 주교로 선출되었다. 그는 예지예정을 믿었다. 즉 하나님은 구원받을 일정한 수를 정하는데, 이는 그들이 복음을 받아들일 것을 미리 아시기 때문이라는 것이다. 결국 인간이 자기의 영혼을 새롭게 함에 있어서 하나님의 은혜와 협력하는데, 그 은혜는 인간이 주입된 의라 불리는 칭의의 은혜를 받도록 준비시킨다고 주장했다.

2) 루터파와 예정론

종교개혁자 루터(Luther, 1483-1546)는 예정론에 있어서 선택(단일예정)을 인정하지만, 유기에 관한 가르침에 대해서는 하나님이 감추신 신비적인 일이라고 보았다. 또한 취리히의 츠빙글리(Ulrich Zwingli, 1484-1531)는 예정론을 강하게 믿었으나, 다만 유기를 유효한 작정이라고 봄으로써 부정확한 이해를 갖고 있었다.[3] 결국 루터는 시간이 흘러갈수록 예정론을 밀쳐냈던 반면 칼빈은 예정론에 대한 엄격한 해석을 했다. 그래서 칼빈은 이신칭의와 선택의 연계성을 강조하였고, 하나님의 '선택'과 '유기'에 의한 '이중예정론'을 정통교리의 중심에 두었다.[4]

루터신학은 단일예정론에 기초하여 신적 은혜의 보편성에 대한 확고한 길을 제공하였으며, 또한 선택의 특수성과 소명의 보편성, 타락한 인간의 절대

2　Ibid., 165-166.
3　Louis Berkhof, 『기독교 교리사』, 159.
4　J. Wallman, 『종교개혁 이후의 독일교회사』, 152.

적 무능력과 자신들이 받아들일 수 없는 것을 거절한 불신자의 죄책이 비논리적으로 결합되어 있었다.[5] 결국 멜란히톤을 따르는 필립파는 '신인협력론'을 주장했다. 즉 하나님은 모든 사람이 구원받기를 원하시기 때문에, 모든 사람에게 기회를 주신다고 보았다. 하지만 그들은 인류의 대다수를 차지하는 많은 이방인들의 죽음에 대한 바른 견해를 갖지 못하였고, 아직도 복음을 듣지 못하고 죽어가는 사람들에 대한 난제를 지닌 채 '보편구원론'으로 나아가게 되었다.

그 후 루터파 교회가 신앙의 일치를 위해 채택한 '협화신조(1576)'에서는, 예정론이 예수 그리스도의 복음과 관련하여 "하나님은 모든 사람이 구원받기를 바라신다"고 하시는 하나님의 자비를 가르쳐준다고 말한다.[6] 그들은 바울이 로마서에서 기록한 것처럼, 영원한 예정의 신비를 말하기 전에 먼저 사람을 회개와 죄의 자백과 율법에의 순종으로 인도하고 있다고 말하며, 다만 예정교리란 신자들에게 유익과 큰 안위를 주는 것이라고 선언하고 있다.

더욱이 주께서 '청함을 받은 자는 많으나 택함을 입은 자는 적으니라'(마 22:14)고 하신 말씀에서, 택함을 입는 자가 적은 것은 하나님께서 모든 사람이 구원받기를 원치 않는다는 것이 아니라 그들이 하나님의 말씀을 귀를 막고 거절하거나 강퍅한 마음을 가지고 경멸하기 때문이라고 한다. 그러므로 영원히 사람들이 멸망당하는 것은 하나님의 예정 때문이 아니라 그들의 악함 때문이라고 선언하고 있다.[7]

결국 루터파는 예정론을 부정함으로 보편구원론과 신인협력론의 교리로 나아가고 말았다. 한편 소시니안파는 그리스도의 구속이나 인간의 속죄의 필요성을 모두 부인하고, 그리스도는 그의 삶과 죽음을 통하여 인간에게 도덕적 표상이 되었다는 모범설을 주장했다.

---

[5] Philip Schaff, 『신조학』, 108.
[6] The Formula of Concord(1576), XI, 9-10.
[7] Ibid., XI, 11.

3) 알미니안주의와 칼빈주의

1602년에 알미니우스(Arminius, 1560-1609)는 칼빈의 예정론에 반론을 제기함으로 칼빈주의자였던 고마루스와 논쟁을 벌이게 되었다. 결국 이 논쟁은 화란의 개혁파 교회 전체의 분열을 초래하게 되었다.

알미니우스는 예지에 근거한 예정을 주장하며, 하나님은 자유의지로 믿을 것을 미리 아시는데, 그것은 인간이 믿느냐 안 믿느냐라는 것이었다. 그는 절대적 선택이나 유기를 믿지 아니하며, 선택은 예지적 신앙과 순종으로 끝까지 견디는 데에 있다고 보았고, 유기는 예지적 불신앙과 불순종과 함께 죄에 대한 고집에 두었다. 1610년 알미니우스가 사망한 후 그의 학설을 지지하는 46명의 목사들이 서로 결속되어 '신앙 5개조'(Five Article of Faith)를 작성하여 화란정부에 '항의'의 형식으로 제출했다.

당시 항론파들은 화란교회의 공식교리 및 신조로 받아들이고 있던 벨직 신앙고백과 하이델베르크 요리문답을 그들의 신앙 5개조로 수정해 줄 것을 요구했다. 그들이 제출한 항의각서 5개조는 다음과 같다.[8]

(1) 조건예정: 하나님은 개인의 신앙과 불신앙의 예지에 기초하여 선택하시고 또는 유기하신다.
(2) 보편속죄: 그리스도는 모든 사람을 위하여 죽으셨다.
(3) 구원하는 믿음: 하나님의 은혜로 중생하여야 구원을 얻는 믿음을 갖게 된다.
(4) 항력적 은혜: 하나님의 은혜는 거절될 수 있다
(5) 인내의 불확실성: 중생한 사람도 은혜를 상실할 수 있다.

---

8   Philip Schaff, 『신조학』, 166-167.

알미니우스를 따르는 항론파들은 성령께서 모든 사람에게 부패를 제거하고 중생에 있어서 하나님과 협력할 수 있게 해 주는 충족적 은혜를 수여한다고 보았으며, 중생하고 못하고는 인간의 책임으로서 자신의 의지가 하나님의 은혜와 협력하느냐 하지 않느냐에 달려있다고 보았다. 이는 사람이 충족적 은혜를 잘 사용하면 유효한 은혜의 대상이 되고, 순종하면 복음적 은혜를 받고, 여기에 순종하면 견인의 은혜를 받는다는 것이다.

결국 알미니안주의자들이 제출한 신앙 5개조는 1618년 11월 13일 화란의회가 소집한 돌트회의(The Synod of Dort, 1618.11.13 – 1619.5.9)에서 심의되었다. 이 회의에서는 성경의 증거에 따라서 알미니안들의 5개 조항을 신중히 검토한 후 만장일치로 이를 거부했다.

이 회의는 알미니안파의 5개 조항에 반대하는 핵심교리를 채택하여 발표했는데, 이것이 돌트회의에서 채택된 '칼빈주의 5대 교리'(TULIP)인 것이다. 특히 고마루스는 '제한속죄설'을 주장하여, "십자가에서 제공된 만족을 제공받는 대상은 모든 죄인들이 아니라 하나님께서 영원부터 선택하신 사람들"이라고 정의했다.[9]

그런데 17세기의 소뮈르학파(Saumur)는 돌트회의가 채택한 엄격한 칼빈주의를 완화시킴과 동시에 알미니안주의와 절충을 시도했다. 특히 대표자인 아미로(M. Amraut, 1596-1664)는 '하나님의 이중의지'(조건적 의지와 무조건적 의지)와 '가설보편구원론'을 주장했다. 이러한 아미랄디즘(Amyraldism)은 하나님이 선행적 보편적 작정에 의해 모든 사람을 회개와 그리스도를 믿음으로 구원하려고 하셨으나, 그 누구도 스스로 믿지 않으리라는 것을 아시는 하나님이 후속적 특별한 작정을 통해 일부 사람들을 그의 은혜에 의한 구원의 대상으로 선택하셨으며, 이들만이 구원을 받는다는 것이다. 결국 이들은 보편구원을 강조하는 알미니안의 입장으로 선회하고 말았다.[10] 하지만 성경은 사

---

9 Joel. R. Beeke, 『칼빈주의』, 신호섭 역 (서울: 지평서원, 2010), 153-154.
10 Louis Berkhof, 『기독교 교리사』, 205.

람들은 나면서부터 "허물과 죄로 죽었다"고 분명하게 말하고 있다(엡 2:1-5). 즉 인간편의 신앙과 회개와 같은 모든 행위는 죽은 자들의 것이 아니라, 죽은 자들로부터 소생된 새로운 피조물들의 행동이다.[11]

당시 스위스 개혁교회는 제네바의 정통신학자인 튜레틴(Turretin)과 취리히의 하이데거(Heidegger)를 중심으로 하여 작성한 '헬베틱협정신조'(Formula concensus Helvetica, 1675)를 통하여 아미랄디즘을 비난하였으며, 하나님의 영원한 선택과 관련된 가장 엄격한 '특정은총설' 혹은 '제한속죄설'을 천명했다.[12]

최근 미국에서는 칼빈신학교의 멀러(R. Muller, 1948-)와 일부 신학자들은 칼빈과 칼빈주의를 분리시키고, 칼빈의 후계자들이 칼빈과는 다른 '칼빈주의'를 만들었다고 비평한다. 하지만 이들은 독일의 루터파 자유주의 신학자 '헤페'(Heinrich Heppe, 1820-1879)를 통하여 루터파 정통신학의 완성자인 멜란히톤으로 돌아가 그를 붙들고자 한다.

그래서 제네바의 베자(T. Beza, 1519-1605)가 아리스토텔레스의 논리학에 기초하여 '타락 전 예정론'(supralapsarianism)을 만들었으며, 또한 유럽의 칼빈주의자들은 라무스주의에 근거하여 세운 '언약 사상'을 중심으로 서로 대립되는 새로운 칼빈주의 신학체계를 형성했다고 주장한다. 하지만 베자와 칼빈의 후계자들은 칼빈의 신학 사상을 온전하고 충실히 계승하였다. 아울러 예정론과 언약 사상에 기초한 칼빈의 신학은 초대교회의 어거스틴주의와 연속성을 갖고 있는 사도적이고 공교회적인 신학전통을 따른 것이지 결코 스콜라철학의 산물이 아니다. 결론적으로 베자의 신학을 변형이 아닌 발전으로 인정해야 한다. 종교개혁 2세대에 이르러 보다 정확한 개념정립이 요구되었고, 그러한 요구의 반영으로 정통신학의 체계가 세워진 것이다. 특히 예정론을 핵심교리로 하여 보다 견고한 교리적 뿌리를 세우려 했던 것이다.[13]

---

11 G. I. Williamson, 『웨스트민스터 신앙고백서 강해』, 70.
12 Ernst H. Klotsche, 『기독교 교리사』, 377.
13 김재성, 『개혁신학 광맥』, 242.

3. 역대 신조

1) 돌트신경은, "삼위일체 하나님의 영원한 선택을 참되게 이해하는 가운데, 우리를 아무 공로나 조건이 없이 구원하신 하나님의 크신 사랑과 그리스도의 구속의 은혜에 감사하며 그에게 세세토록 영광과 찬송을 돌려드려야 할 것이다"라고 말하고, 하나님께서 우리에게 주시는 영원한 선택의 유익에 대하여 다음과 같이 고백한다.[14]

> 이 선택을 잘 깨닫고 확신을 갖게 될 때 하나님의 자녀들은 날마다 하나님 앞에서 겸손해지며, 그들의 모든 죄를 사해 주신 하나님의 깊은 자비로우심을 경외하며, 그들에게 향하신 하나님의 그 놀라운 자비를 보여 주신 예수 그리스도의 그 뜨거운 사랑에 감사하게 된다.

그리고 하나님의 영원한 예정은 선택과 유기로 나누어진다.

> 하나님의 오묘하고도 자비롭고 의로우신 택함과 유기의 작정이 있는데, 이것은 하나님의 말씀에 계시된 대로 사악하고 범죄하여 요동하는 마음을 가진 사람들에게는 스스로 멸망 가운데 빠지게 하지만 거룩하고 경건한 영혼들에게는 할 수 없는 위로로 도우시는 것이다.[15]

아울러 그리스도의 속죄는 오직 택함을 받은 자들에게만 유효함을 고백하고 있다.[16]

---

[14] Canons of Dort 첫째 교리 제13장.
[15] Canons of Dort 첫째 교리 제6장.
[16] Canons of Dort 둘째 교리 제8장.

그리스도의 죽으심은 하나님의 아들의 보배로운 죽으심으로 인하여 모든 택함받은 자들이 생명을 얻어 구원받도록 하는 하나님의 가장 은혜로운 뜻과 목적으로 된 것이다. 하나님께서 택함받은 자들에게 믿음으로 의롭다 하는 이 선물을 주신 것은 그들에게 완전한 구원을 이뤄주시기 위한 것이다.

그런데 돌트신경은 '타락 후 선택설'을 취하고 있다. 즉 인류의 창조와 타락 후에 하나님의 선택이 이루어졌다고 말한다.[17]

선택이라는 것은, 이 세계가 만들어지기도 전에 하나님께서 모든 인간이 그들의 최초의 상태로부터 타락하여 죄와 파멸의 결과를 낳게 됨에 따라 그리스도, 즉 하나님께서 영원부터 중보자로 또한 택한 자의 머리와 구원의 기초로 세우신 그분 안에서 구원받은 자의 일정한 수를 뽑으시는 것이다.

2) 웨스트민스터 신앙고백서는, "삼위일체 하나님은 지극히 선하시고 모든 지혜의 원천이시며, 전능하시고 전지하신 분이시다. 참되고 유일하신 여호와 하나님은 그의 전능하심으로 만물을 창조하시고 통치하시며, 그의 전지하심으로 창조하신 피조세계와 모든 일을 모르시는 것이 없으시다"라고 고백하면서, 하나님께서는 창조하신 모든 만물을 그의 뜻 가운데 섭리하고 계신다고 선언하고 있다.[18]

만물의 위대한 창조자 하나님께서는 모든 피조물들과 그들의 언행심사를 보존하시고, 감독하시고, 처리하시고, 통치하시되, 가장 큰 것으로부

---

17 Canons of Dort 첫째 교리 제7장.
18 WCF 제5장 제1항.

> 터 가장 작은 것에 이르기까지 그렇게 하시며, 그의 가장 지혜롭고 거룩한 섭리에 의하여, 그의 무오한 예지와 자신의 의지의 자유롭고 불변하는 결정을 따라서 하신다.

그리고 하나님께서는 자기의 영광을 위하여 그의 기쁘신 뜻을 따라서 그리스도 안에서 자기 백성을 택하셨으며, 또한 그들의 구원을 위한 모든 수단과 방법들까지도 미리 예정하셨다.[19]

> 선택받은 자들은 아담 안에서 타락했으나 그리스도로 말미암아 구속받으며, 때를 따라서 역사하시는 성령으로 말미암아 그리스도 안에서 유효하게 부르심을 받아 믿음에 이르게 되며, 의롭다 함을 받으며, 양자되며, 성화되며, 그리고 믿음을 통하여 구원에 이르기까지 그의 능력으로 보호된다(벧전 1:5).[20]

아울러 하나님께서 자신의 영광을 나타내시기 위해서 어떤 사람과 천사들은 영원한 생명에 이르도록, 다른 이들은 영원한 사망에 이르도록 예정하셨다.[21]

여기서 하나님의 영원한 예정의 대상에는 모든 천사와 모든 사람이 해당된다. 또한 그들의 수효는 확실하고 확정적이므로 그것은 더하거나 뺄 수가 없다.[22]

먼저 모든 천사들은 하나님의 택함을 받은 천사들과 유기된 천사로 구분된다. 그래서 택한 천사들만이 타락 가운데 보존을 받았으며, 나머지 천사들

---

[19] WCF, 제3장 제1항. 하나님께서는 장차 있을 모든 일을 영원한 때부터 그 자신이 뜻하신 바, 가장 지혜롭고 거룩하신 계획에 의하여 자유롭게, 그리고 변치 않게 작정해 놓으셨다.
[20] WCF, 제3장 제6항.
[21] WCF, 제3장 제3항.
[22] WCF, 제3장 제4항.

은 스스로 범죄하여 타락하고 말았다.

다음으로 모든 사람은 영원 전에 그리스도 안에서 하나님의 선택을 받은 사람들과 유기자로 나누어진다. 여기서 택함을 받은 사람들은 비록 죄 아래 태어나지만 성령의 은혜로 말미암아 오직 그리스도를 믿음으로 구원을 받아 영생을 얻게 되며, 다른 이들은 자신의 죄로 인하여 하나님의 심판을 받아 영벌에 처하게 된다.

예정론의 위치와 관련하여, 웨스트민스터 신앙고백서는 돌트신경에서 나타난 '타락 후 선택설'과는 다르게 '타락 전 선택설'을 취하고 있음을 볼 수 있다. 즉 구속사역의 순서가 예정(선택과 유기), 창조, 타락의 허용, 구원으로 전개되어 있다. 반면 '돌트신경'에서는 '타락 후 선택설'을 따라서 창조, 타락의 허용, 예정(선택과 유기), 구원으로 전개되어 있다.[23]

하나님께서 우리를 택하신 목적은 그에게 영광을 돌리게 하기 위함이다. 우리로 하여금 그리스도 안에서 베푸신 구속의 은혜를 영원토록 찬미하게 하시며, 또한 유기자들을 그들의 죄악을 따라 심판하시는 하나님의 공의를 인하여서도 영광을 돌리게 하신다.

결론적으로 구원은 하나님의 영원하시고도 불변한 예정에 기초를 두고 있으며, 오직 하나님이 영원 전에 선택하신 자들에게만 주어진다.[24] 또한 하나님의 영원히 불변하시는 예정은 성도들에게 견고한 구원의 확신을 가져다주며, 참된 위로가 된다. 이는 성도들이 하나님을 알아가며 그만을 영화롭게 하는 참 신앙의 능력이다.[25]

아주 신비한 이 예정의 교리는 특별히 신중하고 조심성 있게 다루어져

---

23   Louis Berkhof, 『기독교 신학개론』, 87.
24   WCF, 제3장 제6항. 오직 택함 받은 자 외에는, 다른 아무도 그리스도로 말미암아 구속받거나 유효하게 부르심을 받거나, 의롭다 함을 받거나, 양자되거나, 성화되거나, 구원받지 못한다
25   WCF, 제3장 제8항.

야 하는데, 이는 사람들이 하나님의 말씀에 계시된 그의 뜻에 유의하고, 그리고 거기에 순종하여 그들이 받은 유효한 부르심에 대한 확신감으로, 그들의 영원한 선택을 확신하도록 하기 위함이다(벧후 1:10). 그렇게 되면 이 교리는 복음을 순종하는 모든 자로 하여금 하나님께 찬미와, 경의와 찬양을 드릴 수 있게 해 주며(엡 1:6; 롬 11:33), 또한 겸허와 근면과 풍성한 위로를 허락해 줄 것이다.

4. 요점 : 하나님의 사역

1) 하나님의 속성과 사역

삼위일체 하나님은 전지전능하심으로 모든 것을 완전하게 행하시며, 또한 모든 것을 아신다. 그리고 지극히 선하시고 완전한 지혜를 가지신 하나님은 모든 만물의 계획과 목적을 가지시고 그것들을 창조하시며 섭리하고 계신다.

'전지'(omniscience)란 모든 일을 아시는 하나님의 본질적이고 절대적인 속성에 속하며, '작정'(decrees)이란 하나님께서 피조세계가 존재하기 전에 만물의 계획과 목적을 미리 정하시는 사역이다.

이 하나님의 작정은 영원 전에 그의 자유롭고 기쁘신 뜻대로 하신 영원한 결정이신데 이로 말미암아 자기의 영광을 위하여 모든 되어 가는 일을 미리 결정하신 것이다.[26] 그리고 작정에는 만물에 대한 일반작정과 도덕적 피조물들을 향한 특별작정 곧 예정이 있다.

'예정'(predestination)이란 하나님께서 영원 전에 도덕적 피조물들의 운명을 미리 정하시는 것이다. 또한 '예지'(foreknowledge)란 하나님의 전지하심에 속

---

[26] Westminster Smaller Catechism, 제7문.

한 것으로 그가 영원 전에 작정하신 모든 일을 역사 속에서 실제로 일어나거나 성취되기 전에 미리 아시는 능력을 말한다.

아울러 하나님의 사역은 크게 내적 사역과 외적 사역으로 나눈다. 먼저 내적 사역은 영원 전에 무시간적인 사역으로서, 만물이 생기기 전에 행하신 하나님의 자유로우신 의지에 기초한 사역으로서 작정과 예정의 행위이다. 다음으로 외적 사역은 그의 작정에 의해 세워진 영원한 계획을 따라 만물을 창조하시고 섭리하시는 행위를 말한다.[27]

2) 하나님의 의논과 구속경륜

하나님의 사역의 기초는 삼위일체 하나님의 영원한 의논에서 나온 것이다. 이것을 가리켜서 '삼위일체 하나님의 협의,' '구속의논'(counsel of redemption)이라고 부른다. 성경은 삼위일체 하나님의 영원한 구속경륜이 하나님의 의논에서 협의되었다고 말한다.[28] 특히 스가랴서 6장은 삼위일체 하나님께서 행하시는 '평화의 의논'(עֲצַת שָׁלוֹם, the counsel of peace)에 대하여 말하고 있다.[29] 그러므로 성경의 모든 언약이 삼위일체 하나님의 영원한 협의 곧 구속의논(구속언약)에 기초하고 있음을 보여준다.

칼빈은 하나님께서 사람의 구원을 위하여 중보자 예수 그리스도를 보내시는 일이

---

27 Westminster Smaller Catechism, 제8문. 하나님께서 그의 영원한 작정(예정)을 이루시는 것은 창조와 섭리하시는 일로 하신다
28 성경의 많은 구절들이(엡 1:4-11; 살후 2:13; 딤후 1:9; 약 2:5; 벧전 1:2 등) 하나님의 영원한 구속의 경륜을 말한다(엡 1:4; 3:9). 또한 그리스도께서 이 세상에 오기 전에 아버지께서 자기에게 주신 약속과 부여받은 사명에 대해서 언급하고 있다(요 5:30-43; 6:38-40; 17:4-12). 그리고 그리스도가 언약의 대표적 머리라고 말한다(롬 5:12-21; 고전 15:22).
29 만군의 여호와께서 말씀하시되, 보라 순이라 이름하는 사람이 자기 곳에서 돋아나서 여호와의 전을 건축하리라. 그가 여호와의 전을 건축하고, 영광도 얻고, 그 위에 앉아서 다스릴 것이요. 또 제사장이 자기 위에 있으리니, 이 둘 사이에 평화의 의논이 있으리라(슥 6:12-13).

영원 전에 하늘에서 이루어진 평화의 의논에서 유래했다고 말했다.[30]

> 인간의 구원을 좌우하는 하늘의 결정에서 유래했다. 우리의 지극히 자비하신 아버지께서 우리를 위하여 가장 최선의 길을 결정하신 것이다. 우리와 하나님 사이에 가리워진 구름과 같이, 우리의 죄악이 우리를 천국에서 완전히 격리해 버렸기 때문에(사 59:2), 하나님에게 속한 사람이 아니면 평화를 회복할 중재자의 역할을 할 수 없었다.

삼위일체 하나님은 영원한 의논을 통하여 구속의 경륜을 세우시고, 그 경륜을 따라 모든 일을 행하신다. 이 영원한 의논은 하나님의 기쁘신 뜻 안에서 나온 하나님의 의지에 기초한 것이다. 영원한 구속의 협약 혹은 평화의 의논은 영원 전에 구속의 중보자로서 예수 그리스도를 보내시기로 작정한 것이며, 구속의 방식으로서 그리스도가 대속사역을 감당하시는 것과 구속의 대상으로서 그의 택함을 받은 자들에 대하여 미리 작정하신 것이다

다음으로 하나님께서는 구속경륜에 기초하여 사람의 모든 장래를 미리 정하셨는데, 이러한 하나님의 특별한 작정은 사람의 구원과 관계하여 '이중예정' 곧 선택과 유기로 나누어진다. 그리고 하나님의 영원한 예정사역은 하나님의 자유로운 절대의지로부터 나온 것이다.[31]

첫째, '선택'(election)이란 구원과 관련하여, 하나님께서 영원 전에 어떤 자들을 특별히 택하시고 장차 그들에게 구원의 은총을 베푸셔서 그들로 하여금 예수 그리스도를 믿음으로 영생을 받고 천국에 들어가게 하시기로 미리 정하신 것을 말한다.

둘째, '유기'(reprobation)란 영원 전에 택함을 받지 못한 다른 자들에게 은혜를 베풀지 아니함으로 저들이 하나님의 공의 가운데 그들의 죄악 가운데

---

30 Inst., Ⅱ. 12. 1.
31 Jerome Zanchi, 『절대예정론』, 김성봉 역 (서울: 나눔과 섬김, 2001), 72.

멸망하도록 버리시는 것을 말한다.

여기서 하나님의 선택은 하나님의 유효적 의지에서 나온 특수한 사역이며, 그 목적은 하나님의 영광에 있다. 또한 유기 역시도 하나님의 비유효적 의지에서 나온 증명적인 사역으로서, 그 원인은 하나님의 기쁘신 뜻에 있다. 흔히 유기에 대한 작정에 있어서 하나님을 죄의 원작자로 만든다는 오해가 있다. 그러나 먼 원인으로서 하나님의 의지가 유기의 최종원인이라고 하더라도, 사람은 가까운 원인으로서 스스로의 의지적 타락으로 인하여 공의의 형벌을 받는 것이다.

그런데 하나님의 예정사역에 관하여, 개혁주의 안에는 '타락 전 선택설'과 '타락 후 선택설'의 두 이론이 있다. 이 논의의 핵심은 선택의 대상에 대한 것이다. 여기서 '전택설'은 하나님께서 '무죄한 인류' 가운데 특별히 구원받을 자들을 택하기로 작정하셨다는 이론으로서, 베자와 퍼킨스, 에임스, 고마루스를 비롯하여 그들의 사상을 계승한 대부분의 종교개혁자들이 지지하고 있다. 또한 '후택설'은 하나님께서 '타락한 인류' 가운데 구원받을 자들을 택하기로 작정하셨다는 것으로서, 화란의 돌트신경과 찰스 핫지, 헤르만 바빙크, 루이스 벌콥 등에 의해 주장되고 있다.[32]

먼저 '전택설'(Supralapsarianism)은 하나님의 주권과 은총을 잘 드러내고, 하나님의 구속사역의 실행에 있어서 신적 작정의 통일성(선택-창조-타락-구속)과 천사에 대한 예정을 잘 설명해 준다. 즉 구원을 하나님 편에서 이해하며, 하나님이 택자를 구원하신다는 점을 잘 설명해 준다. 반면 이 이론은 무죄하게 창조한 인간을 정죄의 대상이 되도록 작정하신 것에 대하여 하나님을 죄의 조성자로 이해하게 된다는 난점과 유기의 원인을 하나님의 의지에서 찾고 있기 때문에 합리성과 공정성에 대한 오해를 불러일으킬 수 있다.

다음으로 '후택설'(Infralapsarianism)은 성경의 역사적인 이해에 부합하고

---

32 김재성, 『개혁신학 광맥』, 566-568.

논리적 합리성(창조-타락-선택-구속)을 가지고 있으며, 죄의 원인을 인간에게서 찾고 있다는 점을 잘 설명해 준다. 즉 인간의 타락이나 구원의 은총을 인간 편에서 이해하도록 도와준다. 하지만 이 이론은 신적 작정에 대한 통일성이 결여되어 있고, 타락에 대한 하나님의 허용적인 작정과 유기의 원인에 대한 올바른 해답을 주지 못한다는 또 다른 난제를 제공하고 있으며, 심지어 구원의 근거를 인간의 반응이나 책임에서 찾고자 하는 알미니안적인 경향을 가지고 있다.

3) 예정론의 구조

삼위일체 하나님께서는 그의 영원한 영광을 위하여 그의 기쁘신 뜻대로 영원한 경륜을 세우셨으며, 그 놀라운 구속의 경륜 안에서 사람의 장래를 미리 정하셨다.

예정의 주체는 삼위일체 하나님이시다. 예정은 하나님의 자유롭고 은혜로우신 의지에서 나온 것이며, 예정의 먼 원인은 하나님의 기쁘신 뜻이라고 할 수 있다. 또한 예정의 토대는 삼위일체 하나님의 의논 혹은 협의를 통하여 세우신 영원한 구속경륜이다. 이 구속경륜 가운데 모든 사람과 천사들에 대한 예정 곧 선택과 유기가 결정되었다. 그리고 예정의 대상에는 그리스도와 천사와 사람이 포함된다. 우선 하나님께서는 성자이신 그리스도를 택자들의 구속을 이루시기 위한 유일한 중보자로 선택하셨다.

예수 그리스도는 예정의 기초요 대상이 되신다. 아울러 하나님께서는 영원한 구속경륜을 따라서 중보자로 예수 그리스도를 택하시고, 또한 그 안에서 사람과 천사들을 선택하셨다.

먼저 하나님의 은혜로 택함을 받은 천사들은 그들이 타락할 수 있는 상황에서 보호를 받도록 예정되었으며, 나머지 천사들에게는 그의 은혜를 베풀지 아니하심으로 유기되어 저주하시기로 작정하셨다.

다음으로 하나님의 은혜로 택함을 받은 모든 사람들은 그들의 절망적인 죽음과 심판의 형벌에서 구원받도록 예정되었으며, 나머지 사람들에게는 그의 은혜를 베풀지 아니하심으로 유기되어 저주하시기로 작정하셨다.

성경이 가르치는 중요한 사실은 바로 중보자이신 '그리스도 안에서의 선택'(ἐν τῷ Χριστῷ, in Christ)이라는 것이다(엡 1:3-12). 이는 구원의 기초가 오직 예수 그리스도이심을 말한다. 이는 우리가 그리스도 안에서 선택받았다는 것은 우리 속에 구원을 받을 만한 아무런 조건이나 가치가 없음을 말한다.

삼위일체 하나님의 영원한 예정사역의 궁극적인 목적은 하나님께 영광을 돌리기 위함이다. 하나님께서는 그의 영원한 경륜 가운데 택함받은 자들에게 은혜를 베푸사 예수 그리스도 안에서 저들을 구원하심으로 영원토록 하나님의 자비로우신 은총을 찬송하도록 인도하신다. 반면 유기된 자들을 그들의 죄악을 따라 영원히 벌하심으로 그의 거룩하신 공의를 인하여서도 하나님께 영광을 돌리게 하신다.

4) 예정론의 오해

오늘날 성경적이고 역사적인 정통예정론 사상에서 벗어난 그릇된 주장들과 많은 오해들이 있는데, 이것에 대한 칼빈의 견해를 살펴보도록 하자.

첫째, 예정론에 있어서 선택만을 주장하고 유기는 부정하는 견해이다. 루터파의 예정론은 하나님의 영원한 선택을 용인하면서도 누군가 정죄받는 자가 있다는 것을 부정한다. 칼빈은 "그것은 대단히 무지하고 유치한 짓이다. 버림과 대조되지 않으면 선택은 성립될 수 없다. 하나님께서는 구원하시기로 정하신 사람들을 따로 구별하신다"라고 말하고, "선택만이 소수에게 주는 것을 다른 사람들은 우연히 또는 자기의 노력으로 얻는다고 말하는 것은 심히

어리석은 짓이다"라고 말했다.[33]

> 하나님께 정죄를 받는 사람이 있다는 것을 인정하지 않는 사람들은, '내 천부께서 심으시지 않은 것은 뽑힐 것이니'라고 하신 그리스도의 말씀을(마 15:13) 어떻게 해석할 것인가? 이 말씀의 뜻은 분명히, 하늘 아버지께서 그의 농장에 거룩한 나무로서 심어주시지 않은 사람들은 멸망을 받기로 작정되었다는 것이다. 만일 그들이, 이 말씀은 유기의 표가 아니라고 한다면, 아무리 분명한 일이라도 그들에게 증명할 수는 없을 것이다. 하나님께서 바로를 세우셨다고(롬 9:17)하고 난 다음에 '하나님께서 하고자 하시는 자를 강퍅하게 하신다'고 했다(롬 9:18).

둘째, 예정하시는 하나님을 변덕스러운 폭군으로 주장하는 자들에 대해서, 다음과 같이 말한다.[34]

> 하나님의 뜻은 의의 최고 표준이기 때문에, 그가 원하시는 일은 그가 원하신다는 사실 때문에 무엇이든지 의라고 생각해야 한다. 그러므로 왜 하나님께서 그렇게 하셨느냐고 묻는다면, 우리는 하나님께서 그것을 원하셨기 때문이라고 대답해야 한다.

셋째, 하나님이 편파적이라고 하는 비난에 대해서, "하나님께서는 정죄하시는 사람들에게 당연한 벌을 주시지만 부르시는 사람들에게는 받을 이유가 없는 은혜를 분배하시므로, 하나님께서는 아무 비난도 받으실 이유가 없다. 마치 돈을 빌려주는 사람이 어떤 사람에게는 빚을 탕감해 주고 어떤 사람에

---

33 Inst., Ⅲ. 23. 1.
34 Inst., Ⅲ. 23. 2.

게서는 빚을 받아낼 권리가 있는 것과 같다"고 대답했다.[35]

넷째, 예정론이 성도의 바른 생활에 대한 열정을 파괴시킨다는 주장에 대하여는, "만일 선택의 목표가 거룩한 생활에 있다면, 선택은 아무 선행도 하지 않는 구실을 우리에게 준다기보다, 도리어 우리의 마음을 거룩한 생활에 집중하겠다는 열의를 일으키며 자극할 것이다"라고 말했다.[36]

한편 일반적으로 우리가 갖고 있는 예정론에 대한 오해는 다음과 같은 것들이 있다.

먼저 숙명론이 있다. 이는 주체나 원인은 모르지만 무엇인가에 의해서 각 사람의 미래가 이미 결정되어있다고 믿는 사상이다. 결국 숙명론은 궁극적 원인을 배제시키며, 그것은 인격신이 아니라 맹목적 필연이라고 말하는 것이다. 이와 비슷한 주장이 운명론이다. 이 이론은 이 세상이나 개인의 모든 일들이 주체나 원인이 없이 일어나는 단지 우연성의 산물로 생각하는 것이다. 실로 하나님께 범죄하여 타락한 인류의 깊은 무지와 자신과 세계에 대하여 전혀 알 수 없는 상태에 놓여있는 인간의 비참한 실존을 잘 보여준다.

다음으로 인과론이 있다. 이는 어떠한 원인은 반드시 그에 상응하는 결과를 낳게 된다는 경험론에 기초한 사상이다. 인과론은 인류의 보편경험에 근거하여 모든 일을 인과응보의 원리로 바라본다. 하지만 이 주장은 인간의 자유의지와 과거의 불확실한 경험만으로 만사를 판단하는 인본주의적이고 상대적이며 유한한 논리에 불과하다.

마지막으로 기계론 혹은 결정론이다. 이는 누군가가 각 사람의 운명에 대하여 그의 의지와 상관없이 피동적이고 기계적인 존재로 살아가게 해놓았다는 것이다. 그러나 이 주장은 신을 비인격적인 존재로 만들어 버리고, 또한 인간의 인격성과 자유의지 자체를 파괴한다.

아울러 예정론의 위치와 관련하여, 초기의 개혁주의자들은 하나님의 선

---

35 Inst., Ⅲ. 23. 11.
36 Inst., Ⅲ. 23. 12.

택을 신론보다는 구원론과 관련하여 주로 논의하였는데, 그 이유는 예정론에 대한 오해를 막기 위해서였다. 또한 그들이 구원의 결과로부터 원인으로 혹은 열매에서부터 뿌리로 추론해 나가는 방식을 선호했던 이유는 예정론을 성도에 대한 위로와 확신을 위한 교리로 보고 있었기 때문이었다.

예정론이 신론의 한 부분에 속한 선험적인 것인가, 아니면 구원론에서 다루어져야 하는 후험적인 것인가라는 논의에 대하여, 대다수의 정통 개혁주의자들은 '이중예정론'(선택과 유기)과 함께 선험적 순서를 따르고 있으며, 반면 예정론을 부정하거나 '단일예정론'(선택)만을 취하고 있는 루터파나 알미니안파 및 복음주의자들은 후험적 순서를 취하고 있다. 그런데 개혁주의 예정론에 대한 바른 이해는 총체적이라고 할 수 있다. 즉 하나님의 영원한 선택은 우리에게 모든 축복과 은총의 원천이라는 것이다.

성경적인 예정론은 만사에 분명한 주체와 계획과 목적이 있음을 말한다. 이는 하나님께서 예정의 주체가 되셔서 모든 사람과 만물을 향하여 완전한 계획과 목적을 가지고, 그의 영원한 목적이 온전히 이루어지도록 역사하신다는 것이다. 그리고 하나님께서는 그의 목적을 세우실 뿐만 아니라, 그 목적을 이루시기 위한 전 과정에 있어서 효과적인 수단과 방법까지도 예정하셨으며, 친히 그의 지혜와 권능으로 그 일을 이루신다는 것이다.

결론적으로 예정론은 신본주의에 기초한 결정론이라고 할 수 있다. 하나님께서 주체로 일하시며, 그 대상을 명확히 정하시고, 또한 그의 선하고 아름다운 계획을 따라 모든 과정을 친히 주관하셔서 그의 영원한 목적을 완성해가고 계신다는 것이다. 하나님께서는 역사와 만물을 창조하시고 주관하시며 섭리하신다. 만물은 스스로 혹은 우연히 존재하는 것이 아니며, 또한 그것들이 맹목적으로 혹은 미지의 방향으로 진행되는 것이 아니다.

5) 예정론의 효과

개혁주의 신학에서 가장 중요한 핵심교리가 바로 예정론이다. 이 예정론에 대한 인식은 신사의 신앙과 삶 곧 구원과 신앙생활의 가장 중요한 기초가 된다. 역사적으로 정통예정론의 기초 위에 세워지지 않은 다양한 신학이론이나 신앙운동들은 비성경적이고 불건전한 종교운동들로 판단되어 왔다.

예정론은 삼위일체 하나님에 대한 참된 지식 위에 기초하고 있으며, 또한 하나님께서는 구원역사 속에서 그의 영원한 예정을 따라 섭리하고 계신다. 그러므로 예정론은 하나님의 사역의 근거이며, 구원의 원인이며 토대가 된다. 따라서 예정론은 신론에서부터 제시되어야할 뿐만 아니라 동시에 구원론과 교회론 등 구원의 전 과정에서 가장 중요한 기초다. 또한 예정론은 정통교리와 참된 신학의 표준이다.

실로 예정론은 기독교회의 세워짐과 넘어짐의 원리로서 가장 중요한 교리이다. 그러므로 참된 목회자들은 성경적인 예정론을 바르고 신실하게 선포하고 가르쳐야 한다.

여기서 예정론이 성도들에게 주신 실제적인 효과와 실천적인 의미를 살펴보도록 하자.

첫째, 예정론은 모든 성도들로 하여금 구원의 견고한 확신 가운데 신앙의 안전감을 준다. 그래서 그들이 자신의 행위나 공로를 구원의 근거로 내세우지 못하게 하고, 도리어 구원하신 하나님의 은혜와 그리스도의 공로만을 자랑하며 살아가는 참 신앙을 갖게 한다.

둘째, 예정론은 성도들로 하여금 하나님을 참되게 아는 지식 가운데 자비롭고 은혜로우신 하나님 앞에서 참된 경배와 찬송을 올려드리게 하며, 나아가 이 세상 속에서 하나님의 백성으로서 거룩한 삶과 선한 삶을 살아가며 책임과 의무를 다하도록 독려한다.

셋째, 예정론은 주의 복음사역자들로 하여금 어떠한 상황에서도 그들과 항상 함께하시고 자비와 은혜를 베푸시는 하나님을 온전히 신뢰하는 가운데 더욱 더 겸손과 인내로서 성실히 자신의 소명과 맡은 사역을 감당하며 전진하도록 붙들어 준다.

넷째, 예정론은 성도들이 이 세상에서 그들의 선행으로 맺은 열매들에 대해서도, 자신이나 자신의 공로를 자랑하지 아니하고 도리어 그러한 은혜를 베푸신 하나님께만 영광을 돌리도록 이끈다.

칼빈은 '하나님의 섭리에 대한 경건되고 거룩한 묵상'을 통해 경건의 법칙이 우리를 지배하므로 예정론으로 '최상의 감미로운 열매'를 얻을 수 있다고 했다.[37] 또한 예정론이 주는 세 가지 열매에 대해, 다음과 같이 말했다.

"이 교리는 우리로 하여금 하나님의 무상의 자비를 신뢰하도록 가르치며, 하나님의 영광을 드높이고, 겸비한 마음을 갖도록 해 준다."[38]

아울러 예정론은 모든 그리스도인에게 있어서 성경에 포함되어 있는 모든 교리들 가운데 가장 위안을 주는 교리이다. 더구나 이 교리는 다른 모든 교리들과 밀접한 관계를 갖고 있기 때문에 어떤 교리도 이 예정교리 없이는 순수하고 충분하게 설교될 수 없다.[39]

결론적으로 예정론은 하나님과 인간과의 관계를 가장 따뜻하고 생생하게 설명해 주고 있는 핵심적인 중요한 교리이다. 예정론은 성령의 감화 아래 인간의 성정을 형성하고 행위에 대한 바른 방향을 제시해 주기 위해 계획, 적용되는 위대한 실천적 진리 체계이다.[40]

---

37 Inst., I. 17. 6.
38 Inst., Ⅲ. 21. 1.
39 Loraine Beitner, 『칼빈주의 예정론』, 김남식 역 (서울: 베다니, 1996), 423.
40 Ibid., 403.

(1) 어거스틴

어거스틴은 "삼위일체 하나님의 의지는 창조 이전에 존재하고 있었으며, 이 하나님의 의지는 하나님의 본질 그 자체에 속한다"라고 말했다.[41] 이는 죄인들이 스스로 믿었기 때문에 선택된 것이 아니라 도리어 그들이 믿게 되기 위해서 선택된 것이라는 말이다.

예수 그리스도께서는 그의 택한 자녀들을 이 세상에서 불러내어 구원하셨지만, 그들은 창세 전에 이미 그 안에서 선택된 자들이었다고 할 수 있다. 그러므로 우리가 스스로의 힘으로 거룩하고 무흠하게 되어서가 아니라, 우리가 그렇게 되도록 하나님이 택하시며 예정하신 것이며, 즉, 자기의 목적에 따라 우리를 예정하신 것이다.[42]

어거스틴은 하나님의 절대예정을 믿었으며, 중생의 은혜는 하나님의 영원한 계획 속에서 적절한 시기에 우리에게 베푸신다고 보았으며, 우리는 우리의 때에 우리의 결단으로 구원받는 것이 아니라 하나님의 때에 하나님의 은혜로 믿고 구원받는다고 하였다. 그러므로 그가 "하나님의 은혜는 선택받기에 합당한 자들을 발견하는 것이 아니라, 만들어내는 것이다"라고 말한 것은 여전히 진리이다.[43]

그는 예정이야말로 구원의 원인이라고 하였으며, 택자들에게는 단지 중생케 하는 은혜뿐만 아니라 견인의 은사도 받게 된다고 말했다.[44] 그래서 택자는 중간에 신앙을 떠난 것처럼 보일 때가 있어도 중생의 은혜를 최종적으로 상실하지 않는다는 것이다.

다음으로 어거스틴은 하나님의 은혜를 구원의 효력인이라고 보았다. 인간이 선을 선택하고 그리스도를 믿는 것 자체가 하나님의 은혜의 효과라고 본

41　Augustine, *Confession*, XI. x. 12.
42　Augustine, 『은혜론과 신앙론』, 김종흡 역 (서울: 생명의말씀사, 1997), 262.
43　Inst., Ⅲ. 22. 8.
44　Ernst H. Klotsche, 『기독교 교리사』, 160.

것이다. 그는 하나님의 선택을 받은 자는 아직 주님을 영접하지 않았더라도 이미 하나님의 자녀라고 보았으며, 예정은 하나님의 주권적인 사역이면서 동시에 인간의 경험 속에서 확인될 수 있는 구원론적 은총으로 보았다. 결론적으로 하나님의 명령이나 허락이 없이는 어떠한 사건도 발생할 수 없으며 따라서 하나님의 의지는 만물의 최고의 원인이며 제일 원인이라고 했다.[45]

어거스틴은 자신의 삶과 관련하여 "거짓 사도들이 바울이 전한 진정한 교리 곧 '예정론'을 중상하고 비난했지만, 사도 바울은 조금도 부끄러워하지 않았다"라고 말했고, 그 자신도 예정에 대한 설교를 너무 많이 한다는 비난을 자주 들었다고 말했다.[46]

(2) 칼빈

칼빈은 제네바교회에서 목회하는 가운데 피기우스와 볼섹 등으로부터 예정론에 대한 공격을 받았다. 피기우스(A. Pighius)는 펠라기우스와 동일한 자유의지론과 예지에 기초한 조건예정을 가르쳤으며, 볼섹(J. Bolsec)은 칼빈의 예정론이 불경스럽고 신을 모독하는 사상이라고 비난했다.[47] 그리고 제네바 대학에서 사역하고 있던 카스텔리오(S. Castellio)는 아가서를 추잡한 사랑의 노래로 여기는 '신성모독적 사상'을 갖고 있었다. 또한 그는 모든 사람은 누구든지 구원을 받을 수 있는 본질상 하나님의 아들과 후사들이지만 최종적인 구원은 신앙과 인내의 결과로 얻어진다고 주장하였는데, 이러한 사상은 소시니안파와 알미니안주의에 큰 영향을 주었다.[48]

1552년에 칼빈은 '제네바신조'(Geneva Consensus, 1552)를 작성하여 이들의 공격에 대항했다. 이 신조는 신자들에게 유일하고 확고한 위로를 제공하는

---

45 Inst., I. 16. 8.
46 Inst., III. 21. 4.
47 Philip Schaff, 『신조학』, 149.
48 Ibid., 151.

절대예정교리의 신학적인 논증이었다.[49]

> 문을 닫고 아무도 이 교리를 맛볼 수 없도록 만드는 사람들은 하나님과 사람을 꼭 같이 해한다. 이 교리 이외에는 우리에게 올바른 겸손을 가르치는 것이 없으며, 하나님의 은혜가 얼마나 큰가를 진지하게 느끼게 하는 것이 없다. 또 그리스도께서 가르치시는 것과 같이, 우리가 굳은 확신을 가질 수 있는 유일한 근거는 여기에 있다. 우리는 하나님의 선하심으로 우리가 구원을 얻는다는 것을 명백하게 하기 위해서 '선택'의 과정을 회상해야 한다.

하나님의 선택은 신자가 갖는 구원의 확신의 유일한 근거이다. 또한 이 예정교리는 오직 성경에서만 찾아야 한다. 주의 말씀만이 우리를 인도할 수 있는 유일한 길이며, 우리의 눈을 비추어주는 빛은 주의 말씀뿐이다.[50] 우리는 사람이 말씀의 한계를 넘는 순간에 바른 길을 벗어나 암흑 속으로 들어간다는 것과, 거기서 반드시 헤매며 미끄러져 넘어지리라는 것을 알아야 한다.[51] 사람이 하나님의 깊은 판단을 우리의 생각과 결정에 예속시키려고 하는 것은 사악한 것이고, 더욱이 우리가 성경이 아닌 단순한 호기심만으로 하나님의 깊은 뜻의 원인을 추구하는 것은 심히 악한 것이다.[52]

그리고 하나님께서는 영원 전에 모든 사람의 구원을 예정하셨는데, 그 가운데에는 하나님의 은혜를 받아 구원에 이르게 될 자가 있으며 또한 그 은혜에 참여하지 못하고 버려질 사람들이 있다.[53]

---

49 Inst., Ⅲ. 21. 1.
50 Inst., Ⅲ. 21. 2.
51 Inst., Ⅲ. 21. 3.
52 Inst., Ⅲ. 23. 2.
53 Inst., Ⅲ. 21. 1.

> 영원한 선택은, 하나님께서 모든 사람에게 구원의 소망을 무차별적으로 주시는 것이 아니라, 어떤 사람들에게는 주시고 어떤 사람들에게는 거절하신다는 이 대조에 의해서 하나님의 은혜를 명백히 드러낸다.

아울러 하나님께서는 아담의 타락과 버림받을 자들의 유기를 결정하시고 허락하셨고, 이를 공의로 행하셨다.[54]

> 예정이 하나님의 비밀의, 그러나 흠 없는 공의를 집행하는 것에 불과하다면, 그들이 예정에 의해서 당하는 멸망이 정당하다는 것도 그것에 못지않게 확실하다. 그뿐 아니라, 그들의 멸망은 하나님의 예정에 의존하되, 그 원인과 기회는 그들 자신 안에 있다. 또한 첫 사람이 타락한 것은 주께서 그것이 유익하다고 판단하셨기 때문이다. 그 일로 인해서 하나님의 이름의 영광이 충분히 나타나리라고 보셨기 때문에 하나님께서 그렇게 판단하셨다는 것은 확실하다. 그러나 사람은 하나님의 섭리가 정한대로 넘어지지만, 자기의 허물 때문에 넘어지는 것이다

칼빈은 "하나님의 영원한 선택을 알기까지는 우리의 구원이 하나님의 값없이 베푸시는 자비의 원천에서 흘러나온다는 것을 우리는 결코 충분히 또 분명하게 확신하지 못할 것"이라고 주장했다.[55] 또한 목회자는 "하나님의 복을 신자들에게서 빼앗는 악한 자가 되지 않도록 반드시 성경에서 가르친 진리인 예정론을 가르쳐야 한다"고 말했다.[56]

> 성경은 성령의 학교이며, 여기서는 필요하고 유익한 지식은 하나도 빠

54　Inst., Ⅲ. 23. 8.
55　Inst., Ⅲ. 21. 1.
56　Inst., Ⅲ. 21. 3.

뜨리지 않는 동시에, 유익한 지식이 아니면 아무 것도 가르치지 않는다. 성경에서 예정에 대해 밝힌 것을 신자들에게서 빼앗지 않도록 주의해야 한다. 그렇지 않으면 우리는 하나님께서 주시는 복을 그들에게서 빼앗는 악한 자로 보일 수 있으며, 알리지 않았어야 좋을 것을 공포했다고 성령을 비난하고 냉소하는 자로 보일 수도 있다.

끝으로 칼빈은 하나님의 영원한 선택을 전적으로 하나님의 자비에서 나온 호의라고 보았으며,[57] 하나님의 은혜로우신 선택이 구원의 참된 원인이며, 구원은 은총의 열매요 결과라고 했다.[58]

성경은 부르심과 선택이 연결될 때, 이 일에서 하나님의 거저 주시는 긍휼 이외의 것을 찾아서는 안 된다는 뜻을 충분히 보여준다. 누구를 왜 부르시느냐고 묻는다면, 대답은 그가 선택하신 사람을 부르신다는 것이다.

(3) 바빙크

바빙크는 하나님의 구원경륜에 대하여, 다음의 3가지 특징을 가진다고 말했다.[59]

첫째, 하나님의 선택은 사랑 안에서 미리 택하신 자들로 하여금 그리스도의 형상을 본받도록 정하신 것이다. 이는 하나님의 은혜로운 목적을 가진 선택이며, 특정한 사람을 대상으로 한 특별한 선택이다. 이 선택은 하나님의 은혜가 그 기초이며, 모든 신자들은 창세 전에 그리스도 안에서 택하심

---

[57] Inst., Ⅱ. 15. 6. 그리스도께서 제사장으로서 행동하시는 것은 영원한 화해원칙에 의해서 아버지께서 우리에게 호의를 가지시며 친절하게 되시도록 하신다.
[58] Inst., Ⅲ. 24. 1.
[59] Herman Bavinck, 『개혁교의학 개요』, 326-328.

을 받고, 하나님의 정하신 때에 믿음으로 말미암아 하나님 앞에서 거룩하고 흠이 없게 되는 것이며, 하나님은 미리 아신 자들을 부르시고 의롭다하시며 영화롭게 하신다.

둘째, 하나님의 경륜 속에는 하나님이 택한 자들을 베풀고자 하시는 그 구원 전체의 성취가 있으며, 또한 그 구원의 성취가 그리스도 안에서 이루어졌다. 즉 구원의 경륜은 오직 그리스도 안에서 세워졌고 그리스도 안에서 성취된다.

셋째, 하나님의 경륜 속에는 또한 그리스도께서 성취하신 그 구원을 이루어가는 적용하는 일이 포함되어 있다. 구원계획은 성부, 성자 안에서, 그리고 성령의 교제 안에서 세워진 것이다. 그런즉 만물의 창조와 함께 재창조도 성령의 활동을 통해서만 일어난다. 즉 중생을 이루시고(요 3:3), 믿음과(고전 12:3), 양자됨과(롬 8:15), 새롭게 함과(딛 3:5) 구원의 날까지 인치시는 분이(엡 1:13; 4:30) 바로 성령이시다.[60]

개혁주의 예정론의 핵심은 구원의 주체가 삼위일체 하나님이시라는 것이며, 또한 구원의 목적을 사람의 구원에 머무는 것이 아니라 하나님의 영광에 두고 있다는 것이다. 그래서 개혁교회는 삼위일체 하나님과 그의 예정하심에 근거하여 성경을 해석한다. 즉 구원의 제일 원인이신 삼위일체 하나님과 그의 영원한 경륜에 초점을 둔다. 왜냐하면 그리스도의 공로와 구원의 근원이 오직 삼위일체 하나님의 기쁘신 뜻에 있기 때문이다.[61]

---

60   Ibid., 329.
61   Inst., Ⅱ. 17. 1. 그리스도의 공로를 논할 때에, 공로의 시초가 그에게 있다고 생각하지 않고, 제일 원인인 하나님의 결정으로 들어간다. 하나님이 자기의 기쁘신 뜻에 따라, 그를 우리의 구원을 얻어주는 중보자로 세우셨기 때문이다.

제 4 장

기독론

1. 개요

성자이신 예수 그리스도는 삼위일체 하나님이시다. 성자는 영원 전에 성부로부터 발생하셨다. 예수 그리스도는 위격적 연합을 통하여 참 하나님이시며 참 사람으로 오셨는데, 이는 택자들을 위해 속죄의 중보사역을 감당하시기 위함이시다. 예수 그리스도만이 유일한 구주요, 참 길이요 진리요 생명이시다.

삼위일체 하나님께서는 예수 그리스도를 통하여 자신을 온전히 계시하셨다. 예수 그리스도는 하나님을 계시하신 하나님이요, 우리의 구속주시며, 우리를 창조주 하나님께로 인도하시는 중보자이시다. 우리는 예수 그리스도를 우리에게 보내신 지극히 선하시며 자비로우신 하나님께 진정한 감사와 경배를 올리며, 우리를 위해 이 땅에 오신 예수 그리스도의 구속의 은총을 인하여 하나님께 영원한 찬송을 돌려야 할 것이다.

기독론은 성자 하나님 곧 예수 그리스도에 대한 성경적인 교리이다. 먼저 삼위일체론에서 언급한 바와 같이, 성자 예수 그리스도는 하나님과 동일본질을 가지신 하나님이시다. 다음으로 성자는 제2위의 하나님으로서 성부에게서 영원히 나신 분이시다. 아울러 이 기독론에 대한 가장 중요한 이해는 예수 그리스도가 완전한 하나님과 완전한 인간으로 존재하신다는 것이다. 즉 예수 그리스도 안에는 두 본성 곧 신성과 인성을 가지고 있다는 말이다.

그런데 기독교회사 속에서는 예수 그리스도 안에 어떻게 완전한 하나님과 완전한 사람이 동시에 한 실체로 존재할 수 있는가에 대한 많은 논쟁이 있었다. 수많은 이단들이 등장하여 예수 그리스도의 완전한 하나님되심이나 완전한 사람되심을 부인하기도 하고, 신성과 인성의 완전한 결합을 부정하기도 했다. 즉 성경을 따라서 그분의 존재의 방식과 사역의 원리에 대한 바른 이해를 필요로 한다.

삼위일체 하나님께서 영원 전에 세우신 '구속언약'은 '은혜언약'의 기초가 된다. 왜냐하면 구속언약은 영원 속에서 세워진 하나님의 작정이며, 은혜언약은 이 구속언약을 실행하기 위하여 시간 속에서 주어진 하나님과 사람사이의 언약이기 때문이다. 그러므로 은혜언약은 하나님께서 중보자 예수 그리스도 안에서 사람의 구원을 목적으로 맺으신 주권적이고 구속적인 언약이다.

여기서 창세기의 '원복음'(Original Gospel, 창 3:15)은 그리스도의 사역과 은혜언약의 내용을 근원적으로 제시해 준다. 즉 하나님께서 아담을 불러서 언약을 맺으신 행위언약(창2:17)은 성부께서 성자를 언약의 중보자로 선택하신 구속언약에 기초하고 있다. 이 '행위언약' 곧 하나님과 온 인류의 대표인 아담과의 언약은 장차 택자의 대표요 은혜언약의 중보자로 오실 그리스도를 분명하게 드러내준다.

결국 아담의 행위언약에 대한 책임성은 오실 그리스도께서 율법에 순종함으로서 져야할 책임이 되었다. 아담이 불순종하여 타락함으로 행위언약을 지키지 못했다고 해서 행위언약의 내용이 사라진 것이 아니라, 오히려 그 행위언약 곧 율법은 인간을 정죄하고, 더 이상 인간이 그 율법을 행할 수 없음을 선언해줌으로 자연스럽게 중보자이신 그리스도께서 감당하셔야 할 몫으로 넘어간다.

그리스도의 순종의 책무는 사람으로 하여금 영생을 얻게 하기 위해서 십자가에 죽으실 것을 말하며, 모든 택자의 죄 곧 아담의 타락의 결과로 생긴 원죄에 대해서 책임져 주실 것을 미리 보여주신 것이다. 그런데 아담의 순종과 그리스도의 순종은 차원적으로 다른 일이다. 아담은 피조물이지만 그리스도는 성자로서 하나님이시고, 첫 사람 아담은 실패하지만 그리스도는 절대 실패하지 않는다. 왜냐하면 아담은 자신의 영생을 얻기 위하여 순종해야 하지만, 그리스도께서는 자신이 아닌 택자들의 영생을 위하여 순종하시는 것이기 때문이다.

아담의 타락이 하나님의 작정보다 시간적으로 앞선 것이 아니다. 나타난 일은 모든 시대 이전에 하나님이 정하신 것이며, 이미 하나님이 인류의 불행을 고쳐 주시기로 결정하신 것이다.[1] 바울은 그리스도를 둘째 아담이라고 부름으로서 아담의 타락사건을 사람의 처음 창조와 우리가 그리스도를 통해서 얻는 회복 사이에 둔다. 이 구속의 일을 위해서 하나님의 아들은 사람이 되려고 나셨다는 결론이 된다.[2]

예수 그리스도의 구속사역은 삼위일체 하나님의 영원한 경륜을 따라 이루어졌으며, 우리의 구원은 하나님의 영원한 선택의 열매요 결과로 주어지는 것이다. 개혁주의는 그리스도의 속죄와 관련되어 제한속죄론 혹은 특별구속론을 고백한다. 그리스도께서는 오직 하나님이 영원 전에 선택하신 자들을 위하여 모든 율법의 조건들을 이루시고 구속을 완성하셨으며, 성령께서는 그리스도의 구속의 효력을 오직 택자들에게만 적용하시고 그들만을 구원하신다.

---

[1] Inst., Ⅱ. 12. 5.
[2] Inst., Ⅱ. 12. 7.

2. 주요논쟁

1) 초대교회와 기독론 논쟁

기독교회사 속에서 기독론 교리의 공인은 '사도신경'에 표현된 것과 같이 삼위일체 교리의 확정에 이어서 일어났다. 삼위일체론의 논의에 기독론 교리가 이미 내포되어 있었다. 그래서 그리스도가 하나님으로서 성육신하셨다는 것이 초대교회 신경의 기본이 되었다.

니케아신경(Nicene Creed, 325)에서 삼위일체 교리는 그리스도가 성육신하신 하나님이라고 말하는 성경에 근거하여 공식화되었고, 또한 삼위일체 교리와 기독론 교리는 서로 별개가 아니고 하나로 연결되어 있었다.

기독교회는 처음부터 예수 그리스도를 하나님으로 인정하고 있었다. 그러므로 신약의 저자들에게 있어서 예수 그리스도의 '신성'은 확고한 진리로 여겨졌으며, 특히 사도 바울에게 있어서는 더욱 자명한 것으로서 그리스도의 선재 사상이 나타난다.[3] 하지만 초기 기독교에는 유대 사상과 헬라철학에 기초를 둔 아주 다양한 인본주의적 기독론 사상들이 있었으며, 당시 기독교회의 지도자들은 이러한 많은 이단 사상들과 논쟁을 버리면서 정통교리를 확립해나가게 되었다.

기독교회사 속에서 처음으로 그리스도의 인성을 부정한 첫째 이단은 사도 시대에서부터 등장한 영지주의였다. 성경에서는 기독교 영지주의자들에 대하여 다음과 같이 언급하고 있다.

> 하나님의 영은 이것으로 알지니 곧 예수그리스도께서 육체로 오신 것을 시인하는 영마다 하나님께 속한 것이요 예수를 시인하지 아니하는 영마다 하

---

3 Bernhard Lohse, 『기독교 교리사』, 구영철 역 (서울: 컨콜디아사, 2001), 99.

님께 속한 것이니 아니니 이것이 곧 적그리스도의 영이니라(요일 4:2-3).

　첫째, 영지주의자들은 헬라철학에 기초하여 물질은 본래 악하고 영은 선하다고 보는 이원론에 사로잡혀 있어서, 그리스도가 악한 물질인 육체를 입을 수가 없다고 주장했다. 이는 성육신의 개념 곧 선한 영과 악한 물질의 직접적인 연합을 용납할 수 없었기 때문이었다. 영지주의자들이 초대기독교의 참된 가르침에 반대하여 주장하였던 그릇된 기독론의 대표적인 유형은 '가현설'(Docetism)이었다. 이 이론은 그리스도가 인간이 된 것은 가짜일 뿐이며, 실제로는 십자가 처형에 이르기까지 한정된 시간 동안만 인간 예수와 결합했다가, 그 후 그가 죽기 전에 다시 그를 떠났다는 것이다.[4]

　둘째, 에비온적 기독론 이단이다.[5] 그들은 예수의 동정녀 탄생을 부정하고, 그를 마리아와 요셉의 혈육의 아들로 보았다. 그리고 예수는 율법적으로 경건하였기 때문에 메시아로 택함을 받았으며, 그의 나라를 창설하기 위하여 다시 오신다는 것이다. 에비온주의자들은 그리스도를 하나님이 특별한 목적으로 세운 단순한 인간으로 보고 있다. 이들의 주장은 3세기에까지 이어져 양자론으로 발전되기도 했다.

　셋째, 그리스도의 신성을 부정한 이단은 알로기파(Alogi) 이단이다. 이들은 사도 요한의 로고스 교리가 신약의 다른 교훈과 충돌된다고 하여 요한의 저서들을 배척했다. 또한 예수는 비록 동정녀에게서 이적으로 탄생하였지만 오직 인간일 뿐이며, 그가 세례받을 때 그리스도가 강림하시어 초자연적 능력들을 부여하셨다고 주장했다. 이 알로기파의 사상은 3세기에 등장한 역동적 단일신론의 초기 형태로 보인다. 이 단체의 대표자인 비잔티움의 데오도

4　Ibid., 100.
5　Louis Berkhof, 『기독교 교리사』, 44. 사도 바울을 대적하였던 유대인들을 계승한 집단으로서 바리새파 유형에 속함. 바울을 율법에서 변절한 배교자로 여겼으며, 모든 그리스도인은 할례를 받아야 한다고 주장한다.

투스는 로마감독 빅토르에 의하여 파문되었다. 사모사타의 바울은 로고스가 성부와 구별된 인격이 아니라 인간 예수 안에 특별히 임한 비인격적 능력으로 보았다. 다만 이 신적인 능력은 인간 예수 안에 침투하여 인성을 신격화하였으며, 이러한 과정을 통해 예수가 신격화되었기 때문에 하나님과 동등하게 볼 수 없다고 했다.

초대교회의 교부인 이레니우스(Irenaeus, 135-202)는 그리스도가 영원 전부터 존재했고, 성부 하나님을 계시하는 도구라고 보았다. 기독론의 진정한 출발점은 역사적으로 계시된 하나님의 아들이었으며, 인류는 그리스도 안에서 하나님과 연합된다. 반면 터툴리안(Tertullianus, 145-220)은 로고스가 하나님으로부터 나온 존재이자 독립적인 위격이라고 보았다. 즉 로고스는 존재하지 않았던 때가 있었다고 본 것이다. 그는 로고스가 성부와 동일본질이지만 구별된 위격으로서의 존재양식에 있어서 성부와 다르다고 보았으며, 성부는 본질 전체지만 성자는 성부에게서 나왔기에 단지 그 본질 전체의 일부라고 주장했다. 그는 로고스가 원래 하나님 안에 있던 비인격적 이성이었다가 창조 때에 인격이 된 것으로 이해했다. 또한 그리스도의 두 본성을 분명하게 구별하되 각각의 본성이 고유한 속성들을 유지하고 있는데, 이 두 본성이 서로 혼합되어 있는 것이 아니라 결합되어 있다고 보았다.

오리겐(Origenes, 185-254)은 신앙의 규범을 따라서 그리스도의 성육신을 인정했다. 그러나 그는 성부는 성자 위에 있다고 보았고, 그리스도를 '만들어진 하나님,' 인간은 '피조물'로서 '모든 창조 가운데 가장 먼저인 자'라고 말했다.[6] 또한 그는 헬라철학의 영향을 받아서 인간이 삼분설 곧 영과 혼과 육으로 구성되었다고 보았기 때문에, 이를 그리스도에게 적용하여 그의 혼이 신적 요소인 로고스의 영과 물질적 요소인 육체의 중간존재로서 이 둘을 결합하도록 매개했다고 주장했다. 나아가 오리겐은 하나님은 인간에게 예수

---

6 Ernst H. Klotsche, 『기독교 교리사』, 97.

그리스도 곧 로고스를 보내셨는데, 구원의 과정에서 예수의 주된 기능은 우리가 필요로 하는 조명을 전달하는 것이라고 보았다.[7]

그 후 아리우스(Arius)는 오리겐의 사상을 계승하여 그리스도를 영지주의의 신과 같은 신화적 표상으로 보았다. 이러한 그리스도는 단순한 인간이 아니라 반신 반인간적 존재였다. 그는 신적인 존재였지만 성부와 동등하지는 않았다는 것이다. 이것은 이미 여러 종속론자들에 의해 제시된 바 있다. 그러나 아리우스는 성부와 성자 사이에 본질적 차이가 있음을 주장하여, 아버지만이 진정한 신적 존재이며 아들은 피조물에 지나지 않는다고 했다.

결국 아리우스는 아버지와 아들이 동등하지 않으며, 아들은 존재하지 않은 때도 있었고, 아들은 세계의 창조를 중재하고 세상에 하나님을 계시하기 위하여 창조되었다고 보았다. 하나님의 목적을 성취하기 위하여 아들에게는 특별히 신적 영광이 주어졌고, 아들은 하나님이 아니라 그 영광을 드러내는 하나의 신적 중재자였다고 주장했다.

4세기 중반에는 라오디게아의 감독인 아폴리나리우스(Apollinarius, 310-390)가 예수 그리스도를 영지주의 삼분설에 근거하여 영과 혼과 육으로 나누었고, 로고스와 육신의 결합을 통하여 로고스가 인간 예수의 영의 자리를 차지했다고 주장했다.[8] 그는 하나님이 근본적으로 흠이 있고 불완전한 인간성과 위격적 연합을 취한 것이 아니라고 하여 그리스도의 완전한 인성을 부인하였고, 그리스도를 육체로 옷을 입은 하나님 혹은 하나님의 영감을 받은 인간이라고 했다.[9]

381년 콘스탄티노플 공회의에서는 그리스도의 완전한 신성과 함께 완전한 인성을 선포하고 아폴리나리우스를 정죄했다. 그 후 기독교회사 속에서 모든 삼분설 사상은 이단시되었다.

---

7   Justo L. Gonzalez, 『기독교 사상사』, 80.
8   Louis Berkhof, 『기독교 신학개론』, 172.
9   Ernst H. Klotsche, 『기독교 교리사』, 130.

5세기의 콘스탄티노플의 대주교 네스토리우스(381-451)는 떼오도로스의 제자로서 안디옥 학파를 대변했다. 그는 마리아를 'θεοτοκος'(테오토코스, 하나님을 낳은 자)라고 부르지 않고, 'ἀνθρωποτοκος'(안트로포토코스 아들을 낳은 자)라고 불렀다가, 다시 'χριστοτοκος'(크리스토토코스, 그리스도를 낳은 분)라고 주장했다. 즉 예수가 육신을 지닌 하나님이라는 단일성을 강조했다. 그는 안디옥 학파의 전통을 따라, 성육신에 있어서 그리스도의 두 본성은 그 고유한 특성을 유지한다고 보았다. 그래서 로고스는 성육신을 통해 인간과 결합하였으므로 그리스도는 신성과 인성이 완전히 결합된 사람이 아니라 '하나님을 지닌 인간'이라고 주장했다. 결국 네스토리우스는 그리스도의 신성과 인성의 본질적 결합을 거부하고, 그리스도의 두 본성에 대한 기능론적 시각을 갖고 있었다. 그래서 그는 그리스도를 로고스를 가진 인간으로 보았고, 두 본성을 신적 인성과 인적 인성으로 나누어 두 인성을 주장했다.

당시 알렉산드리아의 키릴(Cyril, 375-444)은 네스토리우스의 기독론이 신적인 말씀의 실제적인 성육신을 부인한다고 비판했고, 신적 로고스 자신이 예수 그리스도 안에서 인간이 되셨다고 주장했다. 키릴은 로고스의 통일성을 그가 아직 '성육신하지 않으신 로고스'와 '성육신하신 로고스'를 구별함으로 표현하였으며, 이러한 구별을 통하여 그가 제시한 것은 하나님이 인간 예수를 긍휼히 여기셨기 때문이 아니라 하나님 자신이 세상에 오셔서 구원이 성취되었다는 것이었다.[10]

431년에 기독교회는 제3차 에베소 종교회의를 열어서, 네스토리우스를 이단으로 정죄했다. 그러나 얼마 후 콘스탄티노플의 수도사인 유티케스(Eutyches, 375-454)가 그리스도의 '단일본성론'을 주장했다. 유티케스는 그리스도의 몸은 성육신 이전에는 두 본성을 지니고 있었으나, 성육신 후에는 우리와 같은 동일실체가 아니고 오히려 성육신 후에 그의 본성은 인성이 신성에

---

[10] Bernhard Lohse, 『기독교 교리사』, 120-121.

흡수된 제3의 성질로서 신적인 한 본성이 되었다는 것이다. 즉 그리스도는 본질적으로 인간이 아니라는 것이었다. 이것을 '일성신론' 혹은 '단성신론'이라고 한다.

그리고 451년에 열린 칼케돈 공의회에서는 유티케스를 이단으로 정죄하고 정통기독론을 확립했다. 이 칼케돈 신조에서는, 당시 기독교회가 다음과 같은 그리스도의 개념을 추구했음을 볼 수 있다. 즉 그리스도의 참되고 고유한 인성, 한 인격 안에서의 신성과 인성의 연합 그리고 한 인격 안에서의 신성과 인성의 고유한 구별이었다.[11]

그 후 7세기경에 유티케스주의에 기초한 '단의설'(Monothelitism)을 주장하는 이단운동가들이 일어났는데, 이들은 위격의 통일성을 출발점으로 하여 그리스도 안에는 한 본성이 있는 것처럼, 한 의지만이 있다고 주장했다. 이들의 주장은 두 가지로 나누어지는데, 먼저 인간의 의지가 하나님의 의지 안에 연합되어 후자만이 단일의지로 역할을 한다고 보았으며, 다른 하나는 하나님의 의지와 인간의 의지가 혼합하여 합성적인 단일의지가 되었다고 했다.

680년에 열린 제6차 콘스탄티노플회의에서는 '단의설'을 정죄하였으며, 의지란 인격에게 아니라 두 본성에 부착된 것이라고 보아 두 의지가 있다고 보았다. 그래서 '예수 그리스도는 두 본성과 아울러 두 의지를 가졌으며, 인간의 의지와 하나님의 의지가 조화적으로 역사하여 인간의 의지는 하나님의 의지에 복종했다'고 선언했다.[12]

그런데 동방교회의 마지막 교부인 다메섹의 요한(John of Damascus, 676-749)은 성상숭배 옹호자로서, 물질적인 것은 영적인 것으로서 신성한 힘을 갖고 있다고 했다.[13] 그의 사상은 단성론적이고 네스토리우스적인 기독론과

---

11 Louis Berkhof, 『기독교 교리사』, 105.
12 Philip Schaff, *The Creeds of Christendom*, Vol. Ⅱ. 116.
13 Ernst H. Klotsche, 『기독교 교리사』, 201.

밀접한 관계를 갖고 있었다. 그는 두 본성의 '속성교류'를 주장했고, 로고스가 양성의 통일을 형성하며 관리하는 주체라고 말했다.

결국 다메섹의 요한은 그리스도 안에 신성과 인성의 상호내재가 존재하며, 신적 속성들이 인성에 전달되어 인성이 신성화 되었다고 함으로서 인성을 로고스의 단순한 기관이나 도구로 축소시키었다.[14]

2) 종교개혁 이후의 기독론

16세기의 루터파는 그리스도의 양성이 로고스 안에서 나누어질 수 없는 연합을 강조했다. 그러나 '속성교류'(perichoresis)를 사용하면서, 그리스도의 인성은 승천 후에도 편재하며 그리스도가 성찬에 실재로 임하신다는 공재설을 주장했다. 또한 루터파를 비롯한 로마가톨릭교회와 알미니안주의자들은 그리스도의 속죄가 보편적이라고 주장했다. 그들은 그리스도의 속죄사역의 완수는 어떠한 예외도 없이 모든 사람을 구원하는 것이 그리스도를 보내신 성부의 뜻이요, 그리스도의 뜻이었다고 말했다[15].

그 후 그리스도의 신성을 부인한 이단들은 소시니안파와 유니테리안 그리고 자유주의 신학자들이다. 이들은 본질적으로 아담의 원죄를 부정하기 때문에 그리스도의 속죄의 필요성도 부인했다.

먼저 소시니안파(socinianism)는 삼위가 동일본체를 가졌다는 교리는 인간의 이성에 모순된다고 보았으며, 나아가 성자의 선재성까지도 부정했다. 그들은 인간 예수 그리스도가 점차 신성을 충만히 받아 하나님의 아들이 되었으나, 그는 본질적으로 한 인간에 지나지 않는다고 주장했다. 이들의 상징인 '라코비안 요리문답'((Racovian Catechism, 1605)에서는, 그리스도의 수난과 죽음은 대리적 속죄가 아니라 단지 그의 가르침을 입증하는 것이라고 하였으

---

14   Louis Berkhof, 『기독교 교리사』, 117.
15   Louis Berkhof, 『기독교 신학개론』, 199.

며, 하나님은 부활한 그리스도에게 신적 권위를 위임하심으로 하나님의 아들이 되었다는 '역동적 단일신론'을 주장했다.[16]

다음으로 유니테리안들은 하나님의 단일성을 강조하고 그리스도와 성령의 신성을 부정한다. 그들은 모든 신조를 부정하고, 인간의 이성과 자유에 기초한 도덕적이며 사회적인 활동을 종교의 본질로 본다. 그래서 영국의 유니테리안들은 인간 중심의 이성과 도덕을 강조했다. 또한 이들의 토대 위에서 미국의 유니테리안의 사상은 점차 인간의 열망과 과학이론으로 대체되어 갔다.

19세기 자유주의 신학자 슐라이어마허(Schleiermacher, 1768-1834)는 예수를 단순한 인간으로 보았다. 예수는 인간으로서 하나님과의 완전하고 지속적인 연합의식을 가지고 있었고, 그의 삶을 통하여 인간의 완전성을 실현했기 때문에 예수는 완전한 종교의 원천이요 모범이라고 주장했다.[17] 또한 리츨(Ritschl, 1822-1889)은 기독론의 출발점을 그리스도의 인격이 아닌 사역에 두고 기독교의 세속적이고 문화적인 역할을 강조하였다. 바르트의 스승이었던 하르낙(Harnack, 1851-1930)의 예수는 초자연적인 하나님의 아들이 아니라 단순히 사랑과 인본주의적인 이상들의 산 화신이었다.[18]

독일의 철학자 칸트(I. Kant, 1724-1804)는 그리스도가 단순히 윤리적으로 완전한 이상에 불과하다고 보았다. 칸트는 하나님, 자유, 불멸과 같은 신앙의 절대적 필요성이 도덕적인 삶을 위해 요구된다고 했다.[19] 칸트가 주장한 이러한 윤리적 완전함을 이루는 이상은 본질적으로 인간의 이성에 속한 것으로 합리적 신앙의 내용이었으며, 결국 예수는 합리적이고 윤리적인 신앙의 내용으로서 가장 탁월한 교사요, 개척자라고 보았다.[20]

---

16 Ernst H. Klotsche, 『기독교 교리사』, 343.
17 Louis Berkhof, 『기독교 교리사』, 125.
18 Harvie M. Conn, 『현대신학 해설』, 20.
19 Ibid., 451.
20 Louis Berkhof, 『기독교 교리사』, 125.

헤겔(Hegel, 1770-1831)은 인간의 역사를 하나님이 완성되어가는 과정, 시간과 공간이라는 조건 안에서 이성의 자기 전개과정이라고 보았다. 그래서 하나님이 인성을 입고 성육신되는데, 이 성육신은 하나님과 인간이 하나라는 것을 표현하는 것이다. 예수는 우리를 신적인 의식으로 이끌어주며, 그의 가르침 속에서 인간적인 것과 신적인 것이 범신론적으로 동일하다고 보았다.[21]

20세기 바르트와 그의 사상을 이어받은 신정통주의자들은 그리스도의 동정녀 탄생이나 부활과 승천 및 재림을 부정하면서, 인류의 구속주 예수 그리스도가 아닌 실존적 모범인 '역사적 예수'를 내세워 종교와 사회의 윤리학으로 나아갔다.

3) 케노시스(κένωσις) 기독론

이 케노시스 기독론은 19세기 중반에 루터파에서 유행한 이론이다. 그 근거는 다음과 같은 성경구절이다. 먼저, 그리스도는 근본 하나님의 본체시나 하나님과 동등 됨을 취할 것으로 여기지 아니하시고 오히려 자기를 비어(κενόω) 종의 형체를 가져 사람들과 같이 되었고(빌 2:6-7), 다음으로, 우리 주 예수 그리스도의 은혜를 너희가 알거니와 부요하신 자로서 너희를 위하여 가난하게 되심은 그의 가난함을 인하여 너희로 부요케 하려 하심이니라는 말씀이다(고후 8:9).

예수님이 본래 부족한 것이 없어서 더 이상 다른 것을 가지실 필요가 없었던 분이셨다고 하면서, 그리스도는 성육신 하실 때 신성을 비우거나 포기하셨다고 한다. 또한 복음서 안에서 예수님의 인성이 연약하시고 고통스러우셨는가라고 묻는다면, 그가 지상에 계실 때 겸허하셔서 신성을 비우거나 포

---

21   Ibid., 126.

기하셨기 때문이라는 것이다.

17세기의 케노시스주의(Kenoticism)는 독일의 기쎈과 튀빙겐대학의 루터파 신학자들 사이에 논쟁으로 시작되었다. 전자는 그리스도가 성육신 때에 받은 신적 속성들을 제쳐놓거나 가끔씩 사용했다고 주장했으며, 후자는 신적 속성들을 항상 지니고 있었으나 숨겨놓거나 은밀하게 사용했다고 말했다.[22] 그러나 이들의 논쟁은 그리스도가 비하의 상태에서도 신적 특성들을 소유하셨다는 데에 상호간에 일치함으로 일단락되었다.[23]

그런데 독일의 자유주의 신학자들에게서 '케노시스 기독론'이 다시 등장하게 되었는데, 이들은 성자이신 그리스도가 하나님으로서의 전지전능함과 위엄을 언제나 발휘하실 수 있는 분임에도 자기를 온전히 비우셨고 혹은 제한하셨다고 주장했다.

먼저 토마시우스(G. Thomasius, 1802-1875)는 예수 그리스도가 성육신하실 때에 그의 절대적 능력과 신성을 일시적으로 완전히 포기했다가, 부활하신 후에는 다시 신성을 취했다고 주장했다. 고데트(F. L. Godet, 1812-1900)는 그리스도가 자신의 신성을 인성 안에서 철저히 무력화시켰다고 주장했고, 신약에서의 '케노시스 기독론'이라고 신학적 주제에 새로운 지평을 열었다.[24] 이 고데트의 신학 사상에 영향을 받은 게스(W. F. Gess)는 로고스가 육신을 입을 때 우주적 기능과 영원의 의식을 중지하고, 자신을 인성의 상태와 제한에 절대적으로 떨어뜨렸으므로 그 의식은 순수하게 인간의 의식이 되었다고 주장했다.[25] 그리고 마르텐센(H. L. Martensen)은 그리스도가 이중적 삶을 살았다고 말했다. 그리스도가 성부의 품안에 있는 성자로는 삼위일체적이고 우주적 기능을 수행하였으나, 무력화된 로고스로서는 이 기능을 전혀 알지

22　Louis Berkhof, 『기독교 교리사』, 121.
23　Ernst H. Klotsche, 『기독교 교리사』, 414.
24　Donald G. Dawe, *The Form of a Servant: A Historical Analysis of the Kenotic Motif*, 24.
25　Louis Berkhof, 『기독교 교리사』, 128.

못했고, 다만 자기가 하나님이라는 것을 알았다는 것이다.[26]

20세기 신정통주의자 몰트만(Jürgen Moltmann, 1926-)은 '케노시스 창조론'을 주장했다. 창조가 하나님의 '케노시스'의 행위라는 것이다. 즉 하나님께서는 자신의 신적 무한성을 제한하셔서 세계 안에 거하시며, 세계는 하나님 안에 있고, 하나님은 자기비움의 창조를 통해 하나님과 인간의 교제로 이끈다고 말했다. 이러한 몰트만의 만유재신론적 사상은 하나님께서 자기비움을 통해 만물을 무에서 창조하신 일에서 시작하여, 그리스도의 십자가에 나타난 하나님의 자기비움을 통한 새 희망과 새 창조로 이어진다고 주장한다.

그래서 이 케노시스의 사역이란 바로 창세기의 첫 창조와 성육신의 새 창조를 말한다. 즉 하나님은 그리스도의 십자가 위에서 모든 피조물들과 연대하여 함께 고난당하며, 이 고난과 부활을 통해서 새 창조의 역사를 나타낸다고 주장했다.[27] 게다가 그는 기독교인의 정체성을 하나님의 은혜로우신 구원에서 정의하는 것이 아니라 그리스도가 십자가에서 보이신 자아부인의 겸손과 희생적인 삶을 본받아 살아가는 데서 찾았다. 즉 불의에 대항하여 가난하고 약하고 버림받은 자들을 위하여 고난받는 자리에까지 나아가는 것이다.

몰트만의 십자가 신학이란 사회구원을 위한 행동신학에 불과하며, 궁극적 목표는 바로 정치적 경제적 사회적 해방에 있다. 그러나 기독교 신앙은 이 세상제도나 환경을 바꾸어 이상사회를 건설하는 것이 아니라 죄인의 구원과 오직 하나님의 영광에 초점을 둔다. 이와 같은 케노시스주의자들의 주장은 하나님의 불변성이라는 정통교리에도 위배되며, 또한 역사적 예수 그리스도에게 신적 속성들을 돌리고 있는 성경 구절들에도 부합하지 않는다.[28]

결론적으로 케노시스 이론은 비성경적인 사상이다. 그리스도가 자기를 비

26　Ibid., 128.
27　J. Moltmann, 『예수 그리스도의 길』, 김균진 역 (서울: 대한기독교서회, 1990), 263.
28　Louis Berkhof, 『기독교 교리사』, 129. 케노시스론은 라투셰스의 말로 '신의 자살에 의한 성육신'을 가르칠 뿐이다.

웠다는 것은 하나님의 본체를 비웠다는 것이 아니라, 그가 하나님의 신성을 변질시키지 않고, 비하의 신분을 취하셨다는 뜻이다. 예수 그리스도는 죄인들의 중보자로서 하나님의 구속사역을 성취하기 위하여 비하의 인성을 취하신 것이지, 신성을 결코 포기하신 것이 아니다. 즉 그리스도는 중보자로서 자신을 비하하셨으나, 때때로 그의 신성을 사용하여 자신이 하나님이심을 증거하셨다. 그러므로 이 '케노시스' 사상은 여러 이유들로 인하여 거절되어야 한다.[29]

> 첫째, 그리스도의 신적 본성이 가변적이라는 개념을 주기 때문에 거절되어야 한다. 하나님은 불변하시다.
> 둘째, 성경은 분명히 예수가 낮아진 상태에서도 하나님이심을 가르친다.
> 셋째, 그것은 성육신의 신비를 해결하지 못한다. 성자 하나님이 신적 속성들의 어떠한 감소도 없이 참 사람이 되신 놀라운 사실을 충분히 이해할 수 없다. 이들의 논리는 그 신비를 더욱 난해하게 할 뿐이다.

나아가 '케노시스' 사상은 신성의 불변성에 위험을 초래케 하고, 그리스도가 비하의 상태에 있는 동안에도 로고스를 통해서 세상을 다스리신 신적 통치의 계속성을 부인한다.[30] 특히 성자가 신성을 비우셨다는 말은 사실상 삼위일체론이 파괴되었다는 말과 같기 때문이다.

그런데 개혁주의는 '유한이 무한을 품을 수 없다'는 관점에서, 예수 그리스도의 신성은 성육신하신 그의 육체 안에 뿐만 아니라 밖에도 충만하게 편재해 있음을 말했다.

---

29 G. I. Williamson, 『소교리문답 강해』, 최덕성 역 (서울: 개혁주의신행협회, 2009), 136.
30 Philip Schaff, 『신조학』, 103.

3. 역대 신조

1) 니케아신경(325)은, 성자이신 그리스도가 성부와 동일한 하나님이심을 고백한다.

> 하나님 아버지를 믿사오며, 유일하신 주 예수 그리스도를 믿습니다. 그는 하나님의 독생자이시며, 온 우주에 앞서 나셨고, 참 신이시며, 참 빛이시며, 참 신 가운데 신이시며, 하나님에게서 나셨고, 창조함을 받지 않으셨고, 성부 하나님과 같은 본질이시며, 그로 말미암아 모든 만물이 창조되었다.

2) 칼케돈신경(451)은, 예수 그리스도의 신성과 인성의 온전한 일치와 결합에 대하여 고백한다.

> 우리는 이 한 분의 유일하신 그리스도-성자, 주, 두 가지 본성을 타고 나신 독생자를 인정하며, 이 두 가지 본성이 혼동되거나, 한 본성이 다른 본성으로 변하거나, 두 다른 분리된 범주로 갈라지거나, 양성의 영역과 기능에 따라 각각 대립되지 않는 것을 인정한다. 두 본성의 각각의 특성은 연합으로 인하여 무효가 되지 않는다. 오히려 각성의 고유성이 보존되고 양성이 한 품성과 한 자질로 일치를 이룬다. 양성은 갈라지거나 두 품성으로 분리될 수 없고 오직 합하여 하나님의 한 분이시며 유일하게 독생하신 하나님, 주 예수 그리스도가 되셨다.

3) 아타나시우스신경(500)은, 예수 그리스도가 완전한 하나님이신 동시에 완전한 인간이심을 밝히고, 예수 그리스도에 대한 올바른 고백이 참된 신자들의 영원한 구원의 참 도리요 참 믿음과 내용이라고 고백하고 있다.

영원한 구원을 얻는 데에는 우리 주 예수 그리스도의 성육에 대하여 올바로 믿어야 한다. 올바른 믿음이란 하나님의 아들이신 우리 주 예수 그리스도께서는 하나님이시오 동시에 인간이라는 사실을 믿고 고백하는 것이다. 그는 성부의 본질에서 나신 신이시며, 이 세상이 생기기 전에 나신 자요, 동시에 인간으로서는 그 어머니의 본질로부터 이 세상에서 나신 분이시다. 완전한 하나님이시오 또한 완전한 인간으로서 이성있는 영과, 인간의 육신으로서 생존하신다. 신성으로서는 성부와 동등되나 그의 인성으로서는 성부보다 낮으신 분이시다. 비록 그는 하나님이시며 인간이 되시긴 하나 둘이 아니요, 한 분 그리스도이실 뿐이다. 하나됨에 있어서는 그의 신성이 육신으로 전환된 것이 아니라(육신화함으로서가 아니며) 인간의 몸을 취한(그의 인성을 신성 안에 받음으로써) 하나님이 되시는 분이시다. 온전히 하나인데, 그 본질이 혼합된 분이 아니라 품격의 통일성으로 하나되신 분이시다. 한 인간이 영혼과 육신을 가졌듯이, 한 그리스도께서는 하나님이시오 동시에 인간이 되신다.

4) 스코틀랜드 신앙고백서(1560)는 예수 그리스도를 두 완전한 본성이 한 품격으로 결합된 참 하나님, 참 사람으로 고백하며, 과거의 모든 이단들을 정죄하고 있다.[31]

이 고백에 따라 아리우스, 마르키온, 유티케스, 네스토리우스를 배격될 해로운 이단으로서 벌하였고, 또 신성의 영원성을 부인하거나 인간성의 진실성을 부인하거나 그 두 가지 본성을 혼합하거나 분리시키는 사람들을 벌하는 것이다.

---

31 Scottish Confession of Faith(1560), 제6조.

5) 벨직 신앙고백서(1561)는, 예수 그리스도가 임마누엘 하나님이심을 고백하고 있다.[32]

> 우리는 하나님께서 예수 그리스도를 아브라함의 씨에서 나게 하시고, 죄는 없으시되 모든 면에서 그 형제들과 같이 인간의 모습을 갖게 하신 것은 그분이 진실로 우리의 임마누엘 되심, 즉 하나님이 우리와 함께 하신다는 사실을 이루시기 위해서였음을 믿는다.

6) 하이델베르크 요리문답(1563)은, 중보자이신 예수 그리스도를 '그리스도'라고 부르는 이유에 대하여 설명하면서, '그리스도의 삼중직'을 가지고 말하고 있다.[33]

> 성부 하나님께서 성령으로 기름부으심으로 우리의 구속에 대한 하나님의 오묘한 경륜과 뜻을 완전하게 계시해 주는 위대한 선지자가 되셨고, 자기 몸을 화목제로 드려 우리를 구원하셨을 뿐 아니라 늘 우리의 기도를 하나님께 간구하시는 대제사장이 되셨으며, 우리를 말씀과 성령으로 다스리시고 죄에서 승리하시는 삶을 살도록 늘 지켜 보호하시는 영원한 왕이 되셨기 때문입니다.

그리고 예수 그리스도는 참 하나님이시며 참 인간이시며, 그분은 부활하셔서 지금도 그의 영으로 세상 끝날까지 항상 우리와 함께 계신다고 고백한다.[34]

---

32 Belgic Confession(1561), 제18장.
33 Heidelberg Catechism(1563), 제31문.
34 Heidelberg Catechism(1563), 제47문.

그리스도는 참 인간이요 참 하나님이십니다. 그는 인간적인 본성(인성)으로는 지금 이 땅 위에 계시지 않습니다. 그러나 그의 신성과 위엄과 은혜와 그의 영으로 우리와 항상 함께 하십니다.

7) 돌트신경(1619)은 '그리스도가 예정의 기초와 택한 자의 머리와 중보자'라고 말한다.[35] 즉 예수 그리스도는 예정의 대상 즉 하나님의 택하신 자들의 의를 실현하기 위해서 질료인이요 구원의 수단이 되셨다고 할 수 있다.

> 선택이라는 것은, 이 세계가 만들어지기도 전에 하나님께서 모든 인간이 그들의 최초의 상태로부터 타락하여 죄와 파멸의 결과를 낳게 됨에 따라 그리스도, 즉 하나님께 영원부터 중보자로 또한 택한 자의 머리와 구원의 기초로서 세우신 그분 안에서 구원받은 자의 일정한 수를 뽑으시는 것이다.

8) 웨스트민스터 신앙고백서 제3장에서는, 예정론에 기초하여 중보자 그리스도와 영원 전에 하나님의 택함을 받은 성도들의 구원의 은총에 대하여 고백하고 있다.[36]

> 하나님의 선택을 받은 자들은 아담 안에서 타락하여 그리스도 안에서 구속되고 합당한 때에 일하시는 그의 영에 의해서 유효하게 그리스도에 대한 신앙을 통해서 지켜진다. 오직 택자들 외에 어떤 이도 그리스도 안에서 구속되고 유효하게 부르심을 받으며 의롭게 되고 채택되어 성화되고 구원받지 못한다.

---

35 Canons of Dort 첫째 교리 제7장.
36 WCF, 제3장 제6항.

이어서 제8장 제1항에서는 하나님께서 영원 전에 중보자 그리스도를 택하신 목적이 바로 영원 전에 택하신 그 백성들을 구원하기 위한 것임을 밝히고 있다.[37]

> 하나님의 영원한 목적 안에서 독생자이신 주 예수를 하나님과 인간 사이의 중보자, 선지자와 제사장과 왕, 그의 교회의 머리와 구주로서, 만유의 후사로서, 세상의 심판자로서 택하여 정하셨다. 또한 영원 전부터 그에게 한 백성을 주어 그의 씨가 되게 하며 그로 말미암아 때가 되매 구속하고 부름을 받으며 성화되고 영화롭게 되도록 하셨다.

그리고 제8장 제2항은 그리스도가 성령의 능력으로, 동정녀 마리아의 몸에 잉태되시고, 그녀의 피와 살을 받아 태어나셨는데, 그의 신성과 인성이 완전한 결합을 이루었다고 말한다. 예수 그리스도는 '참 하나님이자 참 사람이시되, 한 분 그리스도요, 하나님과 사람 사이에 유일한 중보자이시다'(롬 1:3,4; 딤전 2:5)라고 고백한다.[38] 아울러 그리스도가 자원하여 중보자로서의 직임을 '비하'와 '승귀'의 사역을 통하여 온전히 감당하셨으며, 지금도 중보 사역을 지속적으로 수행하고 있다고 말한다.[39]

> 이 직분을 주 예수께서는 아주 기꺼이 맡으셨으며(히 10:5-10; 빌 2:8), 이 직분을 이행하기 위하여, 그는 율법 아래 태어나셨고(갈 4:4), 율법을 온전히 성취하셨으며(마 3:15; 5:17), 자신의 영혼이 가장 극심한 고뇌들을 직접 겪으셨으며(마 26:37), 그의 몸으로는 가장 아픈 고통들을 당하셨

---

37 WCF, 제8장 제1항.
38 WCF, 제8장 제2항. 그리스도는 두 개의 완전하고, 구별된 본성인 신성과 인성이, 전환이나 혼합이나 혼동됨이 없이, 한 인격 안에서 분리할 수 없게 서로 결합되었다(눅 1:35; 골 2:9; 롬 9:5; 벧전 3:18; 딤전 3:16).
39 WCF, 제8장 제4항.

고(마 26:27), 십자가에 못 박혀 죽으시고(빌 2:8), 장사되어 사망의 권세 아래 있었으나 결코 썩지 않으셨다(행 2:23; 롬 6:9). 사흘만에 그는 죽은 자 가운데서 다시 살아나셨으되(고전 15:3-5), 그가 고통 당하셨던 바로 그 몸을 가지고(요 20:25) 또한 하늘에 오르셨으며, 거기서 그의 아버지의 우편에 앉으셔서(막 16:19) 간구하시고(롬 8:34) 세상 끝날에 사람들과 천사들을 심판하기 위하여 다시 오실 것이다.

4. 요점 : 중보자 그리스도

1) 그리스도의 위격적 연합(Hypostatic Union)

삼위일체 하나님의 영원한 구속경륜을 따라, 성자이신 예수 그리스도는 친히 하나님의 구속사역을 이루시기 위한 중보자요 택자들의 머리가 되시기로 작정하셨다(엡 3:11). 영원 전에 성부는 성자와 구속언약을 맺으셨으며(요 5:30; 17:4), 성자는 성부께서 자신에게 맡기신 택한 백성들을 책임지며, 성부는 그의 구속사역을 위해 필요한 모든 것을 성자에게 약속하신 것이다.

여기서 그리스도는 언약의 대상자가 아니라 택자의 죄를 대속할 '언약의 중보자'시다. 그래서 성자는 하나님 앞에서 구속언약의 실행자로서 죄를 중재할 분으로서 존재하시는 것이다. 아울러 하나님의 영원한 구속언약의 결과로 실제적인 유익을 얻게 될 대상은 바로 그가 영원 전에 택하시고 구원하셔서 영생을 주기로 작정하신 자들이다. 우리의 유일한 중보자이신 그리스도는 하나님의 뜻에 순종하여 이 땅에 오셨으며, 범죄한 죄인들을 대신하여 죽으시고 부활하심으로 그를 믿는 자들에게 영생과 부활을 주신다.

칼빈은 중보자가 참 하나님이시며 참 사람이라는 사실이 우리에게 가장 중요한 일이라고 말했다.[40] 예수 그리스도는 예정의 대표요, 선택의 기초이며, 택자들의 주가 되신다. 그분은 두 가지 본성 곧 신성과 인성의 온전한 결합을 통하여 한 사람으로 오셔서 구속사역을 온전히 완성하셨다.

그리스도의 양성의 결합은 그의 '위격적 연합'(ἕνωσις ὑποστατική, hypostatic union)을 통해 이루어졌다. 그것은 그리스도가 성자 하나님으로서의 신성을 지닌 완전한 위격 안에서 인성을 취하심으로 한 인격 곧 한 사람이 되셨다는 것이다. 이는 그리스도 안에서 신성과 인성이 성육신의 결과로서 영원한 결합을 이룬 상태를 말하는데, 실재적이고 초자연적이며 인격적이고 비분리적인 결합이다.[41]

예수 그리스도는 신성을 가지신 위격이 한 인격을 가진 사람과 결합하여 또 다른 새 사람이 된 것이 아니라, 그의 위격 안에서 인성 곧 사람이 가진 영혼과 육체라는 본성을 취하심으로 신성과 인성이 완전히 결합된 한 위격적 존재 곧 한 사람이 되신 것이다. 그러므로 성육신은 본질의 혼합이 아니라 인격의 하나임을 제시한다. 이것은 그리스도 안에 두 본질인 신성과 인성의 구별이 있으나, 그것들이 분리되거나 혼합되거나 변화되고 흡수되지 않은 채로 완전한 결합을 이루고 있다는 말이다.

그리고 예수 그리스도는 하나님의 기쁘신 뜻을 이루기 위하여 신성과 인성의 두 본질에서 나온 두 의지를 가지고 때때로 신성과 인성을 드러내시었으며, 그의 인성적 의지는 그의 신성적 의지에 의해 항상 인도됨으로써 오직 하나님의 뜻만을 이루도록 사용되었던 것이다. 그는 두 본질 곧 신성과 인성을 지닌 완전한 사람으로 오셨으나, 죄가 없으신 의로운 분으로서 죄인들을 대속하기 위해 오셨다. 특히 그리스도가 양성을 지닌 사람으로 이 땅에 오신 목적은 바로 하나님의 영원한 경륜을 이루시기 위함이었다.

40　Inst., Ⅱ. 12. 1.
41　Philip Schaff, *The Creeds of Christendom*, Vol. I. 53.

아울러 예수 그리스도는 영원한 경륜 가운데 성부와 맺으신 구속언약을 이루시기 위하여, 하나님이 모든 인간에게 명령하신 모든 율법의 요구를 완전히 이행하기 위하여, 게다가 하나님께서 인류에게 내리신 모든 죄악과 죽음의 형벌을 완전히 속죄하기 위하여 신성을 지니신 참 하나님이셔야만 했다. 또한 그리스도는 택자들의 중보자로 세움을 받으셨기 때문에 죄인의 대표자로서 인간의 죄를 온전히 대속하시기 위하여, 성령께서는 그의 구속의 은혜를 영원 전에 택한 자들에게 온전히 실행하도록 하시기 위하여 인성을 가진 참 사람이셔야만 했다.

삼위일체 하나님으로서 제2위이신 성자의 신성은 사람 안에만 존재하는 것이 아니라, 성육신하신 그리스도 밖에도 여전히 하나님으로서 편재하고 계셨다. 개혁주의는 루터주의처럼 그리스도의 인격이 '속성교류'를 통해 비로소 형성된 것이라고 생각하지 않으며, 그리스도의 성육신과 죽음을 신성과 인성의 실체적 통일성으로서 이해하지도 않는다. 즉 신은 죽었다는 신학은 오직 루터주의 안에서만 가능하다.

개혁주의 전통은 여호와의 이름 안에서 그리스도의 현현은 인정하되 구약에서의 그리스도의 실체적인 육체는 인정하지 않는다. 아울러 예수 그리스도는 성부의 보내심을 받아 성령으로 잉태되셨다. 즉 그리스도의 성육신이 주관적으로나 종국적으로 오로지 성자에게 고유한 것이라 할지라도, 그것은 삼위일체 하나님의 사역인 것이다.

2) 그리스도의 구속사역

자비와 은혜가 풍성하신 하나님께서는 영원한 경륜 가운데 죄인들을 구원하시기 위하여 예수 그리스도를 보내셨다. 이 경륜을 따라서 성자 하나님이 인간의 죄 값을 대신 지불하고 구원하기 위하여 속죄양으로 오신 것이다. 본래 예수 그리스도는 영원 전부터 하나님의 아들이셨다.[42] 그러므로 그리스도의 인격은 성자의 영원한 나심(영원발생)으로부터 기인된다. 이 땅에 오신 그리스도는 하나님의 아들이신 채로 사람이 되신 것이다. 그리고 성자가 위격적 연합을 통하여 신성과 인성을 지닌 한 사람으로 태어나신 것은 영원 전에 예정하신 그의 택한 백성을 구원하기 위한 것이었다.

이제 그리스도의 양성의 필요성을 살펴보고자 한다.

먼저 신성의 필요성을 살펴보자.

(1) 하나님의 구속사역을 이루기 위해서이다. 메시야는 하나님의 저주를 단번에 영원히 해결하기 위해서 신성을 가지셔야 했다(히 10:12).
(2) 하나님의 율법을 완성하기 위함이다. 인간이 완전히 지킬 수 없었던 율법을 순종하심으로 성도들에게 그의 의와 영생을 전가해 주시기 위해서이다.
(3) 성령께서 구속사역의 결과를 적용하기 위해서이다. 그리스도께서는 그가 성취한 구속사역의 공로를 택한 자들에게 적용시키기 위해서, 성령을 보내신다.
(4) 하나님의 공의를 만족하기 위함이다. 아담의 원죄로 인한 하나님의 진노를 감당하고, 인간이 하나님께 지은 죄 값을 지불하기 위해서이다.

다음으로 인성의 필요성을 살펴보자.

(1) 중보자이시기 때문이다. 인간과 하나님 사이에 중보자로서 우리를 구원하시기 위해 완전한 인간이셔야 했다(히 2:14-15).
(2) 인류의 대표자로 속죄양이 되기 위해서이다. 죄를 속하려면 반드시 피

---

42 Inst., Ⅱ. 14. 5.

를 흘려야 한다(히 9:22). 곧 죄인들의 대표자인 인간이어야 했다.
(3) 부활의 첫 열매와 모범이 되시기 위함이다(고전 15:23). 그리스도는 부활의 첫 열매가 되고, 하나님을 영화롭게 하는 삶의 모범이 되시기 위하여 인간이 되셔야 했다.
(4) 인간 속에 하나님의 형상을 회복하시고, 우리와 영원히 교제하시기 위해서이다.

예수 그리스도는 참 하나님이요 참 사람이시며, 우리의 유일한 구주이시다. 인간은 죄로 인해 하나님과의 관계가 끊어졌으며, 그 죄는 도덕적인 것이 아니라 언약적이며 관계적이며 존재론적이었다. 그러므로 그리스도는 하나님과 인간의 관계를 회복할 중보자가 되시기 위해 양성을 취하셨다.

그리스도의 양성의 필요성은 그의 구속사역 가운데 가장 잘 설명되어질 수 있다. 그리스도는 하나님의 영원한 구속언약의 실행자로서 구속사역을 성취하시기 위해 한 사람 곧 중보자가 되셨다. 그리스도의 위격 안에는 신성과 인성이 완전히 결합되어 있으나 양성은 각 특징을 보존하면서도 결코 분리되지 않는다. 또한 위격 안에서 양성이 상호침투됨이 없이 속죄사역을 위해서 역동적인 결합을 한다. 즉 단일 위격 안에서 양성의 협력으로 구속사역을 실행하신다.

한편 구속사역의 기초는 성자 하나님이신 그리스도의 '비하'와 '승귀'의 중보자로서의 신분이 있다. 이는 그리스도가 행하신 구속사역의 전 과정 가운데 온전히 드러난다.

먼저 그리스도의 비하는 성자 하나님이 죄인의 구속을 위해 자기를 비우시고 사람이 되시어 종의 모양으로 수난당하시고, 우리를 대신하여 십자가에 못박히사 친히 저주의 형벌받으신 것을 말한다. 이러한 그리스도의 비하(낮아지심)의 신분은 그리스도의 성육신하심과 율법에 복종하심, 수난, 십자가와 죽음, 장사되심의 전 과정을 말하는 것이다. 여기서 그분의 신성은 하나님과 삼위일체적 관계를 갖고 있었으며, 그의 몸은 사망과 지옥의 고통을 감당하셨는데, 결국 중보자로서 그리스도는 그의 위격으로서 고난당하시고 죽으셨다.

한편 16세기 종교개혁자들은 안셀무스가 죄를 주로 하나님의 존귀하심에 대한 침해로 보는 반면에, 죄를 하나님의 법을 어긴 것, 즉 모욕이 아니라 죄책으로 본다. 따라서 안셀무스는 속죄가 하나님의 존귀하심을 회복하기 위한 초과적인 봉헌으로 보는 것과는 달리, 하나님의 공의를 만족시키는 형벌적 희생제사로 생각했다.[43]

나아가 칼빈은 장사되심 이후의 지옥강하(descended into hell)의 교리(시 16:10; 행 2:27)를 강조하고 있는데, 만일 이 교리가 경시된다면 그리스도의 구속의 혜택이 많이 상실될 것이라고 말했다.[44] 그런데 루터는 지옥강하를 그리스도의 높아지심의 첫 단계로 보았고, 그리스도는 장사 후에 어둠의 세력을 쳐부수기 위해 지옥에 내려가셨다고 말했다. 하지만 칼빈에게 있어서 '지옥강하'의 교리는 그리스도의 굴욕의 마지막 단계였다. 그리스도께서 십자가 위에서 하나님께 버림을 받으셨을 때, 잃은 자들의 고통을 그 영혼에 경험하셨다고 가르쳤다.[45] 이 교리는 주께서 우리를 위하여 받으신 영혼의 고통을 말하는데, 결국 주께서 악마의 권세와 사망의 두려움 그리고 지옥의 고통을 모두 정복하시고 개선하심으로 우리가 죽음에 대하여 무서워하지 않게 하시려는 뜻이었다.[46]

다음으로 주님의 승귀는 하나님께서 그를 죽음과 저주의 고통에서 건지시고 승리하게 하시어 다시 부활하게 하심으로 그리스도를 모든 택자들의 구주와 하나님으로 세우신 일을 말한다. 이러한 그리스도의 구속사역을 위한

43　Louis Berkhof, 『기독교 교리사』, 196.
44　Inst., Ⅱ. 16. 8.; WLC(1648) 제50문; WSC(1647) 제27문 참조.
45　Ernst H. Klotsche, 『기독교 교리사』, 356.
46　Inst., Ⅱ. 16. 11.

승귀(높아지심)의 신분은 부활, 승천, 하나님의 보좌 우편에 앉으심, 그리스도의 재림에 이르는 전 과정을 말한다.

결론적으로 삼위일체 하나님의 영원한 구속경륜을 따라서, 죄인들의 중보자로 오신 예수 그리스도께서는 구속사역을 성취하시기 위하여 사람이 되셨다. 그러므로 예수 그리스도는 하나님의 크신 사랑과 은혜로우신 예정의 확증이시다.

3) 그리스도의 삼중직

그리스도는 그의 구속사역을 실행하심에 있어서, 성경적으로 메시야로서의 삼중직을 수행하셨다. 그것은 왕과 대제사장과 선지자로서의 사역을 감당하신 것을 말한다. 이러한 그리스도의 삼중직의 통일성은 그리스도의 인격의 통일성에 근거한다. 즉 그리스도의 인격과 사역이 분리되지 아니한다. 참 하나님과 참 인간이신 그리스도께서 삼중직을 가지고 구속사역을 이루신 것이다.

첫째, 그리스도의 선지자직과 관련하여, 그는 선지자로서 율법과 선지자의 모든 말씀을 온전히 지키시고 완성하셨다. 이전에 온 선지자들이 하나님의 말씀을 대언하는 것이었다면, 말씀이신 그리스도가 이 땅에 오신 것은 모든 예언의 성취였다. 그가 말씀하신 모든 말씀 자체가 곧 하나님의 말씀이셨다. 그래서 주님은 친히 자신을 가리켜 "내가 곧 길이요 진리요 생명이라"(요 14:6)고 말씀하셨다.

예수 그리스도는 지금도 그의 말씀을 성령의 역사하심 가운데 그의 교회에게 선포하고 계시며, 또한 그렇게 선포되고 있는 순수한 복음과 진리의 말씀을 따라 교회를 다스리시며 온 세상 가운데 죄인들을 구원하심으로 선지

자직을 수행하고 계시는 것이다.[47]

둘째, 그리스도의 제사장직과 관련하여, 그는 대제사장으로서 모든 죄인들의 죄를 짊어지고 친히 산 제물이 되사 자신을 드리심으로 온전한 대속을 이루셨다. 이전에 제사장들은 하나님이 정하신 아론의 후손 곧 레위지파의 혈통을 따라 세습되었으며, 대제사장은 속죄의 제사를 담당하기 위하여 매년 그 제사장들 가운데 선택되었다. 그런데 그리스도는 하늘로부터 내려오신 대제사장이셨으며, 그는 대제사장이면서 동시에 제단이자 제물이 되셨다. 그는 단번에 영원하고 온전한 제사를 드리심으로 큰 대제사장이요 영원한 대제사장이자 완전한 대제사장이 되셨다.

중보자이신 그리스도는 지금도 항상 살아계셔서 우리를 위해 간구하시며(히 7:25), 하나님 보좌 우편에서 우리를 위해 간구하심으로 제사장직을 수행하고 계신다(롬 8:34). 그리스도는 우리를 복음의 제사장으로 보내사 이방인들을 제물로 드리게 하시고 성령 안에서 그들을 거룩하게 받으신다(롬 15:16). 그리고 성도들이 그의 이름으로 하나님 앞에 나아가 기도할 때에, 그들의 죄악을 씻기시어 거룩하게 하시며, 모든 선하고 아름다운 것으로 응답해 주신다.[48]

셋째, 그리스도의 왕직과 관련하여, 그리스도는 왕으로서 그의 권능과 말씀으로 사단권세를 이기시고 하나님 나라를 세우셨다. 자신을 믿는 자들을 구원하사 하나님 나라의 백성이 되게 하셨고, 나아가 그는 그 나라를 다스리시는 가운데 그의 성도들과 교회를 통하여 하나님 나라를 확장해나가고 계

---

[47] Catechism of the Church of Geneva 제44문. 이 직분이 주 예수님께 주어진 것은 그분이 당신의 백성들의 주와 교사가 되기 위해서입니다. 그 목적은 아버지와 아버지의 진리에 대한 참된 지식을 우리에게 가르쳐 주심으로서 우리로 하여금 하나님 집의 학생들이 되게 하시려고 하는 것입니다.

[48] Catechism of the Church of Geneva 제43문. 이 직분을 통해서 우리는 하나님 앞에 나아가 우리 자신으로부터 나오는 모든 것과 함께 우리 자신을 하나님께 제물로 바칠 수 있는 길을 얻게 되었다는 것입니다. 이 때문에 우리는 그분의 제사장직에 참여하고 있는 유익을 얻게 된 것입니다.

신다. 이전에 왕들은 백성들 가운데 선출되거나 혈통을 계승하여 그 직위에 올랐다. 그러나 그리스도는 처음부터 만물을 창조하시고 다스리시는 우주만물의 주재자요 통치자이셨다.

그리스도는 말씀과 권능으로 만물을 다스리시고 죄인들을 구원하셨으며, 마귀와 사망권세를 이기시고 부활하시어 온 인류의 구주와 하나님으로 높임을 받으셨다. 성경은 "만물을 그 발아래 복종하게 하시고 그를 만물 위에 교회의 머리로 주셨느니라"(엡 1:23)고 말한다. 만유의 주시며, 만왕의 왕이요 교회의 머리이신 그리스도는 지금도 그의 권능으로 온 세상을 통치하시며, 그의 말씀과 성령으로 그의 교회를 다스리신다.[49] 장차 예수 그리스도는 이 세상의 끝에 심판주로 재림하셔서 모든 인간과 만물을 그 발 앞에 꿇게 하시고 영원토록 다스리실 것이며(빌 2:10), 따라서 하늘에 있는 것이나 땅에 있는 것이 다 주 안에서 통일되게 하실 것이다(엡 1:10).

(1) 칼빈

칼빈은 그리스도의 신분에 대하여, "하나님으로서의 성자는 위격문제와는 상관없이 스스로 존재하시지만, 아들로서의 성자는 성부에게서 낳음을 입었다. 따라서 성자의 본질은 유래된 것이 아니지만 성자의 위격의 기원은 바로 하나님이다"라고 말했다.[50]

그는 그리스도의 '위격적 통일'과 함께 "인간인 그리스도가 하나님의 독생자이시며 그 이름을 가지는 존엄성을 받지 않았다면, 그리스도가 하나님의 무한한 은총의 거울이 될 수 없었을 것이다"라고 말했다.[51]

---

49 Catechism of the Church of Geneva 제42문. 그것은 그분을 통해서 우리의 양심이 죄에서 해방을 받고 또한 그분의 영적인 풍요함으로 충만해져서 의롭고 거룩한 삶을 살 수 있게 되었고 그리고 우리는 우리 영혼의 적인 악마와 죄와 육과 세상을 이길 수 있는 능력을 소유하게 되는 유익이 있습니다.
50 Inst., I. 13. 25.
51 Inst., II. 14. 5.

> 교회가 내린 정의는 확고부동하다. 즉 모든 시대 이전에(니케아콘스탄티노플신조), 아버지에게서 난 말씀이 인성을 취하여 위격(hypostasis)의 통일을 이루었기 때문에 그리스도를 하나님의 아들로 믿는 것이라고 한다. 그런데 고대 저술가들은 "위격의 통일"을 정의해서 두 본성이 한 위격을 이룬 것이라고 했다.

예수 그리스도가 기름부으심을 받은 것은 바로 삼중직을 수행하기 위함이었다. 그분은 왕, 제사장, 선지자로 임명을 받기 위하여 하나님 아버지에 의해 기름부음을 받았다는 것을 의미한다.[52] 그리고 '사도신경'에서 예수 그리스도의 죽으심과 관련하여 '본디오 빌라도'를 언급하는 것은, "단순히 이 이야기의 확실성(객관성)을 증명하기 위할 뿐만 아니라, 또한 그분의 죽음이 정죄와 연결되어 있다는 사실을 명백하게 표현하기 위한 것"이라고 말했다.[53]

아울러 칼빈은 예수 그리스도의 승천에는 다음의 두 가지 유익이 있다고 말했다.[54]

> 첫째, 예수 그리스도께서는 우리를 위해 이 땅으로 내려오셨던 것처럼 우리를 위해 하늘로 올라 가셨다. 이를 통해서 그분은 우리가 그곳에 들어갈 수 있도록 허락해 주셨고, 또한 우리의 죄 때문에 닫혀있던 하늘 문이 이제는 우리에게 열려져 있다는 사실을 가르쳐 주는 보증이 된다.
>
> 둘째, 그리스도께서는 우리의 중보자와 변호자가 되시기 위해 그곳에서 아버지의 면전으로 나아가신다.

---

52 Catechism of the Church of Geneva(1542) 제34문.
53 Catechism of the Church of Geneva 제56문.
54 Catechism of the Church of Geneva 제77문.

자비로우신 하나님께서는 영원 전에 선택하신 자들을 위하여 새롭고 산길이신 예수 그리스도를 보내셨으며, 예수 그리스도는 하늘성소에 들어가신 대제사장으로서 우리가 들어갈 길을 열어주셨다(히 10:20). 또한 주께서는 승천하심으로써 아담으로 인하여 닫혀 있었던 천국 길을 여셨다(요 14:3).[55]

예수 그리스도는 인류의 구원과 참 신앙의 길이며, 전체 교리의 핵심이다. 우리는 오직 예수 그리스도를 믿음으로 구원을 얻으며, 또한 그리스도 안에서 하나님을 아는 온전하고 참된 지식을 얻을 수 있다. 즉 하나님은 오직 그리스도안에서만 이해된다.[56]

그래서 칼빈은 기독교회가 믿고 참 신앙이 내용으로 고백하고 있는 '사도신경'의 모든 조항에는 오직 그리스도가 계실 뿐이며, 구원이 전체적으로 그 모든 부분이 그리스도 안에 포함되어 있다고 했고, 우리는 그 가장 사소한 부분이라도 다른 데서 구하지 않도록 주의해야 한다고 말했다.[57]

> 그리스도 안에 모든 선한 것이 풍성하게 예비되어 있으므로, 우리는 다른 데로 갈 것이 아니라, 이 원천에서 마음껏 마셔야 한다. 그런데 그리스도만으로 만족하지 않고, 이런 저런 희망으로 떠돌아다니는 사람들이 있다. 그리스도에 관심이 있지마는 생각의 일부를 다른 방향으로 돌린다는 점에서 그들은 바른 길에서 떠나가는 것이다.[58]

우리는 구원의 길과 참 신앙의 목표를 논할 때에 우리가 가려는 곳과 가는 길을 바로 알아야 한다. 즉 모든 실패와 죄악들에 대해서 가장 견고한 구원의 길은 하나님이신 동시에 사람이신 그분이다.

---

55 Inst., Ⅱ. 16. 16.
56 Inst., Ⅱ. 6. 4. "아들이 없는 자에게는 또한 아버지가 없으되"라고 한 요한의 말은(요일 2:23) 언제든지 옳다.
57 Inst., Ⅱ. 16. 19.
58 Inst., Ⅱ. 16. 19.

예수 그리스도는 하나님으로서 우리가 가려는 목적지가 되며, 사람으로서 우리가 걸어가는 길이 되신다. 목적지와 길은 오직 그리스도에게서 발견될 뿐이다.[59] 하나님께서는 영원 전에 행하신 구속의논에 기초하여 인간과 은혜언약을 체결하셨다(창 3:15). 그리고 하나님의 영원한 구속언약 가운데 중보자 그리스도는 자신 안에서 왕직과 제사장직을 하나가 되게 하심으로 그의 백성에게 완전한 평화를 이루어 주시는 것이다.

유일한 중보자이신 예수 그리스도는 그의 백성의 죄악을 인하여 하나님의 손에 맞으며, 평화의 징계가 그에게 내린다(사 53:4-5). 그는 대제사장이 되어 자기를 희생제물로 바치며(히 9:11-12), 그가 맞은 채찍으로 죄인들이 나음을 얻고, 우리는 양같이 그릇 행하여 다 흩어졌으나 하나님께서 그를 괴롭혀 모든 사람의 죄악을 그에게 담당시키신다(사 53:5-6).[60]

지금도 그리스도께서는 선지자와 제사장과 왕의 직무를 수행하시며, 그의 말씀과 성령을 통하여 교회와 세상을 다스리시고 계신다. 성경은 "그는 하나님 우편에 계신 자요 우리를 위하여 간구하시는 자시니라(롬 8:34)," 또한 "그가 항상 살아서 저희를 위하여 간구하심이니라"(히 7:25)고 말씀한다.

나아가 그리스도께서는 제사장으로서의 역할을 수행하시는 가운데 우리를 '왕같은 제사장'(벧전 2:9)으로 부르시며, 또한 그의 위대한 직책의 동반자로 받아들이시고 있다.[61]

> 우리 자신은 오염되었으나 그리스도 안에서는 제사장임으로 우리는 우리 자신과 우리의 모든 소유를 하나님께 바치며, 우리는 원래 하나님 보시기에 가증한 자들이지만 그리스도께서 자기와 함께 우리를 아버지 앞

---

[59] Inst., Ⅲ. 2. 1.
[60] Inst., Ⅱ. 12. 4.
[61] 그의 아버지 하나님을 위하여 우리를 나라와 제사장으로 삼으신 그에게 영광과 능력이 세세토록 있기를 원하노라 아멘(계 1:6) .

에 성별하셨으므로, 오직 그의 성결이 몸에 가득히 배어 순결하고 정결한 자로서 심지어 거룩한 자로서 아버지를 기쁘시게 하는 것이다.[62]

결론적으로 루터는 그리스도의 두 본성인 신성과 인성 사이의 속성교류(περιχώρησις)에 의하여 하나의 인격을 이룬다고 주장했지만, 칼빈은 하나님의 구원의 경륜에 호소했다. 즉 칼빈은 예수 그리스도의 양성의 완전성에 대하여, 그리스도의 삼중직을 가지고 설명했다.

(2) 바빙크

바빙크는, 하나님께서 "제사장이 자기의 보좌에 앉으신다"라고 선언함으로서 장차 제사장직과 왕직의 두 직분이 메시야 안에서 영원히 하나가 될 것이며, 또한 그의 백성에게 요구되는 참된 평화에 대해서 삼위일체 하나님의 일치된 협의 곧 구속의논(구속언약)이 있었음을 계시했다고 보았다.[63] 이 구속언약은 은혜언약의 원형이며, 은혜언약의 영원하며 확고한 기초이다. 삼위일체 하나님의 구속언약은 영원하나 은혜언약은 시간 안에서 실현된다는 점에서 임시적이며, 구속언약은 삼위 하나님 간의 언약인 반면 은혜언약은 하나님과 택하신 백성 간의 언약이다.

이제 삼위일체 하나님의 의논을 통하여 천국에 이르는 확실한 길이 죄인들에게 주어졌는데, 이는 전적으로 하나님의 은혜와 구원의 경륜 덕분이다. 이러한 하나님의 경륜은 성경에서 언약으로 계시되었는데, 이것을 '영원한 언약(בְּרִית עוֹלָם, the everlasting covenant)이라고 부른다. 이는 성경의 노아언약(창 9:16), 아브라함언약(창 17:3-19), 시내산언약(출 31:16), 다윗언약(삼하 23:5) 등에서도 발견된다. 그래서 하나님은 이스라엘을 향하여 "그들이 율법을 범하며 율례를 어기며 영원한 언약을 파하였음이라"(사 24:5)고 말씀하시

---

62 Inst., Ⅱ. 15. 6.
63 Herman Bavinck, 『개혁교의학 개요』, 360-361.

며, "양의 큰 목자이신 우리 주 예수를 영원한 언약의 피로 죽은 자 가운데서 이끌어 내신 평강의 하나님이시다"(히 13:20)라고 말씀하신다.

　이 영원한 언약은 그리스도의 구속의 내용을 담고 있어 구속언약의 특성을 나타낸다. 이 '영원한 언약'(διαθήκης αἰωνίου)은 '영원한 복음'(εὐαγγέλιον αἰώνιον, the everlasting gospel)에 의하여 성취된다(계 14:6). 왜냐하면 이 '영원한 복음'은 하나님의 '영원한 언약'에 기초하여 영원 전에 택한 자들을 구원하시는 하나님의 자비롭고 은혜로우신 구원의 복된 소식이기 때문이다. 이는 '원복음'(Original Gospel, 창 3:15)에서 시작하여 '그리스도의 복음'(εὐαγγέλιον τοῦ Χριστοῦ, the gospel of Christ)으로 이어졌으며(갈 1:7), 마침내 종말에 '영원한 복음'으로 선포되고 있다(계 14:6). 이 '영원한 복음'은 '영원한 언약' 곧 그리스도의 구속언약에 담긴 복음의 핵심을 선포하는 것이다.

　하나님께서 영원 전에 확정하신 구원경륜과 역사 속에서 계시하신 은혜언약은 긴밀한 관계를 갖고 있다. 만일 은혜언약이 선택과 분리되면, 그것은 은혜언약일 수가 없고 다시 행위언약이 되어 버린다. 곧 선택이란 하나님이 사람에게 값없이 은혜로 구원을 베푸신다는 것을 암시하기 때문이다.[64] 구속언약이 없으면, 은혜언약도 존재할 수 없고 존재하더라도 유효할 수 없다.

　그리고 구속언약이 하나님의 구원의 작정이라면, 구원의 계획은 하나님의 구속의 '경륜'(οἰκονομίαν)이다. 성경은 이것을 '때가 찬 경륜' 혹은 '비밀의 경륜'이라고 하며, 장차 하늘에 있는 것이나 땅에 있는 것이 다 그리스도 안에서 다 통일하게 하려는 계획이라고 말하고 있다(엡 1:9-10).

　결론적으로 삼위일체 하나님을 참되고 바르게 아는 것이 영생이요 구원이다. 하나님께로 가는 유일한 길은 오직 예수 그리스도시다. 또한 하나님의 비밀이신 그리스도 안에는 지혜와 지식의 모든 보화가 감추어져 있다(골 2:3). 우리는 날마다 하나님과 그의 영원한 경륜을 더 깊이 알아가도록 힘쓰며, 이 세상 속에서 예수 그리스도와 그의 십자가만을 자랑하는 삶을 살아야 할 것이다(고전 2:2).

64　Ibid., 334.

제 5 장

인간론

1. 개요

삼위일체 하나님께서는 자기의 형상을 따라 사람을 선하게 창조하셨다. 하나님은 사람의 최고선이시며, 모든 사람은 오직 하나님의 영광을 나타내도록 창조되었다. 그런데 사람은 스스로 하나님께 범죄하여 타락하였고, 그 죄의 대가로 사망과 심판을 받게 되었으며, 결코 자신을 구원할 수 없는 절망적인 처지에 놓이게 되었다.

모든 만물과 생명의 근원이신 여호와 하나님은 사람의 창조주요 주권자이시다. 태초에 하나님께서는 그의 영원한 경륜을 따라서 역사와 만물을 창조하시고, 특별히 '하나님의 형상'(צֶלֶם אֱלֹהִים, the image of God)을 따라 인간을 고귀한 존재로 창조하셨다(창 1:27). 인간의 영혼에는 '하나님의 형상' 곧 진리와 의와 거룩함이 새겨져 있었다(엡 4:24; 골 3:10).[1] 이는 하나님께서 자신의 영광을 위하여 그의 기쁘신 뜻대로 세우신 영원한 경륜 가운데 일하신 결과이다. 즉 사람은 하나님의 영광을 위해 창조된 존재인 것이다.

---

1 Louis Berkhof, 『기독교 신학개론』, 119. 하나님의 형상은 엄밀한 의미에서는 영적 특질로서 참 지식, 의, 거룩함을 말하며, 포괄적인 의미에서는 이성적이며, 도덕적이며, 불멸적인 한 영적 존재라고 하는 사실에서 발견된다.

결국 하나님의 피조물인 사람은 생래적으로 생명의 창조주이신 하나님과 결코 분리될 수 없는 절대적인 관계에 있다. 또한 만유의 주시요 창조자이신 하나님으로부터만 생명과 모든 복을 받아 누리는 존재인 것이다. 만일 사람이 하나님에 대해 무지하고 그로부터 분리된 삶을 살아간다면, 그것이 바로 모든 하나님의 은총과 복으로부터 끊어진 존재적 어둠의 상태요 또한 참된 죽음이자 영원한 고통이다.

  사람의 참된 행복은 바로 생명의 주시요 창조자이신 하나님 아버지를 아는 것이며, 그와 온전한 생명의 관계 아래서 그로부터 모든 은총과 복을 받아 누리는 것이다. 본래 인간의 참된 목적은 그를 창조하신 하나님의 영광을 드러내는 것이다. 그래서 하나님께서는 그의 형상을 따라 인간을 선하게 창조하셨고, 하나님의 뜻을 따라 선을 행하도록 자유의지라는 선물을 주셨다.

  그러나 인간에게는 선하게 행할 자유를 갖고 있었지만 능력은 주어지지 않았다. 결국 아담은 교만함과 탐심 가운데 스스로 불순종하여 범죄하고 타락하게 되었다. 이것이 바로 원죄이다. 결국 아담의 원죄로 인하여 모든 인류는 죄인으로 태어나게 되었다.[2]

  인간은 참된 경배의 대상이신 하나님에서 떨어졌으며, 그 하나님을 아는 참 지식도 상실하게 되었다. 창조주 여호와 하나님만을 경외하고 신뢰하는 참된 '지향성'(intentionality)과 함께 진리에 기초한 바른 안목인 '판명성'(distinct)을 잃어버렸다. 그 결과 하나님과 단절된 범죄한 인간들은 헛된 우상을 숭배하고, 이 세상에서 무지의 깊은 어둠 속에서 거짓 철학 사상을 따라 방황하며, 게다가 일생 동안 죄의 고통과 죽음과 심판의 두려움을 안고 살아가는 허무한 존재가 되었다.

  그리고 인간의 원죄(original sin)는 하나님이 주신 원시적인 의의 결핍을 넘어선 인간 본성의 전적인 부패이다. 원죄는 인간 본성의 전적 타락을 말하는

---

2 Inst., I. 15. 8. 다만 이 원죄에 대하여는 하나님께서 아담에게 인내의 힘을 끝까지 주셔서 그를 붙들지 않으셨는가 하는 이유는 하나님의 계획 속에 감추어져 있다.

데, 그 결과 인간은 어떤 영적인 선도 행할 수 없다. 즉 죄인은 "그 마음이 생각과 모든 계획이 항상 악할 뿐이다"(창 6:5). 하지만 '전적부패'(total depravity)란 인간이 극악한 존재나 악마가 되었다는 것이 아니며, 부패의 정도가 아니라 범위를 가리킨다. 아울러 타락한 인간에게는 하나님의 저주가 임하였는데, 이는 죄책과 오염을 내포한 것이었다. 여기서 죄책이란 율법의 위반으로 받은 하나님의 형벌이며, 오염이란 모든 죄인이 종속하고 있는 고유의 부패 곧 전적으로 타락하여 영적 선이 없는 악한 본성을 말한다.[3]

원죄에 대한 성경적인 이해는 아담을 모든 인류의 혈통적 대표이자 언약적 대표로 본다는 점이다. 따라서 하나님은 아담이 모든 인류의 대표자로서 범죄한 것으로 보셨으며, 그의 범죄행위의 결과는 그의 후손의 행위로 간주되었고, 인류는 모두 죄인이 되었다. 실로 하나님께 범죄하여 타락한 인간의 본성은 우상을 만들어 내는 영원한 공장과 같다. 하나님이 창조주이심을 올바로 알지 못하고 그분께 진정한 예배도 드리지 못하면서 단지 그분이 지으신 것들만 바라보고 붙드는 것이 곧 우상숭배이다.[4]

에덴동산에서의 처음 창조 때의 한 사람 아담은 행위언약의 대표로서 모든 인류를 대표해서 행동했던 것이었는데, 이와 같이 새 창조 때의 한 사람 예수님은 은혜언약의 대표자로서 하나님의 백성들을 대표하여 구속사역의 의를 이루셨다(롬 5:15-19). 그러므로 인류의 조상인 아담의 후손들이 모두 죄인되는 것은 그들의 대표로서 아담의 범죄 때문이며, 우리가 하나님 앞에서 의롭다 하심을 얻게 되는 것은 바로 우리의 대표자되신 예수님의 의로 말미암은 것이다.

하나님께서는 인류의 타락 후에도 그들이 이 세상의 질서를 유지하며 살아가도록 양심과 그에 따른 자연적인 선을 보존해 주셨다. 인간은 하나님의 형상(참 지식, 거룩함, 의)을 잃어버렸지만, 인간의 도덕적 특성들(이성, 양심, 지

---

[3] Louis Berkhof, 『기독교 신학개론』, 129.
[4] Inst., I. 12. 1.

성)이 보존되었다. 이는 전능하신 하나님께서 그의 영원하고 놀라운 구속의 경륜을 성취하시기 위함이다. 하나님께서는 타락한 인류의 역사 속에서도 그의 은혜로 말미암아 자기의 택한 자들을 부르사 그리스도 안에서 구원하시고, 지속적으로 그의 나라를 회복하고 계신다. 성경은 영원 전에 하나님의 택함을 받은 자들이 그들의 죄와 절망적인 상태에서 하나님의 백성으로 초대되고 구원받는 것이 오직 전적인 하나님의 자유롭고 은혜로우신 예정 곧 주권적인 선택에 근거하고 있음을 말한다.

결론적으로 인간은 하나님의 존귀한 형상을 가지고 창조되었으나, 하나님께 범죄하여 타락함으로 하나님의 형상을 잃어버린 비참한 존재가 되었다. 이제 하나님의 은혜로 말미암아 '그리스도 안에서 새 사람'(new man in Christ) 된 모든 성도들은 하나님의 거룩한 형상을 이루어가며 오직 하나님께 영광을 돌리며 살아가는 자가 되었다.

2. 주요논쟁

1) 영지주의와 인간론

로마제국의 중심 사상인 스토아철학(Stoicism)은 이원론 사상에 근거하여 인간의 운명이 전적으로 보이지 않은 세계에 있는 천상의 신들의 손에 맡겨져 있다고 보았으며, 인간은 그 내부에 신성을 가지고 있다고 했다. 결국 이들의 목적은 신적 이성으로 자연의 법칙을 이해하고 이에 순종할 수 있도록 적응하는 것이라고 믿었다.[5]

영지주의는 인간의 본성을 삼분하여 영적인 면, 육체적인 면, 혼적인 면으

---

5   Justo L. Gonzalez, 『초대교회사』, 33.

로 분류한다.[6] 영지주의자들은 인간이 육체적인 죄악 가운데 예속되어 있다고 보았으며, 또한 인간의 구원 혹은 신생이란 윤리적 과정이 아니라 신비적이고 특별한 과정이라고 생각했다. 그들은 인간이 자신의 구원을 이루기 위해서 인간의 자유의지의 역할과 책임을 주장하였는데, 이는 펠라기우스주의의 발판이 되었다. 결국 그들은 인간의 실상을 운명론으로 생각하였으나, 역설적으로 이러한 운명론을 이기기 위해 자유의지론으로 나가야 한다고 보았던 것이다.

초기 기독교에는 영지주의도 만연되었고, 또한 자유의지론도 만연되었다. 이들은 아담의 타락이 인간에게 간접적인 효력만 나타내었지 의지에는 직접 영향을 미치지 않았다고 보았고, 죄란 인간의 자유의지와 자발적인 선택에 놓여 있다고 하여 인간의 원죄를 인정치 않았다.

당시 초대교부들은 아담이 하나님의 형상을 따라 창조되었을 때에 인간의 완전성은 포함되어 있지 않았다고 보았으며, 단지 인간 본성이 도덕적으로 완전해질 수 있는 가능성만이 있었다고 강조했다. 나아가 초대교부들은 아담은 범죄할 수 있었고 실제로 범죄하였기 때문에 사탄과 죽음의 세력 아래 놓이게 되었으며, 또한 이런 육체적 타락은 인류 속에서 유전되었다고 보았다.

오리겐(Origen, 185-254)은 인간 영혼의 선재론을 주장했다. 본래 인간의 영혼은 창세 전에 선한 상태에 존재하고 있었으나, 죄로 인하여 타락했다는 것이다. 그 결과 천상에 있던 이 타락한 영들이 혼들이 되고 육신을 입게 되었다. 그래서 이 물질세계가 생겨났으며, 육체는 타락한 영의 거처가 되어 영을 훈련시키고 정화시키는 수단으로 탄생되었다고 보았다.[7] 그는 이 세상

---

6 Louis Berkhof, 『기독교 신학개론』, 113. 개혁주의는 인간이 영적요소와 물질적인 요소 곧 영혼과 육체의 두 부분으로 구성되어있다고 본다. 그리고 영과 혼은 인간의 한 영적 실체를 나타내기 위해 사용되는데, 영은 육체를 관리하는 생명의 원리 또는 행동원리를 가리키며, 혼은 생각하고 느끼는 인격적인 실체를 말한다.
7 Justo L. Gonzalez, 『초대교회사』, 136. 이는 플라톤주의 전통에서 나온 것으로, 기독교의

에서 사단과 악마들이 우리를 포로로 잡고 있기 때문에 그리스도가 오셔서 영적인 고향으로 돌아갈 길을 보여주셔야만 했는데, 사단도 구원받을 것이고, 모든 존재가 순수한 정신으로서 존재하는 원래 상태로 귀환할 것이라고 했다.

2) 펠라기우스주의와 인간론

4세기 중반에 영국의 수도사인 펠라기우스(Pelagius, 348-409)는 도덕주의자로서 인간성에 대한 비관적 견해를 비판했다. 그는 인간의 자유의지와 책임을 강조하는 동방교회의 가르침과 수도원주의의 영향을 받았고, 인간의 이성과 자유의지는 창조 시에 하나님으로부터 받은 은총의 선물이라고 믿었다.

펠라기우스는 인간은 도덕적 중립상태로 태어났으며, 죄는 인간의 자유선택의 결과로 보았다. 곧 인간은 선천적으로 선을 알고 행할 수 있는 능력을 지니고 있으며, 이 자유의지를 바르게 사용하는 사람은 구원을 이룰 수 있다고 주장했다. 그는 원죄를 부정했고, 아담의 죄가 단지 자신에게만 손실을 초래했을 뿐 후손은 해하지 않았다고 믿었다. 따라서 모든 인간의 죄의 전달은 모방에 의한 것이지 번식에 의한 것이 아니라고 주장했다.[8] 즉 원죄의 교리는 선한 피조물로서 창조된 자유인의 본질에 모순되는 것이라고 주장한 것이다. 또한 그는 세상에서 죄의 보편성이란 인간 의지나 본성의 부패가 아닌 인간 육신의 연약함을 말하며, 모든 사람은 죄짓지 않은 능력을 가지고 있는데, 인간의 능력은 모든 의를 행할 수 있으며, 자신의 구원을 성취하고 완전함에 이룰 수도 있다고 보았다.

결국 펠라기우스의 주장은 인간의 원죄를 부정하고 오직 인간의 자유의지

정통교리에서 벗어난 것이다.
8 Inst., Ⅱ. 1. 5.

만을 강조함으로써 아담으로 전가된 원죄를 부인하였고, 아담 안에서 일어난 모든 인류의 타락과 절대적인 은총의 필요성을 부인하는 데에서 가장 큰 문제점이 있었다.

431년 에베소 종교회의에서 펠라기우스주의는 네스토리안주의와 함께 이단으로 정죄를 받았다. 그러나 프랑스 고을지방에서는 반펠라기우스주의가 만연되었다. 이들은 인간의 타락을 인정하였으나, 타락이란 인간의 본성이 병든 정도로 보았다. 인간을 죽은 존재가 아니라 병든 존재로서 온전한 자유의지가 남아있다고 보았다. 결국 529년 오렌지 종교회의에서는 반펠라기우스주의자들을 정죄하였지만, 실상은 인간의 의지와 하나님의 의지가 협력한다는 중간 입장에 대해서는 완전한 정죄를 하지 않았다.

그 후 그레고리 1세는, 어거스틴의 신조들을 버리고 펠라기우스주의적인 교리로 만들어버렸다.[9] 그는 인간이 자신의 생래적인 연약함으로 인해 죄가 세상에 들어왔다고 생각했다. 그래서 원죄로 인한 부패성을 죄책이라기보다는 연약함이나 질병으로 보았고, 타락으로 인해 자유를 잃은 것이 아니라 의지의 선함만을 잃었다고 보았다. 그는 하나님의 선행적 은혜가 인간으로 하여금 선에 대한 의지를 갖게 하고, 후속적인 은혜가 선을 행할 수 있게 만든다고 보았다. 즉 인간은 하나님의 은혜 가운데 자신의 변화된 의지와 공로로 협력하여 구원을 얻게 된다는 것이다.

중세의 로마가톨릭교회는 반펠라기우스주의를 따르며, 인간 본성의 전적인 부패를 부정한다. 즉 인간에게 죄가 들어와서 초자연적 은사만 상실하였지만, 본성은 하나도 상실되지 않았다고 한다. 이들은 원죄를 소극적 상태로 보는데, 이 소극적 상태란 인간이 초자연적으로 부여받은 원시적 의(original righteousness)의 결여를 말하며, 하나님에 대한 혐오의 상태라고 말한다.[10] 결론적으로 로마가톨릭교회는 중생에 있어서 인간이 하나님과 협력

---

9 Ernst H. Klotsche, 『기독교 교리사』, 198.
10 Louis Berkhof, 『기독교 신학개론』, 131.

한다는 '신인협력설'을 따르며, 인간은 주입된 의라고 하는 칭의의 은혜를 받기 위하여 스스로를 준비시킨다고 주장한다.[11]

3) 종교개혁 이후의 인간론

16세기의 소시니안파에게 있어서, 하나님의 형상은 단지 피조물에 대한 인간의 지배권을 의미했다. 그래서 소시니안파는 아담의 타락이 인간의 도덕적 본성을 손상시키지 않았으며, 인간이 죽는 것은 아담의 죄 때문이 아니라 처음부터 인간이 죽을 존재로 지음받기 때문이라고 주장했다.[12] 아울러 이들은 아담의 잘못은 단지 후세에게 나쁜 모범을 보인 것뿐이라는 것이며, 모든 인간은 원죄가 없이 선하게 태어남으로 자신의 힘으로 스스로 구원을 얻으며 영생에 이를 수 있다고 주장했다.

17세기의 알미니안주의도 아담의 죄로 인한 부패가 후대에게 대물림되지만 죄책은 전달되지 않는다고 보았다. 그들은 인간의 부패는 죄가 아니고 질병이나 연약함이라고 했다.[13] 그들은 전적부패를 믿는 척하지만 실제로 믿지 않고, 인간은 자유의지, 즉 영적으로 선한 일을 할 수 있는 능력을 자기 속에 지니고 있어서 스스로 하나님에게서 돌이켜서 하나님의 뜻을 행할 수 있다고 본 것이다.

19세기에 유니테리언이 주장하는 인간론은 소시니안파의 사상을 그대로 이어받아 유신론적인 진화론의 입장에 서있다. 그들은 인간의 본성은 선하며, 무한히 선하고 유용하게 발전할 가능성이 있다고 보았으며, 인간은 죄인이 아니라는 것이다. 결국 그들은 원죄를 부인하고 보편구원론을 지지했다.

20세기의 신정통주의(최신 현대주의)에서는 인간의 타락을 인정한다고 말하지

11　Louis Berkhof, 『기독교 교리사』, 156.
12　Ibid., 160.
13　Ibid., 161.

만, 그것은 비역사적이고 상징적 신화적인 의미로 이해했다. 그래서 "창조와 타락은 역사 배후에 있다"라고 주장하면서, 인간의 책임을 하나님께 돌렸다.[14]

끝으로 중국교회의 워치만니와 위트리스리의 사상에 기초한 이단 모임인 지방교회는 '신화'(deification) 곧 인간이 하나님이 된다는 비성경석인 주장을 하고 있다. 그래서 이들은 본래 모든 인간이 내면에 신성을 가지고 태어나는데, 여기서 '신화'란 자신이 하나님인 것을 깨달아가는 과정이요 신과 합일되어 가는 것이라고 본다. 나아가 지방교회의 지도자들은 인간의 영이 중생을 통해 하나님으로부터 거듭나는데, 이때 인간은 아버지의 생명과 동일한 그의 본성을 소유하게 된다고 주장한다. 이는 영지주의와 뉴에이지 운동가들의 주장과 동일하다.

3. 역대 신조

1) 스코틀랜드 신앙고백서는, "하나님께서는 사람을 자기의 형상을 닮게 지으시고 그에게 지혜와 주권과 정의와 자유의지와 자기 자신에 대한 분명한 지식을 주셔서 사람의 본성 안에 불완전한 것이 없게 하셨다"라고 말한다.[15] 그러나 인간은 원죄로 인하여 하나님의 형상이 완전히 파손되어 인간과 그의 후손들은 하나님에 대적하는 자, 즉 사탄의 노예로서 죄악에 봉사하는 자가 되었다.[16]

2) 하이델베르크 요리문답에서는, 먼저 "인간이 본래 하나님의 형상을 따

---

14 G. I. Williamson, 『웨스트민스터 신앙고백서 강해』, 111.
15 Scottish Confession 제2조.
16 Scottish Confession 제3조.

라 선하게 곧 거룩하고 의롭게 창조하셨다"고 고백하고 있다.[17] 그러나 인류의 조상 아담의 원죄를 물려받은 그 후손들 곧 모든 죄인들에 대하여 "나는 하나님과 내 이웃을 미워하는 본성을 가지고 있습니다"라고 말하면서, 그들이 본성적으로 악한 자임을 분명하게 밝히고 있다.[18]

3) 돌트신경에서는, 본래 우리가 허물과 죄로 죽었으며, 죄와 사망의 종노릇하며 하나님의 진노를 받아 마땅히 멸망받을 처지에 놓여있었으며(엡 2:1-3), 성령의 은혜 외에는 구원받을 길이 없는 절망적인 죄인들이었다고 말한다.[19] 여기서 구원받은 택자들이 반드시 알아야 할 것은 자신들의 본성이 유기자들보다 더 낫거나,[20] 혹은 선택을 받을 만한 선행조건이나 결코 그들 속에 원인이 있지 않다는 것이다.[21]

> 하나님께서 인간을 선택하시는 것은 그 선택의 선행 조건이나 원인 등으로서 인간 속에 있는 어떤 예지적인 믿음이나 그 믿음에 대한 순종, 거룩함 또는 그 밖의 다른 어떤 착한 성품이나 기질에 근거한 것이 아니다.

4) 웨스트민스터 신앙고백서는, "삼위일체 하나님께서 자신의 영광을 나타내기 위하여 태초에 천지를 선하게 창조하셨다"고 고백한다.[22] 또한 인간

---

17   Heidelberg Catechism 제6문.
18   Heidelberg Catechism 제5문.
19   Canons of Dort 셋째 교리 제3장. 그러므로 성령의 중생하는 은혜가 없이는 하나님께로 올 수도 없고 하나님께로 오려고 하지도 않으며 그 죄악에서 새롭게 될 수도 없는 것이다.
20   Canons of Dort 첫째 교리 제7장. 택함을 받은 자들이 그 본성에 있어서는 그 밖의 다른 사람들보다 더 낫거나 더 값어치 있는 것이 아니라 오히려 똑같은 비참한 속에 있었다.
21   Canons of Dort 첫째 교리 제9장.
22   WCF 제4장 제1항. 태초에 삼위일체 하나님께서는, 그의 영원하신 능력과 지혜와 선의 영광을 나타내시기 위하여 엿새 동안에 세상과 그 가운데 보이는 것들과 보이지 않는 모든 것들을 없던 가운데서 매우 선하게 창조하시기를 기뻐하셨다.

의 처음 상태에 대하여, 다음과 같이 말한다.[23]

> 하나님께서는 다른 모든 피조물들을 지으신 후에, 사람을 남자와 여자로 창조하셨으며, 이성적이고 불멸적인 영혼을 주셨고, 자기 자신의 형상을 따라 지식과 의와 참된 거룩함을 부여해 주셨으며, 그들 마음에 하나님의 율법을 기록해 주셨고, 그 율법을 성취할 수 있는 능력도 주셨다. 그렇지만 그들이 범죄할 수 있는 가능성 아래(전 7:29), 그들 자신의 의지의 자유를 허락해 주셨는데, 그 의지란 변하기 마련이었다.

그런데 인간은 하나님께서 선물로 주신 자유의지를 잘못 사용함으로 하나님의 언약에 불순종하여 타락하고 말았다. 이러한 타락에 대해서, "하나님은 죄의 조성자가 아니시며, 또한 피조물들의 의지를 침해하시는 이도 아니시다. 도리어 그분은 제2원인들의 자유나 우발성을 제거시키지 않고, 오히려 확립하시는 분이시다"라고 말한다.[24]

> 하나님께서 죄를 허락하신다는 사실은 부인할 수 없다. 그러나 하나님께서는 모르고 혹은 마지못해 죄를 허락하시는 것이 결코 아니다. 즉 의도적으로 기꺼이 허락하신다. 하나님은 사람의 의지를 조정하셔서 그가 죄를 짓도록 강요하시거나 강제적 필요성을 부과하지 않으신다. 더욱이 하나님께서 죄를 의도하셨다는 것이 그의 본성적인 거룩함을 손상시키는 것은 전혀 아니다. 그 이유는 하나님께서 행하시는 모든 일은 궁극적으로 합력하여 선을 이루기 때문이다.

하나님께서는 모든 일을 "그의 가장 지혜롭고 거룩한 섭리에 의하여 그의

---

23 WCF 제4장 제2항.
24 WCF 제3장 제1항.

무오한 예지와 그 자신의 의지의 자유롭고 불변하는 결정을 따라서 하신다"라고 고백한다.[25] 이러한 하나님의 전능하신 능력과, 측량할 수 없는 지혜와, 무한하신 선하심이 그의 영원한 경륜과 크고도 놀라운 섭리에 잘 나타나 있다. 이 하나님의 섭리는 아담의 첫 번째 타락과, 천사들과 사람들의 모든 죄까지도 포함한다. 모든 죄들은 단순한 허용에 의한 것이 결코 아니며(행 14:16), 하나님은 그것들을 허용하시되 여러 세대에 가장 지혜롭고 강력하게 제한하시고, 그 밖에도 명하시고 주관하시어 그의 선하고 거룩한 뜻들을 이루신다.[26]

4. 요점: 하나님의 형상

1) 하나님의 형상과 자유의지

삼위일체 하나님께서는 인간을 자신의 형상을 따라 '참된 지식과 거룩함과 의로움' 가운데 창조하셨다.[27] 그래서 타락 전에 인간은 하나님을 아는 참 지식을 소유하고 있었으며, 그분만을 온전히 경외하고 순종하는 존재로 창조되었다. 즉 인간은 하나님을 아는 존재로 창조되었다. 인간은 처음부터 여호와 하나님을 생명의 주요 창조주로 알고 경배하는 존재였다. 이는 하나님께서 인간의 영혼 안에 하나님의 형상 곧 하나님을 아는 지식과 오직 그분만을 경외하고 그분만을 의지하여 살아가도록 하는 '신앙심'이나 '종교심' 혹은 '종교의 씨앗'을 심어놓으셨기 때문이다. 여기서 중요한 사실은 하나님께서 인간을 선하게 창조하셨다는 것이다. 이는 인간이 처음부터 불완전한 존재

25　WCF 제5장 제1항.
26　WCF 제5장 제4항.
27　WSC. 제10문. 참고 창 1:27-28; 엡 4:24; 골 3:10.

로 창조되었거나 혹은 육체는 악하다고 하는 그릇된 주장들을 반박하는 것이다.[28]

창조주 하나님께서는 인간을 선하게 창조하셨으며, 인간에게 온전하고도 선한 자유의지를 주셨다.[29] 이는 하나님이 인간에게 주신 특별한 선물로서 모든 피조물과 구별되는 은총이었다. 그러므로 인간은 그의 자유의지로 스스로 판단하고 결정할 수 있는 자율적인 존재였다. 즉 성경은 인간의 선하고 진정한 자유의지를 인정하며, 운명론이나 결정론을 가르치지 않는다. 웨스트민스터 신앙고백서는 '제2원인으로서의 자유 또는 가능성'을 신적 작정 속에 포함시키고 있다.[30]

인간은 무죄한 상태에서 하나님 보시기에 선하고 그가 아주 기뻐하시는 것을 원하며 행할 수 있는 자유와 능력을 소유하였으나(전 7:29; 창 1:26), 아직 가변적이어서, 인간은 그 상태에서 타락할 가능성이 있었다(창 2:16,17; 3:6).[31] 결국 선하게 창조된 인간은 하나님과 자신을 동일시하려는 교만함과 탐심 속에서 마귀의 유혹에 이끌리어 하나님의 명령 곧 행위언약에 불순종하여 스스로 범죄함으로 타락하게 되었다. 그 결과 하나님의 형상을 잃어버렸으며, 하나님에 대해 무지하고, 하나님을 대적하는 악하고 불의한 존재가 되어버렸다.

악의 근원은 사단이다. 하나님의 천사장이었다가 타락한 사단으로부터 악이 기원되었으며, 죄는 도덕적 피조물들의 자유의지에서 기인한 불신앙과 불순종의 행위인 것이다. 하나님께서 그의 영원한 예정 가운데 행하신 유기의 작정은 하나님의 기쁘신 뜻에 기인하지만, 죄는 순전히 자유로우며 우연

---

28 Inst., I. 14. 3. 인간과 사탄의 부패와 악의, 혹은 여기서부터 나오는 죄는 본성으로부터 오는 것이 아니라 본성의 부패에서 나온다.
29 Ernst H. Klotsche, 『기독교 교리사』, 155. 어거스틴은 인간이 형식적 자유가 아니라, 선을 지향하는 경향과 결단의 진정한 자유를 가졌으나, 그것은 절대적이 아닌 상대적인 것이었다고 보았다.
30 WCF 제3장 제1항.
31 WCF 제9장 제2항.

적이고 우발성을 지닌 인간의 자유의지에서 기인한 것이다. 즉 하나님의 공의로우신 심판의 원인은 바로 인간의 죄와 그 범죄한 행위에 있다. 결국 하나님께서는 인간을 그의 형상대로 선하게 창조하셨으나, 인간은 하나님이 주신 자유의지를 잘못 사용하여 타락함으로 죄 가운데 부패하고 오염된 삶을 영위하게 되었다.

그런데 초대교회의 마니교와 종교개혁 시기의 세르베투스(Servetus)는 영혼을 하나님의 본질의 파생물이라고 생각했다. 그들의 말과 같이, 만약 하나님의 본질에서 인간의 영혼이 유출되었다고 하면, 하나님의 본성은 변화와 고뇌뿐만 아니라 무지, 사악한 욕망, 허약, 그리고 각종 죄악에도 예속되었다는 결론에 이르게 된다.

하나님은 만물을 자기에서 유출시킨 것이 아니라 말씀을 통해서 창조하셨다. 그리고 이미 있던 유로부터 만들어 내신 것이 아니라 전혀 존재하지 않던 것, 즉 무로부터 만들어 내셨다.[32]

칼빈은 만일 악한 자들의 주장과 같이 만일 영혼이 하나님의 본질로부터 유래된 것이며 신성의 은밀한 유입이라고 한다면, 인간의 약하고 불결한 모든 것들을 하나님의 본성으로 돌리는 참담한 일이 될 것이라고 했다.[33]

> 우리 영혼에 하나님의 형상이 새겨진 것은 사실이지만 이 영혼도 천사와 마찬가지로 창조되었다는 것을 우리는 틀림없는 사실로 인정해야 한다. 그러므로 창조는 유입이 아니라, 무로부터의 존재의 시작이다. 바울이 하나님의 형상의 회복에 관해 이야기했을 때(고후 3:18), 인간은 본체의 유입에 의해서가 아니라 성령의 은혜와 권능으로 말미암은 하나님의 형상을 따라 지음을 받았다는 것을 명백하게 추론할 수 있다.

---

32 Augustine, 『자유의지론』, 209.
33 Inst., I. 15. 5.

2) 생명나무와 선악과

창조주 하나님께서는 에덴동산에 생명수와 선악을 알게 하는 나무를 두셨다. 이는 하나님께서 사람을 창조하신 목적이 그들에게 영원한 생명을 주시는 것임을 알리신 것이며, 동시에 모든 사람 앞에는 선과 악 곧 생명의 길과 멸망의 두 길이 있음을 계시해 주신 것이다.

그리고 하나님께서는 아담과 하와에게 에덴동산의 모든 나무의 과실을 임의로 먹되 선악을 알게 하는 나무(the tree of the knowledge of good and evil)의 과실을 먹지 말라고 명령하시고, 또한 그들이 그것을 먹는 날에는 결단코 그들에게 죽음의 형벌이 내려질 것임을 알리셨다(창 2:17). 이 말씀은 사람이 여호와 하나님께서 베푸신 은총 아래서 하나님만을 의지하며 순종하며 살아가도록 창조된 존재임을 분명히 알리신 것이다. 그러므로 하나님께서 아담에게 요구하신 행위언약은 본질적으로 영생의 약속을 전제로, 사람이 하나님께 순종함으로 하나님께 영광을 돌리며 살아가게 하시는 감추어진 은혜언약이었다. 그러므로 하나님이 사람에게 주신 자유의지의 본래의 목적은 하나님께 선을 행하는 데 있다. 그것은 오직 하나님을 경외하고 그의 말씀에 전적으로 순종하여 선을 행함으로 그에게 약속된 영생과 참된 복을 향유하며 살아가도록 목적된 것이었다.

그런데 사람은 탐심으로 말미암아 하나님의 말씀을 어기고 금지된 선악과를 먹음으로 타락하였으며, 이제는 하나님의 저주를 받아 죄의 고통과 죽음의 형벌 아래 살아가는 죄인이 되고 말았다.[34]

> 창조주는 어떠한 피조물보다도 더 선하시다. 그러나 인간은 보다 더 선한 것을 포기하고 창조주의 명령을 어겨 가면서 그 나무의 열매를 먹

---

34 Augustine, 『자유의지론』, 214.

는 인간적인 선을 추구했다. 하나님은 낙원에다 악한 나무를 심지 않으셨다. 그러나 나무의 열매를 먹지 말라고 명령하셨던 분은 나무보다도 선하셨다.

인간은 타락하여 하나님의 형상을 잃어버렸으며, 마귀의 지배 아래서 죄의 노예로서 살아가게 되었고, 하나님이 목적하신 참된 선에 대하여 무지하고 무능력한 존재요 구원불가능적 존재가 되었다. 그리고 타락한 인간은 전적으로 부패하여 모든 생각과 행위가 악할 뿐이었고, 그것은 점점 더 큰 악행으로 나아갔다.

본래 하나님께서 창조하신 에덴동산 중앙에는 생명나무(עֵץ הַחַיִּים, the tree of life)가 서 있었다(창 2:9). 그 동산은 본래 하나님의 동산이었으며, 본래 사람이 거주하는 곳이 아니라 하나님께서 자신의 처소에서 사람을 하나님의 교제 속으로 영접하는 장소였다.

그래서 창세기의 창조의 상황이 요한계시록에서 예언된 역사의 마지막에서도 종말적인 완성의 형태로 나타난다(계 22:1-2). 생명수의 강이 새 예루살렘의 하나님의 보좌로부터 흘러오며 그 좌우에 생명나무가 있는 것을 보게 되며, 또한 이 생명나무와 생명수의 강이 한데 합쳐지는 것을 보게 된다.[35]

결론적으로 생명이 하나님께로부터 온다는 진리와 사람에게는 그 생명이 하나님과 가까이 하는 것에 있다는 진리를 가르쳐준다. 또한 하나님께서 사람과 교제하시는 그 중심적인 의도가 바로 생명을 베푸는 일에 있다는 진리가 분명히 제시되고 있다.[36]

---

35 Geerhardus Vos, 『성경신학』, 44.
36 Ibid., 45.

3) 신적 작정과 죄의 허용

하나님은 영원한 경륜 가운데 그가 창조하신 역사와 만물을 섭리하시는 분이시다.[37] 이러한 창조와 구원의 섭리가 성부로부터 성자로 말미암아 성령 안에서 이루어진다. 그리고 인간의 타락은 우연한 사건이 아니고 하나님께서 작정하신 일이었다. 이 일은 하나님께서 마지못해서 허락하신 일이 아니며, 하나님이 모르시거나 무능력해서 발생한 일이 아닌 것이다.

여기서 우리가 확신해야 할 중요한 사실은, 하나님의 의지와 허락이 없이는 사탄은 결코 아무 일도 할 수 없다는 사실이다.[38]

> 마귀는 본래 사악한 존재여서, 조금도 하나님의 의지에 순종하려고 하지 않고 아주 완강하게 불순종하며 전적으로 반항한다. 그러므로 사탄이 하나님께 대하여 격렬하게 또 고의적으로 반항하는 것은 바로 자기 자신과 자신의 사악함에서 나오는 것이다. 이 사악함이 마귀를 재촉하여, 하나님께서 가장 미워하신다고 생각되는 것들을 행하게 한다. 그러나 하나님께서 권능의 고삐로 마귀를 잡아매고 제지하시기 때문에 그는 하나님께서 허락하신 것만을 행하게 된다. 그래서 그는 원하든 원하지 않든 창조주에게 순종을 하게 되는데, 그것은 하나님께서 그에게 재촉하실 때에는 언제든지 하나님의 명령대로 행하지 않을 수 없기 때문이다.

모든 일은 하나님의 선하시고 지혜로우신 의지에서 나온 영원한 구속의 경륜 속에서 미리 작정하신 것이며, 또한 그의 뜻을 이루시기 위한 하나의

---

37 Louis Berkhof, 『기독교 신학개론』, 104. 하나님은 모든 만물을 보존하시고, 만물과 합력하시며(선을 격려하심, 악을 제어하심), 만물을 그 목적에 응하도록 통치하신다.
38 Inst., I. 14. 17.

수단과 과정으로 허락된 것이었다. 하나님의 영원한 뜻은 인간의 행위나 실수로 인해 제한되거나 변경되는 것이 아니며, 더욱이 선하시고 전능하신 하나님은 이러한 악을 통하여 궁극적으로 그의 선한 뜻을 이루어 나가신다.

전능하신 하나님께서는 모든 일과 모든 만물이 합력하여 그의 선을 이루도록 섭리하시고 계신다. 그것은 하나님이 창조한 인간의 장래와 목적이 인류의 시조이자 대표자인 아담의 죄와 타락으로 인해 끝나는 것이 아님을 보여준다.

궁극적으로 하나님께서는 영원한 구속경륜 가운데 중보자 예수 그리스도를 보내심으로 택한 자들을 그들의 죄와 형벌에서 구원하신 것은 구원받은 그의 자녀들로 하여금 영원토록 하나님께 감사와 영광의 찬송을 돌리게 하시려는 것이었다.

나아가 우리는 날마다 예수 그리스도의 완전한 승리를 굳게 믿음으로 마귀의 궤계를 대적함으로 승리의 삶을 살아가야 한다.[39]

> 실로 이 승리는 우리의 머리이신 그리스도께 있어서는 항상 완전한 것이었다. 왜냐하면, 세상 임금은 주님께 대하여 아무런 관계할 것이 없기 때문이었다(요 14:30). 더욱이, 그 승리는 지금 그리스도의 지체가 되는 우리에게는 부분적으로만 나타난다. 그러나 그것은 우리가 연약한 육신을 벗어버리고 성령의 능력으로 충만하게 될 때에 완성될 것이다.

(1) 어거스틴

어거스틴은 성경적 안목을 가지고 신플라톤철학을 탐구하면서, 그 속에서 인간의 본성과 악에 대한 새로운 이해를 갖게 되었다. 그는 모친의 신앙과 이 세계의 본성에 대하여 깊은 고민을 가지고 있었는데, 마침내 그 해답을 찾게 되었다. 그것은 악은 실체가 아니라 선의 결핍이라는 것이다.[40] 그가 악

39　Inst., I. 14. 18.
40　Justo L. Gonzalez, 『기독교 사상사』, 147. 모든 자연은 자연 자체로 선하다. 그러나 그것

을 결핍이라고 한 것은 존재자체의 본래의 성질과 상반되기 때문이며, 결핍은 본성의 원수이며 결핍의 악은 본성의 완전성에 손상을 가하는 것보다 더 큰 악이라고 보았기 때문이었다. 결국 모든 피조물이 자기를 창조하신 하나님의 뜻에서부디 멀이질 때에는 결핍된 존재가 된다는 것이다.[41]

그리하여 그는 하나님의 영원한 빛은 다른 것이 조금도 섞이지 않은 영적 실체로 보았고, 어둠은 빛의 결핍으로서, 악은 실체가 될 수 없다고 생각했다. 그리하여 모든 악과 불의의 원인을 피조물의 의지에서 찾을 수 있었다.[42]

아울러 그는 욕심이 탐심이며, 그 탐심은 악한 의지라고 했다. 또한 모든 악의 원인이 바로 악한 의지에 있다고 말했다.[43] 악의 실재성과 선하신 하나님의 창조를 바르게 설명할 수 있었다. 여기서 악은 사물이 아니라 오히려 결정, 경향 혹은 선의 부정이었다.[44] 결국 그는 죄를 적극적인 것이 아니라 결여나 결핍으로 보았으며, 하나님의 사랑을 자기애로 대체해 버린 것이 죄의 뿌리가 된 원리라고 보았다.[45]

한편 어거스틴은 죄를 짓는 원인은 오직 피조물의 '의지'라고 생각했고,[46] 인간은 신의 은총이 없이는 악한 의지를 유발하는 욕구를 거부하고 선을 선택할 수 있는 능력을 갖지 못한다고 보았다.[47]

또한 그는 사람의 죄를 짓는 속성이 아담의 원죄로부터 상속되었다고 보았고, 최초의 인간인 아담이 지혜에서부터 어리석음으로 변할 가능성을 가

은 타락될 수 있고, 따라서 악하게 될 수 있다.
41　Augustine, 『자유의지론』, 박일민 역 (서울: 도서출판 풍만, 1989), 160.
42　Augustine, 『고백록』, 476.
43　Augustine, 『자유의지론』, 167.
44　Justo L. Gonzalez, 『초대교회사』, 337.
45　Louis Berkhof, 『기독교 교리사』, 141.
46　Augustine, *De civitate Dei*, 11. 17.
47　Augustine, *De civitate Dei*, 14. 5.

진 중간적 상태를 갖고 있었다고 주장했다.[48]

그래서 첫 사람 아담이 본질적으로 영원히 살 수 있는 가능성과 함께 하나님께 대한 지식과 죄를 짓지 않을 수 있는 능력을 가지고 있었으나, 사람은 하나님께 불순종하여 타락함으로 이러한 능력을 상실했다고 보았다.[49]

> 인간의 의지가 죄악에 빠져 정복을 당했을 때에 인간의 본성은 그 자유를 잃기 시작했다. 인간은 자유의지를 악용하여 자기와 및 자기의 의지 모두를 잃어버렸다. 또한 자유의지는 노예가 되어 그 결과 지금은 의를 행할 힘이 없다. 결국 하나님의 은총이 그를 해방하지 않는 한 그는 자유롭지 못할 것이다.

아담은 원죄와 함께 부패한 본성을 그의 후손들에게 물려주었다. 그 결과로 아담의 후손들에게 전가된 것은 죄에 대한 강요 곧 죄에 얽매인 노예의지가 있을 뿐이며, 완전히 부패하여 하나님께서 원하시는 영적 선을 행할 수 없고, 다만 죄를 지을 수밖에 없는 능력만 남았다. 하지만 어거스틴은 인간의 타락이 본질적으로 하나님의 선하심에서 나온 것이며, 전능하신 하나님께서는 궁극적으로 악에서 선을 이루신다고 말했다.[50]

> 우리가 바르게 믿으며 그 믿음을 고백하는 것은 지극히 건전한 일이다. 즉, 만물의 주이신 하나님, 만물을 지극히 선하게 만드신 하나님(창 1:31), 또 선에서 악이 생기리란 것을 미리 아셨으나, 악한 일이 생기는 것을 허락하지 않는 것보다 악에서 선을 만들어내는 것도 자신의 전능한 선하심의 일부임을 아신 하나님께서는 천사들과 사람들의 생활을 정하실 때

---

48 Augustine, 『자유의지론』, 189.
49 Inst., Ⅱ. 2. 8.
50 Inst., Ⅲ. 23. 7.

에, 그들의 생활에서 우선 자유 의지가 무엇을 할 수 있는가를 보이시며, 그 다음에 자신의 은혜의 복과 자신의 공의의 결정이 무엇을 할 수 있는 가를 보이시도록 마련하셨다.

어거스틴은 펠라기우스주의자들을 향하여 '교만'이 모든 죄의 뿌리이자 '죄 이전의 죄'라고 지적했고,[51] "나를 떠나서는 너희가 아무 것도 할 수 없음이라고 말씀하신 분이 결코 용인하시지 않는다"고 경고했다.[52]

결론적으로 하나님께 범죄하여 타락한 아담의 원죄를 물려받은 모든 인간은 성령의 역사로 의지와 행동 그 자체까지 돕는 은혜를 오직 하나님께로부터 받아야 하며,[53] 모든 사람은 오직 하나님의 자비와 은총을 통해서만 하나님께로 돌아갈 수 있다고 말했다.[54]

> 주의 거저 주시는 자비에 의해서 선으로 전향하며, 일단 전향하면 끝까지 선에 머무른다. 사람의 의지가 선을 향하게 되는 것과 방향이 정해진 후에 선에 머무르는 것은 오직 하나님의 뜻에 달린 일이며, 사람의 어떤 공로에 좌우되는 것이 아니다. 즉, 은총에 의하지 않고는 의지는 하나님께로 전향하거나 하나님 안에 머무를 수 없으며, 의지가 할 수 있는 일은 모두 은총에 의해서만 할 수 있다.

(2) 칼빈

칼빈은 하나님께서 창조하신 첫 사람의 영광과 존귀함에 대하여, "인간에게는 생명의 주되신 하나님과 더불어 영원히 사는 삶이 완전한 행복이며, 그

51　Justo L. Gonzalez, 『기독교 사상사』, 150.
52　Augustine, 『은혜론과 신앙론』, 108.
53　Ibid., 113.
54　Inst., Ⅱ. 4. 14.

목적에 도달할 수 있도록 이성과 총명이 주어졌으며, 특별히 자유의지로 선을 택하며 살게 하셨다. 그러므로 인간은 하나님의 영광을 드러내기에 부족함이 없는 고상함과 품위를 지닌 존재였다"라고 말했다.[55] 또한 그는 "지극히 선하고 지혜로우시며 전능하신 하나님께서는 모든 창조물 위에 영광의 표적을 새겨 놓으셨으며, 그것은 너무나 뚜렷하고 분명하기 때문에 아무리 무식하고 어리석은 사람이라 해도 무지를 구실로 삼을 수 없다"(롬 1:19-20)라고 주장했다.[56]

아울러 칼빈은 만유의 창조자인 하나님께서는 인류 사회 속에서 그의 섭리대로 일하신다고 말했다.[57]

> 하나님께서는 인류사회를 다스리실 때 섭리를 잘 조절하셔서 무수한 방법으로 모든 사람에게 자비와 은혜를 베푸시지만, 명백하고 일상적인 지시에 따라 경건한 자에게는 관대하심을, 악하고 범죄한 자에게는 엄격하심을 선언하신다.

나아가 칼빈은 어거스틴의 말을 인용하여, "하나님께서는 인간의 악한 의지를 통하여 하나님의 의지에 맞도록 하심으로 자신의 의로우신 뜻을 성취하신다"라고 말했다.[58]

> 하나님의 의지에 반대되는 것일지라도 하나님께서 원하지 아니하시면

---

[55] Inst., Ⅱ. 15. 8. 인간의 최초의 상태는 탁월한 은사들로 뛰어난 품위를 지니고 있었으며, 때문에 그의 이성과 지성, 분별력, 판단력은 지상생활을 지배하는 데 있어서 충분하였을 뿐만 아니라 인간이 이것으로 하나님과 영원한 행복을 찾아 올라갈 수도 있었다. 여기에 선택이 추가되어, 욕구를 조정하고, 모든 기관의 활동을 조정하며 의지로 하여금 이성의 지도에 완전히 따르게 했다.
[56] Inst., Ⅰ. 5. 1.
[57] Inst., Ⅰ. 5. 7.
[58] Inst., Ⅰ. 18. 3.

아무 일도 이루어지지 않는 것이다. 왜냐하면, 그가 허락지 아니하시면 하나도 그대로 이루어지지 않았을 것이기 때문이다. 그렇지만 그는 마지못해 허용하시지 않고 기꺼이 허용하신다. 전능하신 하나님께서 악에서 선을 만드시지 않는 한, 선하신 하나님께서는 악의 행위를 허용하지 않으실 것이다.

하나님께서 죄를 싫어하시고 혐오하심에도 불구하고, 하나님이 피조물들의 죄를 허락하시는 것은 그가 본래 의도하신 그의 지혜롭고 선한 목적들을 이루시기 위해서였다.

여기서 칼빈은 인간의 타락의 원인은 '인간의 교만함'에 있었으며,[59] 또한 "저주받을 모든 짓은 모든 인간의 타락한 본성에서 비롯했다"고 말했다.[60] 그리고 '원죄'(original sin)는 인간 본성의 전적인 부패를 가지고 왔으며, 영혼의 기능들을 통해 적극적인 악으로 활동하게 되었다.[61]

하나님과 단절된 인간은 본성적으로 타락한 상태에 놓여 있으며, 그의 불법하고 사악한 욕망은 단지 감성적인 부분에만 있는 것이 아니라 마음자체에 있으며, 인간성의 모든 부분이 부패하고 타락했다.[62] 그 결과 "썩은 뿌리에서 썩은 가지가 나왔으며, 썩은 가지가 거기서 나온 다른 작은 가지에 부패를 전달했다. 자녀들이 부모들 안에서 부패했고, 자녀는 다시 그 후손에 대대로 병을 옮겨 주었다."[63]

모든 인간은 스스로 자신을 구원할 수 없는 무능력한 존재가 되었으며, 하

---

[59] Inst., Ⅱ. 1. 4. 참으로 교만이 모든 악의 처음이었다는 어거스틴의 단정은 옳다. 사람이 자기의 처지에 만족하고 바른 한계를 넘으려고 하지 않았더라면, 태초의 상태에 머무를 수 있었을 것이다.
[60] Inst., Ⅱ. 3.
[61] Louis Berkhof, 『기독교 교리사』, 157.
[62] Inst., Ⅱ. 3. 1.
[63] Inst., Ⅱ. 1. 7.

나님의 특별한 은혜와 오직 그리스도만을 필요로 한다.[64]

> 만약 하나님의 행사를 보는 일에서 우리는 장애라고 그가 말한다면, 이 이상 더 표현할 무엇이 있겠는가? 그렇기 때문에, 주께서는 예언자를 통하여 이스라엘 백성에게 하나님을 아는 마음을 주시겠다고 약속하시며 이것을 특별한 은총이라고 하신다(렘 24:7). 분명히 이것은 인간의 마음은 하나님께서 비춰 주셔야만 영적 지혜를 얻을 수 있다는 뜻이다. 그리스도께서 스스로 이 점을 인정하셔서, "나를 보내신 아버지께서 이끌지 아니하면 아무라도 내게 올 수 없느니라"고 말씀하셨다(요 6:44). 또한 그리스도는 아버지의 산 형상이시며(골 1:15), 이 형상에서 하나님 아버지의 영광과 광채가 완전하게 계시되지 않았던가(히 1:3). 그러므로 우리의 눈앞에 그 형상이 밝히 나타났음에도 불구하고 보는 눈이 우리에게 없다고 하신 것은 하나님을 아는 능력을 가장 잘 묘사한 말씀이다.

이제 죄인은 오직 예수 그리스도를 믿음으로만 구원받으며, 또한 성령의 은혜로 말미암아 하나님의 형상을 회복할 수 있다.[65]

> 하나님께서 사람을 창조하실 때에 부여하신 하나님의 형상은 인간성의 완전한 탁월성으로서, 그것은 인간이 하나님께 타락하기 이전에는 아담 안에서 빛나고 있었으나, 후에는 부패하여 거의 지워졌기 때문에, 파멸 후에 남은 것은 오직 혼란하고 이그러지고 오염된 것뿐이다. 이 하나님의 형상은 지금도 하나님의 택함을 받은 자들 가운데 부분적으로 나타나는데, 성령으로 말미암아 중생한 자에게서만 그러하다. 그러나 그것은 장차 하늘나라에서 완전한 광채를 발하게 될 것이다.

---

64 Inst., Ⅱ. 2. 20.
65 Inst., I. 15. 4

우리는 하나님께서 보내신 예수 그리스도를 통해서만 하나님을 아는 참된 지식을 가질 수 있다. 이 하나님에 관한 지식을 가진 사람은 하나님의 존재를 올바로 생각하게 되며, 하나님을 아는 것이 곧 그의 영광에 얼마나 합당하며 우리에게 얼마나 도움이 되는가를 참으로 이해하게 된다.[66]

(3) 바빙크

바빙크는 "하나님의 자유로우신 의지는 하나님께서 자기의 형상으로 사람을 창조하시기 위한 하나님의 의논과 결단에서도 그대로 반영되고 있다"고 보았다.[67] 여기서 사람은 다른 피조물과 달리 처음부터 하나님과의 매우 특별한 관계 속에 있다는 사실이 특별히 강조되고 있음을 알 수 있다(창 1:26-27). 그래서 창세기 1장의 천지창조는 사람의 창조에로 귀결되며, 또한 창세기 2장은 사람의 기원에 대하여 구체적으로 주목하고 있다. 이 사실은 사람이 창조사역 전체의 목적이요, 목표요, 머리요, 면류관이라는 증거가 된다.[68]

하나님의 창조사역은 하나님께서 그의 영광을 위하여 그의 기쁘신 뜻을 따라 세우신 영원한 경륜에 기초하고 있다. 하지만 인간은 불순종하여 타락함으로 총명이 어두워지고 마음이 굳어짐으로 하나님께서 주신 선물들을 올바르게 사용하지 못했다. 그 결과 이신론자들은 하나님이 없이 자신을 구원할 수 있다는 생각에 이르렀으며, 또한 범신론은 하나님의 영광을 피조물의 형상으로 바꾸어 버리고, 과학과 국가를 신성시하며, 피조물이나 인간의 위대성을 숭배하게 했다.[69]

성경은 죄의 문제에 대해서, 하나님을 변호하면서도 동시에 죄의 본질을

---

66 Inst., I. 2. 1.
67 Herman Bavinck, 『개혁교의학 개요』, 219-220.
68 Ibid., 220.
69 Ibid., 187-188.

그대로 유지시킨다. 만일 죄의 기원이 창조주의 뜻보다 선행하는 어떤 본질 혹은 존재에 있다면, 죄는 곧바로 그 도덕적 성격을 잃어버리게 되고, 하나의 물리적이고 자연적인 것이 되어 버리며, 만물의 존재와 본질과 밀착된 하나의 악이 되어 버릴 것이다.[70]

삼위일체 하나님의 선하신 의지가 모든 인간의 의지에 선행하며, 또한 하나님께서는 그의 의지 안에서 인간의 의지나 행위가 그의 선하신 뜻을 이루게 하신다. 그러므로 인간의 타락은 하나님의 불완전한 창조의 결과나 우연이 결코 아니며, 도리어 하나님의 크고도 놀라운 영원한 경륜과 신비한 뜻 가운데 일어난 것이었다.

지극히 선하시고 지혜로우시며 전능하신 하나님은 악으로부터 선을 이루시는 분이시오, 또한 악으로 하여금 그의 본질적 성향에서 벗어나 하나님의 이름을 영화롭게 하고 그의 나라를 세우는 데에 협력하도록 만드실 수 있는 분이시다. 아울러 하나님께 불순종하여 타락한 죄인이 구원받는 길은 성령의 은혜로 말미암아 예수 그리스도를 믿는 길 밖에는 없다.

오직 예수 그리스도만이 우리 안에 하나님의 형상을 온전히 회복시켜 주신다. 하나님께서는 예수 그리스도 외에 천하 인간에 다른 구원자를 주신 적이 없다고 말씀하신다(행 4:12).

70　Ibid., 276.

제6장

성령론

1. 개요

성령은 성부와 성자와 동일본질을 지니신 삼위일체 하나님이시며, 성부와 성자로부터 영원히 항상 나오신다. 그리고 성령께서는 영원한 구속경륜을 이루시고, 우리에게 구원의 은혜를 베푸시는 분이시다.

기독교회사 속에서 제기된 성령 하나님에 대한 논쟁의 출발점은 성령의 존재성을 부인하는 것이었다. 그것은 '군주신론'(Monarchianism)에 기초하여 성령을 하나님의 영으로 부르거나 혹은 성부의 영이나 성자의 영으로 부르거나, 또한 성령 하나님의 인격성을 부정하고 단지 하나님의 힘이나 능력 정도로 여기는 것이었다.

초대교회 안에서는 성령에 대한 여러 가지 견해가 삼위일체론 논쟁을 거치면서 보다 분명하게 드러났는데, 처음에는 성령이 오직 전 신성의 근원이신 성부로부터만 나온다고 주장함으로서 삼위 간의 구별을 강조하는 것이었다. 이러한 견해는 삼위의 일체성을 강조하는 주장에 대한 반발로서, 군주신론이 삼위의 구별을 모호하게 만든다는 논쟁에 대한 반발로서 제기된 것이었다.

당시 기독교회는 여러 이단들과의 교리적 논쟁을 거치면서, 성령이 성부 하나님과 성자 하나님과 함께 동일본질이요 한 실체임을 명확히 주장하였으며, 성령이 성부와 성자로부터 영원히 나오신다는 정통교리를 확립했다.

성령은 구원받기로 예정된 자들에게 주시는 하나님의 특별한 선물이다. 성령 하나님은 삼위일체 하나님께서 영원 전에 세우신 구속의 경륜을 이루시기에 이 세상에 내려오신다. 그러므로 성령은 그의 은혜로 말미암아 영원 전에 하나님께서 택한 자들을 부르사 예수 그리스도와 연합하게 하시어 구원을 받게 하신다. 즉 성령은 말씀을 듣는 자를 감화하시어 그로 하여금 그리스도를 믿음으로 의에 이르게 하신다. 여기서 구원얻는 믿음이란 성령으로 말미암아 마음에 일으켜진 복음의 진리에 대한 확신이며, 그리스도 안에서 행하신 하나님의 약속에 대한 성실한 신뢰이다.[1] 나아가 참된 믿음이란 그를 향한 하나님의 자비하심과 선하심을 아는 지식과 그 자비로우심과 선하심의 진실성에 대한 견고한 확신이다.

결론적으로 보혜사 성령께서는 성도들에게 은총을 베푸시어 그들이 영화에 이르기까지 견인하시며, 이 세상 가운데 거룩함을 이루고 선한 열매를 맺어 하나님께 영광을 돌리며 살아가도록 도우신다.

2. 주요논쟁

1) 초대교회와 성령론 논쟁

초대교회는 처음부터 주님의 명령 곧 성경의 말씀을 따라 성삼위 하나님의 이름으로 세례를 주었으며, 성삼위 하나님의 이름으로 주의 교회와 성도들을 축복했다. 그런데 2세기경에는 신론에 대한 여러 이단분파들이 등장하

---

1   Louis Berkhof, 『기독교 신학개론』, 231.

게 되었으며, 양태론적인 군주신론의 이해는 성자와 함께 성령의 위격적 실체가 거부되었다.

당시 초기 기독교 안에서 대체적으로 성령을 하나님으로 인정하지 않고, 하나님의 '힘' 혹은 '세력,' '피조자,' '천사와 같은 존재'로 간주하는 이들이 많았다. 이러한 경향은 신령주의자들에게 역사적으로 이어져왔으며, 여러 형태로 변형되었다. 그래서 은사주의자들은 성령을 비인격적 감화력이나 초월적인 능력 혹은 어떤 세력이나 힘 등으로 여기고 있다. 그리하여 16세기의 소시니안파에서도 동일한 주장들을 찾아 볼 수 있는데, 이들도 성령은 단순히 하나님께로부터 흘러나온 세력이라고 주장한다.

4세기의 아리우스주의자들은 성령의 피조성을 매우 강조했다. 사실 아리우스는 처음에는 성령의 인격성을 주장했지만 나중에는 성령의 인격성 및 신성을 부정했다. 즉 성령도 아들을 통해서 생겨난 최초의 피조자라고도 보았다.

아타나시우스(Athanasius, 296-373)는 성령은 피조물일 수 없다고 말했고, 만일 그가 피조자라면 하나님 안에는 다른 성질의 어떤 것이 있는 셈이며 따라서 하나님은 삼위일체라고 볼 수 없다고 했다. 성령은 아들과 마찬가지로 동질이어야 한다고 주장하면서, 그는 성령이 행하시는 성화의 역사로 증명하려고 했다. 그리고 아타나시우스는 성경의 확실한 증언에 따라서 성령은 피조물적인 것이 아니라 하나님께 속하며 삼위일체이신 하나님의 신성과 하나라는 사실을 강조했다. 또한 그는 영과 아들 간의 결합을 강조했고, 사람들이 아들로부터 영의 인식을 얻어야만 하는 것처럼 영은 아들과 불가분리하다고 했다.[2] 그에게 성령은 성부와 성자와 같이 한 실체라고 생각되었으며, 성령의 역사는 그리스도의 구속사역을 완성하고 적용하는 일이라고 해석되었다. 즉 구속사역에 있어서, 아들과 성령의 차이는 아들은 출생되어 보

---

2 Bernhard Lohse, 『기독교 교리사』, 86.

냄을 받았는데 성령은 나왔다는 것이다.

동방교회에서는 4세기말에 콘스탄티노플의 감독이었던 마케도니우스(Macedonius)를 대표로 하는 소위 '성령기계론자'(성령의 신성을 부인함) 혹은 '성령대적자들'이라는 이단운동이 일어났는데, 그들은 성령이 하나님의 피조된 능력 내지 도구라고 했다.[3] 이와 같이 반아리우스파들이 마케도니우스의 지도 아래 성령을 천사들과 다름없는 피조물이라고 주장하고, 성자에게 종속된 존재라고 고집하자, 아타나시우스는 362년의 알렉산드리아회의를 개최하여 성령의 '동일본질'을 진정한 교리로서 변호하게 되었다.[4]

그 후 381년에 데오도시우스(Theodosius) 황제는 150명의 동방교회 감독들을 불러 콘스탄티노플회의를 개최하고 성부에게서 나오신 성령의 신성을 확증했고, 니케아 신조의 '성령'에 관한 단순한 고백에다가 좀 더 상세한 조항들을 추가시킨 '니케아콘스탄티노플신조'를 작성했다.[5]

2) 필리오케(Filioque) 논쟁

초대교부들은 삼위일체 하나님을 구원론적 입장에서 이해하면서 삼위의 사역을 경륜적 혹은 기능적으로 구분했다. 그러나 경륜적 삼위일체론은 성부와 성자와 성령의 관계를 이해하는데 있어서 종속주의(subordinationism)의 위험성을 내포하고 있다. 이 경륜적 삼위일체는 오리게네스에 의해서 종속주의로 발전되고 아리우스(Arius)에 의해서 성자의 신성이 부인되는 결과를 초래하고 말았다.

325년의 니케아신경에는 단지 '우리는 성령을 믿으며'라고 단순하게 고백

---

[3] Inst., I. 13. 16. 마케도니우스파는 성령을 다만 인간에게 부어진 은혜의 은사로만 이해하려 했다.
[4] Ernst H. Klotsche, 『기독교 교리사』, 127.
[5] Philip Schaff, 『신조학』, 24.

하고 있으나, 381년 니케아콘스탄티노플신조에서는 성령이 하나님과 동일본질로서 "아버지에게서 나오셨다"(proceeded from the Father)라고 명확하게 선언하고 있다.[6]

당시 성령의 성부와의 동일본질을 수장한 사람들은 카파도기아의 세 신학자들이었다. 이들은 가아사랴의 감독이며 카파도키아의 대감독인 대바실리우스. 바실리우스의 나이 어린 동생인 닛사의 그레고리와 나지안주스의 그레고리이다. 그들은 하나님의 공통본질과 개체 위격들 간에 구별 짓기 위하여 정확한 개념 언어를 발전시켰다. 즉 본성(usia)은 공통적인 하나님의 존재를 나타내며, 본질(hypostasis)은 이 하나님의 존재가 아들과 아버지와 아들과 성령의 위격 속에서 옷 입고 있는 각 특별한 형태들을 나타낸다고 보았다.[7] 이러한 삼위의 구별은 아버지에게는 '출생하지 않은 분,' 아들에게는 '출생하신 분,' 성령에게는 '발현하신 분'이라고 규정될 수 있었으며, 결국 아타나시우스로부터 시작된 '호모우시오스'(동일본질)의 해석이 정통교리임을 선언하게 되었다.[8] 여기서 닛사의 그레고리는 성령이 피조물이 아니라 동일한 신적 본성을 가져 하나님이심을 증명하였으며, 콘스탄티노플 공회의에서 성령의 공식화에 참여하여 승리를 가져오는 데 크게 공헌했다.[9]

그런데 콘스탄티노플회의(381)는 '호모우시우스'(ὁμοούσιος)가 사용되지 않아서 성령이 성부와 본질을 공유하고 있다는 것이 직접적으로 단언되지 않았으며, 또한 다른 두 위격에 대한 성령의 관계가 올바로 정의되지 않았다. 결국 성령이 성부에게서 나온다는 진술은 있지만 성령이 성자로부터 나온다는 것은 고백되지 않았다. 만일 성령이 오직 성부로부터 나온다고 말하면 성자와 성부의 본질이 동일하다는 것을 부정하는 것처럼 보였고, 성령이 성자

---

6   Louis Berkhof, 『기독교 교리사』, 95.
7   Bernhard Lohse, 『기독교 교리사』, 87.
8   Ibid., 88.
9   Justo L. Gonzalez, 『초대교회사』, 295.

로부터도 나온다고 말하면 성령의 신성을 침해하는 것처럼 보였다.[10]

본래 동방교회는 삼위일체론이 성부 중심으로 발전하였는데, 성령의 신성을 부인하는 '성령훼손당'을 만났기 때문에 성부와 성령의 관계를 증명하는 것이 최우선 과제였다. 반면 서방교회는 아리우스주의를 대항하여 예수 그리스도의 신성을 변증하기 위해 '호모우시오스'(동일본질)와 그리스도의 영원한 선재성(pre-existenc)을 삼위일체론에 핵심적인 요소로 보았으며, 그리스도의 신성을 변호하기 위해 필리오케(filioque) 교리를 공식적인 신앙으로 고백했다.

이 '필리오케' 교리는 요한복음 15장 26절에 대한 이해에서 시작된다. "내가 아버지께로부터 너희에게 보낼 보혜사 곧 아버지께로부터 나오시는 진리의 성령이 오실 때에"라는 구절에서, 서방교회는 삼위일체 하나님의 통일성을 강조하면서 성령은 영원히 아버지와 아들로부터 발출되신다는 것이다. 그리고 신약성경에서 성령은 '아버지의 영' 혹은 '아들의 영'으로 나타나시기 때문에 성부와 성자는 성령의 발출에 함께 참여하신다고 주장한 것이다.

서방교회의 관점은 삼위의 신성이 즉 본질의 단일성의 원리에 기초하고 있다고 보는 것이다. 즉 서방교회는 하나의 신적 본질에 기반을 두고 삼위일체를 설명하고 있는데, 성부와 성자는 각자의 위격으로 구분되기 이전에 단일한 본질이시므로 신성의 근원을 성부의 위격에만 국한시킬 수 없는 것이다. 그러므로 성령이 성부에게서 나오신다는 말은 성령의 발출은 분리될 수 없는 동일본질이신 성부와 성자의 '이중발출'(double procession)인 것이다.

4세기 동방교회의 카파도기아 교부들은 군주신론적 삼위일체의 영향을 받아서 하나님의 주권과 신성의 근원은 성부의 위격이라고 강조하면서 삼위 안에 한 하나님의 통일성을 강조했다. 그러나 이들은 삼위일체론의 한 본질(ousia)과 세 위격(hypostasis)의 개념에서 위격(person) 중심의 신학을 모색하

---

[10] Louis Berkhof, 『기독교 교리사』, 95.

였고, 다메섹 요한(John of Damascus)과 포티우스(Photius) 등은 '필리오케'를 반대했다.

그 후 589년에 열린 제3차 톨레도 회의(Toledo)에서 서방교회는 '필리오케'(Filioque, 그리고 아들로부터) 교리를 공식적으로 채택했다.[11] 또한 675년에 열린 브라가(Braga) 회의에서는 니케아콘스탄티노플신조에 '필리오케'를 덧붙여서 성부와 성자로부터 발출한 성령이라고 변경하여 채택하였다. 그리고 1014년의 신성 로마제국의 황제 하인리히 2세의 대관식에 교황으로는 베네틱트 8세가 처음으로 '필리오케'를 신조에 삽입한 뒤, 로마교회의 예전에도 공식적으로 사용되었다.

결론적으로 서방교회는 초대교회의 공인 신조들과 함께 어거스틴의 삼위일체론을 근거로 하여, 성부와 성자로부터 나오시는 성령도 성부와 성자와 같이 동일본질을 가지신 삼위일체 하나님이심을 분명하게 고백하게 되었다. 그러나 동방교회는 이를 채택하지 않았으며, 그들은 본래의 본문을 고집하면서 성부의 유일한 신성과 신성의 본체를 의미하는 '모나키아'(monarchia)를 강조함으로써 성령이 오직 성부에게서 발출되었다고 하는 단순발출을 주장했다.[12]

동방교회의 삼위일체론은 성부의 위격을 중심으로 성부와 성자의 관계와 성부와 성령의 관계를 주장했지만, 신성의 근원을 성부의 위격에만 한정하고 있어서 성자와 성령을 성부께 종속시키는 종속론의 문제를 낳았다. 그런데 카파도기아 교부들의 더 심각한 문제는 성자와 성령의 관계의 불확실성에 있었다. 그래서 그들은 자신들의 삼위일체론에서 내재적인 성부와 성자와 성령의 동등한 관계성을 설명하기 위해서 '페리코레시스'(perichoresis) 개념을 주장하게 되었다.

---

11 Philip Schaff, 『신조학』, 25.
12 Ibid., 25.

3) 페리코레시스(Perichoresis)와 사회적 삼위일체론

로마의 서방교회와 동방교회는 삼위일체론에 대한 서로 다른 시각을 가지고 있었다. 그래서 서방교회는 삼위의 일체성과 존재적인 면을 강조하였으며, 반면 동방교회는 삼위의 구별성과 사역적인 면을 강조했다. '성령의 출래'(영원발출)에 대한 논쟁에서, 서방교회는 한 본질이라는 일체성에 기초하여 '필리오케'(그리고 아들로부터)를 인정하였지만, 동방교회는 삼위의 위격적 구별을 강조함으로 부정했다. 그런데 동방교회는 삼위의 구별로 인해 나타난 종속론의 위험성을 해결하기 위하여, 삼위의 속성 간의 교류 곧 '페리코레시스'(περιχώρησις)를 통한 연합을 주장했다. 결국 '필리오케' 논쟁이 바로 동방교회의 '페리코레시스' 논리를 낳았다고 할 수 있다.

8세기의 다메섹 요한(John of Damascus, 676-749)은 삼위일체 하나님을 설명하기 위해서 '페리코레시스'(περιχώρησις)의 개념을 사용했다. 하지만 그는 성부를 하나님의 원천이라고 말하고, 성령이 로고스로 말미암아 오직 성부로부터 나온다고 하는 '단일발출설'을 주장함으로 동방교회의 종속설을 따른다.[13]

'페리코레시스'(상호내재, 상호침투, 상호교류)란 말은 우리의 몸 안에 들어있는 피가 각 기관을 순환하는 것과 같이, 상호침투를 통한 내주(indwelling)와 순환(circulation)을 의미한다. 성부, 성자, 성령의 삼위 하나님이 각각 독립된 인격의 신들이지만 하나가 되는 것은 영원하고 신적인 '삶의 순환' 때문이라고 한다. 그것은 마치 사람의 한 몸 속에서 심장, 간, 폐가 다른 기관이지만 피의 순환을 통하여 그것들이 서로 의존되어 하나를 이루듯이 삼위일체가 그와 같다는 것이다. 결국 삼위 하나님은 그들의 순환 속에서 그들의 신적인 위격이 서로 안에 거함으로써 하나가 된다. 그들의 상호 순환이 위격을 구분하는 각각의 개별적 특성들을 하나로 묶어준다는 것이다.

---

13 Louis Berkhof, 『기독교 교리사』, 96.

20세기 독일의 신정통주의 신학자 몰트만(J. Moltmann)은 이미 동방교회가 주장한 '페리코레시스' 개념을 통해 '사회적 삼위일체론'을 주장하였으며, 모든 전통적인 삼위일체론을 비판하고 하나님 나라 운동의 실천적 의미를 강하게 주상했다. 그의 사회적 삼위일체론은 하나님의 신적인 위격 사이의 구분을 강조한다. 그래서 하나님을 독특한 공동체 안에서 변화하는 관계 속에 계신 세 분의 구분되는 위격으로 보았으며, 하나님을 성부, 성자, 성령의 교제 안에서 계신 관계적 공동체로 이해한다. 즉 하나님은 본질이나 주체로 이해되는 것이 아니라 공동체로 이해된다.

이 사회적 삼위일체론에 따르면, 인간의 공동체가 삼위일체 하나님의 형상이 된다. 즉 하나님의 본질과 통일성은 세 인격 사이의 순환(Perichoresis)에 있으며, 오직 신적인 삶의 순환(circulation) 속에서 통일성을 형성하는 독특한 공동체로서 이해되어야 한다는 것이다. 그들은 그리스도의 십자가와 부활에 나타난 하나님의 통일적인 사역이 사회적 삼위일체론의 원형이라고 주장하며, 이는 참된 공동체와 참된 인간성의 모형으로 기능할 수 있다고 한다. 즉 하나님의 형상으로서 인간들은 '페리코레시스' 가운데 참된 교제를 실현하도록 부름받고 있다는 것이다.

몰트만은 독재적이고 군주적인 삶의 방식을 버리고 삼위이면서 일체를 이루시는 하나님의 '페리코레시스적 사귐'을 삶 속에서 실천해 나가는 것이 교회의 사명이라는 했다. 그는 현대교회가 이러한 사명에 적극적으로 부응하기 위해서는 삶과 증언의 구체적 현실 속에서 그리스도의 교회, 선교적 교회, 에큐메니칼 교회, 정치적 교회 등으로 새롭게 교회의 성격이 규정돼야 한다고 했다.[14] 그러므로 그는 기독공동체가 그리스도의 파견과 섬김을 뒤따라야 하며, 부활하신 그리스도의 몸으로서의 교회는 세상을 위한 교회이며, 하나님 나라를 위한 교회가 되어야 한다고 말했다.[15] 아울러 몰트만은 교

---

14 J. Moltmann, 『성령의 능력 안에 있는 교회』, 박봉랑 역 (서울: 한국신학연구소, 1980), 15-37.
15 J. Moltmann, 『희망의 신학』, 이신건 역 (서울: 대한기독교서회, 1990), 439.

회의 최종목적은 우주적 기독론의 실천적 전위대로서 이 세상 속의 샬롬을 추구하는 것이며, 그것은 종말론적인 의의 희망, 인간화, 인류의 사회화, 모든 피조물의 평화의 실현을 의미한다고 주장했다.[16] 결국 그에게 있어서 교회는 종말론적 비전 가운데 성부, 성자, 성령, 삼위일체 하나님의 세계참여 역사에 동참해야 한다는 것이다. 즉 그의 교회관은 하나님의 종말론적 하나님 나라를 향한 운동이라는 소위 '하나님의 선교'(Missio Dei)를 지향하고 있다. 오늘날 사회적 삼위일체론이 교회의 세계의 앞날에 대한 건강한 대안이라고 말하고 있는 데, 이는 오늘날 현대교회에 큰 영향을 주고 있는 뉴비긴(L. Newbigin, 1909-1998)의 '선교적 교회론'(missional ecclesiology)과도 맥을 같이 하는 것이다.

최근에 몰트만은 그리스도의 우주적 관점을 이해함으로서 생명해방과 생태학적 평화로서의 하나님 나라를 추구한다. 그 핵심으로서 생태학적 기독론을 제시하면서 그 실천성을 강조하고 있다.[17] 또한 남미 브라질의 가톨릭 해방신학자인 보프(Leonardo Boff, 1938-)는 몰트만의 생태학적 평화이론을 차용하여 사회적 삼위일체론의 실천적 모형을 제시한 사람으로서, 세 위격의 관계를 하나의 사귐을 위한 세 구성원으로 보며, 인간 공동체의 원형이 된다고 보았다.

아울러 보프는 생태학적 신학을 발전시켰는데, 그것이 '우주적 그리스도론'으로 전개되었다. 그는 하나님 나라가 인간의 마음에 자리잡고 있는 근본적인 유토피아가 실현된 것으로서 세계의 총체적인 변모이고, 인간 존재들을 소외시키는 모든 것으로부터의 해방, 고통과 죄, 분열, 죽음으로부터의 해방이라고 주장한다.[18] 그리고 보프는 "예수가 원했던 것은 그 자신도 교회도 아닌 하나님 나라였으며, 이 하나님 나라는 인간의 가슴 속에 간직되어

---

16   Ibid., 440.
17   J. Moltmann, 『예수 그리스도의 길』, 11.
18   L. Boff, 『해방자 예수 그리스도』, 황종렬 역 (서울: 분도출판사, 1993), 73.

있는 유토피아의 실현을 의미하며, 인간과 우주의 총체적 해방이다"라고 주장했다.[19] 이와 같이 보프는 정치적 해방신학으로부터 출발하여 전 창조세계를 향한 생태학적 해방신학을 주장하고 있다. 따라서 그는 그리스도의 구원이 특정한 존재에게 국한되는 것이 아니라 전 우주, 곧 생태적인 모든 창조세계에까지 이르게 된다고 주장한다.

"우리의 세계에 대하여 그리스도가 가지는 관계는 우주 창조적인 것이며, 예수와 인간 존재는 우주 진화의 일련의 오랜 과정의 결과이다."[20]

결론적으로 사회적 삼위일체론자들은 정통 기독교의 삼위일체론을 하나님의 존재를 이해하는 방식으로 보는 것이 아니라, 도리어 인본주의적이고 세속적인 사회원리로서 이해한다. 또한 현대사회의 개인주의를 극복하고 가정과 사회의 공동체의식을 고양하는 중요한 원리라고 주장한다. 특히 몰트만은 '공적 신학'(public theology)의 입장에서 수립된 교회론 이해를 통해서 정치, 경제, 사회, 문화, 환경 등 삶의 전 영역에 대한 교회의 책임적 응답과 실천적 과제를 역설한다.[21]

이제 동방교회의 '페리코레시스' 이론에 기초하여 세운 '사회적 삼위일체론' 혹은 '공동체적 삼위일체론'에 대하여 몇 가지로 비평해보자.

첫째, 사회적 삼위일체론은 하나님의 본질의 단일성을 부정하는 삼신론에 기초하고 있다. 유일하신 한 분 하나님을 성부, 성자, 성령을 세 분을 구분한 후에, 그 삼위를 상이한 세 주체들로서 '페리코레시스'를 통하여 공동체를 이룬다고 말함으로서 삼신론적 사고를 드러낸다.

둘째, 사회적 삼위일체론은 하나님의 공동체성을 강조하면서, 성경적인 예정론을 회피하면서 일방적인 인간과 사회의 일치를 주장함으로서 보편구원론적 성향을 갖고 있다.

---

19   Ibid., 89.
20   Ibid., 272.
21   J. Moltmann, 『세계 속에 있는 하나님』, 곽미숙 역(서울: 동연, 2009), 356-360.

셋째, 몰트만은 하나님께서 인간에게 부여하신 '하나님의 형상'의 개념을 성경적이고 교리적인 면에서 정의하지 않았고, 오히려 '삼위일체 하나님의 형상'이란 새로운 행동개념으로서 삼위의 '페리코레시스' 혹은 '사귐'으로 규정했다. 그는 하나님의 형상이라는 인간의 존재론적 개념을 실천적인 개념으로 정의했고, 그것을 직접 인간관계와 인간사회에 적용했다. 이는 인간의 죄를 간과한 채 마치 인간이 하나님과 동일한 신성을 가진 존재인 것처럼 생각하는 성향으로 볼 수 있다.

넷째, 몰트만은 위격들의 '페리코레시스적 사귐'을 하나님의 본질이라고 보았는데, 이는 삼위일체의 본질과 사역에 대한 심각한 오류와 모순을 드러낸다. 왜냐하면 실제로 신적인 속성의 교류나 전달은 결코 이루어질 수가 없고 이루어진다 해도 삼위일체론을 부정하는 큰 오류에 빠지게 되기 때문이다. 결국 신적 속성들은 연합되어 있어서 절대 분리될 수가 없다. 만일 한 위격의 속성이 다른 위격에게 전달되면, 모든 속성들이 다 그 위격에게 전달된다. 이는 삼위의 구별자체가 불가능하고 모순된 일이다. 또한 한 위격의 속성 가운데 일부만이 다른 위격에게 전달된다고 하면 그것은 하나님의 일체성을 부인하는 심각한 결과를 낳게 되는 것이다.

삼위의 사역관계에서 보면, 먼저 성부가 성자와 성령을 파송하는 경우에, 성부 안에도 세 인격이 상호내재하고 파송을 받는 성자나 성령 안에도 세 인격이 상호내재하고 있다면, 이는 삼위일체가 아니라 삼위구체가 된다. 게다가 어느 한 인격이 셋으로 분리되어 그 중 한 부분을 파송했다거나 본래 삼중 인격으로 된 한 인격이 자신 안에 있는 한 인격을 보냈다고 한다면, 그것은 구위삼체가 되어버린다.

다섯째, 몰트만은 그리스도의 십자가란 성부가 성자를 내어주신 사건이며, 성부는 '페리코레시스'적으로 무한한 아픔 속에서 성자의 죽음으로 인하여 고통을 당한다고 말했다. 즉 성부와 성자의 관계성 속에서 그리스도의 십자가를 이해했다. 이는 새로운 방식의 성부수난설이다. 성부가 아들을 기꺼이 내어주셨는데, 그 아들의 죽음으로 고통을 받았다는 모순을 낳는다. 게다가 이것이 삼위일체적이고 공동체적인 사역이라고 말하지만, 성령에 대한 언급은 전혀 나타나지 않는다.

여섯째, 사회적 삼위일체론은 세 위격의 '동일본질' 곧 삼위 하나님의 본질적인 일치를 인간사회의 공동체성이나 연합으로 보는 오류를 범하고 있다. 이들은 니케아신경이나 아타나시우스신경에서 고백하고 있는 '동일본질'을 단일신론적으로 잘못 이해하고, 오히려 삼신론에 기초한 '페리코레시스' 개념을 가지고 세 분 하나님의 속성교류를 통한 공동체적 통일성을 주장함으로 정통 삼위일체론을 부정한다. 결국 삼위일체의 하나님께서 영원부터 자존자이시며 동일본질로서 완전한 한 실체 혹은 한 본질로 존재하심을 거부하고, 삼위가 세 분으로 존재하다가 '페리코레시스'를 통해 하나가 된 것처럼 말한다.

오늘날 사회적 삼위일체론은 WCC가 주창하는 에큐메니칼운동의 주요한 수단으로 사용되고 있다. 그들은 이 이론을 통하여 인본주의적이고 세속적인 교회일치 운동과 종교다원주의에 앞장서고 있다.

삼위일체 하나님은 삼위가 영원히 동일본질로서 분리될 수 없는 한 실체로 존재하시는 한 분 하나님이시다. 이는 '페리코레시스' 논리가 전혀 들어올 여지가 없다는 것이다.

칼빈은 삼위의 본질의 통일성과 위격적 구별에 대하여, 세 실재는 상호관계를 맺고 있으면서도 각자의 특성에 의하여 서로 구별된다고 말했다.

"삼위가 각자에게 고유한 것은 어떤 것이라도 전달될 수 없다. 왜냐하면, 성부에게 속한 구별의 표지는 성자에게 속하거나 성령에게 옮겨질 수 없기 때문이다."[22]

---

22 Inst., I. 13. 6.

3. 역대 신조

1) 니케아신경(325)에서는 "우리는 성령을 믿습니다"라고 간략히 고백하고 있다.

2) 니케아콘스탄티노플신조(381)에서는 예수 그리스도께서 '성령'으로 잉태되었음을 밝히며, 성령이 성부와 성자에게 나오신 동일한 하나님이심을 분명하게 고백하고 있다.

> 성령, 곧 주 되시고 생명을 주시는 자를 믿으니, 이는 아버지 그리고 아들에게서 나셨으며, 아버지와 아들과 더불어 찬송과 경배를 받으시며, 선지자들로 말씀하신 분이시다.

3) 아타나시우스신경(500)에서는, 성령이 성부와 성자로부터 나오신 하나님으로서 영원히 한 분 하나님이라고 말한다.

> 성령은 성부와 성자에게서 보내지셨으나 지음을 받았거나 창조되었거나 발생된 분이 아니시고, 나오신 것입니다. 따라서 세 분 성부가 아닌 한 성부, 세 분 성자가 아닌 한 분 성자, 세 분 성령이 아닌 한 성령만이 계실 뿐이다. 이 삼위에 있어서 그 어느 한 위가 다른 한 위에 앞서거나 뒤에 계신 것이 아니며, 어느 한 위가 다른 위보다 크거나 작을 수도 없다. 다만 삼위가 함께 영원하며 동등하다는 것이다. 따라서 앞서 말한 대로, 이 모든 것에서 삼위가 일체이시며, 일체가 삼위인 하나님께서 경배를 받으셔야 할 것이다.

4) 벨직 신앙고백서(1561)는, 성령이 삼위일체 하나님으로서 동일본질이

심을 말하며, 성령의 영원발출에 대하여 다음과 같이 고백한다.[23]

> 우리는 성령이 영원 전부터 성부와 성자에게서 나오신(발출) 분이심을 믿고 고백하는 바이다. 따라서 성령은 만들어지거나 창조함을 받은 것이나 생겨난 것이 아니요, 오직 성부와 성자로부터 나오신 것임을 믿는다. 그리고 삼위의 순서에 있어서 성령은 성삼위일체의 제삼위에 해당하며 성부와 성자와 더불어 동일한 본질과 위엄과 영광을 가지신 분이시며, 따라서 성경이 우리에게 교훈해 주시는 대로 참되시며 영원한 하나님이 시다.

5) 돌트신경(1619)에서는, 하나님께서 택하신 자들의 구원이 오직 성령의 은혜로 말미암아 주어지는 것임을 말하고 있다.[24]

> 성령 하나님께서는 영원 전에 미리 선택하신 자들을 성령의 은혜의 부르심으로 말미암아 그리스도를 믿음으로 구원을 얻게 하신다. 이 은혜의 부르심은 하나님의 주권적인 선택에 근거하며, 모든 택함을 받은 자들에게 모든 시대에 동일한 방식으로 주어지는 것이다.

성령께서는 영원한 전에 택하신 자들을 구원하사 하나님의 자비로우심에 영광을 돌리게 하시고 그의 풍성한 은혜를 찬양케 하신다.[25] 또한 성령께서는 성도들의 구원을 영화에 이르도록 끝까지 지키시고 마침내 완성하신다.[26]

---

23 Belgic Confession(1561), 제11장.
24 Canons of Dort 첫째 교리 제8장. 이 선택에는 다양한 하나님의 뜻이 있는 것이 아니라 구원받을 모든 사람들에게 관한 하나의 동일한 작정이 있을 뿐이다. 이 모든 것은 구약과 신약에 기초하고 있다.
25 Canons of Dort 첫째 교리 제7장.
26 Canons of Dort 다섯째 교리 제6장.

> 변함없는 하나님의 택하심에 기초한 그의 풍성하신 은혜는 비록 성도들이 심각한 죄에 빠져 있을 때라도 성령을 거두시는 것이 아니며, 또한 하나님의 자녀가 되는 그 은혜를 잃음으로 의인의 상태에서 떨어져 나가도록 고통 가운데 방치해 두거나, 성령을 거스리는 죄악을 범하며 전적으로 타락되어 영원한 멸망에 빠지도록 하시지도 않으신다.

그리고 성령께서는 성도가 그의 연약함으로 인하여 죄를 짓더라도, 그로 하여금 회개하고 새롭게 되어 다시금 온전한 구원에 이르도록 역사하신다.[27]

> 하나님께서는 죄악으로 멸망에 빠져있는 이 세상 가운데 결코 썩지 않는 마음의 씨를 보존해 주신다. 즉 말씀과 성령을 통하여 그들이 회개하여 새롭게 되고, 그들이 지은 죄로 인하여 마음속에 탄식하도록 함으로 중보자의 보혈로 죄사함을 얻고 나아가 하나님의 사랑을 체험하여 믿음으로 그 은혜에 감사하며 두려운 마음과 수고로써 그들 자신의 구원에 이르도록 부지런히 역사하신다.

이러한 성령의 사역을 '성도의 견인'이라고 한다. 즉 견인은 성령께서 신자의 마음속에서 하나님의 은혜의 역사를 시작하고, 계속하여, 마침내 그것을 완성하시는 성령의 지속적인 역사이다.[28]

6) 웨스트민스터 신앙고백서에서는, 구원의 서정의 처음부분에 '성령의 부르심'으로 시작하고 있다. 즉 성경적인 구원론은 하나님의 택함을 받은 자들을 구원으로 인도하시는 성령의 은혜로우신 부르심에 기초하고 있다고 고

---

27   Canons of Dort 다섯째 교리 제7장.
28   Louis Berkhof, 『기독교 신학개론』, 255.

백하는 것이다.[29]

성령께서 하나님께서 영원 전에 택한 자들을 구원으로 부르심에 있어서 은총의 외적 수단인 말씀을 사용하시는 동시에 말씀을 듣는 자를 중생시키어 구원하시는 은총의 내적 수단이다.[30] 결국 우리가 의롭다함을 받는 것은 성령께서 그리스도를 우리에게 적용시키실 때에 비로소 가능하다.[31]

그리고 성령의 능력으로 말미암아 그리스도의 의가 은혜로 하나님의 택함을 받은 자들에게 유효하게 적용되도록 하는 믿음은 하나님의 선물이며, 오직 택함을 받은 자들만이 가질 수 있는 구원의 특별한 은택인 것이다.[32]

나아가 구원받은 성도들이 죄를 범한다고 해서 구원이 취소되는 일은 없다.[33]

> 하나님께서 자기의 사랑하는 독생자 안에서 용납해 주시고, 그의 성령으로써 효과적으로 부르시고 또한 거룩하게 하신 자들은 은혜의 상태에서 전적으로 또는 최종적으로 타락할 리 없으며, 그들은 마지막 날까지 그 상태에 꾸준히 인내하여 머물러 있게 되며, 또한 영원히 구원받는다.

이는 구원의 근거가 하나님께서 영원 전부터 미리 택하신 은혜와 택자의 머리이며 중보자이신 그리스도의 공로와 중보의 효력 그리고 성령의 내주하심에 기초하고 있기 때문이다.[34]

> 성도들의 이 견인은 그들 자신의 자유 의지에 달려 있는 것이 아니다. 하

29　WCF 제10장 제1항.
30　WCF 제10장 제1항. 효과적으로 부르시되(롬 8:30; 11:7; 엡 1:10,11), 그의 말씀과 성령으로 하신다(살 2:13; 고후 3:3,6).
31　WCF 제11장 제4항.
32　WCF 제3장 제6항.
33　WCF 제17장 제1항.
34　WCF 제17장 제2항.

> 나님 아버지의 자유롭고 변치 않는 사랑에서 나오는 예정의 불변성(렘 31:3)과 예수 그리스도의 공로와 중보의 효력과, 성령의 내주하심과, 그들 안에 있는 하나님의 씨로 말미암은 것이요, 은혜언약의 본질에 달려 있는 것이다(렘 32:40). 이와 같은 모든 것에서 또한 견인의 확실성과 무오성이 나오는 것이다.

아울러 성령께서는 성도들의 유익을 위하여 주의 교회에 여러 가지 은혜의 수단들을 주셨는데, 그것은 은총의 직접수단인 말씀과 성례를 주시고, 보조수단인 권징을 주셨다. 또한 목사와 교사를 보조수단으로 사용하시는 것이다.[35]

4. 요점 : 보혜사 성령

1) 성령과 구속경륜

삼위일체 하나님은 한 실체로서 통일성을 가진다. 즉 삼위가 한 하나님으로 분리됨이 없이 동시적으로 일하신다. 그것은 하나님께서 그의 영광을 위하여 영원 전에 그의 기쁘신 뜻을 따라서 영원한 경륜을 세우심에서부터 드러난다. 그리고 하나님께서는 그의 영원한 경륜(οἰκονομία, economy)을 따라 만물을 창조하시고 섭리하시되, 역사 속에서 하나의 통일된 사역을 실행하심으로 그의 경륜을 이루신다. 이는 삼위일체 하나님이 한 실체와 한 본질로서 분리됨이 없이 동시적으로 사역하시어 구속사역을 완성하시는 것이다. 곧 하나님의 일은 성부로부터 성자 안에서 성령으로 말미암아 성취하신다.

35　WCF 제25장 제3항.

예수 그리스도는 그가 친히 아버지께로부터 성령을 보내실 것을 약속하셨다. 주께서 보내실 성령은 우리를 도우시고 위로하시는 '보혜사'(παράκλητος, the Helper, the Comforter, 요 14:16, 26)시며 동시에 '진리의 영'(τὸ πνεῦμα τῆς ἀληθείας, the Spirit of Truth)이라고 말씀하셨다(요 14:17).

성령은 참되고 유일하시고 삼위일체 하나님으로서 그의 전능하신 능력으로 만물을 창조하신 창조주 하나님이시며, 동시에 만물과 역사를 운행하시는 전능하신 섭리주 하나님이시다. 또한 성령은 진리의 영으로서 하나님의 계시를 전달하시고, 그 계시하신 말씀을 성취하시는 분이시다. 이와 같이 성령께서는 성부와 성자와 함께 영원한 구속경륜을 따라 모든 일에 동시적으로 사역하신다. 그래서 성령은 하나님이 계시하신 구속언약을 성취하시는 하나님으로서, 성자 예수 그리스도의 성육신과 공생애와 십자가와 부활과 승천의 전 구속사역에 동행하셔서 그 사역을 함께 이루셨다. 아울러 성령은 성자가 이루신 구속의 공로를 영원 전에 하나님께서 택하신 자들에게 주관적으로 적용하시어, 그들로 하여금 예수 그리스도를 믿어 구원을 받게 하신다. 또한 그들을 그리스도와 연합하여 한 몸으로 교회가 되게 하신다.

보혜사 성령께서는 그리스도 안에서 새 사람된 성도의 모든 것을 이끄셔서 그들을 보존하시며, 그들의 삶에 직접 관여하여 그들이 지속적으로 거룩한 삶을 살아가도록 붙들어 주신다. 성령께서 교회에 여러 가지 직분들과 다양한 은사들을 허락하시는 것도 바로 말씀사역을 흥왕하게 하심으로 지속적으로 죄인을 구원하시고, 성도들로 하여금 진리 안에서 참되고 견고한 주의 교회를 세우도록 하시기 위함이다.

결국 성령의 사역은 하나님의 영원한 구속경륜과 관련되어 있으며, 이는 성령의 사역이 그가 계시하신 구속의 말씀과 결코 분리될 수 없다. 즉 성령은 죄인들의 구주이신 예수 그리스도의 증거자로서 복음과 함께 일하신다는 것이다.

다음으로 삼위일체 하나님의 영원한 구속경륜의 성취는 성부께서 성자를 중보자로 보내시고, 성자가 성부로부터 성령을 보혜사로 보내심 곧 '파송'을 통해 이루어진다. 보혜사 성령은 성부와 성자의 파송을 받으시는데, 수동적으로는 영원한 구속경륜을 성취하기 위해서 보내심을 받으시며, 능동적으로는 그가 스스로 자원하여 내려오시는 것이다.

하나님께서는 그리스도 안에서 영원 전에 그가 택하신 자들을 자신이 정하신 때에, 효과적으로 부르시되, 그의 말씀과 성령으로 구원하신다(고후 3:3-6). 이와 같이 구원은 오직 성령의 은혜로운 부르심으로 말미암는다. 이는 영적으로 죽은 사람이 성령으로 거듭나지 않고서는 결코 생명의 빛이신 그리스도께로 나아올 수가 없기 때문이다.

결론적으로 성령께서 그 빛을 비추시지 않는 모든 곳은 암흑이다. 이런 의미에서 볼 때, 주의 사도들은 가장 훌륭하신 선생이신 주님으로부터 충분히 올바른 교육을 받았다. 그러나 주께로부터 받은 교훈을 그들의 마음속에 가르칠 진리의 영이 필요하지 않았다면(요 14:26), 주님은 성령을 기다리라고 명령하시지 않았을 것이다(행 1:4).[36]

> 하나님께 구하는 것이 우리에게 없다는 것을 우리가 고백하며 하나님께서 그것을 약속하심으로써 그 결핍을 증명하신다면 하나님의 은총의 조명을 받아야만 하나님의 신비를 이해할 수 있다는 것을, 이제는 누구든지 주저하지 말고 인정해야 한다. 이 이상의 이해력이 자기에게 있다고 하는 사람은 자기의 무지를 알지 못하므로, 그만큼 더 무지한 것이다.

36　Inst. Ⅱ. 2. 21.

2) 구속사와 성령세례

현대의 은사주의자들은 오순절의 성령강림을 제자들에게 주신 성령세례라고 칭하고 있는데, 이 성령세례를 신자들에게 주신 '구원의 징표'라고 말한다. 특히 방언이 성령세례의 가장 확실한 증거이며, 모든 신령한 은사의 기초라고 말한다. 그래서 은사주의자들은 지금도 오순절 성령강림의 역사가 재현되고 있으며, 그 주요표징으로서 신령한 방언의 은사를 주신다고 말한다. 그들은 중생과 성령세례를 구분하며, 신자가 성령세례를 받고 방언의 은사를 얻어야 최종적인 구원에 이룰 수 있다고 주장한다.

개혁주의는 구속사(history of redemption)의 관점에서 오순절 사건의 단회성을 말한다. 오순절에 보혜사 성령이 교회에 거하시기 위해 강림하신 사건은 역사상 전무후무하며 유일하게 주어진 것이다.

예수 그리스도께서는 성령이 '진리의 성령'이시며(요 15:26), 또한 우리의 유익을 위해 '보혜사 성령'이라고 말씀하셨다(요 16:7). 이 말씀은 성령은 주의 진리로 우리를 구원하시고, 진리 안에서 우리를 도우시고 위로하시며 풍성한 은혜를 베푸시는 분이시라는 것이다. 그런즉 성령은 영원 전에 택하신 자녀들에게 주의 진리 안에서 영생과 함께 하나님의 모든 은총을 베풀어 주신다.

성령께서 이 땅에 오시는 목적과 그분이 오셔서 하시는 일은 바로 주를 증거하는 일이며(요 15:26), 우리를 인도하여 주께서 말씀하신 모든 진리를 알게 하시는 것이다(요 16:13). 오순절 성령강림의 목적은 그리스도의 구속사역을 확증하고 전 역사적이고 전 세계적인 복음전파를 통하여 하나님의 택하신 자들을 구원하기 위한 것이며, 나아가 주의 교회를 통하여 하나님 나라를 확장하시기 위한 것이다. 이는 성령께서 하나님의 경륜을 따라 이루신 계시적이고 구속적이며 역사적이며 보편적인 유일한 사건이었다. 이 성령강림은 영원한 하나님의 경륜을 성취하기 위한 그리스도의 구속사역과 관련된 단회적인 사건이다. 이는 죄인을 거듭나게 하시는 성령세례와는 전혀 다른 개념이다.

먼저 '성령세례'(βαπτίσει ἐν πνεύματι ἁγίῳ, baptize with the Holy Spirit)란 신자를 거듭나게 하는 중생의 세례를 말하는 것으로서 반복될 수 없다. 성령세례란 성령께서 그의 은혜로 말미암아 하나님께서 영원 전에 택한 자들을 부르시고, 그들에게 중생의 세례를 베푸심으로 그들로 하여금 예수 그리스도를 믿음으로 구원과 영생을 얻게 하시는 일이다. 이는 성령께서 죄인들에게 베푸시는 구원의 단회적 사역으로서 중생의 세례를 말한다. 그러므로 성령세례를 받은 자는 즉시 그리스도와 연합된 의롭고 거룩한 하나님의 자녀가 된다. 성경은 다음과 같이 말씀한다.

> 우리가 유대인이나 헬라인이나 종이나 자유인이나 다 한 성령으로 세례를 받아 한 몸이 되었고 또 다 한 성령을 마시게 하셨느니라(고전 12:13).

성령께서는 그의 은혜로 말미암아 거듭난 자들을 하나님의 자녀로 영원히 인치시고 그들의 심령 속에 내주하시며, 성도들에게 견인의 은총을 베푸사 그들이 영화에 이르기까지 그들의 믿음과 구원을 끝까지 붙들어 주신다.

다음으로 '성령충만'(πληροῦσθε ἐν πνεύματος Ἁγίου, be filled with the Holy Spirit)이란 성령께서 성도들에게 지속적인 은총을 베푸셔서, 그들로 하여금 이 세상 가운데 예수 그리스도의 형상을 따라 거룩함과 의를 좇으며, 선을 행하며 살아갈 수 있도록 역사하시는 일이다. 이는 성령께서 성도들이 그리스도를 좇아 살아가게 하시는 일이다. 즉 하나님의 경륜을 따라 이 땅에 오셔서 하나님의 뜻에 일절 순종하심으로 하나님께 온전한 영광을 돌리신 주님처럼 살아가는 것이다.

성령충만이란 말씀 중심의 삶을 말하는 것이며, 참된 성도의 본분이란 성령충만을 받아 하나님과 하나님의 뜻을 바르게 알고 순종함으로써 하나님께 영광을 돌리는 것이다. 사도 바울은 성도들을 향하여 다음과 같이 명령한다.

그러므로 어리석은 자가 되지 말고 오직 주의 뜻이 무엇인가 이해하라. 술 취하지 말라 이는 방탕한 것이니 오직 성령으로 충만함을 받으라(엡 5:16-18).

성도들은 날마다 성령충만을 주님께 간구하며 살아야 하는데, 이 성령충만한 삶이란 성도의 인격과 생활 그리고 사역적인 면으로 나누어 살펴볼 수 있다.

먼저는 성령충만의 인격적인 면이다. 성령께서는 성도들을 항상 진리로 인도하시고 가르치시어 그들로 하여금 이 세상 속에서 오직 주 예수 그리스도의 형상을 따라서 그의 거룩한 인격과 삶을 본받아 살아가게 하신다. 이 성령충만은 외적으로 성도의 생활 속에서 열매로 나타난다. 그래서 성령께서는 성도들이 육체의 정욕과 탐심을 십자가에 못박고 오직 성령을 따라서 살아가며, 성령의 아름다운 열매를 맺으며 살도록 은총을 베푸신다(갈 5:22-24).

성령께서는 성도들이 신앙의 시련과 고통스런 삶 속에서 낙심하지 않도록 동행하시고 위로하시고 붙드시며, 때로는 성도가 범죄한 경우에도 그들로 하여금 돌이켜 회개함으로 거룩한 하나님의 자녀로 살아가도록 도와주신다.

다음으로는 성령충만의 사역적인 면이다. 성령께서는 주의 교회에 직분과 각양 은사들을 주셔서 진리 안에서 교회를 견고히 세우신다. 또한 성도들이 성령의 능력을 받아서 이 세상에 나아가 마귀의 권세를 대적하고 천국복음을 충성스럽게 전파하여 하나님 나라를 확장하게 하심으로 하나님께 영광을 돌리게 하신다. 아울러 성령께서는 특별히 복음을 전파하는 주의 종들과 함께 하신다. 이는 전도자로 하여금 그들의 기도를 통하여 성령의 지혜와 크신 능력을 힘입고 담대히 복음을 전파하여 많은 생명의 열매를 거두게 하심으로 하나님께 큰 영광을 돌리게 하시는 일이다.

성령은 하나님의 선물이시다(행 2:38). 주께서는 성도들에게 성령을 선물로 주시며(the Holy Spirit as a gift), 성령은 주의 자녀들에게 주께서 예비하신 모든 선물과 은총을 베푸신다. 결론적으로 성령충만한 삶이란 오직 그리스도로 충만한 삶이다. 즉 그리스도의 거룩하고 겸손한 인격을 닮아가고, 그리스도의 사랑과 섬김의 삶을 본받으며, 오직 그리스도를 증거하며 살아가는 삶이다.

3) 성령의 은사와 교회

성령께서는 성도의 유익을 위하여 주의 교회에게 은총수단들을 베풀어 주신다. 성령은 은총의 직접수단으로서 말씀과 성례를 주셨으며, 간접수단으로서 권징을 허락하셨다. 그리고 은총의 보조자로서 목사와 교사를 주셨으며, 각 사람이 각자의 사명을 감당할 수 있도록 여러 가지 은사를 주신다. 그리고 성령께서 각 사람에게 직임과 풍성한 은사를 주시는 것은 성도를 온전하게 하여 봉사의 일을 하도록 하며 그리스도의 몸을 세우기 위함이다(엡 4:12). 나아가 성도들이 다 하나님의 아들을 믿는 것과 아는 일에 하나가 되어 온전한 사람을 이루어 그리스도의 장성한 분량이 충만한 데까지 이르게 하기 위함이며(엡 4:13), 이는 각 지체가 분량대로 역사하여 그 몸을 자라게 하며 사랑 안에서 세우기 위함이다(엡 4:16).

실로 성령의 은사(πνευματικός, spiritual gifts to reveal Christ and imparts faith)는 성령께서 그리스도를 밝히 드러냄으로써 성도의 믿음을 증진시키기 위해 교회에게 주신 은총의 수단이다. 이것이 은사에 대한 바른 이해이며, 참된 목적임을 명확히 알아야 한다.

현대 은사주의자들은 특히 방언과 통변, 영분별과 예언의 은사를 강조한다. 그래서 그들은 방언이 하나님의 감춰진 비밀을 알려주는 영적이고 신비한 하늘의 언어라고 말하며, 방언은 그들보다 더 높은 은사나 영적 권세를 가진 사람 곧 영적인 통변과 예언의 은사를 가진 자가 와서 그 신령한 비밀을 알려주어야 한다고 말한다. 게다가 그들은 더 많고 깊은 기도생활과 영적인 체험을 통하여 천사의 영과 귀신의 영을 분별하는 은사를 받으며, 심지어 하늘의 직통계시를 받아서 그들의 공동체와 각 사람들에게 선포해 주는 예언의 능력을 가졌다고 말한다. 이러한 은사주의 운동에 참여한 사람들은 사단의 미혹을 받아서 은사주의 지도자들의 영적인 권위에 절대적으로 복종하며, 또한 그들이 말하는 비밀의 말씀과 거짓 예언과 직통계시를 맹종한다.

오늘날 은사주의 운동가들은 그들을 따르는 신도들을 거짓된 속임수와 헛된 예언을 통하여 자신들과 자신들의 목적을 위해 헌신하도록 만드는데, 신도의 열정과 시간과 재물을 희생하도록 강요하며, 결국 많은 사람들의 생명과 가정과 삶을 파괴하는 결과를 낳고 만다.

칼빈은 성령께서 교회의 유익을 위하여 다양한 은사들을 주시는데, 그 중 방언은 외국어를 잘하는 은사이며, 통변이란 외국어를 통역하는 은사이고, 영들을 분별함은 참된 사역자와 거짓 사역자들을 분별해 줄 수 있는 은사로 보았다. 아울러 예언이란 성경을 잘 해석하여 하나님의 뜻을 바르게 전달해 주는 사역자를 가리킨다고 보았다.[37] 또한 그는 성경이 말하는 전도를 위한 외국어로서의 방언이 아닌 언어 곧 주술적인 방언으로 기도하는 행위에 대하여, "사람이 알아들을 수 없는 소리로 주술적이며 반복적으로 옹알거림과 같은 방언을 말하는 행위는 하나님을 조롱하는 사악한 행위"라고 말했다.[38]

고린도전서 14장을 통해서, 은사주의자들의 주장을 비평해보도록 하자. 특히 고린도는 다민족사회로서 다양한 언어들이 사용되고 있었던 지역임을 염두에 두어야 한다. 실제로 그들은 다양한 민족들과 무역을 하거나 일상생활에서 소통하기 위해서는 외국어에 대한 능력을 갖거나 혹은 통역관을 두어야 했던 것이다.

---

[37] John Calvin, Comm. I Cor.12:10, 263.
[38] Catechism of the Church of Geneva 제247문, 그렇다면 방언으로(알지 못하는 말) 기도하는 것에 대해서는 어떻게 생각하십니까? 이것은 하나님을 조롱하는 것이며 일종의 사악한 위선입니다.

우리는 모든 은사가 교회의 공적인 유익을 위해 주셨다는 것을 표준으로 두어야 한다. 그래서 바울은 모든 은사는 교회적이고 공적인 유익을 주어야 한다고 보았으며, 특히 방언(외국어)과 예언(설교)의 은사를 비교하여 설명하고 있다.

먼저 각 사람의 방언(γλῶσσα, the tongue, a language, 말, 언어)은 자신을 위해서는 유용한 것이지만, 공적인 모임에서 각 나라의 방언으로 기도하고 찬양하고 말하는 것은 전혀 유익이 되지 못한다. 이는 교회가 공적인 모임에서 모든 사람들이 알아들을 수 있는 공용어를 사용해야 한다는 것이며, 만일 부득이하게 방언(외국어)을 사용해야 하는 경우에는 반드시 통역자를 두어야 한다는 것이다(고전 14:13). 만일 통역이 없으면 말하지 않아야 한다. 왜냐하면 회중들이 알아듣지 못함으로 전혀 유익이 되지 못하기 때문이다.

당시 이교도의 신전에서 행하던 주술적 행위나 미신적인 기도의 습관을 가진 신자들이 교회의 모임에서 사람들이 전혀 알아듣지 못하는 괴상한 말과 같은 방언(주문, 의미없이 반복적으로 중얼거리는 말)을 가지고 교회의 성도들이나 예배를 혼란시키는 일이 없도록 크게 경계하고 있는 것이다. 만일 미성숙한 신자가 이교도의 습관을 따라서 주문이나 괴상한 말과 같은 이교도의 방언(주문)으로 중얼거리면서 기도하거나 찬송한다면, 자신에게도 유익이 없다고 말한다(고전 14:14). 즉 이러한 이교도적 주술적 방언의 행위를 금지하라고 명령하는 것이다.

그리고 신자는 자신의 영으로 깨어서 기도하면서 자신이 그것을 바로 이해할 수 있도록 자신의 올바른 언어로 기도해야 한다고 말한다(고전 14:15). 그런즉 방언(언어, 자국어)은 본래 회중 곧 자신의 언어를 알아듣지 못하는 사람에게 말하는 것이 아니라, 각자가 하나님께 말하는 것이라고 말한다(고전 14:2).

이는 성도 각자가 자신의 언어로 하나님과 자신과만 은밀히 교제하고 기도하라는 것이다(고전 14:28). 그리고 성령 안에서 하나님의 비밀(μυστήριον, once hidden but now revealed in the Gospel) 곧 만세 전에 감추어졌다가 나타나신 그리스도와 그의 십자가의 도를 깊이 아는 가운데 하나님께 기도하여야 할 것이라고 말한다(고전 14:2, he speaks in a tongue to God, in the his spirit he speaks mysteries).

아울러 교회의 공적 모임에서 방언(외국어)으로 말하는 자는 통역을 동반하되, 그것은 반드시 하나님의 계시와 지식 혹은 영적인 교리나 가르침이 수반되어야 한다(고전 14:6). 즉 교회에서 방언의 통역도 그리스도를 드러내는 설교나 가르침을 위한 경우에 한하여 허용된다.

나아가 은사로서의 방언(외국어)은 불신자들을 위한 표징(σημεῖον, the Lord and His eternal purpose)이라고 말한다. 즉 외국어를 통해서 타국인에게 복음을 전하기 위한 은사이다(고전 14:22). 그래서 이방인의 사도요 복음의 증인된 바울은 자신이 다른 사람들보다 많은 방언(외국어)의 은사를 주신 하나님께 감사하고 있다(고전 14:18).

다음으로 사도 바울은 모든 은사 가운데 특별히 예언(προφητεύω, speaking what God has revealed, 성경해석과 설교)의 은사를 구하라고 말한다(고전 14:1). 왜냐하면 설교는 하나님의 말씀을 잘 해석하여 강론함으로서 모든 성도들에게 영적인 유익을 주기 때문이다. 즉 그것은 진리 안에서 성도들을 믿음을 세우고, 위로하며, 권면해 주기 위한 공적인 은사이다(고전 14:3). 사도 바울은 교회에서 일만 마디의 방언(외국어)을 말하는 것보다도 다섯 마디의 말씀을 전하는 것이 더 낫다고 말한다(고전 14:19). 또한 교회에서 모일 때에는 통역이 없으면 방언(외국어)으로 기도하거나 말하지 말라고 한다.

예언의 은사(설교)는 교회를 위한 공적 은사이며, 신자들을 위한 은사다. 그러므로 설교를 하려는 자는 반드시 질서를 따라서 공적인 검증을 받고 말해야 한다. 즉 공적으로 설교를 하려는 사람은 진리를 잘 분별하는 교회 안의 두 세 사람의 지도자들로부터 철저한 검증(διακρίνω, investigate, judge)을 받아야 한다(고전 14:29).

하나님께서는 교회의 평안을 위하여 모든 것을 질서를 따라 행하게 하신다고 말한다(고전 14:33). 또한 아내들은 교회 안에서 말하는 것을 허용하지 않으며, 집에서 남편에게 물으라고 말한다(고전 14:34-35). 게다가 모든 교회의 유익을 위하여 무엇보다 설교의 은사를 구할 것을 강조하면서, 방언을 말하는 것을 금하지 말라고 한다(고전 14:39). 왜냐하면 방언(말, 자국어)은 내적으로는 자기 자신이 하나님과 교제하는 경건생활에 유익이 있고, 방언이(은사, 외국어) 외적으로는 불신자들에게 복음을 전하여 그들을 구원하기 위한 중요한 은사이기 때문이다.

오순절 성령강림 때에 방언(은사, 외국어)을 받은 제자들은 전 세계에서 온 유대인들에게 그들이 온 각 나라와 민족들의 언어를 통하여, 오직 '하나님의 큰 일'(the mighty works of God, 행 2:11)을 증거하도록 쓰임받은 사람들이었다.

결론적으로 주의 교회는 모든 것을 하나님께서 주신 질서와 절차(τάξις, order, appointed succession, arrangement)를 따라 행하여야 한다(고전 14:40). 주의 부르심을 받은 종들이 교회사역을 하려면, 먼저 하나님께서 세우신 질서를 따라 공적인 권위를 위임받아서 행하여야 하며, 다음으로 모든 직임과 은사는 교회와 전체 회중의 유익을 고려해서 실행되어야 한다.

(1) 어거스틴

어거스틴은 성령이 성부와 성자로부터 보내심을 받은 분이시라고 말했다. 성령은 성부와 성자로부터 항상 나오시는데 시간 내에서가 아니라 영원에서 나오시며, 그분은 우리에게 영원히 선물이지만 시간 안에서 주어졌다.[39]

성령께서는 하나님의 영원한 경륜을 이루시기 위하여 성부와 성자로부터 보냄을 받았다는 수동적인 면과, 동시에 하나님이신 성령께서 영원한 경륜의 성취를 위해 스스로 나오셨다는 능동적이고 적극적인 면을 보게 된다.

결국 보혜사 성령께서는 하나님의 영원한 경륜 속에서 성부와 성자의 파

39　Augustine, *De Trinitate*, v, 15, 16.

송을 받아 나오시며, 또한 그는 우리의 보혜사로서 친히 우리에게 내려오셔서 우리를 위해 일하신다.

(2) 칼빈

칼빈은 성령이 성부와 성자와 동일한 하나님이라고 보았으며, 성령의 신성은 그의 사역을 통해 입증된다고 했다. 먼저 그의 신성은 "하나님의 신은 수면에 운행하시니라"(창 1:2)는 창조기사에 나타난다. 성령은 이 세상을 창조하셨고, 이 세계의 아름다움이 성령에 의해 유지되고 보존된다고 말했다.[40]

> 성령께서는 온 우주에 편재 하시어, 하늘과 땅 위에 있는 만물을 유지하시고 그것들을 성장케 하시며 그것들을 소생시키신다. 또한 성령은 아무런 제한도 받지 않기 때문에 피조물의 범주에 속하지 않는다. 그러나 만물에게 생기를 불어넣고 그것들에게 본질과 생명과 운동을 불어넣어 주심에 있어서, 분명히 그는 하나님이신 것이다.

그리고 성령이 우리를 중생케 하시는 분이시며, 그리스도 안에 있는 모든 선물들과 은혜들을 주시는 분이라고 소개했다.[41]

> 성령님께서는 우리를 밝히시어(조명) 우리로 하나님의 은혜를 알도록 만들어 주시는 것입니다. 즉 성령님께서는 자신의 은혜를 우리의 영혼 속에 확증하시고, 인치시며 그 은혜가 우리 안에 거하도록 만들어 주시는 것입니다. 또한 성령님께서는 우리를 거듭나게 하시며 새로운 피조물로 만들어 주십니다. 그리하여 우리는 성령님을 통해서 예수 그리스도 안에서 우리에게 제시된 모든 선물과 은혜들을 얻게 되는 것입니다.

---

40 Inst., I. 13. 14.
41 Catechism of the Church of Geneva(1542), 제91문.

아울러 우리의 칭의, 성화, 진리와 은혜, 모든 선과 은사가 성령께로부터 나오며, 이와 같이 성령의 신성이 증명된다고 말했다.[42]

> 우리는 성령을 통해서 하나님과 교통할 수 있으므로 우리를 향하신 그의 생명을 주시는 능력을 어느 정도 감지하게 되는 것이다. 우리의 칭의는 성령의 사역이다. 능력, 성화(고전 6:11), 진리, 은혜, 그리고 우리가 생각할 수 있는 일체의 선이 다 이 성령으로부터 오는 것이다. 왜냐하면, 모든 은사의 근원은 오직 한 분 성령이시기 때문이다(고전 12:11). "은사는 여러 가지나 성령은 같고"(고전 12:4)라는 바울의 말은 특히 주의할 만한 가치가 있다. 그것은 이 말씀이 성령은 모든 은사의 시초요 원천일 뿐만 아니라 그 창시자이기도 하다는 것을 표현해 주기 때문이다.

칼빈의 『기독교강요』 제3권은 '우리가 그리스도의 은혜를 받는 방법'이란 제목으로 시작하고 있는데, 성령을 우리와 그리스도와 결속시키는 띠로서 소개한다.[43] 이와 같이 성령께서 택한 자들을 구원하시는 은혜로운 부르심을 가리켜서, '성령의 신비적 연합' 혹은 '우리를 그리스도와 연합시키시는 신비한 사역'이라고 부른다.

우리에게 하나님의 말씀이 오더라도, 성령께서 그의 은혜로 말미암아 눈을 뜨게 하시거나 열어주시지 않는다면 인간은 그 말씀의 혜택을 전혀 받지 못한다. 즉 성령께서 그 빛을 비추시지 않는 모든 곳은 암흑이다.[44] 그러므로 교회의 참된 권위는 하나님의 말씀에 속하여야 하고, 하나님께서는 교회가 거기로부터 분리되는 것을 허락하지 않으며, 우리가 성령에게서 기대할

---

42 Inst., I. 13. 14.
43 Inst., Ⅲ. 1. 제목. 그리스도에게 관한 사실들은 성령의 신비한 역사에 의해 우리에게 유익을 준다.
44 Inst., Ⅱ. 2. 21.

것은 오직 그가 가르치는 진리를 깨닫도록 우리의 마음을 비춰주시는 것뿐이다.[45]

> 많은 사람들이 성령을 자랑하지만, 자기 생각을 말하는 사람이 성령을 운운하는 것은 거짓이다. 그리스도께서 율법과 예언자를 따라 말씀하시기 때문에(요 12:50) 자의로 말씀하시는 것이 아니라고 단언하신 것과 같이(요 12:49, 14:10), 복음과는 관계없이 성령의 이름만으로 제시되는 것은 일체 믿지 말아야 한다. 그리스도는 율법과 예언자의 완성이심과 같이(롬 10:4), 성령은 복음의 완성이시다.

사도 바울은 주의 자녀들을 향하여, "우리에게 기름을 부으신 이는 하나님이시니 저가 또한 우리에게 인치시고 보증으로 성령을 우리 마음에 주셨느니라"(고후 1:21-22)고 말했다. 그리고 우리의 소망의 확신과 담대함에 있어서 성령의 보증이 그 확신의 분명한 기초라고 말한다(고후 5:5).[46]

오늘날 은사주의자들은 사도 시대에 중지된 방언과 통변의 은사를 강조하면서, 자신들이 장래의 일에 대한 새로운 예언이나 종말적 계시를 받았다고 주장하면서 신자들을 미혹하고 있다.

거룩하시고 공의로우신 하나님께서는 주의 백성들에게 거짓 예언을 말하는 선지자들이나 꿈꾸는 자들과 그들의 악한 행위를 철저히 배격할 것을 명령하고 있다(신 13:1-5). 아울러 주님께서는 "사람들이 너희에게 말하되, 보라 그리스도가 광야에 있다 하여도 나가지 말고 보라 골방에 있다 하여도 믿지 말라. 번개가 동편에서 나서 서편까지 번쩍임같이 인자의 임함도 그러하리라"(마 24:26-27)고 말씀하신다.

---

45 Inst., Ⅳ. 8. 13.
46 Inst., Ⅲ. 2. 35.

사도 요한은 "사랑하는 자들아 영을 다 믿지 말고 오직 영들이 하나님께 속하였나 시험하라 많은 거짓 선지자가 세상에 나왔음이니라"(요일 4:1)고 경계했다. 또한 사도 베드로는 "민간에 또한 거짓 선지자들이 일어났나니 이와 같이 너희 중에도 거짓 선생들이 있으리라 .저희는 멸망케 할 이단을 가만히 끌어들여 자기들을 사신 주를 부인하고 임박한 멸망을 스스로 취하는 자들이라"(벧후 2:1)고 말했다.

그래서 웨스트민스터 신앙고백서 제1장에서는 "이 성경에다 성령의 새로운 계시에 의해서든지 혹은 인간들의 전통에 의해서든지 아무 것도 어느 때를 막론하고 더 첨가할 수가 없다"(딤후 3:15-17; 갈 1:8-9; 살후 2:2)라고 말한다. [47]

결론적으로 모든 성도는 우리의 가장 훌륭한 인도자인 성령 하나님께서 항상 우리와 함께 계신다는 것을 굳게 신뢰하면서, 날마다 기도 가운데 성령의 충만함을 받아서 거룩함을 추구하고 열심히 선을 행함으로 하나님께 영광을 돌리며 살아가야 할 것이다.

(3) 바빙크

바빙크는 구약성경에도 성령의 활동이 분명하게 나타나고 있다고 말했다. 그러나 그는 신약의 성령강림과 성령의 새로운 활동과는 구분된다고 보았다. [48]

> 구약 시대는 여호와의 종의 나타나심을 기다리는 시대였으며, 성령의 역사가 있기는 했으나 아직 성령께서 모든 육체에게 부어지지 않았다. 그런데 신약 시대에는 그리스도가 오셨으며, 또한 그리스도께서 성령을 보내셨다. 그리고 예수 그리스도가 승천하기 이전에는 아직 성령이 임하지 않은 상태였지만, 하늘보좌의 우편에 오른 뒤에는 성령이 모든 육

---

47 WCF 제1장 제6항.
48 Herman Bavinck, 『개혁교의학 개요』, 478.

체에 부어질 것이라는 약속이 실현되었다. 이 오순절 성령강림은 교회 역사상 유일한 사건이었다.

예수 그리스도께서는 친히 아버지께로부터 진리의 성령을 받아 제자들에게 보내실 것과 또한 그가 보내신 성령께서 그들을 진리 가운데로 인도하실 것을 약속하셨다. 이 일은 주의 제자들이 앞으로 수행해야 할 사도 직분에 있어서 성령의 구체적인 은사와 힘이 필요했기 때문이었다. 즉 성령강림은 주의 교회에 능력을 부여하기 위해 필요한 것이었다.[49]

역사적으로 신령주의 운동은 비성경적이고 반교리적인 운동이다. 그들은 성경의 완전성과 계시의 종결성을 부인하고 새로운 계시를 주장하고, 성령께서 구속경륜 가운데 행하시는 진리보다는 거짓 방언의 은사를 강조하며, 또한 역사적이고 보편적인 교회의 신조와 정통교리를 벗어나서 개인의 깨달음과 주관적인 경험을 더욱 중시한다.

종말로 우리는 거짓 신학 사상과 각종 이단들의 미혹이 극심한 때를 살아가고 있다. 그러므로 모든 성도들은 성령 안에서 항상 깨어서 기도하며 참 진리의 말씀에 굳게 서도록 힘써야 할 것이다.

> 너희가 그리스도 예수를 주로 받았으니 그 안에서 행하되, 그 안에 뿌리를 박으며 세움을 받아 교훈을 받은 대로 믿음에 굳게 서서 감사함을 넘치게 하라. 누가 철학과 헛된 속임수로 너희를 사로잡을까 주의하라 이것은 사람의 전통과 세상의 초등학문을 따름이요 그리스도를 따름이 아니니라(골 2:6-8).

성경신학자 워필드(B. B. Warfield, 1851-1921)는 칼빈을 '성령의 신학자'로

49　Ibid., 481-483.

불렀다. 그 이유는 칼빈신학 전반에 성령의 사역을 강조하는 내용이 돋보이기 때문이다. 실제로 칼빈은 성경이 하나님의 말씀이라는 사실을 증거하면서 성령의 내적 증거를 강조했고, 그리스도의 구원역사에 성령이 처음부터 마지막까지 권능으로 역사한 것과 개인에게 주관적으로 그리스도의 은혜를 적용하시는 분이 성령이심을 역설했다.[50]

  결론적으로 성령은 하나님께서 우리를 위해 보내신 보혜사요, 우리를 그리스도와 연합시키고 영생의 선물을 주시는 분이시다. 그리고 성령은 우리의 구원의 보증이 되시며, 우리를 영화에 이르기까지 견인하신다. 또한 성령은 우리에게 은혜를 베푸사 이 땅위에서 거룩하고 선한 행실로 하나님께 영광을 돌리며 살아가도록 역사하신다.

---

50   김재성, 『개혁신학 광맥』, 194.

제 7 장

구원론

1. 개요

기독교 구원론의 핵심은 구원의 주체가 하나님이냐 아니면 사람이냐라는 것이다. 또한 그 구원의 근거가 전적인 하나님의 은혜인가 아니면 사람의 행위나 공로인가라는 것이다. 이는 구원의 결과가 아니라 주체와 원인에 대한 것이다. 이것을 인간론의 차원에서 보면, 사람은 타락한 후에도 자력으로 구원을 이룰 가능성이 있는가 아니면 구원에 대하여 전적으로 무능력한 존재인가라는 것이다. 결국 역사적으로 모든 인본주의적이고 거짓된 신학은 인간의 전적인 부패성을 부인하는 데에서 나왔다.

개혁주의 전통은 구원의 주체가 삼위일체 하나님이시라고 고백한다. 그러므로 구원의 원인은 인간의 자유의지나 인간의 행위에 있지 않으며, 오직 하나님의 자비롭고 은혜로우신 영원한 예정 곧 선택으로 말미암는다고 믿는다.

삼위일체 하나님께서는 그의 기쁘신 뜻 가운데 창세 전에 '그리스도 안에서'(ἐν Χριστῷ, in Christ) 우리를 택하셨다(엡 1:4-5). 이 말씀은 예수 그리스도가 바로 우리의 구원을 위한 유일한 근거이자 선택의 확실성을 보장하시는 분이시라는 것임을 분명하게 알려주고 있다.

보혜사 성령께서는 이 영광스런 구원을 우리에게 베푸시는 분이시다. 그러므로 성령은 은혜로 말미암아 영원 전에 택한 자들을 부르사 그리스도와 연합하여 죄사함을 받고 의로운 하나님의 자녀가 되게 하시며, 또한 그들을 거룩하게 하시고 영화에 이르기까지 견인하신다. 이것을 성령의 '이중은 총'(dual grace)이라고 부른다. 아울러 성령은 그의 은혜로 구원의 전 과정을 주관하신다. 먼저 우리에게 칭의의 은총을 베풀어 주시고, 다음으로 성화의 은총을 베푸사 거룩함을 이루며 선한 열매를 맺으며 살아가도록 도우신다.

삼위일체 하나님은 구원의 주체이시다. 우리가 얻은 구원은 하나님의 자비롭고 은혜로우신 영원한 선택에 기초하고 있으며, 중보자 예수 그리스도를 보내사 우리를 구속하신 분도 하나님이시고, 보혜사 성령을 통하여 우리를 구원하시는 분도 하나님이시다.

결론적으로 하나님께서 만세 전에 우리를 택하시고 그리스도 안에서 성령의 은혜로 말미암아 구원하신 것은 하나님의 은혜의 영광을 찬미하게 하려 함이다(엡 1:6). 즉 구원의 목적이 일차적으로는 사람에게 생명을 얻게 하는 것이지만, 궁극적으로는 하나님께 온전한 영광을 돌려드리는 데 있다는 것이다.

2. 주요논쟁

1) 초대교회와 영지주의

기독교의 이단분파인 영지주의의 핵심은 구원론에 있었는데, 이들은 구원이 믿음으로가 아니라 특별한 '지식'(γνῶσις)으로 얻어진다고 보았다. 그들은 영혼만이 선하고 육신과 물질을 악이나 죄로 보았기 때문에, 구원은 영혼이

육체와 아울러 유배되어 있는 물질적 세계로부터 이탈하는 것이었다.[1]

영지주의의 사상체계를 세운 발렌티누스(Valentinus, 100-160)는 인간을 세 계급 곧 영적인 인간, 물질적인 인간 그리고 육체적인 인간으로 나누었다. 여기서 영적인 인간은 완전한 지식을 소유한 자로서 본성적으로 구원받는다. 그러나 이 구원에 대한 지식의 영지는 누구에게나 다 알려지는 것이 아니고 감추어진 전통을 통해서만 얻어진다고 했다. 따라서 소수의 영적인 사람만이 구원을 소유할 뿐이다. 여기서 그리스도의 역할은 그의 가르침으로 금욕주의의 실천이나 육체적 방탕함으로 물질계를 정복하도록 돕는 것이다. 즉 그의 가르침은 인간으로 하여금 신과 세계의 관계들에 대한 통찰을 주며, 신비스런 방법을 통해 이 세상을 초월해 하나님에게까지 올라가서 빛의 영역으로 들어가게 하는 것이다.

2세기의 변증가로 알려진 저스틴(Justin, 100-165)은 헬라철학과 기독교를 동일시한 '기독교 철학자'로 불리웠다. 그는 "기독교의 진리들은 마치 씨앗의 형태를 한 로고스의 표현이며, 모든 인류가 종교철학 가운데서 이 진리를 추구했다"라고 말했으며, 헬라철학의 '로고스'와 함께 살았던 소크라테스와 헬라클리투스와 같은 이교도들도 기독교인으로 보았다.[2]

3세기의 오리겐(Origen)은 그리스도가 자신의 희생을 통해서 사람들에게 모범을 제시해서, 그들로 자기와 유사한 삶을 살게 한다고 주장했다. 또한 그리스도가 자신의 목숨을 속전으로 드려서 사람들을 사탄의 권세로부터 구원한다고 하는 소위 '사탄배상설'을 주장했다.

그래서 그는 그리스도가 자신을 사탄에게 속전으로 바쳤고, 사탄은 그리스도의 신적 능력과 거룩함으로 인해 그 속전을 받았다는 것이다. 즉 사탄은 그리스도의 인성이라는 미끼를 덥석 물었다가 그리스도의 신성이라는 바늘

---

1 Justo L. Gonzalez, 『초대교회사』, 100.
2 Ernst H. Klotsche, 『기독교 교리사』, 60.

에 코가 꿰어버렸다는 것이다.[3] 게다가 사탄은 그리스도가 의로운데도 불구하고 죽였고, 이는 사탄이 참소자로서 불의를 저지른 것이기 때문에 오히려 배상을 하게 되었다. 그 배상은 자신이 소유했던 아담의 후손들 전체였으며, 특별히 예수를 믿는 모든 자를 돌려주어야 했다는 것이다.

나아가 오리겐은 인간의 자유의지를 인정했는데, 인간은 예수 안에서 주어진 구원을 받아드림으로 구원을 얻게 된다는 것이다. 그래서 신앙은 인간 행위의 표현이며, 구원에 필요한 준비단계이기 때문에 구원은 신앙에 의존한다고 말했다.

2) 펠라기우스주의와 반펠라기우스주의

펠라기우스는 인간의 자유의지가 인간의 최고선이며, 인간의 자유의지에 의한 자력구원을 주장했다. 그는 아담의 원죄를 후손들과는 상관없는 개별적이고 상대적인 죄로 보았으며, 모든 사람은 선하게 태어나며 각자의 능력으로 자신을 악에서 구원할 수 있다고 했다.[4]

그리하여 418년에 카르타고의 종교회의와 431년 제3차 에베소 공회의에서는 이러한 펠라기우스의 주장을 정죄했다. 하지만 다시 펠라기우스와 어거스틴의 주장을 절충한 '반펠라기우스주의자'들이 등장했다. 그래서 교회가 펠라기우스주의를 배척하였지만 모두가 어거스틴의 신학 사상을 환영한 것은 아니었다.

프랑스 가울 지역에서는 어거스틴의 예정론 사상을 운명론으로 몰아붙이고 반대하는 세력이 등장하였는데, 이러한 모임의 지도자는 카시아누스(John Cassianus, 360-435)였다. 이 반펠라기우스주의자들은 인간의 의지와 하나님

---

3 Louis Berkhof, 『기독교 교리사』, 176.
4 Justo L. Gonzalez, 『기독교 사상사』, 148. 펠라기우스주의는 서방신학을 지배해 온 율법주의 및 도덕주의적 경향의 자연적 소산이었다.

의 은혜를 조화롭게 하는 이론을 주장했다. 아담의 원죄에 의한 인간의 자유의지의 부분타락을 인정하고, 구원을 위해서는 하나님의 은혜를 필요로 한다고 보았으나, 하나님의 보편적인 은혜를 받아들여서 구원을 얻는 것은 선적으로 인간의 의지에 달려있다고 했다. 즉 이들은 하나님의 은혜에 인간이 협력함으로 구원을 얻게 된다는 '신인협력설'을 주장했다.

게다가 하나님의 주권적 선택과 인간의 자유의지의 책임성 사이의 조화를 시도하는 또 다른 주장이 일어났다. 그것은 502년 아를르의 감독이었던 캐사리우스(Caesarius, 468-542)가 주도한 '반어거스틴주의'였다. 그는 529년 제2차 오렌지 종교회의를 추진하였으며, 이 회의에서는 반펠라기우스주의를 이단으로 정죄했다.

그 후 로마의 그레고리 1세는 믿음은 자유의지를 동반한다는 것을 받아들이고, 은혜는 저항할 수도 있다고 하였다. 그래서 하나님이 자신의 은혜에 협력할 사람을 자유롭게 선택하신다고 하였다. 이는 믿음의 출발은 하나님께서 하시지만 그 다음은 사람의 협력이 있어야 한다는 '복음적 협동론'을 택한 것이었다. 결국 로마가톨릭교회의 구원론은 반펠라기우스의 입장에 서게 되었으며, 이는 기독교회가 주장하는 타락한 인간의 영적인 무능력과 하나님의 전적인 은혜로 구원을 얻는다는 정통교리를 거부한 것이었다.

로마가톨릭신학의 완성자인 토마스 아퀴나스(T. Aquinas, 1224-1274)는 인간이 스스로 하나님의 은혜를 받으려고 할 수 있다고 주장하였다. 또한 그는 은혜를 받기 위한 준비에 있어 자유의지에 기회를 부여하였으며, 이로 인해 인간은 선행을 할 준비를 한다고 주장했다.[5]

그래서 칭의의 은혜를 받으려면 먼저 하나님의 충족한 은혜에 순복하여 예비과정을 통과한 후 세례를 받고, 다음에는 은혜의 수단인 7성례를 통한 주입된 은혜를 받아야 한다. 마지막으로 칭의는 하나님의 명령에 대한 순종

---

5 Ernst H. Klotsche, 『기독교 교리사』, 235.

과 선행을 통한 협력은혜를 얻어서 보전되며, 그러한 선행으로 이후의 모든 은혜와 영생을 공로로 얻을 수 있다.[6]

결국 로마가톨릭교회의 구원론은 은혜의 수단인 세례를 포함한 7성례를 통해서 온다. 즉 하나님의 즉각적 은총으로 얻는 칭의를 부인하고, 종교적 선행을 통해 주입된 은혜로 구원을 얻는다고 말한다. 그러나 스콜라철학자들과 로마가톨릭교회는 점점 더 정통교리로부터 타락해서 드디어 파멸에 빠지게 되었고 일종의 펠라기우스주의로 전락하고 말았다.[7]

3) 종교개혁 이후의 구원론

16세기의 루터파의 구원론은 회개와 믿음을 그리스도로께로 인도하는 도구로 보았으며 그것은 그리스도와의 연합을 전제하지 않았다. 그래서 복음 아래 사는 모든 자들은 세례나 말씀선포를 통해서 충족적 은혜를 받고서 하나님의 중생의 은혜를 거역하지 않을 수 있게 된다는 가르침을 통해서 신인협력설의 토대를 놓았다.[8]

루터의 계승자인 멜란히톤(P. Melanchthon, 1497-1560)은 1535년에 『신학통론』(*Loci Communes*)을 통하여 절대예정에 대한 입장을 포기하고 협력론을 취했으며, 1540년판이 나온 후에는 회개와 선행의 필요성을 더욱 강조하고 자유의지를 반대하는 표현을 누그러뜨렸다.[9]

1577년에 나온 '교리합의서'는 대외적으로 아우구스부르크 신앙고백에서 밝힌 재세례파와의 단절 이외에 칼빈파에 대해서도 신학적으로 분명한 선을

---

6 Louis Berkhof, 『기독교 교리사』, 231-232. 충족은혜, 주입은혜, 협력은혜의 단계를 통해 칭의에 이른다.
7 Inst., Ⅲ. 11. 15.
8 Louis Berkhof, 『기독교 교리사』, 234.
9 Philip Schaff, 『신조학』, 76. 『신학통론』은 1521년 12월에 초판이 나온 후에, 1535년에 수정판, 1559년에 최종판을 발행했다.

그었으며, 은총에 의한 구원론에 있어서도 칼빈주의의 이중예정론을 부정했다.[10] 또한 1580년에 작성된 『일치신조』(The Formula of Concord)에서는 '보편구원론'을 주장하고 있다. 이러한 루터파의 구원순서는 믿음과 칭의가 중심에 서 있다. 즉 부르심과 회개와 중생은 단지 예비적인 것으로 죄인을 그리스도께로 인도하는 역할을 할 뿐이다. 결국 죄인이 믿음으로 그리스도의 의를 받아들일 때 하나님은 그의 죄를 사하고 그의 자녀로 받아들이심으로 그리스도와 연합시킨다. 그러므로 모든 것은 믿음에 달려있다.[11]

다음으로 소시니안파는 인간의 원죄를 부정하고, 인간이 자유의지를 사용하여 그리스도의 교훈과 모범을 따름으로 영생을 얻는다고 말한다. 그러나 그들에게 구원이란 단지 그리스도의 모방과 덕의 선택을 통해 세상 속에 도덕적인 이상을 실현하는 것에 불과한 것이었다.

17세기 알미니안주의는 성령께서 모든 사람이 중생에 있어서 하나님과 협력할 수 있게 해 주는 충족적 은혜를 수여한다고 보았으며, 사람은 이러한 은혜를 믿음으로 받아들여야 구원을 얻는다고 주장했다. 그래서 그들은 중생하고 못하고는 본인의 의지가 하나님의 은혜와 협력하느냐 하지 않느냐에 달렸다고 보았다. 아울러 말씀의 전도로 오는 부르심은 단순히 인간의 이해력과 의지 위에 도덕적 감화를 주는 것뿐이며, 은혜에 순종하는 것은 전적으로 인간의 책임이므로 중생하고 못하고는 인간에 달렸다는 것이다. 이들의 견해에 의하면, 중생은 선물이 아니라 상급이다.

18세기의 경건주의자들은 칭의와 성화를 혼동했다. 그들은 경건한 삶과 활동적인 기독교의 증거를 주는 살아있는 신앙만이 칭의를 획득한다고 주장했으며, 성화는 확실한 구원의 증거로서 그리고 또한 세상의 포기의 증거를 요구했다.[12] 그리고 인간의 행위나 순종을 통한 구원의 확신을 강조하는 경

---

10   J. Wallman, 『종교개혁 이후의 독일교회사』, 139.
11   Louis Berkhof, 『기독교 교리사』, 235.
12   Ernst H. Klotsche, 『기독교 교리사』, 419.

건주의자들의 경향은 점차 예수 그리스도의 순수하고 온전한 복음에서 벗어나게 하였으며, 단지 그리스도를 하나님의 진리를 전파하고 자신의 죽음으로서 그 진리를 보증한 위대한 선견자나 교사로 만들고 말았다.

결국 인간이 자신의 구원을 위하여 혹은 윤리적 이상사회를 실현하기 위하여 그리스도의 가르침과 그의 모범을 따라야 한다는 신학적 자유주의를 낳았다.

영국의 요한 웨슬레는 알미니안주의를 수용했다. 그는 반율법주의가 만연되고 있는 교회적 상황 속에서 성화를 위한 적극적인 행동을 촉구하였으며, 또한 만인구원설에 기초하여 중생을 얻기 위한 인간의 선택과 자유의지의 책임을 강조했다. 그러므로 웨슬레의 부흥운동은 알미니안주의적 토대 위에서 경건주의와 모라비안 선교운동의 영향으로부터 나온 것이다. 즉 인간편에서의 즉각적인 결단을 통한 회심과 완전한 성화를 위한 근본적인 변화에 의한 구원을 주장하고 있는 감리교는 좀 더 경건한 형태의 알미니안주의 교회이다.[13]

19세기의 유니테리안들은 만인구원론자로 불리운다. 그들에게 구원이란 기독교정신으로 세상을 구원하는 것이며, 이는 세상을 더 살기 좋은 이상사회 혹은 차별이 없는 세상을 만드는 것이다. 이들에게 있어서, 구원은 죄나 죽음에서 구원받는 것이 아니라, 인간 스스로가 자신의 도덕적 성품을 계발하여 모든 사람이 마음과 정신과 삶의 의미에서 한 존재가 되는 것이다. 결국 유니테리안들에게는 구주가 필요 없다. 그들의 이론은 개인구원보다는 사회구원론에 불과하다.

최근 영국에서 등장한 '새관점'(New Perspective on Paul)학파는 '언약적 율법주의' 혹은 '유보적 칭의론'을 주장한다. 그러나 실상은 교회의 실천적인 사회참여와 에큐메니칼운동을 주도하고 있다.

---

13 Louis Berkhof, 『기독교 교리사』, 239.

한편 1999년에는 독일 아우구스부르크에서 종교개혁 기념일에 로마가톨릭과 세계루터파연맹의 대표들이 모여 '공동선언과 칭의교리'(Joint Declaration and the Doctrine of Justification)라는 문서에 서명했다.[14] 이는 '칭의교리 일치선언'이라고 불리는 것으로서, 종교개혁의 정신과 유산을 파괴하는 심각한 일이 아닐 수 없다. 또한 로마가톨릭교회는 세계교회협의회(WCC, 1948)가 설립한 '신앙과 직제위원회'(1927, 공동신조 작성과 일치추진)의 정회원으로 협력해 왔다.

2014년 5월에는 WCC의 산하기구인 한국교회협의회(NCCK)와 한국천주교회도 '신앙과 직제위원회'를 창립하여 지금까지 지속적으로 연합을 추진하고 있으며, 2017년에도 '그리스도인 일치 기도주간' 등 각종 모임들을 개최하여 상호일치를 꾀하고 있다.

4) 오시안더와 부활복음

종교개혁 시기에 루터파 목사인 오시안더(A. Osiander, 1498-1552)는 칭의를 그리스도의 '본질적 의'(Essential Righteousness) 또는 그리스도의 신성이 주입된 것으로 보았다.[15] 그는 그리스도가 오직 그의 신성에 의해서 우리의 의가 되시며, 그의 신성에 의해서 우리에게 '본질적 의'를 부여하신다는 것이다. 그래서 그리스도가 우리의 의인 것은 그가 영원한 하나님이시며, 의의 원천이시며, 하나님의 의 자체이시기 때문이라고 주장한다.

결국 그는 우리의 의는 그리스도의 순종과 희생적 죽음에 의해서 만족할 수 없으며, 오직 그리스도의 '본질적인 의' 곧 하나님의 본질과 속성이 우리 안에 주입됨으로써 우리는 하나님 안에서 본질적으로 의롭다고 생각했다.[16]

---

14 김재성, 『개혁신학 광맥』, 219.
15 Ernst H. Klotsche, 『기독교 교리사』, 321.
16 Inst., Ⅲ, 11. 5.

> 첫째, 의롭다함을 받는 것은 값없이 받는 용서에 의해서 하나님과 화해하는 것만 아니라 실제로 의롭게 되는 것이며, 또한 의는 값없이 전가되는 것이 아니라, 하나님의 본질이 우리 안에 거하면서 감동시키는 거룩함과 의로움이라고 한다.
> 둘째, 그리스도 자신이 우리의 의라고 할 때, 그것은 그리스도께서 제사장으로서 우리를 위하여 죄를 속하고 하나님의 노여움을 푸셨기 때문이 아니라, 그 자신이 영원한 하나님이시며 생명이시기 때문이라고 분명히 말한다.[17]

오시안더는 우리를 제사장이시며 중보자이신 그리스도로부터 분리시켜 그의 외면적인 신성으로 인도하려고 한다. 그러나 그의 견해는 십자가상의 고통을 통한 그리스도의 희생이라는 종교개혁의 교리를 무효화하는 것으로 인정되었다.

칼빈은 오시안더가 이상한 괴물을 도입해서, 경건한 사람들의 마음을 어둡게 하며 그리스도의 은혜를 생생하게 체험하지 못하게 만든다. 그러므로 이 황당무계한 공상을 대항할 필요가 있다고, 다음과 같이 반박했다.[18]

> 첫째, 그리스도께서 의가 되신 것은 그가 "종의 형체를 가진" 때이며(빌 2:7) 둘째, 그리스도께서 우리를 의롭다고 하시는 것은 스스로 아버지에게 복종하셨기 때문이다(빌 2:8). 그러므로 그가 이 일을 하시는 것은 그의 신성에 의해서 하시는 것이 아니고 명령을 받은 직무에 따라서 하신 것이다. 하나님만이 의의 원천이시며, 하나님과 함께 함으로써 우리는 의롭게 되지만, 불행하게도 하나님께 반대하여 그의 의에서 이탈되었기 때문에, 이 비교적 낮은 방법을 써서, 그리스도께서 그의 죽음과 부활

---

17 Inst., Ⅲ, 11. 6.
18 Inst., Ⅲ, 11. 8.

의 권능으로 우리를 의롭다고 하시게 할 수밖에 없다.

그리고 칼빈은 우리가 의롭게 된 것은 사도 바울의 말처럼 '한 사람의 순종하심으로'라고 명확하게 대답했고(롬 5:19), 또한 그리스도가 종의 모습을 취하시지 않고는(빌 2:7) 우리가 결코 의를 얻을 수가 없다고 말했다.[19]

> 바울은 의의 근원을 그리스도의 육신에만 둔다. "하나님이 죄를 알지도 못하신 자로 우리를 대신하여 죄를 삼으신 것은 우리로 하여금 저의 안에서 하나님의 의가 되게 하려 하심이니라"(고후 5:21). 우리가 그리스도 안에서 의롭다함을 받는 것은 그가 우리를 위해서 속죄제물이 되셨기 때문이다.

최근 한국교회 안에서는 예수 그리스도의 순수하고 완전한 복음을 십자가와 부활로 분리시키고, 오직 부활복음만이 참 복음이요 완전한 복음이라고 주장하는 단체가 생겨났다. 이들은 그리스도의 십자가와 보혈만으로 우리의 죄가 다 사하여지지 않았다고 가르친다. 즉 십자가가 아닌 부활에 의해서 우리의 죄사함이 완성되었다고 가르치고, 신자가 부활하신 예수님을 알고 고백하는 것이 참 믿음을 가지는 길이라고 주장한다. 그래서 이들은 예수님의 부활을 강조하면서 십자가의 대속을 무시하는 다른 복음을 전파한다. 하지만 십자가 고난이 없이는 부활도 없다. 이는 고난없는 복음이요, 거짓 복음이다.

우리 주 예수 그리스도의 의는 그가 하나님의 율법을 온전히 지키시고 십자가의 대속을 온전히 성취하심으로 주어진 것이다. 또한 성령께서는 그의 은혜로 그리스도의 십자가로 난 의를 우리에게 전가시켜주심으로 우리를 의롭게 하시는 것이다. 성경은 피가 없이는 죄사함을 받을 수 없다고 말

---

19   Inst., Ⅲ, 11. 9.

한다(레 4:26; 히 9:22). 예수 그리스도는 십자가에서 우리의 죄를 위하여 '한 영원한 제사'를 드리셨으며(히 10:10-12), 우리는 그분 안에서 은혜의 풍성함을 따라 그의 피로 말미암아 구속 곧 죄사함을 받았다(엡 1:7).

3. 역대 신조

1) 스코틀랜드 신앙고백서(1560)에서는 우리의 신앙과 신앙의 확신이 오직 성령의 감동으로 생기는 것임을 강조한다.[20]

> 우리의 이 신앙과 신앙의 확신은 육과 혈, 즉 우리 인간 안에 있는 자연의 힘에서 생기는 것이 아니고 성령의 감동으로 생기는 것이다. 그 성령을 우리는 성부와 성자와 동등하신 하나님으로 고백한다. 성령은 우리를 깨끗하게 하여 그의 역사를 통하여 우리를 진리로 인도하신다. 성령 없이는 우리는 영원한 하나님의 원수이며 성자 예수 그리스도를 알지 못한다.

2) 벨직 신앙고백서에서는 "구원의 서정은 그 전 과정이 그리스도의 전가된 의를 근거로 죄인이 구원받을 수 있다는 전제에서 출발한다. 즉 인간이 의롭다함을 받는 것은 인간의 행위와는 전적으로 무관하다"는 것이다.[21] 그리고 오직 믿음으로 구원을 얻는데, 이 구원얻는 믿음이란 성령께서 주시는 은혜의 열매요, 단지 하나의 방편일 뿐이다. 왜냐하면 구원의 방편이 되는 믿음으로 우리는 그리스도를 우리의 의로움으로 받아들이게 되는 것이기 때문이다.

---

20 Scottish Confession of Faith(1560), 제12조.
21 Belgic Confession 제23장.

나아가 성령께서는 성도를 그리스도와 연합시키시는데, 그리스도께서는 그의 모든 공로를 그와 연합된 사람들에게 전가시켜 주심으로서, 그가 행하신 모든 거룩한 사역들이 우리의 의로움이 되는 것이다. 따라서 믿음이란 예수 그리스도의 모든 공로 안에서 우리를 그와 교통하도록 해 주는 도구이며, 우리가 하나님의 은혜로 이 모든 공로를 받아들일 때에 이것은 우리를 모든 죄악에서 멀리해 주는 그 이상의 것이다.[22]

3) 하이델베르크 요리문답에서는, 참된 믿음에 대하여 다음과 같이 고백한다.[23]

> 참된 믿음이란 하나님께서 말씀으로 계시하신 모든 것은 진실하다는 것을 아는 지식이며, 또한 그리스도의 순전한 은혜로 말미암아 다른 사람들과 나도 역시 죄를 용서받았고 하나님 앞에서 영원히 의롭게 되었으며 구원받았다는 것을 성령께서 말씀을 통하여 내게 불어넣어 주시는 것을 믿는 굳건한 확신이다.

그리고 제22문은 "그리스도인은 하나님께서 복음으로 우리에게 약속하신 모든 것을 믿어야 하는데, 그 복음은 사도신경에 요약되어 있으며 전 세계적으로 고백되는 믿을 만한 신조다"라고 말한다.[24]

4) 돌트신경은 구원이 하나님의 주권적인 사역이며, 삼위일체 하나님의 영원한 선택에 기초한다고 고백한다.[25] 또한 어떤 사람들은 하나님께로부터

---

22   Belgic Confession 제22장.
23   Heidelberg Catechism(1563), 제21문.
24   Heidelberg Catechism 제22문.
25   Canons of Dort 결론. 선택이 신앙과 선행의 기초와 원인이다.

믿음의 선물을 받지만, 다른 사람들은 그것을 받지 못하는데, 이 모든 것이 하나님의 영원한 작정하심에 달려 있다.[26]

5) 웨스트민스터 신앙고백서 제3장에서는 '구원의 서정'에 대해서 말하고 있으며,[27] 이어서 제8장에서는 이 구원의 서정을 좀 더 단순하게 소명과 칭의, 성화와 영화의 순서로 고백한다.[28]

> 하나님께서는 그의 독생자에게 창세 전에 한 백성을 주어 그의 씨가 되게 하셨고, 기약한 때에 이르러 그로 말미암아 그 백성이 구속함을 받고, 부르심을 받아, 의롭다함을 받고, 성화되고, 영화롭게 하신다.

이 신앙고백서가 구원의 서정을 가지고 구원론을 고백하고 있는 중요한 의미는 구원의 전 과정이 하나님의 절대 주권 아래 있음을 밝히고 있다는 것이다. 그러므로 우리의 구원은 하나님 아버지의 자유롭고 변치 않는 사랑에서 나온 선택의 불변하는 예정과 예수 그리스도의 공로와 중보의 효력과, 성령의 내주하심으로 말미암은 것이다.[29]

아울러 모든 신자는 어느 시대나 어느 민족도 예외가 없이 동일한 구원의 방식 곧 통일된 구원의 서정을 따라 구원받는다.[30]

> 하나님께서는 생명에 이르도록 예정하신 모든 사람들을, 그리고 그들만을, 자신이 정하시고 적당하다고 생각하시는 때에, 효과적으로 부르시

---

26 Canons of Dort 첫째 교리 제6장.
27 WCF 제3장 제6항. 오직 택함 받은 자 외에는, 다른 아무도 그리스도로 말미암아 구속받거나 유효하게 부르심을 받거나, 의롭다 함을 받거나, 양자되거나, 성화되거나, 구원받지 못한다.
28 WCF 제8장 제1항.
29 WCF 제17장 제2항.
30 WCF 제10장 제1항.

되, 그의 말씀과 성령으로 하시며, 그들이 태어나면서부터 처해 있는 죄와 사망에서 불러내어 예수 그리스도로 말미암은 은혜와 구원에 인도하신다.

개혁주의는 하나님의 영원한 예정 안에서 구원의 서정을 고백하고 있기 때문에 가장 확실하게 구원론의 기초를 정립해 준다. 구원의 서정은 인간의 의지를 파괴하는 것이 아니라 오히려 인간의 책임과 의무가 가장 높이 존중되고 확립될 수 있는 것임을 고백해 준다.

실로 하나님께서는 인간을 구원하시는 일에 있어서, 이러한 구원의 서정을 통해서 인간의 의지가 가장 자유롭게 존중되는 방식으로 그의 신적작정과 예정을 성취하신다.[31]

> 그들의 의지들을 새롭게 하시고, 그의 전능하신 능력으로 그들이 선한 것을 결심하게 하시며, 그리고 효과적으로 그들을 예수 그리스도에게로 이끄신다. 그렇지만 그의 은혜로 말미암아 기꺼이 나아오게 되어 있으므로 그들은 가장 자유롭게 나오게 하신다(강제가 아니라 자원하는 마음으로 나오게 하신다).

그리고 성도의 견인이 결코 인간 자유의지나 공로에 달려 있는 것이 아님을 알려주고 있다.[32]

> 하나님 아버지의 자유롭고 변치 않는 사랑에서 나오는 예정의 불변성(딤후 2:18,19)과 예수 그리스도의 공로와 중보의 효력과(히 10:10,14; 롬 8:33-39; 요 17:11-24), 성령의 내주하심과, 그들 안에 있는 하나님의 씨로 말미

31　WCF 제10장 제1항.
32　WCF 제17장 제2항.

암은 것이요(요 14:16,17; 요일 2:27) 은혜언약의 본질에 달려 있는 것이다(렘 32:40). 이와 같은 모든 것에서 또한 견인의 확실성과 무오성이 나오는 것이다(요 10:28; 살후 3:3).

6) 웨스트민스터 대요리문답에서는, 성화를 택함받은 성도들에게 행하시는 하나님의 은혜로운 사역이라고 말한다.[33]

> 성화는 하나님의 은혜의 사역이다. 즉 세상이 창조되기 이전에 거룩하게 되도록 하나님께로부터 택함을 받은 사람들이, 때가 되매 시간 세계에서(이 땅에서) 성령의 능력 있는 역사를 통하여 그리스도의 죽으심과 부활하심을 적용 받아 그들의 전인격이 하나님의 형상을 따라 새롭게 되는 것이다. 다시 말하면 날마다 생활 속에서 회개하며, 다른 모든 구원의 은총을 마음 속에 받아들이는 것이다.

그리고 성화는 칭의와 불가분의 관계가 있으나, 그 둘이 같지 않다고 말한다.[34]

> 하나님께서는 칭의에서 그리스도의 의를 입혀 주시며, 성화에서 하나님의 영이 은총을 부어주신다. 또한 칭의로는 죄를 용서해 주시고, 성화로는 죄를 이기게 하신다. 칭의를 통하여 하나님의 진노로부터 면제 받으며, 이 생에서도 완전하여 다시금 정죄되는 일이 없다. 그러나 성화는 사람에 따라 다르다. 또한 이 생에서 아무도 완전한 성화에 달할 수는 없고 다만 완전을 향하여 성장해 갈 뿐이다.

---

33 Westminster Larger Catechism(1648) 제75문.
34 Westminster Larger Catechism 제77문.

4. 요점 : 그리스도와의 연합

1) 구원의 서정(The Order of Salvation)

보혜사 성령께서는 하나님의 영원한 예정 가운데 택한 자들을 복음으로 초청하신다. 또한 성령은 그들이 복음을 들을 때 그의 은혜로 말미암아 그들이 그리스도와 연합하여 거룩한 하나님의 자녀가 되게 하신다. 이러한 성령의 은혜로우신 사역을 '신비한 연합'(mystic union)이라고 부른다. 이 일은 전적으로 삼위일체 하나님께서 그의 기쁘신 뜻을 따라 행하신 자비롭고 은혜로우신 예정 곧 선택의 결과이다. 그리고 이 예정의 열매가 바로 구원의 서정이다.

이 구원의 서정은 오직 하나님께서 구원의 주체가 되시어 그분께서 구원사역의 전 과정에서 역사하심으로 그의 구원을 성취하신다는 것을 보여준다. 즉 구원은 전적으로 하나님의 주권적인 사역이며, 그의 은혜로 말미암는다는 것과 인간은 구원에 전적으로 무능력하다는 사실을 말하고 있다.

그리고 구원의 서정이란 단순히 논리적 시간적 순서가 아니라, 특별히 성령께서 일하시는 동시적인 구원의 적용에 있어서 이전 단계가 없이 다음 단계가 없는 유기적 순서를 의미한다. 각 서정들은 구원의 개별적인 양상을 가리킨다.

그래서 구원의 서정은 오직 하나님의 은혜에 기초하며, 실제적으로 구속사역의 적용에 있어서도 성령의 전적인 은혜로 말미암는 중생이 회심보다 선행한다. 여기서 회심은 중생의 결과이며, 칭의는 믿음의 열매로 주어지는 것이다. 곧 회심이란 하나님께서 중생한 사람으로 하여금 자기의 의식생활에서 하나님께로 돌아와, 믿음과 회개를 일으키게 하시는 하나님의 행위를 말한다.[35]

---

[35] Louis Berkhof, 『기독교 신학개론』, 223.

결국 구원은 삼위일체 하나님의 통일적 사역으로서, 성부의 영원한 선택에 기초하며 성자의 구속과 성령의 인침으로 이루어진다. 즉 이 일은 성령의 단독적인 사역이 아니다. 비록 성령이 주도적으로 택자에게 은혜를 베푸사 그들로 그리스도를 믿어 중생케 하시지만, 실제로는 삼위일체 하나님의 사역의 결과로 구원이 주어지는 것이다. 특히 구원은 예정의 결과이다. 곧 하나님의 영원한 예정은 구원의 원인이다.

개혁주의 전통에서는 구원의 서정 전체가 예정론 안에 포함되었음을 고백한다. 예정론은 구원론의 핵심이며, 참된 구원의 원리이다. 그래서 중생을 회심 앞에 두어서 구원의 출발을 하나님의 경륜에서 설명한다. 이것은 칼빈이 일관되게 영원한 선택과 삼위 간의 구속협의에서 정해진 신비적 연합을 자신의 출발점으로 삼았기 때문이었다. 그의 기본적인 입장은 구주와의 살아있는 연합을 통하지 않고는 그리스도의 축복들에 참여할 수 없다는 것이다.[36]

다음으로 개혁주의 전통에 따른 구원의 서정은 성령의 사역으로서 소명(외적 소명, 내적 소명–유효적 소명), 중생, 회심(믿음, 회개), 칭의(양자), 성화(선행), 견인, 영화의 순서로 전개되어진다. 하지만 알미니안주의자들과 복음주의자들은 구원론의 핵심을 회심으로 잡고 이것을 중생 앞에 설정했다. 그러므로 구원의 결정은 하나님의 뜻과 무관하게 오직 인간의 자유의지에 따른 판단과 결정에 따라서 좌우될 수 있게 된 것이었다.

개혁파의 구원의 서정에서 중생이 회심 앞에 오는 것은 하나님의 전적인 은혜로 구원이 이루어지는 것임을 강조한다. 그러나 알미니안주의자들처럼 중생 전에 회심이 먼저 오게 되면, 성령과는 상관없이 인간 자신이 회개하고 고백하면 누구든지 구원의 은혜를 받을 수 있다는 것이다.

웨스트민스터 신앙고백서가 '구원의 서정'에 대하여, 우선적으로 칭의와

---

36   Louis Berkhof, 『기독교 교리사』, 236.

양자됨과 성화를 다룬 후에 회심(믿음과 회개)을 다룬 것은 하나님의 행위를 먼저 고찰하고, 그리고 나서 인간의 반응을 생각하고자 하는 만족스러운 순서라고 할 수 있다.[37] 그러므로 중생의 결과가 곧 회심으로 나타나며, 그 회심의 중심내용으로서 믿음과 회개는 동시에 일어나는 것으로서 영혼의 전체적인 변화의 두 국면을 가리킨다. 즉 믿음은 영혼이 그리스도에게로 돌아서는 것이며, 회개는 영혼이 죄에서 돌이키는 동시적인 변화의 국면이다.[38]

결론적으로 우리는 구원의 서정 가운데 성부로부터 성자 안에서 성령으로 말미암아 이루어지는 하나님의 유일한 주체성을 바로 보아야 하는 것이다. 삼위일체가 한 하나님으로 임재하시며, 하나님께서는 통일적으로 일하심으로 우리의 구원을 이루신다.

2) 칭의론(Justification)

16-17세기 종교개혁운동은 구원론 운동이었고 바로 신앙회복과 정통교리의 회복운동이었다. 특히 구원론과 관련하여 가장 중요한 교리는 바로 '이신칭의'의 교리였는데, 이는 죄인이 오직 믿음으로 구원을 얻는다는 것이다.[39]

'칭의'는 하나님께서 예수 그리스도의 완전한 의를 근거로 죄인을 의롭다고 선언하시는 하나님의 법적행위이다. 그런데 '칭의'의 교리에 대한 성경적인 바른 이해가 없이 '이신칭의'의 교리에서 믿음만을 강조하다보면, 다시 인본주의적인 구원론으로 전락하게 된다. 즉 하나님의 은혜에 인간의 의지적 결단과 믿음의 행위를 첨가하여 구원을 얻게 된다는 오류를 낳게 된다.

성령께서는 구원의 실행자로서 구원의 전 과정을 주관하신다. 그러므로 이신칭의론에 대한 올바른 이해는 성령의 사역 안에서만 이해될 수 있다. 성

---

37 G. I. Williamson, 『웨스트민스터 신앙고백서 강해』, 195.
38 Ibid., 196.
39 Louis Berkhof, 『기독교 교리사』, 238.

령께서 하나님이 영원 전에 택하신 자에게 복음을 듣게 하시고(외적인 소명), 그에게 효과적인 은혜를 베푸심으로(유효한 소명) 그리스도와 연합시키신다. 이것을 성령의 '신비한 사역'이라고 한다. 결국 칭의는 하나님께서 영원 전에 작정되었으며, 그리스도에 의하여 역사적으로 성취되었고, 오직 때를 따라 성령께서 적용시키실 때에 비로소 가능하다.[40]

구원사역은 삼위일체 하나님께서 그의 영원한 경륜을 따라서 택하신 자들을 향하여 이루시는 거룩한 사역이다. 즉 우리의 구원은 우연한 사건이나 인간의 힘과 조건으로 이루어진 것이 아니다. 성령은 그의 은혜로 죄인을 부르사 그리스도를 믿게 하시고, 그리스도는 그와 연합된 자에게 자신의 공로와 의를 전가하시며, 성부는 그를 의롭다 칭하시며 하나님의 자녀로 삼아주시는 것이다. 여기서 믿음은 성령께서 그의 은혜로 중생한 자들에게 주시는 선물이다(엡 2:8-9). 또한 참 믿음이란 성령 안에서 복음의 진리에 대한 확신이며, 그리스도 안에서 하나님께서 말씀하신 모든 약속에 대한 성실한 신뢰다.

결론적으로 '칭의'는 성부께서 죄인이 그리스도를 믿음으로 말미암아 의롭다고 선언하시는 신분적이고 법정적이며 선언적인 것이며, 또한 즉시로 그리고 영원히 완성된다. 아울러 성령의 은혜는 칭의와 성화 모두에 미치는 것이며, 그리스도의 전가된 의는 성도의 전체 구원과정에 역사한다. 그러므로 성령 안에서 칭의는 믿음에 의하여 이루어지며, 하나님의 법정에서 죄인 밖으로부터 오는 것이다. 반면 성화는 사람의 내적 생활에서 일어나서, 점진적으로 그의 전 존재에 미치게 되는 것이다.

나아가 성도의 칭의와 성화는 다같이 그리스도의 공로이지만, 위격적으로 칭의의 사역은 성부에게 돌려지고, 성화의 사역은 성령에게 돌려진다.[41] 또한 하나님의 구원받은 성도에게는 하나님의 자녀로서 장차 하나님의 모든 복 곧

---

40 WCF 제11장 제4항.
41 Louis Berkhof, 『기독교 신학개론』, 238.

영생과 부활과 천국 그리고 하늘에 속한 모든 신령한 복이 약속되어 있다.[42]

> 하나님께서는 의롭다함을 받는 모든 사람들이 그의 독생자 예수 그리스도 안에서, 그리고 그를 위하여 양자됨의 은혜에 참여하는 자들이 되는 것을 허락하신다(엡 1:5; 갈 4:4,5). 이로 말미암아 그들은 하나님의 자녀의 수효에 들게 되고, 자녀로서의 자유와 특권을 누리게 된다(롬 8:17; 요 1:12). 또한 그들 위에 하나님의 이름이 기록되게 되며, 양자의 영을 받으며(롬 8:15), 담대하게 은혜의 보좌로 나아가며(엡 3:12; 롬 5:2), 아바 아버지라 부를 수가 있으며(갈 4:6), 불쌍히 여김을 받으며(시 103:13), 보호를 받으며(잠 14:26), 필요한 것을 공급받으며(마 6:30,32; 벧전 5:7), 육신의 아버지에게 징계를 받는 것처럼 징계를 받으나(히 12:6), 결코 버림을 받지 않으며(애 3:31), 구속의 날까지 인치심을 받으며(엡 4:30), 약속들을 기업으로 받는 영원한 구원의 상속자들이다.

3) 성화론(Sanctification)

우리는 성령의 은혜로 말미암아 그리스도와 함께 연합함으로써 실로 '이 중은총'(dual grace)을 받는다.

첫째, 흠 없으신 그리스도를 통하여 하나님과 화해함으로써 하늘의 심판자대신 은혜로우신 아버지를 소유할 수 있다.

둘째, 그리스도의 영에 의하여 성화됨으로써 흠 없고 순결한 생활을 신장할 수 있다.[43]

'성화'란 성령께서 구원받은 죄인을 죄의 부패에서 깨끗하게 하시고 그의 전 본성을 하나님의 형상으로 다시 새롭게 하시며 그가 선한 일을 할 수 있

---

[42] WCF 제12장 제1항.
[43] Inst., Ⅲ. 11. 1.

도록 도우시는 성령의 계속적인 은혜의 사역이다. 성령께서는 그의 은혜로 영원 전에 택한 자들을 부르사 그리스도와 연합하여 구원하여 거룩한 하나님의 자녀가 되게 하시고, 그들에게 지속적인 은혜를 베풀어 주심으로 성화의 삶을 살아가게 하신다.[44]

아울러 성화는 칭의와 함께 동시에 이루어진다. 그래서 신자가 성령의 은혜로 말미암아 그리스도를 믿음으로 구원을 얻는 순간부터 의인이며 거룩한 하나님의 자녀가 된다. 하지만 칭의와 하나님의 양자됨은 신분적이고 법정적이며 선언적인 것으로서, 비록 성도는 하나님 앞에 이미 그러한 자격과 약속을 갖고 있지만, 아직은 완전히 이루어지지 않은 현실을 살아가게 된다. 그러므로 자비로우신 하나님의 은혜로 구원받은 성도는 신분적으로 의롭고 거룩한 존재가 되었으나, 실상은 여전히 이 세상에서 마귀의 공격과 죄의 시험 아래에 살면서 죄악과 투쟁하는 존재이다.

> 개혁주의는 칭의와 성화를 올바로 구별하며, '우리에게는 아무 죄가 없다'라고 말하지 않는다. 그러나 참된 신자들의 경우에는, '우리에게 아무 죄책도 없다'라고 말한다.[45] 그러므로 성령께서는 이러한 연약한 성도들을 돕기 위하여 구원의 은총과 함께 지속적인 은혜를 베푸시어, 주 안에서 거듭난 성도들이 죄와 싸워 승리함으로 하나님의 자녀로서의 거룩함을 이루며 살아가도록 역사하시는 것이다.
>
> 성화는 중생한 순간에 이미 원리적으로나 신분적으로 거룩한 자가 되었지만, 아직 성도가 이 세상에서 육신을 갖고 살아가는 삶 속에서는 죄와 싸우며 지속적으로 거룩함을 지키며 하나님의 형상으로 변화해

---

44 Louis Berkhof, 『기독교 신학개론』, 248. 성화란 성령께서 죄인을 죄의 부패에서 깨끗하게 하시며, 그의 전 본성을 하나님의 형성으로 갱신하여 죄인을 하여금 선한 일을 할 수 있게 하시는 성령의 은혜로우시며 계속적인 사역이다.

45 G. I. Williamson, 『웨스트민스터 신앙고백서 강해』, 216. 그리스도 예수 안에 있는 자들에게는 결코 정죄함이 없다(롬 8:1).

가는 과정으로 나타나는 것이다.

성령께서는 우리를 그리스도 안에서 구원하사 의롭게 하시고, 또한 우리가 '하나님을 따라 의와 진리의 거룩함으로 지으심을 받은 새 사람'(엡 4:24)을 이루어 나가도록 역사하신다. 실로 성화를 궁극적으로 완성하시는 분이 하나님이시다. 비록 인간이 성화의 대상으로 실제적인 참여자이고 실행자이지만, 그 주체는 하나님이시며, 하나님께서는 그의 영원한 예정을 기초로 택한 자들에 대한 성화의 사역을 완성하신다. 결국 성화에 있어서의 인간의 역할은 하나님의 은밀한 역사와 관련되어 있다. 하나님이 처음부터 마지막까지 사탄과 모든 악한 활동에 방해됨이 없이, 또한 인간의 책임성이 배제되지 않는 방식을 따라서 그 모든 구원의 역사를 이루신다.

성화사역의 주체는 보혜사 성령이시다. 성령께서는 우리를 그리스도 안에서 구원하여 주시고, 구원받은 성도들이 삶 속에서 말씀과 기도 가운데 거룩함을 이루며 선행의 열매를 맺어가도록 이끄신다.[46] 성화가 신자의 의지로 발휘되는 것처럼 보여도 신자의 선한 의지를 이끄시는 분은 성령이시다. 이 성화의 과정에는 신자들의 선한 의지에 앞서 일하시는 성령의 역사가 있다. 그러므로 성도들의 성화는 성령의 열매이다. 그리고 칭의와 성화는 동시에 일어나고 완성되는 것이지만, 성령 안에서 성화는 단회적이기도 하고 동시에 지속적으로 이루어나가는 것이며, 종국적으로는 천국에서 완성되는 것이다.

오늘날 칭의와 성화의 관계는 매우 중요한 논쟁이다. 그래서 성화를 구원의 조건으로 보기도 하고, 성화무용론을 주장하기도 한다. 어떤 이들은 성화

---

[46] WCF 제13장 제1항. 효과적으로 부르심을 받고 중생하여, 그들 안에 새 마음과 새 영을 창조함 받은 자들은, 그리스도의 죽으심과 부활의 공로를 통하여(고전 6:1; 행 20:32; 빌 3:10; 롬 6:5,6), 그의 말씀과 그들 안에 내주하시는 성령으로 말미암아(요 17:17; 엡 5:26; 살후 2:13) 실제로 그리고 인격적으로 더욱 거룩해 진다.

를 하나님의 주권적이고 신비적인 사역으로 보아서 반율법주의를 주장하며, 다른 이들은 성화를 불가능한 것으로 전제하고 인간무능론 혹은 인간부정론을 주장하기도 한다.

개혁주의는 칭의와 성화를 단일한 성령의 사역으로 본다. 즉 칭의와 성화는 하나의 통일된 구원사역이다. 성령의 사역이 칭의와 성화에 있어서 분리되지 아니하시는 것처럼, 칭의와 성화는 분리되는 것이 아니다. 모두가 성령의 사역으로 말미암는 열매이다.

성령께서는 예정의 결과로서 주어진 통일된 하나의 구원의 서정 가운데 우리 안에서 칭의와 성화를 통일적으로 이루신다. 이 칭의는 죄인을 구원하시는 성령의 내적 증거요, 성화는 구원받은 성도에게 나타나는 성령의 외적 표증이다. 그리고 성령 안에서 이루어지는 성화의 분명한 증거는 필연적으로 선한 생활을 발생한다. 이것은 성화의 열매이다.[47] 즉 성도의 거룩한 삶은 성령 안에서 사랑으로 역사하는 믿음으로서 그들의 선행을 통해 증명된다. 이를 위하여 성령께서는 성도들에게 여러 가지 은총을 베풀어 주신다. 특별히 성령은 주의 교회에게 은총의 수단으로서 말씀과 성례를 주시고, 은총의 보조자로서 목사와 교사를 세우셨다.

결론적으로 성도의 구원은 하나님의 영원한 선택에 기초하며, 성령 안에서 중생과 동시에 칭의와 성화를 수반한다. 아울러 성령께서는 그의 은혜로 성도들을 하나님의 자녀로 인치시며, 그들이 완전한 성화의 자리와 영화에 이르기까지 그들을 끝까지 견인하신다.

성령의 은총 가운데 성도의 성화는 일차적으로 우리의 육체적인 죽음과 함께 완성될 것이며, 최종적이고 온전한 성화는 그리스도께서는 다시 오셔서 우리를 영화로운 부활의 몸으로 변화시키셔서 천국에 들이심으로 완성될 것이다.

---

47 Louis Berkhof, 『기독교 신학개론』, 252.

(1) 어거스틴

어거스틴에게 있어서, 하나님의 은혜는 모든 선의 원천이시다. 그래서 그는 구원론에 있어서, 오직 하나님으로 말미암는 주권적이고 단독적인 은혜관을 가졌는데, 곧 중생이란 처음부터 끝까지 신적 은혜의 사역으로 보았다.

그는 구원이 예정의 결과로 주어지는 것이며, 하나님의 택자들에게는 단지 중생케 하는 은혜뿐만 아니라 견인의 은사도 받게 된다고 말했다.[48] 또한 이 은혜는 인간의 모든 공로에 선행하는 하나님의 선물로서, 인간이 새롭게 되는 시점까지 이 은혜의 역사는 엄밀하게 단독으로 작용하는 것이다.[49]

이와 같이 어거스틴은 예정론에 기초하여 펠라기우스의 신인협력적 구원론을 배격하고, 하나님의 불가항력적 은혜를 주장했다. 이 불가항력적인 은혜는 인간의 의지를 강제한다는 것이 아니라, 은혜가 인간의 의지를 변화시켜서 인간이 자발적으로 선한 것을 선택하게 된다는 것을 의미한다. 그래서 믿는 자가 은총과 협력하는 것이 아니라 사람의 의지는 하나님의 은혜로 인해 활동하게 된다고 말했다. 즉 모든 선행에는 은총이 먼저 앞서지만, 의지는 은총의 인도자로서 앞서 가는 것이 아니라 단지 수종자로서 그 뒤를 따른다는 것이다.[50]

자비로우신 하나님의 은혜는 인간의 의지를 무시하는 것이 아니며, 하나님께서는 인간이 자발적으로 선을 택할 수 있도록 그의 의지를 변화시킨다는 것이다. 즉 택함을 받은 자들은 반드시 그 은혜를 받아들이고, 마음의 변화를 받아 자발적으로 선을 택하게 된다는 것이다. 그러나 하나님의 영원한 작정 가운데 택함을 받지 못한 자에게는 하나님이 은혜를 주시지도 않으시지만, 설령 은혜를 주시더라도 그들은 그 은혜를 거부한다.

결론적으로 하나님께서는 영원 전에 택한 자들에게 은혜를 주심으로 하나

---

48 Ernst H. Klotsche, 『기독교 교리사』, 160.
49 Louis Berkhof, 『기독교 교리사』, 220.
50 Inst., II. 3. 7.

님을 알게 하시고, 또한 그들이 그의 은혜 안에서 자발적으로 하나님을 사랑하도록 변화시켜 주신다. 실로 인류의 조상인 아담으로부터 원죄를 물려받아 죄인으로 태어난 모든 인간의 악한 의지는 새롭게 될 필요가 있다. 하지만 이러한 인간의 악한 의지를 선한 의지로 변화시키시는 것은 오직 하나님의 크신 은혜의 역사뿐이다.

(2) 칼빈

칼빈은 "삼위일체 하나님께서는 그의 은혜로 말미암아 오직 그리스도 안에서 택함을 받은 자들을 구원하신다"고 말했다.[51] 그러므로 참된 구원론은 하나님의 예정에 기초한다. 또한 그는 예정론이 바로 하나님께 대한 참된 경배의 기초며, 신자가 감사와 기쁨 그리고 겸손과 사랑으로 세상을 살아가도록 이끌어 준다고 말했다.[52]

> 구원은 하나님의 자비롭고 은혜로우신 예정에 있다. 만일 이것을 등한시 하거나 제거하고자 하는 자들은, 오직 하나님의 영광을 드높게 찬양하며 선포해야 할 사람의 참된 본분과 이 마땅한 일을 극도의 악의로 희미하게 만들며, 우리의 참된 겸손과 진실한 사랑의 근원을 송두리째 뽑아버리게 된다.

그리고 그는 예정론이 교회와 모든 성도들이 반드시 알아야할 참 진리이며, 신자는 예정론에 기초한 구원의 참된 원리와 방식을 바르게 알아야함을 강조했다.[53]

---

51   Inst., Ⅱ. 11. 10. 창세 이후로 하나님의 특별한 선택을 받은 성도들은 모두 우리와 함께 영원한 구원에 이르는 동일한 축복에 참여했다.
52   Inst., Ⅲ. 21. 1.
53   Inst., Ⅲ. 21. 1. 오직 하나님께서 너그러우시기 때문에 우리가 구원을 얻는다는 것을 명백하게 하기 위해서, 우리는 선택의 과정을 회상해야 한다.

아울러 칼빈은 성령께서 그의 은혜로 우리를 중생케 하시는 데, 이것을 성령의 '효과적인 부르심'이라고 불렀다.[54]

> 복음의 선포는 선택이라는 원천에서 흘러나오지만, 이런 선포는 악인들도 함께 듣는 것이므로, 그 자체로서는 선택을 완전히 증거하지 못한다. 그러나 하나님께서는 선택된 자들을 믿음으로 인도하시기 위해서 효과적으로 가르치신다.

결국 우리의 구원은 오직 하나님의 자비롭고 은혜로우신 선택에 기초하고 있으며, 그것은 결코 사람의 행위에 의해서 주어지는 것이 아니라 오직 성령께서 은혜로 말미암아 우리를 부르시는 사역에 의한 것이다.[55]

성령의 소명에 대하여, 루터는 믿음은 하나님에 대한 지식이며, 그 믿음의 기초는 하나님의 실재에 대한 사전적 설득이라고 한다. 또한 그는 율법에 의해 이루어지는 죄책에 대한 인식과 회개가 믿음에 선행한다고 주장하며, 회심은 하나님께서 주시는 의를 받아들이고 인정하는 믿음을 이루는 것이라고 한다.[56] 그러나 칼빈은 믿음의 결과가 회개라고 말했다. 즉 회개와 죄의 용서는 곧 새로운 생활과 거저 얻는 화해는 그리스도께서 우리에게 주시는 것이며 우리는 믿음을 통해서 그것을 얻는다.[57]

그래서 칼빈은 참된 구원의 원리에 대하여, 다음과 같이 말했다.

> 우리가 영생을 얻는 제일 원인 혹은 동력인은 아버지의 자비와 사랑이며, 우리의 의를 실현하기 위한 질료인은 그리스도시다. 또한 믿음은 그

---

54 Inst., Ⅲ. 24. 1.
55 Inst., Ⅲ. 22. 5.
56 Ernst H. Klotsche, 『기독교 교리사』, 353.
57 Inst., Ⅲ. 3. 1.

리스도의 의가 우리에게 적용되는 형상이다. 그리고 구원의 목적인은 신적인 의를 증명하고 하나님의 인애를 찬양하는 것이다.[58]

삼위일체 하나님의 영원한 예정 안에 중보자 그리스도가 포함되어 있다고 본다면, 택자들의 구원을 위한 은혜로우신 예정의 실제내용과 중심이 바로 그리스도임을 알 수 있다. 그래서 칼빈은 그리스도의 구속사역에 있어서, 하나님의 주권과 예정에 우선권을 두었다. 우리가 그리스도의 공로를 대할 때, 우리는 먼저 그리스도를 공로의 근원으로 생각하지 않아야 하며, 그 구속의 공로의 첫 번째 원인이신 하나님의 결정으로 거슬러 올라가야 한다는 것이다.[59]

다음으로 칼빈은 성령의 은혜로 말미암아 그리스도의 의가 '의의 전가'를 통하여 우리에게 주어진다고 말했다.[60]

우리의 의는 우리에게 있지 않고 그리스도 안에 있다는 것, 우리가 의를 소유하는 것은 오직 그리스도의 의에 참여하기 때문이란 것을 여기서 알 수 있다. 참으로 우리는 그리스도와 함께 의를 완전히 또 풍부하게 가졌다. 우리는 전가에 의해서 그것을 얻는다. 주 그리스도께서 자신의 의를 우리에게 나눠주시며, 놀라운 방법으로 자신의 힘을 우리 안에 넉넉히 부어 주셔서 우리가 하나님의 심판을 견딜 수 있게 하시기 때문이다.

나아가 그는 우리가 성령의 은혜로 말미암아 그리스도와 연합함으로 '이중의 은혜'를 받는다고 말했다. 그것은 곧 칭의의 은총과 성화의 은총이다.[61]

58　Inst., Ⅲ. 14. 17.
59　Ernst H. Klotsche, 『기독교 교리사』, 356.
60　Inst., Ⅲ. 11. 23.
61　Inst., Ⅲ. 11. 1.

(3) 바빙크

바빙크는 '칼빈이 삼위일체 하나님의 신론 중심적 안목에서 하나님이 어떻게 사람을 구원하시고, 왜 구원하시는 가에 대한 온전하고 총체적인 진리를 제시했다'고 말했다.[62] 또한 그는 '구원얻는 믿음'이란 선지자들과 사도들이 증언하는 하나님 말씀에 대한 올바른 지식과 의심이 없는 확신 그리고 하나님의 은혜와 진리를 충만히 드러내시는 그리스도를 든든히 신뢰하는 것이라고 보았다.[63]

그리고 바빙크는 참된 믿음이 지성의 편에서 중생인 것처럼 참된 회개는 의지의 편에서 나타나는 새 생명의 표현이라고 했다.[64] 그런데 참된 회개는 중생의 결과이며 참된 믿음을 전제로 한다. 즉 참된 회개는 구원 얻는 참된 믿음과 불가분의 관계에 있다.

결론적으로 성령의 은혜로 말미암아 주어지는 참된 회심은 구원의 교리에서만이 아니라 오히려 감사의 교리에서 충만히 다루어진다. 이는 구원과 삶의 전인격적이고 총체적인 변화를 의미한다. 그러므로 넓은 의미에서의 회심이란 하나님의 자녀가 되고 하나님 나라의 시민이 되는데서 일어나는 그런 변화 전체를 포괄하는 것이다.[65]

---

62 Herman Bavinck, 『개혁주의 교의학 I』, 김영규 역 (고양: 크리스챤다이제스트, 1996), 208. 개혁주의자는 하나님의 영광을 루터주의자들은 인간의 축복을, 개혁주의자들은 모든 것을 하나님의 결정에 되돌리고 만물의 원인을 축적하며 모든 것을 하나님의 영광에 유익되게 하기 전에는 쉬지 않는 반면에, 루터주의자들은 현상에 만족하고 신앙을 통하여 부여받은 축복에 안락하는 자들이다.
63 Herman Bavinck, 『개혁교의학 개요』, 537.
64 Ibid., 538.
65 Ibid., 542.

제8장

교회론

1. 개요

예수 그리스도는 교회의 유일한 왕이요 머리이시다. 주의 교회는 하나님께서 만세 전에 선택하신 모든 택자들의 공동체이며, 이들은 하나님만이 아시는 참 교회의 회원들로서 장차 천국에서 완성될 천상의 총회이다.

성령께서는 그의 영원한 구속경륜 가운데 택한 자들을 구원하사 그리스도와 연합된 한 몸으로서 교회가 되게 하셨다. 그리고 왕이신 예수 그리스도는 그의 말씀과 성령으로 교회를 통치하신다. 또한 성령은 교회를 성도들의 어머니로 사용하셔서 성도들의 연약함을 도우신다. 아울러 성령은 교회에 말씀과 성례를 은총의 수단으로 주시고, 그 은총의 보조자로서 목사와 교사를 주셨다.

그런데 교회란 명칭을 살펴보면, 구약성경에서 이스라엘 공동체는 '카할'(קָהָל, 총회, 회중) 혹은 '에다'(עֵדָה, 모임, 집단)로 불렀으며, 신약에서 '교회'는 '에클레시아'(ἐκκλησία, 불러낸 사람들의 공동체)와 '쉬나고게'(συναγωγή, 회당)란 용어로 불리웠다. 또한 '퀴리아케'(κυριακή, 주님께 속한 자들, 계 1:10)란 용어가 사용되었다.

초기 기독교를 살펴보면, 주의 교회 안에는 처음 교회가 설립되었던 사도 시대부터 성경에 기초한 직분과 교회질서와 함께 예전과 교리의 요약된 형식들을 가지고 있었다. 그리고 각 지역의 중심교회들도 이미 성경적이고 사도적인 교회제도를 계승하고 있었다. 그래서 예루살렘교회에서부터 열두 사도와 함께 장로와 집사제도를 갖고 있었고, 다른 한편으로는 안디옥교회의 전통에 의한 사도와 감독과 집사를 중심으로 한 제도를 따랐다.

성경적인 교회제도들의 기초는 에베소서 4장에 나오는 사도, 선지자, 복음 전하는 자, 목사와 교사였다(엡 4:11-12). 그 가운데 사도는 순교로 인해 사라지고, 선지자와 복음전하는 자는 초대교회의 특수상황 가운데 잠시 활동하다가 사라졌다. 여기서 목사의 직분은 교사의 직분까지 겸하고 있었는데, 그들은 장로들의 회에서 안수를 하여 사역했다. 또한 그들은 설교와 교훈을 강도하는 장로로서 일반 장로들과 함께 교회를 다스리는 일을 감당했다. 결국 교회의 직분은 목사와 장로와 집사로 집약되었다.

그 후 성령의 은혜 가운데 사도들의 복음사역으로 말미암아 복음이 로마제국의 전역으로 전파되었으며, 사도들은 여러 지역에 목사와 장로를 세워 목양과 치리를 감당하게 했다. 2세기 이후 기독교회는 로마제국 안에 여러 교구들을 형성하였으며, 그 지역교회에는 감독들이 임명되었다. 그들은 핍박 가운데 성도들의 믿음을 견고히 세워나가며, 이단들의 도전 가운데 진리로 교회를 파수하는 일을 충성스럽게 감당했다.

그리고 로마황제들로부터 교회가 극심한 박해를 당하면서, 기독교회는 성도들이 각 교회의 감독들을 중심으로 하나가 되어야 할 것을 주장했으며, 그 결과로 교회 안에서 점차 감독들의 권위와 영향력이 증대되고 있었다. 아울러 로마교구는 로마신조를 만들고 여러 이단들을 대처하는 힘이 강해졌으며, 터툴리안과 같은 지도자들에 의하여 '로마교회가 보편교회의 뿌리이며 어머니'라고 불리우면서, 로마교회의 감독은 점차 다른 모든 교회의 감독 위에 군림할 수 있게 되었다.

나아가 로마교회의 감독을 비롯한 일부 제국신학자들이 베드로가 사도직의 대표이고, 로마교회가 베드로가 직접 사도직을 수행한 정통교회라고 주장함으로써 로마주교와 로마교회의 교황권을 형성하게 하는 직접적인 원인을 제공하게 되었다.

그 후 5세기에 로마교회의 감독이었던 레오1세는 칼케돈 회의(451)를 비롯한 여러 종교회의의 결의과정에서 영향력을 발휘함으로 로마제국 내의 모든 교회로부터 그 권위를 인정받게 되었다. 게다가 레오 1세는 455년 반달족의 침략의 위기 속에서 역사적인 담판을 통하여 로마제국을 구원하기도 하였으며, 또한 그는 476년 게르만 민족의 침략으로 서로마제국의 멸망이라는 시대적 상황을 맞이하면서 전체 로마교회의 지도자로서의 위치를 확보하게 되었다.

2. 주요논쟁

1) 기독교회사와 교회론 논쟁

초대교회는 극심한 박해 속에서도 거룩한 교회를 추구해 왔으며, 특히 지도자들은 신자가 세례를 받은 후에 지은 심각한 죄에 대한 논의를 계속해 왔다. 그 결과 교회가 범죄한 자를 속죄의 과정을 겪은 후에 다시 받아들이도록 하였고, 결코 용서받을 수 없는 죄인들이 있는데 그들은 곧 '우상숭배자, 살인자, 간음자, 배교자'라고 보았다.

110년경에 안디옥의 감독 이그나티우스는 교회의 분열과 이단적 사상의 침투에 염려하여 사도들의 전통에 의해 세워진 참 교회로서의 '보편교회'라는 개념을 강조했다. 그는 세례와 성찬식도 감독이 없으면 집행해서는 안 된다고 말했고, 감독이 없는 상황에서는 교회에 속한 어떠한 일이라도 해서

는 안 된다고 강하게 주장했다.[1]

> 감독이 없으면 교회에서는 아무 것도 할 수 없다. 그리고 감독에게 속하지 않는 자는 하나님에게도 속하지 못한다. 감독과 장로와 집사를 통해서, 아버지 하나님과 그리스도와 사도에게 복종하는 교회와 연합함으로써 사람들은 하나님과 연합된다. 그리고 이 연합은 특히 성례를 통해서 이루어진다.

이와 같이 그는 감독을 중심으로 교회가 일치를 이루어야 한다고 강하게 주장하였는데, 그는 감독을 정점으로 해서 장로와 집사를 교회의 직분으로 하는 정치제도를 확립시켰다. 그런데 이 감독 중심의 교회일치론은 시간이 지나면서 점차 군주적인 감독제도로 발전했다.

그 후 데시우스 황제의 로마제국 전역에 걸친 대박해(249-250년)가 있은 후 로마교회 내에서는 '변절자' 즉 박해기간 동안 신앙을 저버렸던 자들을 어떻게 취급할 것인가라는 문제에 직면하게 되었다.[2]

당시 로마감독인 코르넬리우스는 배교자들에게 일정기간 참회를 하도록 한 후 교회로 받아들이자는 온건한 입장을 취한 반면, 사제인 노바티안(Novatian)은 교회는 거룩성을 지켜야 하기 때문에 배교자들을 결코 용납해서는 안 된다고 주장하면서 스스로 감독이 되어 자신들만의 새로운 분파인 '카타리파'(Cathari)를 형성했다. 이 때 키프리안(Cyprian, 201-258)은 감독 코르넬리우스를 지지하면서, '하나의 거룩한 교회'가 되어야 함을 역설했고, "교회 밖에는 구원이 없다. 교회를 그 어머니로 가지지 않은 자는 아무도 하나님을 그 아버지로 가질 수 없다"고 주장했다.[3]

---

1 Justo L. Gonzalez, 『기독교 사상사』, 100.
2 Justo L. Gonzalez, 『초대교회사』, 148.
3 Ernst H. Klotsche, 『기독교 교리사』, 186.

그는 교회가 감독들 위에 세워진 것(마 16:18)이라고 했고, 감독을 중심으로 연합하여야 할 것을 강조했다. 이는 세상의 핍박과 이단들의 미혹 속에서 교회지도자들이 가르치는 순수한 복음의 진리 안에서 하나가 되어야할 것을 역설한 것이었다.

이 교회론 논쟁은 4세기 초 디오클레티안 황제의 대박해 이후 다시 일어났다. 특히 도나투스의 지지자들은 로마군인들에게 성서를 넘겨주거나 그리스도인임을 부인한 배교자들은 다시 교회로 돌아올 수 없으며 배교했던 감독들에 의한 성직임명이나 안수와 성례전은 무효라고 주장했다.[4] 도나투스파는 교회란 언제나 소수의 남은 자 곧 오직 신앙을 지킨 고백자들로만 구성되어야 하며, 박해 시에 배교한 자들과 관계를 끊고 순결을 유지해야 한다고 주장했다. 또한 배교자들을 용납함으로 오염되고 혼합된 교회는 교회가 아니라고 했다.

교회의 거룩성은 오직 그리스도의 의에서 나온 열매이며, 그래서 사람의 의로운 행실이나 공로에서 나온 것이 아니며, 또한 교회의 종교의식에서 주어진 것이 결코 아니다. 성례의 효과는 인간의 거룩성에 달려있는 것이 아니라 성부, 성자, 성령의 이름에 근거하며, 삼위의 이름으로 준 모든 세례는 객관적으로 타당하다. 즉 성례 자체와 그 유효성을 구별하여야 한다. 아울러 성례의 본래 시여자는 예수 그리스도 자신이므로 그 성례의 타당성은 집례자의 신분과 가치 혹은 수령자의 가치에 좌우되지 아니하고, 오직 그리스도에게 의존한다.[5]

16세기에 루터는 교회의 두 모습 곧 보이는 교회와 보이지 않는 교회를 말했다. 먼저 그는 영적이고 불가시적인 성격을 강조하면서, 교회를 그리스도를 믿는 자들의 영적 교제, 그 머리이신 그리스도에 의해서 세워지고 유지되는 친교로 보았다. 그는 보이는 유형교회에 대해서, '한 도시에 있는 한 나

4　Ibid., 242.
5　Justo L. Gonzalez, 『기독교 사상사』, 70.

라 전체에 있든 세계 전체에 있든 한 명의 사제 또는 감독에 속해 있는, 세례를 받고 믿음을 지닌 자들의 무리'라고 하여, 한 영토에 한 교회만을 허용하는 '교회지방주의'와 함께 만인제사장설에 근거하여 회중 중심의 공동체성을 강조했다.[6]

아울러 재세례파(Anabaptist)는 로마가톨릭에 대해 가장 극렬히 반대하였는데, 그들은 경건과 영성을 강조하면서 보이는 교회와 성례까지도 거절하고, 심지어 국가와 교회의 절대적인 분리를 주장했다. 또한 그들은 유아세례를 부정하고, 자신들의 공동체에 가입하려면 다시 침례를 받아야 할 것을 주장했다.

그런데 로마가톨릭교회는 자신들의 지상교회를 하나님 나라와 동일시하면서, 교황의 세속권세를 강조하고 로마가톨릭교회의 국가에 대한 우위성을 주장했다. 또한 영국의 에라스티안(Erastian)주의는 교회를 국가의 한 기관으로 봄으로서 교회 내의 치리를 부정하고, 국왕의 교회에 대한 직접 통치권을 지지하면서 국가의 교회에 대한 우위성을 주장했다.

반면 개혁교회는 하나님의 두 통치수단으로서 영적인 통치수단인 교회와 육적인 통치수단인 국가의 기능을 구별하여야 할 것을 말하면서, 이 두 기관이 모두 하나님 나라를 위해 협력하여 일함으로서 하나님께 영광을 돌려할 것을 주장했다.

2) 로마가톨릭교회의 교회론

교회사 속에서 교황제도가 확립된 주된 이유는 로마가 330년 이전에 제국의 수도였다는 것과 신학자들이나 주교들도 로마감독이 베드로의 후계자라고 믿고 로마교구를 '사도의 교구'로 불렀다는 것이며, 또한 로마교회는 여

---

[6] Louis Berkhof, 『기독교 교리사』, 254.

러 가지 교리논쟁 속에서 한 번 받은 교리를 굳게 지킴으로 권위를 인정받고 있었기 때문이었다.[7] 하지만 로마가톨릭의 교회론은 초대교회의 사도적 전통과 정통신학자인 어거스틴의 교회론과는 완전히 상반되는 비성경적이고 인본주의적인 성격을 가지고 있었다.

590년경 로마대주교 그레고리 1세는 교황권의 토대를 놓았고, 607년 보니페이스(Boniface) 3세는 동로마제국의 황제 포카스에 의하여 보편교회의 감독으로 불리우면서 교황이란 호칭이 공고화되었다. 그러나 칼빈은 그레고리 1세가 현재의 교황제도를 배척했다고 말했다.[8]

먼저 토마스 아퀴나스는 교회를 '신실한 자들의 집회'와 '성도들의 교통'이라고 정의했는데, 이는 성례들에 참여하는 모든 신실한 자들의 가시적 단체라는 것이다. 즉 교회는 지배자들과 피지배자들로 이루어지는 통치단체가 되었다.[9] 그래서 로마가톨릭은 교회가 이 땅 위에서 무형적 머리되시는 그리스도와 베드로의 후계자인 한 분 유형의 지도자를 모시고 살아가는 모든 신실한 자들의 단체라고 규정한다. 즉 교회는 로마 교황의 지배 아래 있는 모든 자들의 단체이며, 교황은 베드로의 후계자로서 특별사제직을 가지고 있고, 감독은 사도의 후계자라는 것이다.[10]

다음으로 로마가톨릭교회는 교황을 머리로 하는 성직자들과 평신도를 구분하여, 성직자들은 가르치는 교회이고, 모든 신자는 듣는 교회라고 했다. 그러므로 듣는 교회는 가르치는 교회에 전적으로 의지해야 한다는 것이다. 게다가 그들은 교회를 하나님의 은혜의 분여자로서 은혜의 기관이라고

---

7 Inst., Ⅳ. 6. 16.
8 Inst., Ⅳ. 7. 21. 그레고리 1세는 '보편적 감독'이란 칭호를 거부했으며, '자기를 감독들의 감독이라고 말하거나 동료들을 강제적으로 복종시키려고 하는 사람은 우리 가운데는 없다'고 말했다. 또한 카르타고 회의에서는 '아무도 사제들의 왕 또는 첫째 감독이라고 부르지 말라'고 결정했다고 말한다.
9 Ernst H. Klotsche, 『기독교 교리사』, 251.
10 Inst., Ⅳ. 7. 18. 그들은 교황을 간단하게 정의해서, 지상에 있는 교회의 최고 우두머리이며 전 세계의 보편적 감독이라고 한다.

본다. 즉 하나님이 사람을 유형교회로 이끄는 것이 아니고, 유형교회가 사람을 하나님에게로 이끈다고 주장한다.

이러한 로마가톨릭의 교회론은 비성경적인 교회론이며, 다음과 같이 참 교회의 본질에서 벗어났다고 할 수 있다.

첫째, 성경의 권위에 대한 것이다. 로마가톨릭은 66권의 정경 외에 외경을 추가한 공동번역 성경을 사용하고 있으며, 또한 그들은 로마가톨릭교회의 문헌들과 교회전통을 성경과 동일한 권위로 인정한다. 그리고 로마가톨릭교회는 성경의 권위를 교회의 권위와 분리할 수 없다고 본다.

둘째, 교회의 보편성에 대한 오류이다. 교회는 하나님께서 영원전에 택하신 자들의 모임이요, 그리스도 안에서 구원받은 참 성도들의 공동체로서 온 역사와 세상 가운데 하나님만이 아시는 무형교회를 본질로 한다. 그런데 로마가톨릭교회가 곧 유일한 보편교회이며, 자신들의 교회 밖에서는 구원을 받을 수 없다고 한다.

셋째, 교회의 연합성에 대한 오류이다. 이는 교회가 그리스도를 유일하신 머리로 하여 한 몸으로 연합되었다는 것인데, 로마가톨릭은 교회의 머리를 교황이라고 말한다. 심지어 그 교황은 베드로의 후계자로서 무오하다고 주장한다.

넷째, 교회의 사도성에 대한 오류이다. 이는 교회가 사도들로부터 전해 받은 순수한 복음의 가르침과 정통교리에 서있다는 말이다. 그런데 로마가톨릭교회는 교황제도를 비롯하여 비성경적인 미사와 종교의식을 수행하고 그릇된 교리를 주장함으로 참 교회가 아니다.

웨스트민스터 신앙고백서에서는, 지상에 존재하는 교회의 최고 머리로 군림하고 있는 로마가톨릭의 수장인 교황을 가리켜 '적그리스도'라고 말하고 있다.[11]

---

11   WCF 제25장 제6항.

> 주 예수 그리스도 외에는 교회의 머리되시는 분이 달리 아무도 없다(골 1:18; 엡 1:22). 그렇기 때문에 로마의 교황 역시 어떠한 의미에서든지 교회의 머리가 될 수 없다. 교황은 교회 안에서 그리스도 및 범사에 일컫는 하나님에 비하여 자신을 높이는 적그리스도요, 불법의 사람 곧 멸망의 아들이다(마 23:8-10; 살후 2:3,4,8,9; 계13:6).

그런데 제1차 바티칸 공회의(1869-1870)에서 로마가톨릭교회는 '가톨릭신앙에 대하여'란 의제에서 이성의 빛을 통한 분명한 하나님의 인식을 주장하였으며, 또한 '교회에 대하여'란 의제에서 교황의 수위권에 대한 두 개의 규정을 채택하여 '교황주의'를 확고하게 확립했다.[12]

> 첫째, 교황은 베드로의 후계자이며 그리스도의 대리인이고 교회의 최고수장으로서 전체교회와 각 교구에 완전하고 직접적인 주교권을 행사한다.
> 둘째, 교황이 교황자격으로 신앙이나 도덕문제에 대해 결정을 내리면, 교회의 동의가 필요하지 않은 '바꿀 수 없는' 결정이다.

그리고 제2차 바티칸 공회의(1962-1965)에서는 교황이 교회의 머리가 된다고 재차 선언했으며, 가톨릭교회 밖에서 일어나고 있는 교파의 통합운동과, 에큐메니칼운동을 위해 함께 기도할 것을 촉구했다. 하지만 그들은 "하나의 유일한 교회통일은 오직 로마가톨릭교회 안에서 일뿐임을 잊지 않는다"라고 했다.[13]

---

12   J. Wallman, 『종교개혁 이후의 독일교회사』, 300.
13   Ibid., 326.

3. 역대 신조

1) 니케아신경은 삼위일체 하나님에 대한 정통교리를 고백하고, 성자에 대한 거짓 주장을 하는 이들을 교회가 파문해야 할 것을 촉구한 후, 참된 교회를 가리켜 '거룩하고 보편적이며 사도적인 교회'(the holy catholic and apostolic Church)라고 고백한다.

2) 니케아콘스탄티노플신조에서는 '삼위일체 하나님'에 대한 정통신앙을 고백하면서, 또한 "우리는 하나의 거룩하고 보편적이며 사도적인 교회를 믿는다"(one holy catholic and apostolic Church)라고 고백하고 있다.

3) 제네바 요리문답에서는, 예정론에 기초하여 "교회란 하나님께서 영원한 생명을 얻도록 작정하시고 선택하신 성도들의 모임"이라고 고백한다.[14]

4) 스코틀랜드 신앙고백서는, 교회는 삼위일체 하나님을 믿듯이, 처음부터 있었고, 지금도 있고, 또 세상 끝날에도 있을 하나의 교회이고, 이 참된 교회는 "예수 그리스도에 대한 참된 신앙으로 예배하는 하나님의 선택을 받은 사람들의 하나의 공동체"라고 말한다.[15] 그리고 '예수 그리스도가 교회의 유일한 머리이시며 교회는 그리스도의 몸이며 신부'라고 고백하며, 그 근원이 삼위일체 하나님께 있다고 고백한다.[16] 아울러 이 신앙고백서는 참 교회의 표지에 대하여, '하나님의 말씀의 선포와 성례의 올바른 집행'과 함께 교회의 '권징'을 포함시켜서 세 가지로 고백하고 있다.[17]

---

14 Catechism of the Church of Geneva 제93문.
15 Scottish Confession 제16조.
16 Scottish Confession 제16조.
17 Scottish Confession 제18조.

첫째, 하나님의 교회의 참된 교회의 표지는 하나님의 말씀의 참된 설교라고 우리는 고백하며 확신한다. 그러므로 선지자들과 사도들의 책이 진술하듯이 하나님은 자기 말씀 가운데서 자신을 계시하신 것이다.
둘째, 성례전의 올바른 집행이다. 이것으로 사람이 하나님의 말씀과 약속에 결합되어서 마음에 그것을 새기는 것이다. 마지막으로 교회의 훈련이 올바로 시행되며 하나님의 말씀의 규정으로 악덕이 억제되고 선행이 육성되는 것이다.

5) 벨직 신앙고백서는, 교회를 하나님의 선택을 받은 사람들의 공동체라고 말한다.[18]

우리는 성부, 성자, 성령의 한 하나님을 믿듯이, 처음부터 있었고, 지금도 있고 또 세상 끝날에도 있을 하나의 교회, 즉 예수 그리스도에 대한 참된 신앙으로 예배하는 하나님의 선택을 받은 사람들의 하나의 공동체를 믿는다.

그리고 이 신앙고백서에도 '참된 교회의 표지'에 대하여, 세 가지로 고백하고 있다.[19]

복음의 순수한 교리가 전파되고, 그리스도에 의해 세워진 성례가 순수하게 이행되며, 교회의 가르침으로 인해 죄를 권징하는 일이 일어난다면 이는 참 교회에 속하는 것이다.

참된 교회의 3대 표지는 성도들이 참 교회와 거짓 교회를 구분할 수 있도

---

18 Belgic Confession 제29장.
19 Belgic Confession 제25장.

록 하기 위한 것이다. 또한 교회가 이 표지를 지키기 위해서는 "설교자가 성경이 계시하고 있는 본래의 뜻을 왜곡시키지 않고 바르게 설교해야 하고, 오직 성경을 따라서 성례를 행하며 교회를 치리해야 한다"고 말한다.[20]

> 거짓 교회란 하나님의 말씀의 능력과 권위보다는 그들 스스로의 능력과 권위를 내세우면서 그리스도의 명령에 따르고자 하지 않는 교회이다. 또한 그들은 그리스도께서 가르치신 말씀대로 성례를 시행치 않고 그들 스스로의 생각에 맡긴 채 말씀에서 무언가를 더하는데, 다시 말해서 그리스도보다는 사람에게 더 의존하며, 하나님의 말씀을 따라 거룩하게 사는 자를 핍박하며, 그들의 죄와 욕심과 우상숭배를 책망하는 자를 핍박하는 것이다.

6) 웨스트민스터 신앙고백서는 예정론에 근거하여 교회의 본질을 정의한다.[21]

> 보편적 또는 우주적 교회는 무형적이다. 그 교회는 머리되시는 그리스도를 중심으로 하여 그 아래 하나로 지금까지 모여들었고, 지금 모여들고 있고, 장차 모여들게 되는 택함을 받은 모든 사람들로 구성된다.

그리고 은총의 수단인 성례에 대하여, 먼저 세례에는 어떠한 형식을 성경에 명령한 바가 없다고 보았으며, 세례는 물에 잠길 필요가 없고 머리 위에 물을 붓거나 뿌려서 행하는 것이 합당하고, 신앙을 고백하는 신자들과 유아들이 세례를 받을 수 있다고 말한다.[22]

20　Belgic Confession 제29장.
21　WCF 제25장 제1항.
22　WCF 제28장 제3-4항.

다음으로 성찬과 그 영적인 효과에 대하여서는, 다음과 같이 고백하고 있다.[23]

> 합당한 수찬자들은 이 성례의 가견적 요소를 외형적으로 받을 때에, 내면적으로는 믿음으로 받으며 물질적으로나 신체적으로가 아니라 영적으로 십자가에 못박히신 그리스도와 그의 죽음에서 오는 모든 은혜를 받으며 또한 먹는다. 그러나 성찬을 받는 그 때에 그리스도의 몸과 피가 떡과 포도주 안에 함께 또는 밑에, 물질적으로나 육체적으로 있는 것은 아니다. 그렇지만 그 가견적 요소들을 그 의식에 참예하는 신자들이 그들의 외적 감각에 의해 알아보는 것처럼 실제적이고 영적으로 그들은 그들의 믿음을 통하여 그리스도의 몸과 피를 깨닫게 된다.

개혁주의 전통에서 교회란 근원적으로 하나님의 영원한 선택에 기초하여 역사적으로나 지리적으로 모든 택자들의 모임이다. 장차 천상의 총회로 구성될 구원받은 모든 성도들의 공동체다(히 12:23).

다음으로 교회의 직분과 치리회에 대하여 역대 신조에 들어있는 주요내용을 살펴보면, 이 신조들의 공통점은 직분의 평등성과 치리회의 중요성을 강조하고 있다는 사실이다.

1) 프랑스 신앙고백서는, "모든 참된 목사는 어떠한 곳에서든지 단 한 분의 머리, 단 한 분의 군주, 전체교회의 감독이신 예수 그리스도 아래서 동일한 권위와 평등한 권세를 가지고 있다"라고 말한다.[24]

2) 스코틀랜드 신앙고백서는 제20조의 '총회와 그 힘과 권위 및 총회의 소

---

[23] WCF 제29장 제7항.
[24] Confession de La Rochelle(1559) 교회정치.

집의 이유에 관하여'라는 제목에서 나타나듯이, 교회의 치리와 권징은 한 개인이나 회중 전체에 의해서 행하는 것이 아니라 오직 교회의 대표자들로 구성되는 모임 곧 장로들의 회의를 통해 이루어진다고 고백하고 있다.[25]

3) 벨직 신앙고백서에서도, "하나님의 말씀에 따른 목사는, 그가 어떤 형편에 있든지 간에 유일한 목자요 교회의 머리되신 그리스도를 섬기는 모든 목사들과 같이 동일한 힘과 능력을 가지는 것이다"라고 분명하게 말한다.[26]

4) 하이델베르크 요리문답에서는, 특별히 권징의 중요성을 고백하고 있다. 그래서 주께서 주신 천국의 열쇠가 바로 '거룩한 복음의 설교'와 '회개를 위해 시행되는 기독교의 권징'이라고 말한다. 즉 "이 두 가지를 통하여 천국의 문은 복음전파와 권징을 통하여 신자들에게는 열리고 불신자들에게는 닫히는 것이다"라고 가르친다.[27]

5) 제2스위스 신앙고백(1566)은 "교회 안에 있는 모든 교역자들은 동일하고 동등한 권한 혹은 기능을 부여받았다. 확실히 고대교회에서는 감독들이나 장로들이 교회를 함께 다스렸다. 이 시대에는 아무도 다른 사람보다 높다고 생각하지 않았다. 그 어느 감독이나 장로도 다른 동료 감독이나 장로보다 더 큰 권한이나 권위를 행사하지 않았다"라고 고백하고 있다.[28]

6) 돌트신경에서는, 예정론에 입각하여 완성될 하나님 나라로서의 교회를

---

[25] Scottish Confession 제20조. 회의의 이유는 한편으로는 이교도를 논박하기 위하여, 한편으로는 회원들의 신앙고백을 후세에 전하기 위함이다. 그리고 이 두 가지는 다 하나님의 말씀의 권위에 의하여 행하는 것이며 총회가 하는 일은 과오가 없다는 의견이나 특권으로 하는 것이 아니다. 이것이 총회의 주된 이유라고 우리는 믿는다.
[26] Belgic Confession(1561) 제31장.
[27] Heidelberg Catechism 제83문.
[28] The Second Helvetic Confession(1566) 제18장.

말하고 있다. 즉 택함을 받아 구원받은 자들이 그리스도의 몸인 교회를 이루며, 장차 천상의 총회가 될 것이라고 말한다.[29]

> 택함받은 자에게 이 영원한 사랑을 베푸신 뜻은 옛날부터 지금까지 이루어져 왔으며 그 모든 사람의 권세의 훼방에도 불구하고 여전히 계속되어갈 것이다. 따라서 정한 시간이 이르면 택함 받은 성도는 한 곳에 모이게 될 것이며, 그 곳에는 성도들이 모여 그리스도의 피로 그 기초를 이루는 교회로 충만할 것이다. 그 곳에서는 변함없는 사랑과 주님을 구세주로 섬기는 성도들이 모여서 영원히 그의 영광을 찬미할 것이다.

7) 웨스트민스터 신앙고백서는 "예수 그리스도만이 교회의 유일한 머리시다"라고 고백하며, 교황은 적그리스도라고 말한다.[30]

> 주 예수 그리스도 외에는 교회의 머리되시는 분이 달리 아무도 없다(골 1:18; 엡 1:22). 그렇기 때문에 로마의 교황 역시 어떠한 의미에서든지 교회의 머리가 될 수 없다. 교황은 그리스도 및 범사에 일컫는 하나님에 비하여 자신을 높이는 적그리스도요, 불법의 사람 곧 멸망의 아들이다 (마 23:8-10; 살후 2:3-9; 계 13:6).

그리고 제30장 '교회의 권징'의 제1항은 교회정치를 '교회의 직원들'에게 제정해 주셨다고 고백한다.[31] 그러므로 개혁주의 장로교의 근본적인 정치원리는 성직자 개인에게(uni) 있는 것이 아니라, 성직자들의 회 자체(unitati)에

---

29 Canons of Dort(1619), 둘째 교리 제9장.
30 WCF 제25장 제5항.
31 WCF 제30장 제1항. 교회의 왕이요 머리이신 주 예수께서는 세속의 위정자와는 구별된 교회 직원들의 손에 교회정치를 제정해 주셨다

있다는 것이다. 이 고백은 개혁교회의 정치원리가 목사와 장로들로 구성되는 복수정치원리임을 말한다. 즉 교회의 치리권이 어떤 개인이나 회중들의 공동체에게 있지 않고, 목사와 장로로 구성되는 장로회원 전체에 있다고 보는 것이다.

역사적으로 개혁교회는 로마가톨릭교회의 교황정치나 잉글랜드국교회나 침례교회의 감독정치와 독립교회의 회중정치 등의 교회제도에 대하여 반대한다. 그래서 1643년에 개최된 웨스트민스터 총회에서 장로교회의 입장을 대변한 대표인물은 사무엘 러더포드와 스티븐 마샬, 조지 길레스피 등이며, 주요비판 대상은 회중교회나 침례교회의 지도자였던 헨리 야콥, 윌리엄 에임스, 토마스 후커, 존 코튼과 같은 인물이었다.

아울러 제30장 제2항에서는 "이 직원들에게는 천국의 열쇠가 맡겨져 있다"라는 복수개념을 사용하고 있으며, 그들에게는 천국 문을 열고 닫는 권세가 있는데, 그 열쇠는 바로 "하나님의 말씀과 교회의 권징"이라고 고백하고 있다.[32]

> 이 직원들에게는 천국의 열쇠가 맡겨져 있다. 이 열쇠의 힘에 의하여 그들은 말씀과 권징을 사용하여 죄를 보류시키기도 하고 용서하기도 하며, 회개치 않는 자에게는 천국 문을 닫기도 하고 회개하는 죄인들에게는 복음을 전해 주고 때에 따라 권징을 사면해 줌으로써 천국 문을 열어 주는 권세를 가지고 있다.

나아가 제31장 '대회와 협의회'의 제1항에서는 "더 나은 교회의 정치와 건덕을 위해서는 주의 교회 안에 일반적으로 노회나 총회로 불리는 모임들이 반드시 있어야 한다"고 언급하면서, 지역교회들의 연합을 강조한다.[33]

---

32 WCF 제30장 제2항.
33 WCF 제31장 제1항.

> 더 나은 교회의 정치와 건덕을 위해서는 일반적으로 노회나 총회로 불리우는 모임들이 있어야 한다(행 15:2-6). 교회의 감독자들이나 개교회의 장로들은 교회를 파괴하는 것이 아니라 굳게 세우기 위해서 그리스도께서 주신 직책과 권한으로 이런 집회를 결정하며(행 15:15), 교회의 유익을 위해서 필요하다고 인정하는 대로 자주 소집할 책임이 있다(행 15:22-25).

웨스트민스터 정치모범은 성경이 노회제도를 제시하고 있다고 하였다. 노회는 말씀의 봉사자들과 하나님의 말씀에 일치되어 교회의 치리자로서 교회행정에 목사와 함께 하는 장로들로 구성되었고, 여러 개의 교회가 한 노회 행정의 관리 하에 있었다고 말했다.[34]

다음으로 웨스트민스터 신앙고백서는 국가의 위정자들에 대해서 말하기를, 그들이 말씀과 성례를 집행하거나 하늘나라의 열쇠의 권한을 떠맡아서는 안 되고, 또한 신앙의 문제를 간섭해서는 안 된다고 선언하고 있다.[35] 나아가 모든 성도들이 국가의 위정자들과 하나님이 세우신 권세에 순복해야할 것을 고백하고 있다.[36]

> 위정자들을 위하여 기도하고(딤전 2:1,2) 그들의 인격을 존중해 주며(벧전 2:17), 조세와 그 밖의 공과금을 바치고(롬 13:6,7) 그들의 적법한 명령에 복종하고 양심을 위하여 그들의 권한에 복종하는 것은 백성들의 의무이다(롬 13:5; 딛 3:1).

그래서 교회와 세상의 관계에 대하여서는, 교회의 노회와 총회들은 교회

---

[34] WCF 정치모범. 노회에 대하여. 예루살렘교회와 에베소교회를 비롯한 각 지역의 많은 교회들이 한 교회였으며, 이 교회들을 한 교회처럼 다스리는 많은 장로들이 있었고, 저희는 다 한 노회의 행정 아래 있었다.
[35] WCF 제23장 제3항.
[36] WCF 제23장 제4항.

에 관한 것 이외의 것을 다루어서는 안 되고 무엇보다 국가와 관련이 있는 사회 문제를 간섭해서도 안 된다고 말한다.[37] 다만 특별한 경우에 겸허하게 청원하는 형식을 취하거나, 위정자의 요구가 있는 경우에 양심껏 충고하는 방식을 취할 수 있다(눅 12:13-14; 요 18:36).

특히 제20장에서는 '그리스도인의 자유와 양심의 자유'를 고백하고 있다. 그것은 하나님만이 양심의 주가 되시며, 개인의 신앙적 자유와 양심이 하나님께 대한 불순종을 강요하고 압제하는 국가정부나 성경에서 벗어난 그릇된 교리를 가르치고 복종을 요구하는 거짓 교회로부터 속박되어서는 안 된다는 것이다.[38]

> 하나님만이 양심을 주관하시는 주님이시며(약 4:12; 롬 14:4), 그는 신앙이나 예배에 관한 일에 있어서(행 4:19; 5:29; 고전 7:23; 마 23:8-10) 자기의 말씀에 조금이라도 배치되거나 혹은 벗어나는 인간들의 교훈들과 계명들로부터 양심을 해방시켜 주셨다. 그러므로 그러한 교훈들을 믿는다거나, 또는 양심을 범하여 그러한 계명들에 순종하는 것은 양심의 참 자유를 배반하는 것이다(골 2:20; 갈 1:10; 2:4,5). 또한 맹신과 맹종을 요구하는 것은 양심과 이성의 자유를 파괴하는 것이다(롬 10:17; 14:23; 사 8:20; 행 17:11; 요 4:22; 계 13:12-17).

기독교회사를 살펴볼 때, 이 고백은 참 신자들이 온갖 우상숭배와 수많은 이단들의 거짓 진리로부터 순교를 각오하고 신앙과 진리를 파수한 것과 동일한 역사적 연속성에서 나온 산물이다.

16세기 종교개혁은 로마가톨릭교회의 '교황주의'(Papalism)와 거짓 미사와 사악한 교리를 대항하여 오직 성경으로 돌아가려는 개혁운동으로 나타났다.

---

[37] WCF 제31장 제4항.
[38] WCF 제20장 제2항.

또한 17세기에는 잉글랜드국교회가 국왕수장령을 지지하고 국가의 교회에 대한 지배를 주장하던 '에라스티안주의'(Erastianism)와 비성경적인 명령에 대한 저항정신이 청교도운동으로 표출되었다.

개혁주의 장로교회는 인본주의적인 교황주의와 세속적인 에라스티안주의를 반대한다. 오직 "예수 그리스도만이 교회의 유일한 왕이시요 머리이시다"라는 것이 참 교회의 확고한 신앙고백이다

4. 요점: 교회의 본질

1) 교회의 참된 본질

개혁주의 교회는 역대 신조에 기초하여 교회의 본질을 다음과 같은 네가지의 속성으로 표현하고 있다. 바로 보편성, 사도성, 거룩성, 연합성이다.

첫째, 교회의 보편성이다. 개혁주의 관점에서 교회란 본질적으로 하나님의 영원한 선택에 기초하여 세워지는 모든 택자들의 모임이다. 이 교회의 '보편성'이란 교회의 본질을 가리키는 말로서, 모든 택자들의 모임으로 구성된 '보편교회'(Catholic Church)를 말한다. 이 보편교회는 영원 전에 택함받은 모든 사람을 말하며, 불가견적 교회로서 세계 도처에 있는 기독공동체로써 어느 한 지역에 국한될 수 없다. 동시에 역사적으로나 지리적으로도 그리스도와 연합하여 한 몸이 된 모든 자들을 의미하기도 한다. 그러나 로마가톨릭에서는 하나님 나라가 지상교회 가운데 실현되었다고 보았으며, '교회밖에는 구원이 없다'고 주장하면서 자신들의 교회를 하나님 나라와 동일시한다.

개혁교회는 오직 선택된 자들로 구성되는 우주적 교회, 곧 무형교회 혹은 불가견적 교회(invisible church)를 본질로 말하면서, 동시에 선택받지 못한 사람도 회원이 될 수 있는 제도적인 지상교회 곧 유형교회 혹은 가견적

교회(visible church)로 구분된다. 아울러 교회의 보편성은 예정론의 기초 위에 서 있다. 즉 하나님의 영원한 선택은 교회의 정체성과 본질 그리고 사명을 바로 세우는 토대이며 표준이다. 결국 예정론은 구원의 원인이며 동시에 교회의 내용이다. 개혁교회는 신론에서 뿐만 아니라, 구원과 교회에 관련해서도 예정론을 강조한다.

둘째, 교회의 사도성이다. 개혁교회는 오직 성경에 기초하여 사도적 신앙을 고백하고 전수하는 교회이다. 참 교회란 사도신경과 역대 교회의 공인 신조들을 성경에서 나온 가장 신실하고 순수한 진리의 가르침으로 믿고 따르는 '사도적 교회'(Apostolic Church)를 말한다. 성경은 교회를 "하나님의 집이요, 진리의 기둥과 터"라고 말씀하시며(딤전 3:16), 교회가 "사도들과 선지자들의 터 위에 서있다"(엡 2:20)고 말한다. 이는 교회가 성경 곧 사도들이 가르친 순수한 진리 위에 세워져야함을 말하며, '사도성'이란 순수한 사도적 진리를 전수받은 '신앙고백적 교회'를 말한다. 즉 교회가 성경의 진리 곧 사도들이 가르친 순수한 가르침에 바르고 충실하게 서있을 때에 비로소 참 교회라고 할 수 있다.

참 교회는 그리스도의 몸으로서 진리와 사랑 안에서의 온전한 일치를 이룬 교회를 말한다. 먼저 모든 신자들이 그리스도와 교회에 대한 계시 곧 성경의 전체 진리를 소유해야 진정한 교회라고 할 수 있다. 즉 이단들은 전체 진리가 아니라 일부분이나 부스러기 진리를 소유하고 그것을 절대화함으로 참된 일치를 이룰 수 없다.

아울러 교회가 선지자와 사도들의 터 위에 세워졌다는 말은 어떤 개인이 사도직을 이어받았다는 것이 결코 아니다. 즉 교회지도자들이 우월성을 내세우거나 계급적인 구별을 두기 위한 방편이 아니다. 사도들이라 하더라도 스스로 권위가 존재하는 것이 아니라, 그들이 보내신 자의 명령을 그대로 지켜 이행함으로써 권위가 위로부터 주어지는 것이다. 그들에게 가르치는 권한을 주셨다고 해서 마음대로 하는 것이 아니라 주의 말씀에 복종해야 하며,

그 자신도 말씀 안에 있다.

주의 교회는 모든 일을 행함에 있어서 오직 성경의 원리를 따라서 실행하여야 한다. 그러므로 이를 올바로 행하기 위해서는 역사적인 공교회의 신조들을 신실하게 배우고 실천하도록 해야 한다. 이와 같이 교회의 본질은 진리를 파수하고 전파하는 것이다. 교회가 성경에 기초한 정통신조를 따라 참된 신앙고백을 하고 그에 따라서 신실하게 행할 때, 그곳에 비로소 참 교회가 있다고 할 수 있다.

셋째, 교회의 연합성이다. 성령께서는 그의 은혜로 말미암아 하나님께서 영원 전에 택한 자들을 부르사 그리스도를 믿음으로 구원받게 하시고, 또한 그들로 하여금 머리되신 그리스도와 연합된 '하나의 교회'(One Church)가 되게 하신다. 여기서 교회의 연합성의 중심은 머리이신 그리스도이시다. 즉 오직 그리스도만이 모든 택자들의 머리이시며, 교회의 유일한 중보자시요 선택의 기초라는 고백이다. 그러므로 우리 중에 어떠한 사람이나 유명한 자라도 그리스도를 결코 대신할 수 없다. 사도 바울은 교회의 기초에 대하여, '주도 하나이요 믿음도 하나이요 세례도 하나'(엡 4:5)라고 말하며, 우리가 '그리스도 예수의 마음으로'(빌 2:1-5) '그리스도 예수를 본받아'(롬 15:5) '성령의 하나 되게 하신 것을 힘써 지키라'(엡 4:3)고 부탁한다.

주의 교회는 그리스도 안에서 온전한 연합을 이루도록 해야 할 것이다. 먼저 교회는 내적으로 성령의 하나되게 하심을 따라 오직 진리 안에 한 마음과 한 뜻이 되어야 할 것이다. 다음으로 교회는 외적으로 온 세상에 복음을 전파하여 아직도 돌아오지 않는 길 잃은 많은 주의 양들이 그리스도 안에서 하나가 되도록 힘써야 한다.

넷째, 교회의 거룩성이다. 하나님께서는 자신의 영광을 위해 만물을 창조하셨으며, 또한 그의 거룩한 형상을 따라 사람을 창조하셨다. 그리고 인류가 범죄하여 타락하였으나, 하나님께서는 예수 그리스도를 통하여 죄인을 구원하사 거룩한 하나님의 자녀가 되게 하신다.

이 교회의 '거룩성'은 삼위일체 하나님의 주권적인 선택에 근거하며, 성령의 은혜 안에서 오직 그리스도의 의로 말미암은 것이다. 즉 하나님의 택함을 받은 자는 성령의 은혜로 그리스도와 연합하여 의롭다하심을 받고 그의 '거룩한 교회'(Holy Church)로 세워진다. 교회의 거룩성은 오직 그리스도의 의에서 나온 열매이다. 그래서 사람의 의로운 행실이나 공로에서 나온 것이 아니고 교회의 종교의식에서 주어진 것도 결코 아니다.

보혜사 성령께서는 교회의 거룩함을 지키시고 완성하시는 분이다. 지난 기독교회사를 돌아보면, 역사 속에서 세상의 악한 권세자들이 교회를 지속적으로 핍박하고, 헛된 철학과 거짓 이단들이 진리를 대적해 왔지만, 교회는 성령의 은혜로 성경의 순수한 진리와 교회의 거룩성을 지켜올 수 있었다.

2) 개혁주의 성찬론

예수 그리스도께서 제정하신 성례는 세례와 성찬 두 가지가 있다. 여기서 성찬의식은 구원받은 신자 곧 그리스도의 죽음과 부활이 주는 참 의미를 알고 참된 신앙을 고백한 세례자에게만 주시는 특별한 은총이다. 또한 성찬은 임의대로 베풀 수 없으며, 오직 하나님께서 합법적으로 안수하여 세우신 목사에 의하여 자기를 스스로 살피고 주의 몸을 분별할 줄 아는 무흠한 성도들에게만 베풀어져야 한다(고전 11:27-30).

역사적으로 개혁교회는 성찬에서 유아세례를 받은 어린아이를 배제하고 있으며, 오직 성찬의 의미와 진리를 분별하며 능히 자신을 검토할 수 있는 성인세례자에게만 시행하도록 가르치고 있다.[39]

16세기의 종교개혁운동이 전개되던 시기에, 개혁자들 사이에 성만찬 가운데 그리스도께서는 어떻게 임재하시는가라는 문제가 개혁자들 사이의 주

39　Westminster Larger Catechism 제177문. 성찬은 자신을 검토할 수 있는 연령과 능력에 도달한 사람들에게만 시행되는 것입니다.

요논쟁으로 등장했다.[40]

당시 로마가톨릭교회는 1254년에 열린 제4차 라테란 회의에서 '화체설'을 교의화하였으며, 1563년의 트렌트 회의에서 이 성찬론을 확정했다. 또한 루터는 그리스도의 양성 간의 '속성교류'라는 신학으로 '공재설'을 주장했다.

먼저 로마가톨릭교회의 화체설(transubstantiation)은 성찬의 떡과 포도주가 그리스도의 살과 피로 실제적으로 변한다고 주장하며, 루터파의 공재설(consubstantiation)은 그것들의 본질이 변하지는 않고 대신 그리스도가 그 요소들의 '안에, 함께, 아래에, 몸으로' 임재하신다고 주장한다. 여기서 루터가 공재설을 주장하는 이유는 성찬의 본질에 있어서 그리스도의 신성과 인성이 육체 안에서 실제적인 통일성을 이루고 있지만 육체밖에는 로고스가 없는 것으로 보았기 때문이다.

결국 로마가톨릭은 화체설을 통하여 신앙없이도 사람들에게 세례를 주어 국가교회로 발전할 수 있었다. 또한 루터주의자들도 세례관에 있어서는 가톨릭에서 벗어나지 못하여 실제로 믿음이 없어도 신자가 되는 길을 열어 놓음으로 국가교회로 나아갔다. 그런데 취리히의 개혁자 츠빙글리는 성찬이 그리스도께서 "나를 기념하라"(눅 22:19)는 말씀에 따르는 하나의 의식과 상징적 표현에 불과하다는 '기념설' 혹은 '상징설'(symbolism)을 주장했다.

반면 칼빈은 성찬에 있어서 성령을 통한 그리스도의 실재적인 임재 곧 '영적 임재설'(spiritual presence)을 주장하였는데, 이는 그리스도가 성찬 가운데 그의 말씀과 성령의 사역을 통해서 성찬 가운데 임재하여 성도들에게 은혜를 베푸신다는 것이다.[41] 그리고 그는 성찬을 시행함에 있어서, 다음과 같은

---

40 Justo L. Gonzalez, 『종교개혁사』, 61.
41 Heidelberg Catechism 제47문, 제48문. 그리스도는 참 인간이요 참 하나님이십니다. 그는 인간적인 본성으로는 지금 이 땅 위에 계시지 않습니다. 그러나 그의 신성과 위엄과 은혜와 그의 영으로 우리와 항상 함께 하십니다. 신성은 불가해하고 어디에나 현존하기 때문에, 그 취한 인성 외부에 있을지라도, 그 안에 있어서도 인격적으로 인성과 결합되어 있습니다.

두 가지 과오를 경계해야 한다고 주장했다.

첫째, 표징을 경시함으로써 신비와 표징을 서로 분리해서는 안 된다.

둘째, 표징을 지나치게 찬양함으로써 신비 자체를 애매모호하게 만드는 듯한 인상을 주어서도 안 된다는 것이다.[42]

아울러 칼빈은 성자이신 그리스도의 신적속성인 '편재성'에 기초하여 성찬을 말하며, 그리스도의 육체 안에서의 인격적인 통일성을 강조하고 '육체 밖의 로고스'(Extra Calvinisticum)를 말했다.[43]

> 그리스도의 신성을 보면 그는 하늘에서 내려 오셨다고 한다. 신성이 하늘을 떠나서 신체라는 감옥에 숨었다는 뜻이 아니라 신성은 비록 만물에 충만했지만 그리스도의 인성을 취해서 육체로 거하셨다는 뜻이다(골 2:9). 즉, 본래대로 그리고 어떤 형언할 수 없는 방법으로 거하셨다는 뜻이다.

성만찬의 현장에 그리스도가 영적으로 따라서 실재적으로 임재하시며 또한 그 은총은 오직 선택된 사람들에게만 주어진다.[44] 이 성례는 신비한 예식으로서, 하나님께서 그리스도와 연합된 백성들에게 영적인 유익을 주신다.[45]

> 우리 영혼의 유일한 양식은 그리스도시다. 그러므로 하늘 아버지께서는 우리를 그리스도에게로 초대하셔서, 우리가 그에게 참여함으로써 힘을 회복하며, 하늘 영생에 도달할 때까지 몇 번이고 기운을 얻도록 하신다.

---

42 Inst., Ⅳ. 17. 5.
43 Inst., Ⅳ. 17. 30.
44 Inst., Ⅳ. 17. 33.
45 Inst., Ⅳ. 17. 1

> 그러나 그리스도와 신자가 은밀하게 연합된다는 이 신비는 본래 이해할 수 없는 것이므로, 하나님께서는 우리의 적은 능력에 가장 적당한, 보이는 표징으로 그 신비의 형상을 보여 주신다. 참으로 담보물과 표를 주심으로써 우리가 마치 눈으로 보는 것같이 확실하게 알게 하신다.

세례는 그리스도와 연합되었다는 표이며[46] 성찬은 그리스도와 연합된 자에게 주시는 특별한 은총이다. 성령은 성찬에 참여하는 우리를 하늘에 계신 그리스도에게로 들어 올리시어, 그리스도의 영적인 임재 가운데 영적이고 실제적으로 먹게 하신다.[47] 즉 성도는 말씀을 통하여 성찬 가운데 그리스도와의 연합이라는 특별한 결실을 얻는다.[48]

> 경건한 영혼들은 이 성례에서 큰 확신과 기쁨을 얻을 수 있다. 거기서 그들은 우리가 그리스도와 한 몸이 되어 그의 것은 모두 우리의 것이라고 부를 수 있다는 증거를 얻는다. 그 결과 우리는 그가 상속하신 영생이 우리의 것이라는 확신을 감히 가질 수 있다. 또 그가 이미 들어가신 천국은 그에게서 분리할 수 없는 것과 같이 우리에게서도 분리할 수 없으며, 그가 우리의 죄를 마치 자신의 죄인 양 지시고 우리에게서 그 책임을 면제해 주셨으므로 우리는 우리의 죄 때문에 정죄 받을 수 없다는 것을 감히 확신할 수 있다.

개혁교회가 성례를 시행함에 있어서 말씀의 중요성을 강조하고 있는 것은 성례가 말씀에 부가된 표징이요 인침이라고 보았기 때문이다. 또한 성찬은

---

[46] Inst., Ⅳ. 15. 6. 삼위일체 하나님은 세례 가운데 함께 역사하신다. 성부는 원인이시고, 성자는 질료이시며, 성령은 세례의 효력을 얻게 하시며 또한 분명하게 분별하신다.
[47] Inst., Ⅳ. 17. 33. 우리는 성령의 비밀한 힘이 우리와 그리스도를 결합하는 유대라고 함으로써 영적 방법으로 먹는다.
[48] Inst., Ⅳ. 17. 2.

반드시 말씀과 함께 시행되어야 하는데, 성찬의 은혜는 모두 말씀이 필요하기 때문이다.[49]

나아가 칼빈은 여성이 성례를 집행하는 것은 허락되지 않으며, 이것은 여성들이 남자의 직책을 요구하지 못하도록 더욱이 사제의 직책을 요구하지 못하도록 하려는 것이라고 했다.[50] 아울러 구약의 할례와 신약의 세례는 동일한 언약의 표증이라고 보았으며, 유아세례를 반대하는 재세례파를 이단으로 정죄했다.

스코틀랜드 신앙고백서에서는 성례의 효과가 성령의 은혜 가운데 오직 그리스도를 믿는 신앙에서 주어진다고 말한다.[51]

> 우리가 성례전을 올바로 사용함으로써 그리스도 예수의 몸과 피에 의하여 주어지는 실제적인 일치와 결합은 성령의 역사에 의해 이뤄지는 것이다. 결코 분리될 수 없는 성령은 신비한 역사의 열매인 신앙을 헛되게 하지 않으신다. 이 모든 것은 성례전이 우리에게 유효한 것이 되게 하신 유일하신 분 예수 그리스도를 붙드는 참된 신앙에서 오는 것이다.

(1) 어거스틴

어거스틴은 교회의 참된 표징을 통일성, 성결성, 보편성 그리고 사도성이라고 주장했다. 그는 교회의 권징과 치리가 실시되어야 한다는 사실은 인정하였으나 도나티스트가 주장한 교회적 합법성의 기준은 거부했다. 왜냐하면 이 지상에서는 이상적인 완전성이 이루어질 수 없다고 생각하였기 때문이었다.[52] 또한 기독교회사 속에서 처음으로 '보이지 않는 교회'(invisible church)

---

49 Inst., Ⅳ. 17. 39.
50 Inst., Ⅳ. 15. 21.
51 Scottish Confession 제21조.
52 Ernst H. Klotsche, 『기독교 교리사』, 190-191.

의 교리를 언급하였는데, 그는 교회 안에 두 종류의 사람 곧 '알곡과 가라지'가 섞여있으며, 장차 주의 심판을 통해 완전히 분리될 것을 말했다.[53]

아울러 어거스틴은 참된 교회란 사도들의 순수한 진리의 가르침을 따르는 교회라고 했다.[54] 그러므로 우리는 주의 교회가 참 진리 안에서 하나가 되어, 모든 성도들이 같은 믿음과 같은 뜻으로 하나님을 섬기며 행하게 될 때에, 비로소 그 교회의 진정한 일치성이 있다고 할 수 있다(엡 4;13).

나아가 교회의 거룩함이란 교인이 거룩해서가 아니라 머리되신 그리스도가 거룩하기 때문에 거룩하다고 보았다. 이 세상에서는 교회의 절대적 성결을 기대할 수 없고, 종말에 이르러 주인이 와서 추수할 때까지 계속되며, 장래에 완성에 도달하게 된다고 말했다.[55]

다음으로 어거스틴은 성례를 눈에 보이지 않는 은혜의 눈에 보이는 표식이며 신적 은혜로 통로로 보았으며, 이 성례는 말씀을 통해서 그 진정한 의미를 지니게 된다고 했다. 그래서 '말씀이 예품에 첨가되고, 그 결과 예품은 그 자체가 눈에 보이는 말씀으로 화한다'고 말하였으며, 또한 세례의 효력에 있어서도 '물이 영혼을 정화하는 것이 아니라 오직 말씀의 능력에 의해서만 가능한 것이며, 이는 단순히 말씀이 발언되었기 때문에 가능한 것이 아니라, 말씀이 믿어졌기 때문인 것이다'라고 했다.[56]

그리고 어거스틴은 유아세례가 성례로서 시효적으로 행해졌다는 사실만으로도 효력을 발휘한다고 보았다. 또한 유아세례는 아이에게 지을 수 없는 각인을 남기어 그리스도와 그의 교회에 속하게 된다고 주장했다. 이 사실은

---

53   Augustine, *De civitate Dei*, 20. 9.
54   Augustine, *De civitate Dei*, 20. 9. 사도들의 말씀대로 행하는 사람들만이 그리스도와 함께 왕노릇한다.
55   Augustine, 『하나님의 도성』, 조호연 역 (경기: 크리스찬다이제스트, 1998), 906. 교회 안에 버림받은 자들과 선한 자들이 복음의 그물 안에 같이 섞여 있는데, 해안에 가서야 악한 자와 선한 자가 분리되며, 하나님께서는 선한 자들 사이에서 마치 성전 안에 계신 것처럼 만유의 주로 만유 안에 계실 것이다.
56   Ernst H. Klotsche, 『기독교 교리사』, 168.

당시에도 유아세례가 일반적으로 행해졌음을 보여준다.[57]

한편 북아프리카 카르타고에서 등장한 도나투스파는 박해 시에 성경을 넘겨준 사람들을 '배반자'라고 부르며, 그러한 감독이 행한 안수나 성직임명 그리고 성례도 무효라고 주장했다. 게다가 그들은 도나투스파에 가입하려면 다시 세례를 받아야 한다고 말했다.[58]

초기에 어거스틴은 모든 사람에게는 신앙의 자유가 있으므로 이를 존중해야 하며, 그들을 참된 진리로 이끄는 방법은 순리적인 절차와 토론 등을 통해야만 한다고 생각했다. 그는 도나투스파와의 여러 차례의 마찰 가운데에서 오직 토론과 대화의 방법을 사용하고자 최대한 노력했다. 그러나 이러한 방법이 실효를 거둘 수 없게 되고, 도나투스파의 폭력적인 교회탈취와 분열운동의 위기를 경험하면서, 어거스틴은 초기의 유화적인 태도를 바꾸어 국가에 탄원하여 해결하고자 했다.

404년 6월에 열린 카르타고 회의에서 어거스틴은 도나투스파의 협박과 폭력에 대하여 국가에 제소하기로 결정하고, 이를 위하여 두 명의 감독을 황제에게 보냈다. 그리하여 로마황제는 군대를 파견하여 그들을 진압하게 되었는데, 도나투스파에 가담한 자는 시민권을 박탈당하였으며, 심지어 도나투스파의 집회에 참석하는 자는 투옥되거나 사형을 당했다. 이와 같이 어거스틴의 국가관은 바로 도나투스주의와의 투쟁에서 자연스럽게 정립된 것이었다. 하나님께서는 목자를 주었지 왕을 주지 않았는데, 인간의 악함으로 말미암아 국가가 형성되고 왕에게 권리를 주어서 악인의 악행을 제어하는 소극적인 방법이 생겨났다는 것이다. 그는 413년에 『신국론』의 저술을 시작하여 426년에 완성했다. 그는 로마제국이 처음부터 악한 신들을 섬기고 악행을 저지른 패역한 나라임을 고발했다. 이는 그리스도가 세운 나라에서만 참

57　Louis Berkhof, 『기독교 교리사』, 266.
58　Justo L. Gonzalez, 『초대교회사』, 242-243.

된 평화가 실현될 수 있다는 보았기 때문이다.[59]

결론적으로 어거스틴의 국가관은 북아프리카의 교회와 시대적 상황에서 연유한 것이었다. 실제로 국가의 의로운 전쟁에 관한 이론도 도나투스파에 대한 문제에서 나왔다고 할 수 있다.[60]

(2) 칼빈

칼빈은 성경적으로 교회를 하나님의 택자들의 모임이라고 보았다. 그리고 참된 교회는 하나님께서 영원 전부터 선택하신 자들이요, 예수 그리스도를 믿음으로 말미암아 구원받은 모든 백성들의 총수를 가리킨다고 말했다.[61] 또한 그는 하나님께서 세우신 모든 교회가 구원의 견고한 기초 위에서 교회의 유일한 머리되신 그리스도 안에서 한 몸으로 연합되어있다고 주장했다.[62]

> 하나님께서 모든 신자들의 머리시라는 것을 확신한다면 형제애로 연합하지 않을 수 없고 주께 받은 은혜를 서로 나누지 않을 수 없다. 우리의 구원이 확실하고 견고한 기초위에 서 있기 때문에, 전 세계의 조직이 무너지더라도 주의 교회는 결코 동요되거나 넘어질 수가 없다.

그는 지상에는 두 종류의 교회 곧 가견 교회와 불가견 교회가 상존하고 있다고 주장했다. 여기서 불가견 교회란 하나님이 선택받은 모든 사람을 가리킨다.[63]

> 성경에서 교회라고 하는 말은 어떤 때에는 하나님 앞에 있는 모든 사람

---

59 Augustine, *De civitate Dei*, 2. 21.
60 Justo L. Gonzalez, 『초대교회사』, 336-338.
61 Inst., Ⅳ. 1. 2. 신조에서 '우리가 공회를 믿는다'라고 하는 조항은 보이는 교회뿐만이 아닌 하나님의 선택을 받은 모든 사람들 곧 살아있는 사람들과 죽은 사람들까지를 의미한다.
62 Inst. Ⅳ., 1. 3.
63 Inst. Ⅳ., 1. 7.

을 의미한다. 이 교회에는 양자로 삼으시는 은혜에 의해서 하나님의 자녀가 된 사람들과 성령의 성화에 의해서 그리스도의 진정한 지체가 된 사람들만이 들어갈 수 있다. 따라서 이런 의미에서의 교회는 현재 지상에 살아 있는 성도들뿐만 아니라 천지창조 이후 지금까지 선택받은 모든 사람을 포함하는데, 이러한 교회가 불가견적인 교회이다.

아울러 그는 가견 교회 안에 참 교회인 불가견 교회가 존재하고 있으며, 참 교회는 오직 하나님만이 아신다고 말했다.[64]

> 누가 하나님의 백성인가를 아는 것은 하나님만이 가지신 특권이다(딤후 2:19). 하나님의 은밀한 섭리에 따라 '밖에도 양이 많고 안에도 이리가 많다.' 주께서는 주를 모르고 자신도 모르는 자들을 아시며 표를 해두셨다. 주님의 눈만이 주의 휘장을 달고 다니는 자들 가운데서 진정으로 거룩한 사람들과 구원의 종점에 이르기까지(마 24:3), 참고 견딜 수 있는 자들을 알아보신다.

본래 교회는 그 자체가 머리되신 예수 그리스도와 성경의 기초 위에서 세워진 것이다.[65] 즉 교회는 사도와 선지자들의 터 위에 세워진 진리의 기둥과 터이다(딤전 3:15). 그래서 칼빈은 교회를 바로 알아야 하는데, 그것은 바로 '어머니'라는 단순한 칭호에서 배워야 한다고 말했다. 즉 "하나님이 아버지가 되는 사람에게는 교회가 어머니가 되어야 한다"는 말에서 더욱 명확하게 드러난다고 했다.[66]

---

64 Inst., Ⅳ. 1. 8.
65 Inst., Ⅰ. 7. 2. 교회는 사도들과 선지자들의 터 위에 세우심을 입었다(엡 2:20)고 사도는 증거하고 있다. 만일 선지자와 사도의 교훈이 교회의 기초라고 한다면, 그것은 확실히 교회가 존재하기 이전에 벌써 그 권위를 갖고 있었음에 틀림없다.
66 Inst., Ⅳ. 1. 4.

역사적으로 개혁교회는 참 교회와 거짓 교회를 구별하기 위해 참된 교회의 3대 표지를 지켜왔다. 그것은 순수한 말씀선포, 성례의 정당한 시행 그리고 권징의 신실한 집행이다. 그러므로 칼빈은 그리스도 안에서 거듭나서 새 사람이 된 성도는 참된 신앙고백과 함께 이 교회의 참된 표지들을 따라 성실히 행할 때에야 비로소 진정한 교회의 회원이 된다고 말했다.[67]

> 하나님의 말씀을 순수하게 전파하며 또 그리스도께서 제정하신 대로 성례를 지킬 때에 거기 하나님의 교회가 있다는 것은 의심의 여지가 없다. 우리는 믿음의 고백과 삶의 모범과 성례에 참여함으로써 우리와 더불어 같은 하나님과 우리와 함께 하시는 그리스도를 고백하는 자들을 참 교회의 회원으로 인정하게 된다.

나아가 칼빈은 "우리는 교회라는 이름에 속지 않기 위해서, 우리는 교회를 자칭하는 모든 집단에 이 표준을 시금석으로 적용해야 할 것이다"라고 강조했다.[68] 또한 성령께서 성도들이 그리스도로부터 모든 은혜를 충만히 받아 누리도록 교회에 은총의 외적인 수단들과 보조자들을 주셨다고 말했다.[69]

> 우리의 믿음을 일으키고 키우며 목적지까지 향상시키려면 무지하고 게으르고 또 경박한 우리들에게는 외적인 도움이 필요하기 때문에, 하나님께서는 우리의 이 약점을 대비해서 필요한 보조 수단도 첨가하셨다. 또한 복음전파가 활발하게 전개되도록 이 보물을 교회에 맡기셨다.

여기서 칼빈은 주님의 교회를 가리켜 "진리의 기둥과 터요 하나님의 집이

---

[67] Inst., Ⅳ. 1. 8.
[68] Inst., Ⅳ. 1. 11.
[69] Inst., Ⅳ. 1. 1.

라"(딤전 3:15)고 하신 말씀을 해석하면서, "교회는 하나님의 진리를 이 세상에서 없어지지 않도록 하는 진리의 충실한 파수꾼"이라고도 언급했다.[70] 루터가 교회를 '성도들의 교제'라고 주장하는 반면에, 칼빈은 교회를 하나님이 제정하신 기구라고 함으로서 교직제도를 강조했다. 이는 먼저 하나님의 말씀이 있는 곳에 성도들의 모임이 성립된다는 것이며, 또한 하나님께서는 그의 교회를 통치하시기 위하여 교직제도를 세우셨다는 말이다.[71]

한편 루터파는 기독교 신앙을 디아포라(diaphora, 본질)와 아디아포라(adiaphora, 비본질)로 나누었다. 즉 복음, 율법, 이신칭의 등은 불변하는 본질적인 것으로, 교회의 예배의식과 성상숭배와 성직자의 예복 등은 시대상황에 따라 바뀔 수 있는 비본질적인 것으로 보았다. 또한 그들은 '성경에서 금하지 않은 전통은 구속력이 있다'고 보았기 때문에 로마가톨릭의 여러 가지 잔재들을 그대로 수용하였다.

반면 칼빈주의 개혁교회는 '성경에서 명하지 않는 한 전통은 구속력이 없다'고 보았기 때문에 비성경적인 잔재들을 철저히 제거하고자 노력했다. 그래서 로마가톨릭교회가 오로지 가견적 교회에 치중함으로써 교회의 본연의 모습을 상실했다고 보았으며, 로마가톨릭교회가 참된 교리를 벗어남으로서 거짓 교회로 전락하였음을 상기시킨다.[72]

> 기독교는 교리를 떠나서는 있을 수 없음에도 교리는 완전히 매장되고 제거되었다. 공중집회는 우상숭배와 불경건을 가르치는 곳이 되었다. 이렇게 많고 치명적인 비행에 참여하지 않아야만 그리스도의 교회에서 멀어질 염려가 없다.

70　Inst., Ⅳ. 1. 10.
71　Inst., Ⅳ. 3. 1.
72　Inst., Ⅳ. 2. 2.

다음으로 교회의 교회됨을 지키기 위한 요소로서 '권징'에 대해 살펴보자. 흔히 이 권징은 '치리'라고 표현하는데, 이는 교회가 진리 안에서 교회의 순결성을 지키며, 성례의 거룩성을 지키기 위한 것이다.

먼저 칼빈은 교회의 표지에 권징을 포함시키고, 권징이 참 교회와 거짓 교회를 구별하는 가장 확실한 표식이라고 했다.[73] 또한 교회가 권징을 시행하는 목적은 신자들의 성회에서는 모든 일이 적절하고 위엄 있게 행해지고 또 인간의 공동체는 인간애와 절도의 유대로 질서를 유지하는 데에 있다고 했다.[74] 그리고 교회가 권징을 바로 시행하기 위해서는 먼저 책임자들이 훌륭하게 다스리는 법을 알아야 하고, 다스림을 받는 사람들은 하나님의 올바른 권징에 순종하는 습성이 있어야 한다고 강조했다.[75] 아울러 교회의 권징의 유익에 대하여, 다음의 세 가지를 말하고 있다.[76]

> 첫째, 추악하고 부끄러운 생활을 하는 자들에게서 그리스도인이라는 이름을 빼앗으려는 것이다.
> 둘째, 악한 사람들과 항상 교제함으로써 선한 사람들이 타락하는 일이 없도록 하려는 것이다.
> 셋째, 비루한 자기자신에 대한 부끄러움을 이기지 못하는 사람들이 회개하기 시작하도록 만들려는 것이다.

마지막으로 칼빈은 교회와 국가의 관계에 대하여, '이중의 정부),' 즉 영적인 정부와 정치적인 정부로 구분했다. 그는 이 두 왕국은 하나님 앞에서 서로 반대하지 않으며, 모든 사람은 이중통치를 받는다고 강조했다.[77] 그는 세

---

73 Inst., Ⅳ. 12. 1-5.
74 Inst., Ⅳ. 10. 28.
75 Inst., Ⅳ. 10. 28.
76 Inst., Ⅳ. 12. 5.
77 Inst., Ⅲ. 19. 15.

속정부를 하나님의 권위를 위임받아 하나님의 뜻을 이루고 선을 행하는 청지기로 이해했고, 세속정부의 임무에 대하여 다음과 같이 말했다.[78]

> 우상숭배, 하나님의 이름에 대한 모독, 하나님의 진리에 대한 훼방 그리고 그밖에 종교에 대한 공공연한 방해가 발생하거나 만연하지 않도록 하고, 치안을 유지하며, 시민의 재산을 보호하고, 인간 상호간의 선한 교제를 가능하게 하며 정직과 겸양의 덕을 보존한다. 그리스도인들이 공개적으로 종교생활을 할 수 있도록 하여 사회에 인간성이 보존되도록 하는 것이다.

그런데 로마가톨릭교회는 교황을 중심으로 하는 교회가 세속권세보다 우위에 있음을 주장하고, 잉글랜드국교회에서는 '에라스티안주의'에 기초하여 국가의 교회에 대한 우위를 주장한다. 또한 재세례파와 회중교회주의자들은 교회와 국가의 철저한 분리를 주장하고 있다. 아울러 회중교회주의자들은 1658년에 영국의 사보이궁정에서 대회를 열고 '사보이선언'(Savoy Declaration)을 채택했으며, 성경적인 장로교회의 정치를 무시하고 교회의 문제에 대한 사법권자들의 권위를 부인했다.[79]

역사적으로 개혁교회는 교회와 국가의 분리를 주장하면서도, 이 두 기관은 하나님의 선한 뜻을 이루기 위해 상호보완적인 관계에 있음을 말한다. 그러므로 두 기관은 하나님의 영적권세와 세속권세로서 분리되어야 하며, 동시에 하나님께서 세우신 청지기로서 복음과 하나님의 영광을 위하여 협력해야 한다. 이를 위하여 두 왕국은 모두 하나님께서 그 권세를 위임하신 하나님의 종으로서 그의 말씀과 뜻을 따라 조직되어야함이 마땅하다. 하지만 이 일은 현대국가에서는 거의 불가능한 것이 사실이다.

---

[78] Inst., Ⅳ. 20. 3.
[79] Ernst H. Klotsche, 『기독교 교리사』, 426.

이 세상을 살아가는 모든 성도는 이러한 현실에서 세속정부와 국가법에 순종해야 한다. 하지만 세속정부가 교회를 핍박하거나 정당한 신앙생활을 방해하는 경우에, 성도는 신앙과 양심의 자유를 가지고 저항할 수 있다. 그리고 신자의 저항이란 하나님과 사람 앞에서 참 신앙을 고백하고 진리를 파수함으로서 주의 고난에 참여하는 것이다.

여기서 칼빈은 초대교부인 밀란의 감독 암브로시우스가 아리우스파를 지지하던 황제의 모친 유스티나와의 대결에서 오직 신앙으로서 승리한 사건을 실례로 들어서, 교회지도자가 가져야할 올바른 태도를 알려주었다.[80]

> 암브로시우스는 영적 사건, 즉, 종교에 관한 사건은 세속적인 싸움이 벌어지는 국가 재판소에 제출해서는 안 된다고 주장한다. 이 문제에 대한 그의 변함없는 태도를 모든 사람이 찬양한다. 그러나 만일 물적 강제력이 동원된다면 주장이 정당함에도 불구하고 자기는 양보하겠다고 말했다. "나는 나에게 위임된 곳을 스스로 버리지는 않을 것이다. 그러나 강요를 당한다면 나는 저항할 도리가 없다. 우리의 무기는 기도와 눈물뿐이기 때문이다." 이 거룩한 분의 탁월한 겸손과 지혜 그리고 위대한 정신에 우리는 주의해야 한다. 황제의 모친 유스티나는 그를 아리우스파에 끌어넣을 수 없었기 때문에 그를 교회를 치리하는 자리에서 몰아내려고 애썼다. 만일 그가 소환을 당하여 궁중에 갔다면 추방을 당했을 것이다. 그러므로 그는 이런 중대 논쟁에서 황제는 재판관으로서 적임자가 아니라고 한 것이다. 시대의 필요성과 문제의 영원한 성격이 이런 태도를 요구했다. 그의 찬성으로 이런 선례를 후세에 남기기보다는 차라리 죽는 것이 낫다고 그는 판단했다. 그러나 폭력을 사용할 때에는 그는 저항할 생각을 하지 않았다. 아울러 그는 신앙과 교회의 권리를 무력

---

[80] Inst., IV. 11. 15.

으로 옹호한다는 것은 감독이 할 일이 아니라고 말했다.

결론적으로 칼빈은 사도들의 순수한 가르침 안에서만 참된 교회가 세워진다고 말했다.[81]

> 교회의 기초는 예언자와 사도들의 교훈이며 그들은 또 구원은 그리스도에게만 맡기라고 신자들에게 명령하는데, 이 교훈을 없애버린 후에 교회가 어떻게 서 있을 수 있겠는가? 교회를 지탱할 수 있는 것은 경건의 이 핵심뿐이므로 이 핵심체가 죽으면 교회는 쓰러질 수밖에 없다. 진정한 교회가 진리의 기둥이요 또 그 기초라고 한다면 거짓말과 허위가 지배하게 된 곳에 교회가 있을 수 없다는 것은 확실하다.

그래서 교회가 참된 진리의 파수꾼으로서의 사명을 올바로 감당하려면, '신조와 교리'를 충실히 지키고 따라야 한다고 말했다.[82]

> 교회가 중요한 교리를 손상시키지 않고, 모든 신자들이 인정해야 하는 신조들을 말살하지 않는 과실 그리고 성례의 합법적인 제도를 폐지하거나 전복시키지 않는 과오는 용서해야 된다. 그러나 종교생활의 요새에 허위가 침입해서 필수적인 교리의 핵심과 성례의 효험이 파괴될 때에, 교회는 죽게 된다.

우리는 하나님께서 부여하신 권위로서 오직 성경에 기초하여 바른 질서와 교회제도를 세우고 참된 교회의 표지를 성실히 실행함으로써 참된 교회를 세워나가야 한다.

---

81 Inst., Ⅳ. 2. 1.
82 Inst., Ⅳ. 2. 1.

> 먼저 하나님의 말씀을 선포하며 참된 교리를 정하고 그것을 가르치고 배우는 것이며,[83] 성경을 따라 교회의 제도와 법규를 바로 세우고,[84] 또한 신자의 성숙과 교회의 거룩함을 위하여 권징을 신실하게 행하는 일이다.[85]

(3) 바빙크

바빙크는 "교회가 거룩함을 좇아가기 위해서 죄와 대적하여 끊임없이 싸워야하며, 또한 온 세상과 온 인류에게 복음 전파하는 명령을 받았다"고 말했다.[86]

예수 그리스도께서도 열두 제자를 택하시고, 그들로 하여금 예수와 함께 있게 하고, 주의 보내심을 받아 나가서 복음을 전파하고 병든 자를 고치게 하셨다. 그리고 부활하신 주께서는 그의 사도들로 하여금 그의 증인이 되어 온 세계에 나아가 복음을 전파함으로 그리스도의 교회를 세움으로 하나님 나라를 확장하도록 부탁하셨다. 여기서 베드로가 열두 사도 가운데 첫째 사도로 임명받는데 가톨릭에서 이를 근거로 베드로가 다른 사도보다 높은 위치에 있는 것, 더 나아가 최초의 교황이라고 주장하는 것은 잘못된 것이다. 왜냐하면 그도 열한 명과 같은 사도이고 그들 사이에서 특별히 더 많은 권세를 가진 것은 아니기 때문이다. 즉 모든 사도들이 동등한 위치에 있고 이 사도들을 기초로 하여 교회가 세워진 것이다.[87]

> 당시 사도들은 특별한 치리회로서 각 지역의 교회를 순회하며 그들을 강건케 했고 교제를 돈독히 했다. 또한 교회 안에 집사들을 세워 일상적

---

83 Inst., Ⅳ. 9. 2
84 Inst., Ⅳ. 10. 1
85 Inst., Ⅳ. 11. 1
86 Herman Bavinck, 『개혁교의학 개요』, 660.
87 Ibid., 664.

인 식사와 연회를 봉사하고 가난한 자들을 구제하도록 했다. 그리고 장로들은 교회를 감독하는 임무를 맡았는데, 장로에는 목사와 함께 교회의 치리에 협력하는 일반장로와 말씀사역과 진리를 가르치는 일에 수고하는 목사장로로 구별되었다.

성령께서는 교회에 은총을 베푸사 여러 직분과 은사를 허락해 주심으로 성도들을 온전케 하시며, 복음사명을 감당하도록 역사하신다. 즉 교회는 하나님께 받은 소명을 부응할 수 있도록 그리스도께로부터 은사와 직분과 봉사의 특별한 체제를 부여받았다. 또한 성령께서는 특별히 말씀을 섬기는 직분인 목사를 주셨다. 하나님께서는 이들을 통하여 말씀을 보존하고 해석하며 수호하고 모든 사람들에게 선포하는 일을 하도록 은혜를 베풀어 주신다.

지금도 성령께서는 주의 교회가 사도와 선지자의 터 위에 세워진 순전하고 거룩한 상태를 유지하고, 진리의 기둥과 터로서 그 사명을 감당하도록 역사하시고 계신다.[88]

---

88 Ibid., 674.

제 9 장

선행론

1. 개요

성령께서는 그리스도 안에서 새 사람이 된 성도들에게 선한 의지를 주시며, 그들에게 지속적으로 은총을 베푸시어 하나님의 말씀을 따라 거룩함을 이루게 한다. 또한 성령은 성도들이 선행으로 많은 열매를 맺어 하나님께 영광을 돌리며 살아가도록 역사하신다.

삼위일체 하나님께서 그의 영원한 경륜 가운데 우리를 창조하시고, 또한 그리스도 예수 안에서 구원하신 것은 선한 일을 하게 하시려는 것이다.[1] 곧 하나님의 기뻐신 뜻을 따라서 선한 일에 열심을 다하는 백성(a people, zealous of good works)이 되게 하려 하심이다.[2] 이는 지극히 선하신 여호와 하나님께서 태초에 사람을 처음 창조하셨을 때, 사람은 매우 선한(טוֹב מְאֹד, very good) 존재였다. 하나님은 그로 하여금 하나님께 순종함으로 하나님께 온전한 영광을 돌리게 하시려는 것이 본래의 목적이었다.

---

1 우리는 하나님의 만드신 바라 그리스도 예수 안에서 선한 일을 위하여 지으심을 받은 자니 이 일은 하나님이 전에 예비하사 우리로 그 가운데 행하게 하려 하심이라(엡 2:10).
2 그가 우리를 대신하여 자신을 주심은 모든 불법에서 우리를 속량하시고 우리를 깨끗하게 하사 선한 일을 열심히 하는 자기 백성이 되게 하려 하심이라(딛 2:14).

성령께서는 하나님께 타락한 죄인을 그리스도 안에서 구원하사 하나님의 자녀로 만드시고, 또한 성도들에게 은혜를 베푸시어 그들의 거룩함을 이루어 나가시며 선한 일을 이루며 살아가게 하신다. 곧 선행은 성령께서 베푸신 은총의 열매이다.

그래서 성령께서는 하나님의 말씀을 통하여 성도들이 하나님의 선하고 기쁘신 뜻을 바로 알고 선을 행하며 살아가게 하신다. 또한 성도가 하나님의 말씀을 따라 기도하도록 도우시며, 하나님의 사랑 안에서 천국복음과 진리를 온 세상에 증거하며 살아가도록 역사하신다.

성도에게 주어진 모든 축복은 성령께서 그리스도와 연합된 성도들에게 주신 구원의 결과요 은총의 열매이다. 즉 보혜사 성령께서는 그리스도 안에서 새롭게 된 성도들은 거룩하고 선한 행실로 하나님께 영광을 돌리는 삶을 살아가도록 도우시는 분이시다.[3]

사도 바울이 "너희 속에 착한 일(ἔργον ἀγαθὸν, good work)을 시작하신 이가 그리스도 예수의 날까지 이루실 줄을 확신하노라"(빌 1:6)고 했을 때, 이 말씀은 성령께서 우리의 구원과 함께 우리의 삶의 전 과정 곧 구원의 전 과정 속에서 선을 이루도록 역사하신다는 것이다. 여기서 신자들의 '선행'이란 하나님께서 그의 거룩하신 말씀으로 명령하신 것들만을 가리킨다. 이 말씀은 성도들이 스스로 삶을 살아가는 것이 아니라 오직 성경에서 하나님이 말씀하신 규범과 원리를 따라 살아가야 한다는 것이다.

그런데 성도의 거룩함은 선행과 일치되어야 한다. 즉 거룩함은 결국 선행의 열매로 드러난다. 이는 성도의 내적인 거룩함이 그의 삶과 사역 속에서 자연스럽게 외적인 사랑과 선행의 표증으로 나타나게 된다는 것이다. 그것은 하나님 앞에서의 온전한 거룩함과 참된 사랑이 바로 이웃에 대한 참된 사랑으로 나타나야 한다는 것이며(마 22:37-40), 또한 주의 제자된 자의 참된

---

3 Inst., Ⅱ. 3. 9. 선행의 처음 부분은 결심이며 다음 부분은 그것을 수행하는 강한 노력이다. 그리고 두 부분은 모두 그 근원이 하나님이시다.

증거가 사랑이라고 말하는 것과 같다(요 13:34-35).

　본래 삼위일체 하나님께서는 위격적 상호관계 속에서 이루어진 영원한 의논을 통하여 구속언약(covenant of redemption)을 맺으셨는데, 이는 역사 속에서 행위언약과 은혜언약으로 계시되었다. 즉 사람이 행위언약(covenant of works)에 실패하게 되자, 하나님께서는 인류를 구원하시기 위하여 은혜언약(covenant of grace)을 맺어주셨다. 그래서 성자는 구속언약을 이루시기 위해 성부의 보내심을 받아 이 세상에 오셨으며, 인류의 죄를 대속하시기 위하여 십자가에 못 박혀 죽으시는 책무를 감당하셔야만 했다. 그리고 성령은 성부와 성자로부터 보냄을 받아 보혜사로 이 땅에 내려오셔서 성자가 이루신 구속의 은총을 모든 택자들에게 적용하사 그들을 구원하실 의무가 있었다.

　하나님께서 그의 영원한 경륜을 따라 창조하신 첫 사람 아담은 인류의 대표자로서 마땅히 믿음과 순종의 책임을 다해야만 했다. 즉 하나님의 인류를 향한 주권적이고 일방적인 은혜언약 속에는 인간의 하나님께 대한 의무와 책임성이 따랐다. 마찬가지로 구원받은 모든 신자들도 하나님의 은혜로우신 구원 안에서 하나님께 대한 온전한 믿음과 순종의 쌍무적인 의무를 가진다.

　예수 그리스도는 그리스도인의 참된 모범이시며, 모든 선한 일의 표준이다. 그러므로 성도는 주님을 본받아 하나님의 사랑을 나타내는 자로 살아야 한다. 이는 성도가 자기의 임의대로 살아가지 않고, 오직 성경을 따라 하나님을 경외하는 가운데 삶 속에서 거룩함을 이루고 선을 행함으로 하나님께 영광을 돌리며 살아가는 것이다.

　개혁주의는 오직 성경에 기초하여 신자의 참된 신앙인격과 삶의 표준을 가르쳐준다. 그것은 하나님께서 주의 자녀가 오직 성경의 교훈을 따라 하나님의 사랑과 선하신 뜻을 알아가며, 그리스도의 모범을 배우고 닮아가도록 도우신다는 것이다.

　기독교인의 자유는 방종이나 무율법주의와는 전혀 다르다. 그것은 도리어 자신이나 세상을 위해 살아가는 것이 아니라 적극적으로 하나님을 위해 사는 삶이다. 즉 참된 신자는 사람보다 하나님의 뜻에 순종함으로 하나님께 영광을 돌리며 살아가는 자이다(행 5:29).

2. 주요논쟁

1) 기독교 율법주의와 반율법주의

초대교회의 영지주의 이단 가운데 유대교적 분파인 에세네파는 기독교인의 율법준수를 강조하였으며, 반면 영지주의적인 말시온과 같은 이단들은 구약율법의 폐기를 주장했다. 그 후 3세기에는 인간의 자유의지에 의한 자력구원을 주장하는 펠라기우스주의 사상이 등장했는데, 이는 4세기에 다시 반펠라기우스주의의 신인협력적 구원론으로 발전했으며, 그 후에는 로마가톨릭교회의 신학 사상으로 이어졌다.

중세 로마가톨릭교회는 하나님의 은혜가 인간의 의지를 도와서 믿음을 갖게 한다고 본다. 이 은혜나 능력이 주어졌을 때 신자는 그것과 협력하게 된다. 로마가톨릭교회의 이러한 가르침은 죄인이 노력으로 의의 상태에 도달할 수 있다는 것이다. 따라서 칭의는 하나님과 죄인이 협력하여 이루는 셈이다.

결국 그들에게는 선행이 구원을 위해 필수불가결한 것이며, 개인의 선행과 종교행위의 공로로 칭의가 이루어진다는 것이다. 이러한 구원론은 종교개혁 시대에 후기 루터파의 구원론으로 이어졌으며, 화란의 알미니안주의와 영국의 웨슬리안주의에 영향을 줌으로 현대복음주의 전통으로 깊게 자리를 잡고 있다.

역사적으로 복음주의 신학전통은 인간의 자유의지와 자력구원의 가능성을 인정하고 있으며, 실제에 있어서는 인간의 선행을 구원의 조건으로 보는 소위 공로주의 신학 사상에 기초하고 있다.

16-18세기에는 하나님의 은혜 안에서 율법의 순종을 통한 복음적 의를 통해 구원을 완성할 수 있다는 새로운 '율법주의자' 혹은 '신율법주의'가 등장하였다. 반면 '반율법주의' 혹은 '율법폐기론'을 주장하는 사람들도 나타났다.

먼저 17세기 말에 일어난 이 '신율법주의'(Neo Nomianism) 운동의 핵심은 하나님께서 시대나 상황에 따라서 구원의 조건들을 변경할 수 있다고 보는 것이다. 그들은 행위언약의 시대에 하나님께서 철저한 순종을 요구하셨지만 아담은 실패했고 모든 후손들도 역시 실패했다고 보았다. 따라서 하나님은 그리스도를 통하여 새로운 율법, 즉 믿음과 회심을 요구하는 복음의 법을 주셨다고 주장한다. 그들은 칭의가 점진적인 것이라고 보며, 칭의의 근거는 전가된 예수 그리스도의 의가 아니라 신자의 복음적 의라고 주장하는데, 그것은 새로운 율법의 순종 곧 믿음, 회개, 선행이 칭의의 토대가 된다는 교리를 말한다.[4]

이러한 '신율법주의 논쟁'에서 대부 역할을 한 사람은 리차드 백스터(Richard Baxter, 1615-1691)와 그의 제자 다니엘 윌리엄스(Daniel Williams, 1643-1716)였다. 이들은 소뮈르(Saumur)학파의 영향을 받아서 그리스도의 죽음을 보편적 구속행위로 설명했다. 그리스도는 구속의 행위로 인하여 하나님께서 회개하는 자에게 용서와 사면을 주는 새 법을 만드셨는데, 이 법에 대한 순종인 회개와 믿음이 신자를 개인적으로 구원하는 의가 된다고 보았다. 이는 쉐퍼드(Thomas Shepard, 1605-1649)의 '예비주의'와 맥을 같이 하고 있다. 쉐퍼드는 칭의를 얻기 전에 성화의 표식들을 통해서 증거를 확보해야 한다고 주장하면서, 구원에 있어서 믿음만이 아니라 죄에 대한 자복과 회개를 강조했다.

---

[4] Louis Berkhof, 『기독교 교리사』, 238.

결국 신율법주의자들은 그리스도를 진리를 보증한 위대한 선지자나 교사로만 인정했고, 인간이 구원을 얻기 위해서는 그리스도의 모범을 따라야 한다는 자유주의를 낳았다.[5]

반면, '반율법주의'(Antinomianism)는 율법에 반대한다는 것이다. 이들의 견해는 그리스도인들의 일상생활은 이제 하나님의 도덕적 율법에 묶여 있지 않다는 것이다. 이 견해는 실제적으로 부도덕하고 방탕한 생활을 허용하게 되어 큰 문제를 야기하게 된다.

16세기 중반에 이르러 루터와 반율법주의자인 아그리콜라(Agricola, 1499-1566)의 논쟁이 있었다. 그것은 1527년 멜란히톤의 '순회시찰보고서'에서 비롯된 것이었는데, 순회의 결과는 매우 참담했다. 당시 루터는 비통한 마음으로 사람들이 복음의 자유를 오용하고 있음을 한탄했다. 목사들은 거의 쓸모 없는 사람들이었고, 축첩하는 사제, 술과 오락에 중독된 사제와 심지어 주기도문이나 사도신경을 외우지 못하는 사제들이 있었다.

루터는 1528년 선제후 요한에게 부탁하여 교회와 학교를 재정비하기 위해 교회 순회검열을 위한 위원회를 구성하게 하였으며, 1529년에는 성경의 가르침을 요약한 십계명, 사도신경, 주기도문을 해설한 『대요리문답』(*Large Catechism*)을 작성했다. 이 문답서의 서문에서, 목회자는 설교에서 회개의 촉구와 죄의 용서가 포함되도록 해야 하며, 또한 십계명이 부지런히 설교되어야 할 것을 주장했다.

그런데 아그리콜라는 루터의 사상과 칭의를 위해 회개가 선행되어야 한다는 멜란히톤(Philipp Melanchthon, 1497-1560)의 주장을 반대했다. 즉 그는 구원은 믿음으로 말미암는 것으로서 오직 복음만이 필요하며, 율법은 더 이상 필요가 없다고 주장했다.

이 논쟁은 아그리콜라가 성경을 잘못 이해한 데에서 비롯되었는데, 율법

5　Ibid., 239.

은 설교에서 완전히 제거되어야 한다고 했다. 그 이유는 율법이 하나님의 명예를 떨어뜨리고, 그리스도는 스스로 안식일과 율법을 어기셨고 복음을 가르치라고 명령하셨다고 주장했으며, 또한 바울도 율법으로 칭의를 얻을 수 없다고 말했다는 것이다. 신자는 단지 복음으로만 산다고 말한다. 또한 구원은 하나님의 계획 속에서 이미 준비된 것이기 때문에, 그리스도는 자신의 공로를 통해서 구원을 확보한 것이 아니라 단지 하나님의 사랑을 계시한 것뿐이라고 한다. 그리고 믿는다는 것은 하나님의 진노가 그들을 향해 불붙어 있다는 잘못된 생각을 버리는 것이라고 했다.[6]

그 후 이 논쟁은 율법과 복음을 명확히 구별한 '협화신조(1576)'에 의해 해결되었다.

"율법은 하나님께서 보시기에 정당하고 기쁜 일을 가르치고, 복음은 그리스도 예수 안에서 은혜를 전하는 것이다. 그러므로 교회는 항상 율법과 복음 모두를 가르쳐야 한다."[7]

17세기 영국에서는 일부 침례교도를 중심으로 '표준복음운동'이 일어났다.[8] 이 운동을 주도한 사람은 반율법주의적 칼빈주의자 크리스프(T. Crisp, 1600-1643)였으며, 이들은 복음으로 얻는 구원과 제한속죄론을 강조하고 율법폐기론을 주장했다.

칼빈과 개혁주의자들은 '율법의 제3용법'을 인정하며, 율법이 행위 언약으로써의 기능은 폐기되었지만 성도의 생활규범으로서 유효하다고 믿는다. 그런데 표준복음운동가들은 칼빈주의 입장을 거부하였고, 결과적으로 실천적 반율법주의자들이 출현하는 길을 열었고, 내적 성화주의와 신비적 범신론자들이 유입되는 결과를 낳았다.

한편 미국 뉴잉글랜드의 안느 허친슨(Anne Marbury Hutchinson, 1591-1643)

---

6 Ibid., 240.
7 The Formula of Concord(1576), XI, V.
8 김재성, 『개혁신학의 정수』(서울: 이레서원, 2003), 389-402.

과 존 휠라이트(John Wheelwright)는 반율법적 신비주의 운동을 일으켰다. 특히 휠라이트는 설교를 통하여 행위언약 혹은 율법을 행하려고 하거나 칭의의 표증으로서 성화를 주장하는 모든 자들은 적그리도스들이며 율법주의자들이라고 맹비난을 가했다.[9] 아울러 이들은 성령의 직접적인 교통을 주장하고, 자신들은 참된 목사와 거짓 종들을 분별하는 능력을 갖고 있다고 말했으며, 그들은 오직 성령만 필요할 뿐 율법이나 성경은 필요 없다고 가르쳤다. 그리고 거룩함을 증진시켜 주는 것은 그가 이미 죄를 용서받았다는 인식을 가지는 것이라고 주장했다. 그 결과 성령의 내적 증거와 성화의 외적 증거를 부인하였으며, 성경을 통한 객관적 가르침보다는 개인에 따라 달라지는 주관적이고 내적인 인도하심에 강조점을 두었다.

결국 1637년에 열린 뉴잉글랜드 노회에서는 그들을 반율법주의자들로 정죄했다. 또한 뉴잉글랜드 시민법정에 허친슨과 휠라이트는 '모욕죄와 선동죄'로 고소를 당하였으며, 이들은 추종자들과 함께 재판을 통하여 유죄선언을 받아 교직을 박탈당하고 영주권도 빼앗겼으며 자신들의 정착지에서도 추방당하고 말았다.[10]

한국교회 안에도 반율법주의적이고 비성경적인 구원론을 전하는 자들이 있다. 특히 구원파는 율법은 십자가에서 끝났기 때문에 신자는 율법과 규범에 메일 필요가 없다고 한다. 그들은 주일성수, 십일조, 새벽기도 등을 율법이라고 하여 부인한다. 또한 죄를 지어도 회개할 필요가 없다는 교리를 가르침으로 성도의 성화와 선행의 삶을 파괴할 뿐만 아니라 죄악을 정당화하여 방종으로 이끈다.

최근에는 정통예정론에 대한 무지와 성화에 대한 오해에 기초하여 인간의

---

9 Hall, David. *The Antinomian Controversy*(1636–1638), *A Documentary History* (London: Duke University Press. 1990), 7.

10 Battis, Emery. *Saints and Sectaries: Anne Hutchinson and the Antinomian Controversy in the Massachusetts Bay Colony* (Chapel Hill: University of North Carolina Press, 1962), 7.

생래적 부패와 무능력 곧 '부정철학'을 주장하며, 신자들의 모든 선행을 율법주의로 정죄하는 이단운동가들이 나타났다. 이들은 신자들에게 자기 자신의 의와 선행의 모든 가능성을 부정하고, 오직 십자가만을 바라보고 십자가의 도리만을 묵상함으로 최종적인 구원을 얻게 된다는 변형된 신비주의적 영지주의를 전파함으로 많은 목회자와 성도들을 미혹하고 있다.

결론적으로 반율법주의의 가장 큰 오류는 기독교 신앙 전체를 구원의 확신 속에 묶어둠으로서 하나님께서 성도들에게 말씀하신 합당한 선행들과 모든 신앙의 활동들을 부인하고, 오로지 구원을 위한 죄사함에 대한 도리를 지성적으로 수용하는 것으로만 이해한 데에 있다. 이는 성경적이고 바른 구원론에 대한 근본적인 무지와 기독교의 정통교리에 대한 몰이해에서 나온 것이다.

2) 신칼빈주의와 언약적 율법주의

19세기말 신칼빈주의(Neo-Calvinism)의 주창자인 아브라함 카이퍼(Abraham Kuyper, 1837-1920)는 '가정중생설' 및 '영원칭의론'을 주장하였으며, 일반은총에 대한 특별한 이해와 유기체적인 교회론에 기초하여 신자와 불신자가 연합하여 도덕적이고 문화적인 공동체로서의 하나님 나라를 회복해야 할 것을 주장했다.

이 신칼빈주의는 변형된 칼빈주의 사상이다. 카이퍼는 화란의 타락한 사회를 변혁하기 위하여 독특한 신학 사상과 교회론을 가지고 사회개혁운동을 전개하였지만 결국 실패로 끝나고 말았다. 그리고 칼빈주의를 문화구속론 혹은 문화변혁운동으로 변질시키는 결과를 낳았다.

오늘날 신복음주의자들은 이러한 신칼빈주의자들의 하나님의 영역주권 사상과 문화변혁주의 사상을 개혁주의 정통신학의 유산인 것처럼 오해하여 가르치고 기독교사회운동을 활발히 전개하고 있다. 실상은 많은 교회들이 순수한 복음과 정통교리에서 벗어나 사회정의나 윤리실천운동으로 나아가고 있으며, 심지어 신정통주의자들과 연합하는 방향으로 나아가고 있는 현실이 되어버렸다.

한편 몰트만을 비롯한 현대신학자들은 '케노시스 기독론'과 '사회적 삼위일체론'을 주장하면서, 신자들이 이 세상의 삶 속에서 그리스도의 삶을 본받아 공동체적 연합과 일치를 도모하고 있다. 특히 신정통주의자들이 말하는 소위 비하의 정신 혹은 비움의 철학은 종교적이고 사회적인 윤리의 실천을 말한다. 이는 인본주의 철학과 문화의 다양성에 기초를 두고, 신학적 입장이나 교리적 배타성을 버림으로서 적극적인 연합과 일치를 이루어가야 한다는 에큐메니칼운동과 종교다원주의 신학 사상에 목적을 두고 있다.

영국에서는 샌더스(E. P. Sanders)와 제임스 던(J. Dunn)과 톰라이트(N. T. Wright) 등에 의해서 '바울의 새 관점' 학파가 생겨났으며, 이들은 소위 '언약적 율법주의'(covenantal nomism)를 주장한다. 샌더스는 유대인들이 언약적 율법주의라는 기준을 가지고 살았으며, 이는 의로움을 얻기 위한 것이 아니라 은혜 안에 머물기 위한 순종이었다고 말했다. 또한 던은 믿음으로 얻는 초기의 칭의와 함께 각자의 선한 행위로 나타나는 최종적 칭의를 주장했다. 그리고 라이트는 복음에 대한 믿음을 언약참여자의 새로운 표시라고 보았고, 그리스도를 믿음으로 얻는 완전한 칭의와 의의 전가를 전면 부정했다.[11]

그들은 바울신학의 칭의론에 대한 새로운 해석을 제시하면서, 칭의와 성화가 동시적으로 최후심판 때에 궁극적이고 최종적으로 완성된다고 주장했다. 즉 신자가 성화의 삶과 선행을 통해 자신의 구원을 이루어나가야 한다고 말했다. 이 사상은 '신율법주의의 부활'이나 '유보적 칭의론' 혹은 '신칭의론'이라고 불리워지며, 신자가 삶 속에서 성화 혹은 선행의 삶을 바로 살아내지 못한다면 결국 최종적 칭의의 선언에서 구원을 얻지 못할 것이라는 매

---

11   김재성, 『개혁신학 광맥』, 222-228.

우 위험한 주장이다.

　개혁주의 전통에서는 율법의 준수나 선행이 결코 칭의의 조건이나 구원의 공로로 여겨질 수 없다. 그러나 율법은 성도들의 도덕적 삶의 규범으로서, 그들이 이 세상 속에서 성령의 은혜로 말미암아 선을 행함으로 하나님께 영광을 돌리도록 하는 방편이 된다.

　결론적으로 선행은 거룩하신 하나님께서 오직 성경을 통해 명령하신 것으로서, 모든 성도가 마땅히 행할 신앙의 도리요 본분이다. 그러므로 예수 그리스도 안에서 새 사람(new man in Christ)이 된 모든 성도는 성령의 은혜를 간구하는 가운데 거룩함과 선한 행실을 통하여 하나님께 영광을 돌리기 위해 힘써야 할 것이다.

3. 역대 신조

1) 제네바 요리문답(1542)에서는, 인간의 삶의 제일된 목적이 '하나님을 아는 것'이며[12] 또한 하나님을 참되고 올바르게 아는 길은 바로 "하나님께 영광을 돌리기 위한 목적으로 하나님을 아는 가운데 있다"고 말한다.[13] 이어서 우리가 하나님께 영광을 바르게 돌리기 위한 방법에 대하여, 다음과 같이 말한다.[14]

> 하나님을 전적으로 신뢰하며, 그분의 거룩한 뜻에 복종하면서 하나님을 섬기고, 우리의 모든 어려움 중에서 그분에게 도움을 청하며, 그분 안에서 구원과 모든 좋은 것이 하나님으로부터만 나온다는 것을 마음과

---

[12]　Catechism of the Church of Geneva 제1문.
[13]　Catechism of the Church of Geneva 제6문.
[14]　Catechism of the Church of Geneva 제7문.

입(행위)으로 표현하고 인정하는 것이다.

그리고 하나님께서는 우리가 하나님께 영광을 돌리며 살아가도록 친히 역사하신다고 말한다.[15]

> 하나님께서 우리들을 사랑하고 계신다는 것과 그분이 우리의 아버지와 구원자가 되시기를 원하신다는 사실을 확신해야 하는데, 그것은 하나님의 말씀을 통해서 알 수 있습니다. 하나님께서는 예수 그리스도 안에서 하나님의 긍휼을 우리에게 나타내시며, 우리를 향한 당신의 사랑을 확신시켜 주십니다.

아울러 하나님께 대한 참된 신뢰의 근거는 예수 그리스도 안에서 하나님을 아는 것이다라고 말하며,[16] 성도의 목적은 하나님을 참되고 바르게 알고 하나님께 영광을 돌리는 것이라고 말한다.[17]

> 진리의 말씀이 증거하는 것인데, 즉 영원한 생명은 참된 하나님과 그가 보내신 분 예수 그리스도를 아는 일인 것입니다. 우리가 하나님을 아는 것은 그분에게 마땅한 영광을 드리기 위함입니다.

끝으로 하나님께서는 성도가 그의 영광을 위하여 행하는 모든 선행들에 대하여 보답하신다고 강조하면서, 또한 그러한 상급이 우리의 공로에서 주어지는 것이 아니라고 말한다.[18]

---

15 Catechism of the Church of Geneva. 제12-13문.
16 Catechism of the Church of Geneva. 제14문.
17 Catechism of the Church of Geneva 제299문.
18 Catechism of the Church of Geneva 제125문.

하나님께서는 이 세상에서와 천국에서 이 선행들에 대해 보답해 주시겠다고 약속하셨기 때문에 무익하지 않습니다. 그러나 이 모든 보답은 하나님께서 우리를 은혜로써 사랑해 주신다는 사실과 하나님께서는 우리의 모든 허물을 덮어 두시되 기억하지 아니하신다는 전적인 자비와 은총으로 되는 것이지 우리의 공로로 되는 것은 아닙니다.

2) 스코틀랜드 신앙고백서는, "하나님께서 우리의 거룩함을 이루어나가도록 하기 위해서 거룩한 율법을 주셨는데 그것은 성도들이 마땅히 하나님을 기쁘시게 하기 위하여 스스로 행해야 할 일들로서 십계명의 첫째 부분과 둘째 부분에 기록된 선한 행위들이다"라고 고백한다.[19]

3) 벨직 신앙고백서는 참된 믿음과 선행의 관계에 대하여 다음과 같이 말하고 있다.[20]

우리가 말하는 믿음이란 죽은 믿음이 아니라 성경에서 일컫는 사랑을 통하여 역사하는 믿음이기 때문이오, 이것은 곧 하나님께서 말씀 가운데서 인간에게 명하신 실천하는 믿음인 것이다. 이 선한 일들은 마치 좋은 믿음의 뿌리에서 선한 열매가 나오듯이 하나님 보시기에 받으실 만한 착한 행위들로서, 이 모든 것은 하나님의 은혜로 인하여 거룩하게 되는 것이다. 그리스도를 믿는 믿음이 선행되지 않고서는 그 어떤 인간의 행위도 선할 수 없는데, 그 이유는 좋은 나무 열매를 맺으려면 그 나무 자체가 우선 좋아야만 하기 때문인 것과 마찬가지다. 우리는 복음의 가르침을 확증시키도록 하기 위하여, 하나님의 뜻을 따라 그의 영광을 높이기 위한 생활을 규정해 나가도록 율법과 선지자들에게서 얻은 그 모

---

19 Scottish Confession 제14조.
20 Belgic Confession 제24-25장.

든 증거들을 여전히 사용하는 바이다.

4) 하이델베르크 요리문답은, 우리의 선행은 우리가 의로워지는 것과는 아무런 상관이 없다고 하면서, "오직 선행에 대한 보상은 우리의 노력의 대가가 아니라 하나님께서 은혜로 주시는 선물"이라고 말하고 있다.[21] 선행의 근거는 예수 그리스도께서 그의 보혈로 우리를 구속하셨을 뿐만 아니라, 성령으로 우리를 새롭게 하셔서 주님의 형상을 닮게 하시기 때문이다.

우리가 선행을 해야 할 이유는 우리의 모든 삶으로써 하나님의 은덕에 감사하고 하나님께서 우리를 통해 찬양받으시기 위함이며, 또한 우리 각 사람이 그 열매로써 자신의 믿음에 확신을 얻고, 경건한 삶으로써 다른 사람을 그리스도께 인도하기 위함이다.[22] 그래서 하나님께서는 구원받은 성도들에게 십계명을 지킬 것을 명하셨다.[23]

> 첫째, 우리가 오래 살면 살수록 우리의 죄성을 깨닫게 되고, 우리의 죄성을 깨달으면 깨달을수록 더욱 더 사죄와 칭의를 얻기 위하여 그리스도를 찾게 되기 때문입니다.
> 둘째, 우리가 마지막에 생이 끝난 다음에 우리 목표인 완전한 순종에 이를 때까지, 하나님의 형상으로 점점 더 새롭게 되도록 하기 위해서 성령의 은총을 간구토록 하기 위한 것입니다.

5) 제2스위스 신앙고백에서는 선행의 필요성에 대하여, 다음과 같이 고백한다.[24]

21　Heidelberg Catechism(1563), 제63문.
22　Heidelberg Catechism 제86문.
23　Heidelberg Catechism 제115문.
24　The Second Helvetic Confession(1566), 제16장.

> 선행은 하나님의 영광을 위하여, 우리의 소망에 찬양을 돌리기 위하여, 하나님을 향한 우리의 감사를 표하기 위하여 그리고 우리 이웃의 유익을 위하여 행하여야 한다.

6) 돌트신경에서는 사람이 선행으로 결코 구원을 받을 수 없으며, 구원은 오직 하나님의 예정 곧 선택이 선행의 기초와 원인임을 분명하게 밝히고 있다.[25]

> 유기된 사람들이 심지어 성자들이 모든 선행을 진실로 행한다 할지라도 그 행위는 그들이 구원얻는 데 아무런 보탬이 되지를 못한다고 가르친다. 따라서 하나님께서는 사람들의 선행이나 죄악과는 무관하게 그분 마음대로 결정하시어서 어떤 사람들은 영원한 징벌에 처하도록 내버려 두시며, 더욱이 그들을 만드신 목적도 영원히 벌하시기 위한 것이라고 이 교리는 가르치고 있으며 즉 선택이 신앙과 선행의 기초와 원인이 되는 것이며, 동시에 정죄(유기)는 불신과 불경건의 원인이라는 것이다.

7) 웨스트민스터 신앙고백서 제13장에서는, 중생의 효과와 선행에 대하여 다음과 같이 말하고 있다.[26]

> 온 몸을 주관하는 죄의 권세가 파괴되고, 그리고 그 죄의 몸에서 나오는 몇 가지 정욕들이 점차 약해져 줄어지고, 그들은 점차 모든 구원하는 은혜 안에서 활기를 되찾아 강건하게 되어, 참된 거룩의 생활을 하게 된다.

그리고 성경은 성도들의 신앙과 삶의 유일한 규범이다. 그러므로 '선행'이

25　Canons of Dort(1619), 결론.
26　WCF 제13장 제1항.

란 하나님께서 그의 거룩하신 말씀으로 명령하신 것들만을 가리킨다.[27] 즉 성도의 선행은 하나님의 계명에 순종함으로써 이루어지는 참되고 살아있는 믿음의 열매들이요 증거이다.

이러한 선행의 영향과 효능에 대하여는, 다음과 같이 고백하고 있다.[28]

(1) 신자들은 이 선행을 통하여 자신의 감사함을 나타낸다(벧전 2:9).
(2) 신자들의 신앙의 확신을 견고케 한다(요일 2:3,5).
(3) 형제들에게 덕을 세운다(마 5:16).
(4) 복음에 대한 신앙고백을 돋보이고 증거하게 한다(딤전 6:1).
(5) 대적자들의 입을 막게 한다(벧전 2:15).
(6) 하나님께 영광을 돌리게 된다(요 15:8).

그러므로 성도들은 하나님께서 지으신 바요, 그리스도 예수 안에서 선한 일을 위하여 창조된 자들로서, 거룩하고 선한 열매를 맺도록 힘써야 한다.

아울러 우리의 힘과 능력으로는 하나님의 선을 행할 능력이 없음을 알아야 한다. 그렇다고 해서 성령의 특별한 역사가 없으면 아무런 의무도 실천할 필요가 없는 것으로 오해하여 나태에 빠져서는 안 되며, 우리 안에 있는 하나님의 은혜를 힘써 불일듯하게 해야 한다.[29]

> 선을 행할 수 있는 신자들의 능력은 결코 그들 자신들에게서 나오는 것이 아니고 전적으로 그리스도의 영으로부터 나온다. 그리고 그들이 선을 행할 수 있으려면, 그들이 이미 받은 은혜 이외에도 그들 안에서 역사

27　WCF 제16장 제1항. 즉 성경의 보증이 없이, 맹목적인 열심이나, 선의를 가장하여 사람들에 의해 고안된 것들은 선행이 아니다.
28　WCF 제16장 제2항.
29　WCF 제16장 제3항.

> 하여 자기의 기쁘신 뜻을 위해 그들로 하여금 소원을 두고 행하게 하시는 바로 그 성령의 실제적인 감화가 필요하다(빌 2:13; 고후 3:5)

주께서 말씀하신 대로, 우리는 우리가 해야 할 일을 모두 다했다고 할지라도 그것은 다만 우리의 의무를 행한 것뿐이요 우리는 무익한 종들에 지나지 않는다(눅 17:10). 실로 우리의 모든 선한 행위들은 오직 성령의 은혜로 말미암은 것이다.[30]

성경에 계시된 도덕법으로서 율법은 모든 사람들에게 영원토록 구속력이 있으므로 마땅히 지켜야 한다(롬 13:8-10; 엡 4:2). 그 법의 내용에 관해서뿐만 아니라, 그것을 주신 창조주 하나님의 권위 때문에 복종해야 하는 것이다.[31] 예수 그리스도께서는 복음으로 도덕법의 의무를 폐하신 것이 아니라 도리어 강화하셨다. 그러므로 율법은 복음의 은혜와 상충되는 것이 아니며, 성도의 생활의 법칙이다.[32]

> 불신자들에게 뿐만 아니라 참 신자들에게도 행위 언약으로서의 율법이 아주 유용한 것은 그것이 생활의 법칙으로서, 그들에게 하나님의 뜻과 그들이 지켜야 할 의무에 대해서 알려 줌으로써, 그들을 지도하고 강제하여 그것에 따라 행하게 하기 때문이다.

8) 웨스트민스터 대요리문답 제1문에서는, "사람의 가장 요긴하고 제일되는 목적은 하나님을 영화롭게 하고 그를 영원토록 즐거워하는 삶이다"라고 고백한다.[33] 그리고 제96-97문에서는 성도들이 지켜야할 생활의 법칙으로

---

30 WCF 제16장 제5항.
31 WCF 제19장 제5항.
32 WCF 제19장 제6항.
33 Westminster Larger Catechism 제1문.

서의 도덕법 곧 '율법의 제3용법'을 말하고 있다.[34]

> 첫째, 도덕법은 중생하지 못한 사람이 장차 올 진노를 피하도록 그들의 양심을 일깨워 그리스도에게로 오게 하는 데 소용이 되는 것이다(율법의 제1용법).
> 둘째, 그리고 그들이 계속 죄의 자리에 머물러 있을 경우 변명할 여지없이 버림을 당하고, 그 저주 아래 있게 하는 것이다(율법의 제2용법).
> 셋째, 중생한 사람들에게 특별히 소용이 되는 점은 이 법을 친히 완성하시고 그들을 대신하여 저주받으신 그리스도와 그들이 얼마나 친밀한 관계가 있는지를 보여줌으로써 더욱 더 감사하게 하며, 이 감사를 표시하려고 그들의 생활의 법칙으로서의 도덕법을 더욱 더 조심하여 따르게 한다(율법의 제3용법).

아울러 제98문에서는 이 도덕법이 십계명에서 전체적으로 간략하게 표현되고 있다고 말한다.[35]

> 이 십계명은 시내산에서 하나님께서 음성으로 들려주시고, 손수 두 돌판에 친히 써 주신 것이다. 그것은 출애굽기 20장에 기록되어 있다. 첫 네 계명은 하나님께 다해야 할 우리의 의무에 관한 것이고, 나머지 여섯 계명은 사람에게 다해야 할 우리의 의무에 관한 것이다.

결론적으로 성령께서는 성도들로 하여금 그의 말씀을 따라 살도록 은혜를 베푸시며, 그들 속에서 '하나님을 따라 의와 진리의 거룩함으로 지으심을 받은 새 사람'(엡 4:24)을 완성해 나가신다.

---

34 Westminster Larger Catechism 제96-97문.
35 Westminster Larger Catechism 제98문.

4. 요점 : 성도의 생활

1) 십계명(Ten Commandments)

자비롭고 은혜로우신 하나님께서는 사람의 유익을 위해 율법을 주셨다. 우리에게 주신 율법은 지극히 선하신 하나님의 사랑에서 나온 것으로서 본래 우리의 유익을 위해 허락하신 것이다. 그리고 하나님께서 범죄한 인류에게 율법을 주신 것은 그들이 죄악을 깨닫고 하나님의 은혜를 구하게 하시기 위함이요, 궁극적으로는 그들로 하나님의 구속의 은총을 받아 누리게 하기 위함이었다.

성경의 율법은 영적으로 해석되어야 하며, 하나님의 목적과 관련하여 이해되어야 한다. 하나님께서 모든 인류의 도덕적 규범이자 거듭난 성도의 삶의 표준으로 주신 것이 십계명이다. 이 십계명은 복음 안에서 바르게 해석되고 실행되어야 한다. 이는 최고의 법이요 율법의 완성인 '사랑의 계명' 안에서 새롭고 완전하게 이해될 수 있다.[36]

제1계명에서는, 참된 예배의 대상을 가르쳐 준다. 우리가 참되고 유일하신 여호와 하나님만을 경배할 것을 요구한다. 또한 신자들이 삼위일체 하나님을 참되고 바르게 알아야 한다는 것이다. 영생은 유일하신 하나님과 그의 보내신 자 곧 예수 그리스도를 아는 것이다(요 17:3). 하나님에 대한 바른 지식에서 참된 신앙과 참된 경배가 나온다.

이 계명의 목적은, 하나님께서는 자기만이 자기 백성 사이에서 최고의 지위를 가지시며, 그들에 대해서 완전한 권위를 행사하신다는 것이다. 또한 우리가 오직 하나님께만 경배를 드려야함을 명령하고 계신다. 우리가 하나님에게 마땅히 드려야 할 것들은 (1) 숭배(양심의 영적복종을 포함) (2) 신뢰 (3) 기

---

36 Inst., Ⅱ. 8. 53. 하나님을 진실로 경외하지 않고는 모든 점에서 사랑을 유지하기가 쉽지 않기 때문에, 사랑은 경건의 증거도 된다.

원 (4) 감사로 분류할 수 있다.[37]

(1) 우리 각 사람이 하나님의 위대성에 머리를 숙여 공경과 경배를 드리는 것을 나는 '숭배'(adoration)라고 부른다. 그러므로 하나님의 율법에 우리의 양심을 바치는 것을 숭배의 일부라고 생각하는 것은 옳다.

(2) 하나님의 모든 속성을 인정하고서 그를 굳게 믿고 안심하는 것을 '신뢰'라고 부른다. 그에게 모든 지혜와 의와 힘과 진리와 인애가 있다고 생각해서, 그와 연결될 때에만 우리에게 행복이 있다고 판단하는 것이다.

(3) 곤란한 일이 닥칠 때마다 하나님의 신실과 도움만을 우리의 의지할 것으로 믿어 구하는 마음의 습성을 나는 '기원'이라고 부른다.

(4) 모든 선한 일에 대해서 하나님을 찬양하는 태도를 '감사'라고 부른다. 주께서는 이런 일들이 조금이라도 다른 신에게 옮겨지는 것을 허락하시지 않으므로, 모든 것을 전적으로 자기에게 드리라고 명령하시는 것이다.

제2계명에서는, 참된 예배의 방법을 가르쳐 준다. 우리가 하나님을 임의로 형상화 하거나 우상숭배를 하지 말라는 것이다. 이는 하나님에게만 사람들의 상상이나 고안, 또는 사탄의 지시에 따라 어떤 가견적인 구상을 사용하거나 성경에 규정되지 않는 다른 방법으로 예배하지 말라는 것이다.[38]

이 계명은 영원하시고 무한하신 하나님을 감히 우리의 감각적 지각에 예속시키려 하거나 어떤 형상으로 나타내는 무엄한 짓을 하지 못하도록 우리를 억제하며, 우리가 종교의 이름으로 어떤 형상을 경배하는 것을 절대 금한다.

---

37 Inst., Ⅱ. 8. 16.
38 WCF, 제21장 제1항.

결국 우리가 적극적으로 하나님에게만 굳게 붙어 있어야 한다는 것이다.[39]

> 첫째, 우리를 여기에까지 인도하시기 위해서 하나님께서는 자신의 권능을 알리시며, 그것을 멸시하거나 훼방하는 자는 벌을 면하지 못한다고 하신다.
> 둘째, 하나님께서는 자신을 어떠한 동참자도 용인할 수 없는 "질투하는" 신이라고 부르신다.
> 셋째, 어떤 피조물이나 새겨 만든 형상에게 하나님의 존엄한 영광을 옮기는 자에 대항해서, 하나님은 자기의 영광을 수호하시겠다고 선언하신다.

제3계명에서는, 참된 예배의 정신을 가르쳐 준다. 신자들이 범사에 하나님을 영화롭게 하여야할 것을 말한다. 곧 신자는 선하고 의로운 행실로 하나님께 영광을 돌려야 하며, 신앙과 삶의 모든 행사와 목적이 온전히 하나님의 영광을 위한 삶이 되어야 한다.

이 계명의 목적은, 하나님께서 자기의 이름의 존엄성을 우리가 거룩히 받들기를 원하신다는 것이다. 그러므로 우리는 하나님의 이름에 대해서 불순하거나 불경한 태도를 가짐으로써 모독해서는 안 된다는 뜻이다. 나아가 이 금지에는 당연히 우리가 적극적으로 하나님의 이름을 공경하며 경건하게 경외하도록 열성과 주의를 다하여 경배하고 순종하라는 명령이 따른다.[40]

> 첫째, 하나님에 대해서 마음으로 생각하며 입으로 말하는 것은 그의 탁월하심을 나타내며 그의 거룩한 이름의 존엄성에 일치하며 그의 위대성을 찬양하는 데 이바지해야 한다.

---

39 Inst., Ⅱ. 8. 18.
40 Inst., Ⅱ. 8. 22.

> 둘째, 우리는 야심이나 탐욕이나 재미를 위해서 그의 거룩한 말씀과 존
> 귀한 신비들을 경솔하게 또는 패악하게 왜곡 남용해서는 안 되며, 그
> 말씀과 신비들에는 그의 존엄한 이름이 새겨져 있으므로 항상 존경하
> 며 존중해야 한다.
> 셋째, 가련한 인간들이 흔히 상습적으로 하나님을 비난하는 것을 물리
> 치고, 우리는 그의 행적을 훼방하거나 비평하지 말아야 한다. 도리어 하
> 나님께서 하시는 줄로 인정하는 일에 관해서는 그의 지혜와 의와 인애
> 를 찬양해야 한다. 이것이 하나님의 이름을 거룩하게 받든다는 뜻이다.

제4계명에서는, 참된 예배의 본질과 시간을 가르쳐 준다. 신자들의 참된 안식이 오직 하나님 안에 있다는 것이며, 주일을 거룩히 지키라는 것이다. 이는 하나님께서 오직 그리스도 안에서 우리에게 주시는 참된 평안이다. 그러므로 신자들은 천국에서 누릴 영원한 안식을 바라보며 현재를 지혜롭게 살아가야 하며, 거룩한 주일에 하나님의 뜻을 따라서 하나님께 온전한 예배를 돌리도록 해야 한다.

이 계명의 목적은 우리가 우리 자신의 기호나 일에 대해서 끝내고 하나님 나라에 대해서 명상하며 하나님이 제정하신 방법으로 그 명상을 실천하라는 것이다. 왜냐하면 그리스도 자신이 실상이시므로 그가 계시는 곳에서는 모든 상징이 사라지며, 그가 본체이시므로, 그가 나타나실 때에 그림자는 버려지기 때문이다. 즉, 그는 안식의 진정한 실현이시다.[41]

> 고대의 안식일이 대표한 저 진정한 안식은 주의 부활에서 그 목적이 성
> 취되었다. 그러므로 그림자를 끝낸 그 날은 그리스도인들에 대해서 그
> 림자였던 의식을 집착하지 말라고 하는 경고가 된다.

---

[41] Inst., Ⅱ. 8. 31, 성일의 영적 준수(34).

제5계명에서는, 신자들이 만유의 주되신 하나님의 주권 아래서 그가 주신 모든 권세에 순복할 것을 말한다. 이는 하나님께서 세우신 권위자들을 통해 우리에게 복을 주시기 때문이다. 모든 권위는 하나님께로부터 주어지며, 하나님께 대한 참된 순종은 부모에 대한 공경으로부터 시작된다. 또한 주 안에서 부모는 하나님께 받은 은혜와 신앙의 유산들을 자녀들에게 잘 물려줄 책임이 있다.

이 계명의 목적은, 주 하나님께서 자기의 경륜이 유지되는 것을 기뻐하시므로, 우리는 그가 제정하신 상하 등급을 거역하지 말라는 것이다. 그러므로 하나님이 세우신 사람들을 우리는 존경하며 경의와 순종과 감사로 대해야 한다는 것이다. 따라서 우리가 멸시, 고집, 배은망덕 등으로 그들의 존엄성을 손상하는 것을 금지한다. 바울이 이것은 약속이 있는 첫째 계명이라고 한 의도는(엡 6:2) 이 말을 바늘로 삼아 무감각한 우리를 찌르려는 것이다. 이미 첫째 판에 주어진 약속들은 어느 한 계명에 국한되지 않고 율법 전체에 관련된 것이다.[42]

> 우리에게 대한 명령은 부모에게 순종하되, "주 안에서"만 하라는 것이다(엡 6:1). 부모가 앉아 있는 높은 자리는 주께서 주신 것이며, 그들에게는 주의 영광의 일부를 나눠주신다. 그러므로 그들에게 순종하는 것은 가장 높으신 아버지를 공경하는 한 걸음이 되어야 한다. 따라서 그들이 우리를 자극하여 율법을 어기게 한다면, 우리는 그들을 우리의 부모가 아니고 우리를 참 아버지에게 순종하지 못하게 유혹하는 이방인이라고 인정할 충분한 권리가 있다. 군왕들과 귀족들과 그 밖의 각종 높은 사람들에 대해서도 우리는 같은 태도를 취해야 한다. 그들이 윗자리에 있다고 해서 그 위세로 하나님의 존엄성을 끌어내린다는 것은 부끄럽고 어리석

---

42 Inst., Ⅱ. 8. 35. 위협(38).

은 짓이다. 그들이 높은 지위를 가진 것은 하나님이 높으시기 때문이며, 그들은 마땅히 우리를 높으신 하나님께로 인도해야 한다.

제6계명에서는, 신자들이 생명의 근원이요 주되신 하나님을 경외함으로 하나님의 형상으로 창조된 사람의 생명을 경외하라고 말한다. 이는 우리가 자신과 타인의 생명을 존중하고 사랑하며 보호해야 할 것과, 자살과 함께 타인의 생명을 해하는 일을 엄히 금하신다는 것이다. 나아가 우리는 모든 사람들에게 천국복음을 전파함으로 생명을 구원하는 일에 힘써야 한다.

이 계명의 목적은, 주께서 인류 전체에 일종의 통일성이 있도록 한데 묶어 두셨으므로 우리는 각각 전체의 안전을 생각해야 한다는 것이다. 이웃의 신체를 해할 일은 폭행, 상해 기타 어떤 것이든지 일체 금지하신다. 따라서 이웃의 생명을 구하는 데 도움이 되는 것은 무엇이든지 충실히 이용하라고 명령하신다. 그들의 평화에 도움이 되는 것이면 무엇이든지 하라, 해로운 것이면 막아내라, 이웃이 위험한 처지에 있으면 도와주라는 것이다.[43]

> 성경은 이 계명에 대해서 인간은 하나님의 형상인 동시에 우리의 혈육이라는 이중의 근거를 말한다. 그 두 가지란, 사람에게 새겨진 하나님의 형상을 존경하며 그에게 있는 우리의 혈육을 존중하는 것이다. 그러므로 단순히 피를 흘리지 않은 것만으로는 살인죄를 피하지 못한다. 이웃의 안전에 해로운 일을 실행했거나, 시도했거나, 원했거나, 계획했다면, 그것은 살인죄로 간주된다. 또 능력과 기회가 주어지는 대로 이웃의 안전을 지키려고 노력하지 않는다면, 그것은 역시 똑같이 율법에 대한 흉측한 위반이다.

---

43 Inst., Ⅱ. 8. 39-40.

제7계명에서는, 남녀관계와 혼인생활에 있어서 거룩함을 지키라고 말한다. 지상에서 하나님이 세우시고 복주신 최초의 기관이 가정이며, 이 세상에 존재하는 모든 사회기관의 기초가 된다. 그리고 가정은 하나님의 질서를 따라 남녀가 결혼하여 한 몸된 공동체이며, 또한 그들로 하여금 하나님의 뜻을 행함으로 오직 하나님께 영광을 돌리기 위한 목적으로 주어졌다.

이 계명의 목적은, 거룩하신 하나님께서 정숙과 순결을 사랑하시므로, 모든 부정을 멀리해야 한다는 것이다. 그러므로 우리는 육신의 추악함이나 정욕의 난무에 더럽혀져서는 안 된다. 또한 우리가 적극적으로 우리 생활의 모든 부분을 정결과 극기로 지속적으로 제어해야 한다는 것이다.[44]

> 주께서는 이 문제에 대한 충분한 대책으로서 결혼제도를 제정하시고, 그의 권위에서 출발한 결혼생활을 축복으로 성별 하셨다. 따라서 결혼이 아닌 남녀 결합은 모두 하나님 보시기에 저주받은 것이며, 우리가 무절제한 정욕에 빠지는 것을 막는 데 필요한 대책으로서 결혼생활이 제정되었다는 것은 분명하다. 그러면 결혼하지 않은 남녀의 동거생활은 반드시 하나님의 저주를 받는다고 들을 때에, 우리는 자기를 속이지 말아야 한다.

제8계명에서는, 신자들이 성실하고 정직한 노동의 대가로 생활할 것을 가르친다. 먼저 모든 신자들이 하나님의 은총 가운데 자신의 삶에 감사하고 만족하는 가운데 믿음으로 살아갈 것과 하나님이 주신 물질적 축복을 이웃을 구제하는 일과 복음을 전파하여 구원하는 일을 위해 선용해야 함을 말한다.

이 계명의 목적은, 하나님께서 모든 불의를 미워하시므로, 우리는 각 사람의 소유를 그에게 돌려야 한다는 것이다(출 13:7). 즉 이 계명은 다른 사람들

---

[44] Inst., Ⅱ. 8. 41.

의 소유를 탐내지 말라고 금지하고 있으며, 결과적으로 모든 사람이 각각 자기의 소유를 보존하도록 충실히 애써 노력하라고 명령한다.[45]

> 각각 자기가 처한 지위와 처지에서 이웃에게 무슨 빚을 졌는가를 생각하며, 또 빚진 것은 갚아야 한다. 우리는 입법자이신 하나님을 생각해서, 이 원칙은 우리의 손뿐만 아니라 마음을 위해서도 제정하셨으며, 그 의도는 사람들이 다른 사람의 행복과 이익을 보호하며 증진하도록 노력하라는 것임을 깨달아야 한다.

제9계명에서는, 신자들이 정직하고 깨끗한 양심을 가지고 진리를 높이며, 하나님 앞과 공중 앞에서 참된 증언을 해야 함을 말한다. 이는 신자가 다른 사람의 유익과 사회 속에서 정직하고 바르게 행하여야 한다는 것이다. 그리고 신자는 자신의 삶 속에서 적극적으로 이웃들에게 선하고 정직한 언행과 삶을 살아야 한다는 것과 동시에 그들에게 복음과 참된 진리의 말씀을 전파하고 가르쳐야 한다는 것이다.

이 계명의 목적은, 진리이신 하나님이 거짓말을 증오하시므로 우리는 진실을 실행하여 속이지 말라는 것이다. 우리는 남을 중상하지 말며 거짓으로 남의 재산에 해를 끼치지 말아야 한다. 즉 함부로 거짓된 험담을 해서 남을 해쳐서는 안 된다는 것이다. 또한 이 금지에 연결된 명령은, 모든 사람의 명예와 소유에 손상이 없도록 보호하기 위해서, 진실한 말로 될 수 있는 대로 충실하게 남을 도우라는 것이다.[46]

> 이 계명을 올바로 지키려면, 진실을 말함으로써 이웃의 명예와 이익을 지켜 주어야 한다. 이렇게 하는 것이 공정하다. 많은 재물보다 명예가 더

---

45 Inst., Ⅱ. 8. 45-46.
46 Inst., Ⅱ. 8. 47.

욱 귀하다면(잠 22:1), 명예 훼손은 재물 탈취보다 더 큰 상해가 된다. 그러나 재물을 약탈할 때에도 손으로 빼앗는 것에 못지않게 거짓 증언으로 횡령하는 때가 있다.

제10계명에서는, 신자들이 하나님의 은총 안에서 그의 뜻을 따라서 항상 기뻐하고 범사에 감사하며 살아야함(살전 5:16-18)과 주께서 주신 모든 것들에 대하여 자족하며 살아야할 것을 말한다. 그리고 이는 신자들이 이 세상의 탐심의 우상숭배에 사로잡혀 이웃의 것을 탐하는 악하고 불의한 일을 범하지 말아야함을 교훈한다. 아울러 하나님의 자녀된 사람은 하나님이 베풀어주신 것에 만족하고, 검소하고 절제하는 삶을 사는 가운데 도움이 필요한 이웃들을 섬김으로써 하나님께 영광을 돌려야 한다는 것이다.

이 계명의 목적은, 우리의 영혼 전체가 사랑하는 마음을 갖는 것을 하나님이 원하시므로, 우리는 사랑과 반대되는 욕망을 모두 마음속에서 배제해야 한다는 것이다. 그리고 우리가 이웃의 손해를 초래할 만한 탐욕을 우리의 마음속에 일으키는 생각이 엄습해서는 안 된다는 것이다. 그것은 우리가 계획하며 숙고하며 결심하며 시도하는 것이 무엇이든 간에, 그러한 일들이 이웃의 행복과 이익에 연결되어야 한다는 것이다.[47]

> 하나님은 놀랍게 안정된 마음을 요구하시며, 사랑의 원칙에 어긋나는 자극은 바늘 끝만 한 것이라도 허락하시지 않는다. 모든 사악한 욕망을 전적으로 금지하는 것이 주의 계획이었다. 그러나 즐거운 듯한 거짓된 인상으로 우리를 가장 빈번히 매혹하는 것들을 그는 실례로 드신다. 이와 같이 우리의 욕망을 자극해서 광분 난무하게 만드는 것들을 빼앗음으로써 그 욕망 자체를 소멸시키시는 것이다.

47　Inst., Ⅱ. 8. 49-50.

2) 개혁주의 언약 사상

성경의 언약 사상은 하나님의 주권적 은혜와 함께 인간의 책임이 따른다. 본래 '언약'(בְּרִית, covenant)은 하나님과 인간 사이의 쌍무적인 계약으로 하나님의 약속과 인간의 의무가 핵심이다. 그래서 하나님의 약속이 그분의 주권과 은혜로 주어지는 것이지만, 동시에 그 은혜의 수혜자인 인간의 합당한 순종과 책임을 수반하는 것이다.

16세기의 종교개혁자 루터는 성경에는 두 언약이 나타나있는데, 그것은 쌍무언약(bilateral covenant)과 일방언약(unilateral covenant)이라는 것이다. 여기서 쌍무언약이란 행위언약이자 옛 언약으로서 하나님과 인간 모두에게 의무가 있다는 것이다. 또한 일방언약이란 은혜언약이자 새 언약으로서 옛 언약과 함께 존재해 왔지만, 예수 그리스도께서 새 언약을 세우심으로 옛 언약을 폐기시키셨다고 보았다.

그리고 츠빙글리는 언약의 통일성을 제시하였는데, 그는 1525년의 『후브마이어에 대한 응답』(Reply to Hubmaier)과 1527년의 『재세례파의 속임수에 대한 논박』(Refutation of the Tricks of the Anabaptists)에서 그의 언약 사상을 피력하였는데, 그는 '언약'을 하나님의 은혜에 대한 인간의 순종으로 보았다. 그는 자신의 언약 사상을 성례에 적용하여 전개하였었는데, 그는 구약의 할례와 신약의 유아세례는 유사성이 있다고 보았으며, 그것을 구약의 약속과 신약의 성취로 이해했다. 이러한 의도는 로마가톨릭교회의 잘못된 성례관을 바로잡으려는 의도에서 나온 것이었다.[48]

1563년에 팔츠의 선제후였던 프레드리히 3세(FriedrichIII, 1515-1576)의 요청으로 칼빈주의 신학자 올레비아누스(C. Olevianus,1536-1587)는 그의 동료인 우르시누스(Z. Ursinus,1534-1583)와 함께 '하이델베르크 요리문

---

[48] 김재성, 『개혁신학 광맥』, 542.

답'(Heidelberg Catechism, 1563)을 작성했다. 또한 '언약신학의 아버지'라고 불리는 올레비아누스는 '하이델베르크 요리문답'이 발표된 직후, 이어서 '팔츠의 교회법'을 작성했다. 이것은 제네바교회법과 런던에 있었던 화란 피난민 교회의 교회법 등을 참조한 것으로서, 팔츠의 교회가 '하이델베르크 요리문답'을 실제적으로 적용을 할 수 있도록 돕는 훌륭한 도구가 되었다.

올레비아누스는 칼빈의 『기독교강요』가 기독교진리를 가장 잘 구성하고 담아낸 문헌이요, 교리교육 분야의 최고의 문헌이라고 보았다. 그래서 그는 1584년에 헤르보른신학교에서 『기독교강요』를 교과서로 하여 교의학을 강의하였으며, 그의 주요한 가르침은 언약 사상이었다. 또한 그는 자신의 강의안을 『하나님의 은혜언약』이란 이름으로 출간했다. 이 책에서는 두 가지 언약을 말하고 있다.

첫째, 구원의 언약이 영원한 삼위 내의 약속이라는 것이요

둘째, 타락 전에 아담과 맺은 행위언약이라는 것이다.

그는 영원언약, 은혜언약, 행위언약이라는 세 가지 언약을 언약신학의 기초이자 핵심으로 풀이했다.[49]

그런데 올레비아누스는 은혜언약을 예수 그리스도 안에서 입증된 하나님의 일방적인(unilateral) 화해로만 이해하지 않고, 하나님과 인간 사이의 쌍무적인(bilateral) 의미로 보았다. 특히 그의 언약 사상에서는 그리스도와의 연합을 강조했다. 이러한 언약 사상은 칼빈의 사상에 기초를 둔 것으로서 우르시누스가 발전시켰고, 후에는 올레비아누스가 언약신학으로 정리한 것이었다. 여기서 그리스도와의 신비로운 연합이라는 개념은 매우 긴장감이 넘치며, 역동적인 해설을 제공한다. 하나님과 인간 사이의 실제 화해로써 언약을 좀 더 폭넓게 해석하는 올레비아누스는 우리의 믿음과 하나님의 약속이 언약에서 서로 연결된다고 보았다.[50]

49　Ibid., 523.
50　김재성, 『개혁신학의 정수』, 213-214.

다음으로 우르시누스는 1562년에 『신학총론』을 저술하였는데, 이 책의 핵심내용은 언약 사상이다. 제1문에서 살든지 죽든지 당신이 갖고 있는 견고한 위로가 무엇인가라는 질문에 대하여, 그것은 "하나님께서 그분의 무한하심과 자유로우신 자비하심에서 그의 은혜언약으로 나를 받아주신 것입니다"라고 대답한다.[51]

우르시누스는 언약을 하나님과 인간 사이의 상호 약속으로서, 이 약속의 성취를 통한 하나님과 인간의 실질적인 '화해'(reconciliation)라고 했다.[52] 그는 언약에서의 화해와 그리스도의 중보사역을 연관시키며, 또한 언약을 '유언'(testament)으로 해석함으로써 언약이 대속의 죽음을 당하신 예수 그리스도의 중보사역 안에서 하나님의 주권적이고 은혜로우신 사역임을 강조했다.

먼저 그는 은혜언약을 말하고 이어서 행위언약의 선구자로서 자연언약이라는 개념을 대조하여 설명했다. 이는 성도의 순종을 말하면서도, 그 순종의 기초가 바로 하나님의 은혜에 있다는 것이다. 그래서 율법으로 쓰여졌든지 기록되지 않은 채 마음에 쓰여졌든지 간에 자연언약은 우리에게 완벽한 순종을 요구하고 그에 따른 보상을 제시한다고 말한다. 즉 순종하는 자는 영생에 이를 것이요, 불순종하는 자는 영원한 형벌을 받게 된다는 것이다.[53]

우르시누스의 언약신학의 핵심은 성령의 사역이다. 성부가 언약의 창조자이며, 성자가 그 언약의 중보자인데, 성령은 자신이 언약의 선물이시다. 또한 성령은 택자에게 영생과 의로움을 인치시는 분이시며, 모든 택자들의 성화와 선행의 실행자이시다. 그리고 우르시누스는 성도와 그리스도와의 연합을 강조했다. 성도가 그리스도와 연합하여 언약 안에서 하나님과 그의 백성들이 화해하게 되었다는 것은 단지 법정적이며 외부적인 칭의의 선언으로만

51　Z. Ursinus, 『하이델베르크 요리문답 해설』, 원광연 역 (고양: 크리스찬다이제스트, 2006), 제1문.
52　Ibid., 제18문.
53　Ibid., 제36문.

끝나는 것이 아니라는 것이다. 모든 성도는 그리스도 안에서 그와의 매우 친밀하고도 영원한 관계성을 맺게 되었다는 것이다.

칼빈이 성령 안에서 성도와 그리스도의 신비한 연합을 이해했던 것과 달리, 우르시누스는 이것을 언약적인 관점에서 본 것이라고 할 수 있다. 또한 개혁주의 구원론의 핵심이 되는 그리스도와의 연합은 성령께서 은혜로 주신 믿음으로 얻게 되며, 이는 성도가 의롭다하심을 얻는 유일한 근거가 된다.

다음으로 츠빙글리의 후계자인 불링거는 언약의 점진성과 발전성을 주장했다. 그러나 그는 언약의 일방적인 측면보다는 쌍무적인 측면을 주장하였으며, 인간의 측면에서 실천과 윤리를 강조했다. 특히 그는 십계명도 조건적인 언약이라고 보았다. 이러한 사상은 데카르트와 알미니안파의 영향을 받은 화란의 신학자 코케이우스에 의하여 더욱 체계화되었다. 그는 언약을 역사적인 계시의 발전개념에서 보아 행위언약과 은혜언약으로 나누었으며, 두 언약은 상호대립적이며 은혜언약은 행위언약에 대한 대체로 보았다. 그 후 코케이우스의 언약 사상은 구속사적 성경신학 혹은 언약적 성경신학으로 발전되었으며, 점차 개혁주의 전통에서 벗어나 반교리적이며 세대주의적인 신학 사상으로까지 발전되어 나아갔다.

영국에서는 퍼킨스(W. Perkins, 1558-1602)에 의해서 언약신학이 체계적으로 정립되었다. 퍼킨스는 청교도운동의 아버지요 경건주의의 창시자로 불리는데, 그는 제네바대학의 베자의 신학 사상을 이어받아 정통예정론과 함께 언약신학의 체계를 세웠다. 퍼킨스는 1592년에 저술한 『황금사슬』(*Golden Chain*)에서는 '구원의 순서'를 말했고, 하나님의 영원한 작정과 이중예정의 실행과정을 잘 설명했다.

그는 언약이 두 부분으로 되어 있으며, 하나님의 약속과 사람의 약속으로 되어있다고 보았다. 즉 언약을 두 가지 곧 행위언약과 은혜언약으로 나누었다.[54] 행위언약은 완전한 순종이 조건으로 있는 하나님의 언약으로서 도덕법에 나타나있으며, 모든 율법과 행위언약의 개요가 십계명이라고 말했다. 또한 은혜언약은 하나님께서 그의 유익을 인간에게 값없이 주시는 것으로서 인간은 믿음으로 예수 그리스도를 받아들이고 그의 죄를 회개함으로 언약이 성립된다고 주장했다.

퍼킨스의 사슬 모델에는 그리스도의 객관적인 성취와 성령의 내적인 사역이 전혀 개입할 여지가 없었는데, 이는 그의 이론이 구원의 서정에 대한 것이라기보다는 구원으로 말미암는 복의 풍성함과 충만함에 관한 언급으로 해석되고 있다. 그 이유는 성령의 사역으로 인한 그리스도와의 연합에 대한 인식이 부족했기 때문이었다.[55]

그 후 1619년 '돌트신경'(The Canons of Dort)의 작성에 참여한 화란의 신학자 고마루스(Franciscus Gomarus, 1563-1641)는 독일 스트라스부르크에서 존 슈투엄(J. Sturm, 1507-1589)에게서 수학하였고, 1580년에는 노이슈타트(Neustadt)로 갔다. 고마루스는 노이슈타트에서 칼빈주의자인 우르시누스(Ursinus)와 잔키우스(Zanchius)로부터 신학을 공부하였고, 그는 성경적인 절대예정론과 언약 사상을 교회를 떠받치는 두 기둥으로 정립하게 되었다. 아울러 그는 이 개혁주의 신학의 두 기둥이 주의 교회와 성도들에게 참된 위로를 주고 성도의 사명을 깨닫게 하는 중요한 교리로 생각했다. 결국 예정론과 언약 사상은 하나님과 그의 백성 사이의 역동성을 보여주며, 동시에 하나님의 영원한 선택 가운데 구원받은 모든 성도가 이 세상에서 하나님의 뜻을 이루도록 부름받은 사명자임을 일깨워준다.

한편 칼빈은 삼위일체 하나님의 실체적 통일성에 근거하여 성경의 통일성과 신구약의 연속성에 기초하여 언약을 이해했다. 그는 행위언약을 별도로 언급하지 않았으며, 성경의 언약을 영원한 구속언약에 기초한 은혜언약으

54　William Perkins, *A Golden Chain* (1592), XIX.
55　김재성, 『개혁신학 광맥』, 444.

로 보았다. 이와 같은 칼빈의 언약 사상은, 그가 "창세 이후로 하나님이 택하사 자기 백성 중에 가입시키신 사람들은 모두 하나님과 언약을 맺게 되었으며, 그 언약을 맺게 한 율법과 교리는 현재 우리 사이에서 인정되는 것과 같은 것이었다"라고 한 말에서 잘 나타난다.[56]

그는 모든 언약에는 의무가 따른다고 주장했으며, 주의 종들은 하나님께 합당한 삶으로 응답해야 한다고 말했다.

> 주께서는 그의 모든 자비의 언약에서 그의 종들이 바르고 성결한 생활로 보답할 것을 요구하신다. 이것은 주의 선하심을 조롱하는 자가 없도록 하시며 교만한 자가 마음속에 스스로 위로하여 악한 생각대로 행하는 일이 없도록 하시려는 것이다(신 29:19). 따라서 주께서는 언약으로 맺어진 자들이 항상 의무를 지키기를 원하신다.[57]

아울러 그는 은혜언약을 하나님의 선택의 결과로 나타나는 선택의 확고부동한 표증이라고 보았다.[58] 즉 언약은 예정이 그리스도 안에서 실현되는 방식으로 이해했다. 그래서 하나님과 인간 사이의 새로운 관계를 형성하는 언약의 핵심은 예수 그리스도라고 했다.

결국 어거스틴의 삼위일체의 통일적 경륜이 칼빈의 언약의 통일성 속에 반영되었으며, 이러한 칼빈의 신구약실체의 통일성이 정통 개혁주의 신학자들에게 이어져 웨스트민스터 신앙고백서에서 고백되었다.

웨스트민스터 신앙고백서는, "하나님께서 피조물에게 베푸시는 모든 축복이나 상급은 은혜로만 가능하며, 또한 하나님께서는 모든 은혜를 언약을 수단으로 하여 나타내신다"라고 말하며, 하나님께서는 행위언약이 아담의 불

---

56 Inst., Ⅱ. 10. 1.
57 Inst., Ⅲ. 17. 5.
58 Inst., Ⅲ. 21. 5.

순종으로 인하여 실패하게 되자 은혜언약을 맺으시고 구원을 약속하셨다고 말한다.[59] 그러므로 행위언약 역시 본질적으로 은혜에 속한 일이다. 왜냐하면 전능하신 하나님의 영원한 경륜과 주권적인 은혜 아래서 인간의 순종이 요구되고 있는 것이기 때문이다. 나아가 은혜언약을 '유언'(testament)이라고 서술하면서, 모든 언약은 "본질 면에서 차이가 있는 두 종류의 언약이 있는 것이 아니라 여러 세대에 걸친 하나의 동일한 언약이 있을 뿐이다"라고 고백한다.[60]

개혁주의는 예정론과 언약론에 기초한다. 하나님의 영원한 작정과 그것의 실행으로서 언약을 통일된 경륜 안에서 바라보며, 구속경륜과 그 실행의 과정인 구속사를 하나님의 통일된 사역으로 이해한다.

결론적으로 성경의 통일성은 삼위일체 하나님의 실체적 통일성에서 나온 경륜의 통일성이자 언약의 통일성을 말한다. 아울러 모든 언약은 영원한 구속언약에 뿌리를 두고 있으며, 그 중심은 바로 예수 그리스도시다. 또한 주께서는 율법에 온전히 순종하시고 십자가를 지심으로써 모든 언약을 성취하셨다.

3) 성화와 선행

자비로우신 하나님의 은혜로 거듭난 성도는 그리스도 안에 새로운 피조물(new creature)이 되었다(고후 5:17). 또한 하나님의 형상을 따라 참된 지식에까지 새롭게 하심을 입은 자가 되었다(골 3:9-10). 우리는 이 세대를 본받지 말고 오직 마음을 새롭게 함으로 변화를 받아 하나님의 선하시고 기뻐하시고 온전하신 뜻이 무엇인지 분별하도록 노력하고(롬 12:1-2), 범사에 하나님의 영광을 구하며(고전 10:31), 그리스도 예수 안에서 하나님이 위에서 부르신

---

59 WCF 제7장 제1-3항.
60 WCF 제7장 제5-6항.

부름의 상을 위하여 달려가야 할 것이다(빌 3:14).

성령께서는 그의 은혜로 영원 전에 택함을 받은 자들을 구원하시고, 그들에게 지속적으로 은혜를 베풀어 성화를 이루게 하신다. 또한 그들이 거룩함을 이루어 가는 가운데 선행을 통하여 많은 열매를 맺어 하나님께 영광을 돌리며 살아가도록 역사하신다.

여기서 성화와 선행은 구별되어야 한다. 성화가 성령께서 구원받은 성도를 하나님의 형상으로 다시 새롭게 하시며 선한 일을 할 수 있도록 도우시는 성령의 계속적인 은혜의 사역이라면, 선행은 칭의의 외적 증거이자 성화의 열매라고 할 수 있다. 성령께서는 구원받은 성도들이 삶 속에서 말씀과 기도 가운데 거룩함을 이루며 선행의 열매를 맺어가도록 이끄신다. 그러므로 성령 안에서 이루어지는 성화의 분명한 증거는 필연적으로 선한 생활을 발생한다. 즉 선행은 성화의 열매이다. 아울러 성도의 거룩한 삶은 성령 안에서 사랑으로 역사하는 믿음으로서 그들의 선행을 통해 증명된다.

그리고 성령께서는 구원의 서정 속에서 이 모든 일을 통일적으로 주관하신다. 즉 성령은 그의 은혜로 말미암아 성도들이 거룩함을 이루어 나가게 하시고, 또한 그들에게 선한 의지를 주셔서 하나님의 선한 뜻을 따라 살아가도록 역사하신다.

모든 성도는 육체의 소욕을 벗어 버리고 성령을 따라 살아가야 하며(갈 5:16), 또한 오직 성령의 충만을 받도록 힘써야 할 것이다(엡 5:15-18).

주께서는 다음과 같이 말씀하셨다.

> 너희가 나를 택한 것이 아니요 내가 너희를 택하여 세웠나니 이는 너희로 가서 열매를 맺게 하고 또 너희 열매가 항상 있게 하여 내 이름으로 아버지께 무엇을 구하든지 다 받게 하려 함이라(요 15:16).

먼저 우리는 하나님 나라와 의를 구하는 삶을 살아야 할 것이며(마 6:33),

또한 우리를 어두운 데서 구원하사 왕 같은 제사장 삼으신 하나님의 아름다운 덕을 선포하며 살아가야 할 것이다(벧전 2:9).

아울러 선행은 하나님의 은혜가 없이는 결코 행할 수 없다. 그것은 우리가 죄인이고, 또한 우리의 행위가 하나님이 받으실 수 없는 부패하고 오염된 것이기 때문이다. 우리가 율법 아래서는 행위로 하나님을 기쁘시게 할 수 없지만, 복음 안에서는 그렇게 할 수 있다.

"복음의 약속은 죄를 값없이 용서한다고 선포함으로 우리를 하나님께 용납될 만하게 만들뿐 아니라, 우리의 행위까지도 하나님을 기쁘시게 할 수 있게 만든다."[61]

성도의 구원 곧 중생은 우리 안에 있는 하나님의 형상의 회복이다.[62] 왜냐하면 중생한 신자의 모습은 하나님 자신의 모습의 반영이기 때문에, 신자의 선행은 그 자체로 하나님의 기쁨이 되는 것이다. 하지만 하나님께서 신자의 선행을 그 자체로 인정하고 받아들이시는 것은 아니다.

"경건한 자들도 죽을 육에 싸여 있고, 그들의 선행은 아직도 불완전하며 육의 죄악의 냄새를 풍기고 있으므로, 하나님께서는 죄인이나 그 행위를 그대로는 받으실 수 없고, 오직 그리스도 안에서만 포용하실 수 있다."[63]

우리의 행위에 있는 모든 결함은 그리스도의 완전성으로 덮이고, 모든 오점은 그리스도의 순결로 깨끗하게 되었기 때문이다.

"사람이 하나님을 기쁘시게 하는 일을 할 수 없게 만드는 모든 허물의 죄책이 도말되고, 선행까지도 항상 더럽히는 허물의 불완전이 묻혀 버린 후에는, 신자들이 행하는 선행은 의롭다고 간주된다. 바꿔 말하면 의로 인정된다."[64]

그러므로 "이신칭의는 행위에 의한 의의 시초이며 기초이며 원인이며 증

---

61 Inst., Ⅲ. 17. 3.
62 Inst., Ⅰ. 15. 4.
63 Inst., Ⅲ. 17. 5.
64 Inst., Ⅲ. 17. 8.

명해 주는 것이며 본체임을 부인할 수 없다."[65] 즉 사람이 믿음으로 의롭다함을 받으므로 그의 행위까지도 의롭게 여겨진다는 것이다. 우리는 당연히 믿음으로만 우리 자신뿐만 아니라 우리의 행위까지도 의롭다함을 얻는다고 할 수 있다. 하지만 성도들은 실지로 의 자체를 실현한다기보다 의를 추구하는 쪽으로 기울어져 있을 뿐이므로, 그들의 의는 이신칭의에 자리를 양보하는 것이 마땅하다. 이신칭의가 그 근본이기 때문이다.[66]

다음으로 성도의 성화와 선행은 동시적으로 이루어진다. 그것은 성화가 없이 참된 선행이 나타날 수 없기 때문이다. 즉 하나님께서는 우리를 하나님 앞에 쓰임에 합당한 거룩한 그릇으로 만들기 위해 우리를 연단하신다는 것이다. 그래서 "누구든지 이런 것에서 자기를 깨끗하게 하면 귀히 쓰는 그릇이 되어 거룩하고 주인의 쓰심에 합당하며 모든 선한 일에 준비함이 되리라"(딤후 2:21)고 말씀한다. 또한 "주께서 그 사랑하시는 자를 징계(παιδεύω, discipline with strict training by punishment)하시고 그가 받아들이시는 아들마다 채찍질(μαστιγόω, scourge with severe pain)하신다"(히12:6)라고 말씀하신다.

아울러 하나님께서는 이러한 신앙의 '연단'(discipline)을 통하여 우리로 하여금 그의 거룩하심에 참여하게 하시며, 그로 말미암아 연단 받은 자들은 의와 평강의 열매를 맺게 된다(히 12:10-11). 더욱이 우리를 향한 하나님의 뜻은 "재앙이 아니라 평안이요, 미래와 희망을 주는 것이다"(렘 29:11).

결국 하나님의 징계는 성도의 성화와 선행을 위한 것이다.

첫째, 성도들의 존재에 관한 것이다. 하나님께서는 연단을 통하여 성도들을 하나님 앞에 거룩하고 온전한 믿음의 사람으로 빚어 가신다.

둘째, 성도를 향한 하나님의 소명에 관한 것이다. 이는 하나님께서 성도들을 연단하사 각자를 향한 부르심에 합당한 자로 세우신다.

이 일은 성령께서 그의 말씀을 따라 행하시는 일이다. 성령은 '말씀의 물

65　Inst., Ⅲ. 17. 9.
66　Inst., Ⅲ. 17. 10.

로 성도들을 깨끗이 씻기심'(the washing of water with the word)으로 거룩하게 만드신다(엡 5:26). 즉 성도들에게 말씀의 은혜를 주사 악하고 더러운 죄를 회개하게 하시고, 그들로 하여금 하나님 앞에 거룩하고 선한 일에 합당한 자들로 세우신다.

> 모든 성경은 그리스도 예수 안에 있는 믿음으로 말미암아 구원에 이르는 지혜가 있게 하며, 우리에게 교훈과 책망과 바르게 함과 의로 교육하기에 유익하니, 이는 하나님의 사람으로 온전하게 하며 모든 선한 일을 행할 능력을 갖추게 하려함이다(딤후 3:15-17).

참된 선행이란 곧 하나님의 말씀대로 순종하는 것이다.

> 나의 계명을 지키는 자라야 나를 사랑하는 자니 나를 사랑하는 자는 내 아버지께 사랑을 받을 것이요 나도 그를 사랑하여 그에게 나를 나타내리라(요 14:21).

그래서 성령께서는 우리의 악한 의지를 선한 의지로 바꾸셔서 거룩한 마음과 선한 행실로 하나님께 영광을 돌리며 살아가도록 은혜를 베푸신다. 나아가 성령께서는 구원받은 성도의 믿음을 지속적으로 독려하시고 연단하시는 가운데 그들을 거룩하게 하시고, 그의 진리로 성도의 삶을 주관하셔서 하나님의 선한 뜻을 따라 행함으로 선한 열매를 맺도록 역사하신다.

결론적으로 선행은 우리를 구원하신 하나님께 대하여 사는 신자들의 삶에 관한 일이다. 그러므로 선행은 성도들이 행하는 하나님의 구원의 은혜에 대한 마땅한 감사의 삶이요, 하나님을 기쁘시게 하는 삶이다. 우리가 선한 일을 행할 때, 하나님께서는 그것을 기쁘시게 받으신다. 예수 그리스도께서는 말씀하시고 약속하셨다.

> 기뻐하고 즐거워하라 하늘에서 너희의 상이 큼이라 너희 전에 있던 선지자들을 이같이 핍박하였느니라(마 5:12).

> 누구든지 제자의 이름으로 이 소자 중 하나에게 냉수 한 그릇이라도 주는 자는 내가 진실로 너희에게 이르노니 그 사람이 결단코 상을 잃지 아니하리라 하시니라(마 10:42).

나아가 하나님께서는 순종하는 자에게 복을 주신다. 그래서 하나님께서는 우리를 향하여 말씀하시고 약속하셨다.

> 네가 네 하나님 여호와의 말씀을 청종하면 이 모든 복이 네게 임하며 네게 이르리라(신 28:2).

> 이 율법책을 네 입에서 떠나지 말게 하며 주야로 그것을 묵상하여 그 안에 기록된 대로 다 지켜 행하라 그리하면 네 길이 평탄하게 될 것이며 네가 형통하리라(수 1:8).

우리는 장차 주님께서 베푸실 영원한 상을 바라보면서, 하나님의 말씀을 따라서 선한 일에 열심을 다함으로 하나님께 영광을 돌려야 할 것이다. 왜냐하면 이는 거룩하신 하나님께서 우리를 창조하시고 구원하신 궁극적인 목적이기 때문이다.

(1) 어거스틴

어거스틴은 인류의 조상 아담의 원죄로 말미암아 타락한 사람에게는 스스로 선을 행할 능력이 없다고 하면서, 우리가 오직 하나님의 은혜를 받아야

할 것을 강조했다.[67]

> 아담으로 인해서 없어진 인간의 공로는 여기서 침묵하라. 그리고 하나님의 은혜가 그리스도를 통해서 지배하게 하라. 또한 성도들은 자기의 공로에는 아무것도 돌리지 않고 모든 것을 하나님 당신께만 돌리리이다. 그리고 사람이 자기에게 있는 선한 것은 모두 자기에게서 난 것이 아니고 하나님께로부터 온 것이라는 것을 깨달을 때에, 그는 자기에게 있는 칭찬할 만한 것도 모두 자기의 공로에서 온 것이 아니고 하나님의 자비에서 왔다는 것을 깨닫게 된다.

아울러 그는 인간의 본성적으로 가지고 있는 공로주의 사상에 대한 두 가지 위험성을 지적했다.[68]

> 먼저 인간은 자신에게 올바른 것이 전혀 없다고 들을 때에 즉시 이 사실을 구실로 자기만족에 빠진다. 자력으로는 의를 추구할 수 없다고 듣기 때문에, 그런 추구는 자기와는 전혀 무관한 듯 외면해 버린다. 다음으로 인간에게 사소한 것이라도 공로를 돌리면 반드시 하나님의 영예를 빼앗게 되며, 사람은 파렴치한 자기 과신으로 인하여 파멸하게 된다.

결국 하나님께서는 만물을 그의 권능 아래서 인도하시며, 성도의 의지를 선한 의지로 바꾸셔서 그것을 선한 행동과 선한 목적으로 인도하신다.[69]

> 성경을 착실히 연구하면, 하나님이 악한 의지를 선한 의지로 만드시고

---

67 Inst., Ⅲ. 15. 2.
68 Inst., Ⅱ. 2. 2.
69 Augustine, *On Grace and Free Will*, XX. 41.

선하게 된 의지를 선한 행동과 영원한 생명으로 인도하시므로, 선한 의지들은 하나님의 권능 안에 있으며 이 세상의 피조물들을 보존하는 의지들까지도 또한 그렇다는 것을 알 수 있다. 그런 의지들도 하나님의 권능 안에 있어서 하나님이 원하시는 때에 원하시는 곳으로 기울어지게 하신다. 하나님께서는 혹은 은혜를, 혹은 벌을 주시려고 그리고 참으로 가장 비밀한, 그러나 가장 공정한 판단에 의해서 기울이시는 것이다.

(2) 칼빈

칼빈은 죄인이 선행으로 칭의를 받는 것은 결코 아니며, 칭의는 선행을 배제하지 않는다고 보았다. 여기서 루터가 선행을 칭의의 결과로 이해하고 있는데 반해, 칼빈은 칭의와 성화를 모두 신앙의 결과로 보고 있으며 구원의 목적을 성도의 거룩함 곧 성화에 둠으로서 선행을 훨씬 더 강조했다.[70]

오직 하나님의 은혜로 말미암는 신앙만이 죄인을 의인이 되게 하고, 또한 죄인이 먼저 거듭난 새 사람 곧 선한 자가 되어야만 선행을 행할 수 있다는 것이다. 즉 선행은 바로 참된 신앙의 증거라고 말할 수 있다.

나아가 칼빈은 예정의 목적이 거룩함에 있다고 말했다. 즉 하나님께서 영원 전에 우리를 택하신 목적은 우리로 하여금 거룩하고 흠이 없는 생활을 하게 하려는 것이다(엡 1:4).[71]

> 만일 선택의 목표가 거룩한 생활에 있다면, 선택은 아무 선행도 하지 않는 구실을 준다기보다, 도리어 우리의 마음을 거룩한 생활에 집중하겠다는 열의를 일으키며 자극할 것이다. 구원을 얻기에는 선택으로만 충분하다고 해서 선행을 중지하는 것과, 선택을 해 주신 목적인 선의 추

---

[70] Justo L. Gonzalez, 『기독교 사상사』, 179. 성화에 대한 칼빈의 관심이 루터파 신학의 특징인 칭의에 대한 우선적 강조를 넘어서도록 이끌었다.

[71] Inst. Ⅲ. 23. 12.

구에 몸을 바치는 것, 이 두 가지가 얼마나 서로 다른 가 비교해 보라.

그는 참된 거룩함이란 사랑의 실천과 밀접하게 관련되어 있다고 말했다.[72]

> 우리가 계명을 지키려면 자기를 사랑할 것이 아니라, 하나님과 이웃을 사랑해야 하며, 가장 착하고 거룩한 생활을 하려면 할 수 있는 대로 자신을 위해 애쓰지 말아야 하며, 자기만을 위해서 살며 노력하며 자기의 이익만을 생각하며 구하는 사람은 분명히 가장 비열하고 악한 생활을 하는 것이다.

나아가 성령께서는 우리의 옛 사람을 죽이시고 우리 안에 새 사람으로서의 선한 의지를 창조하시며, 또한 성령께서 우리 안에 선한 일을 시작하실 때에는 먼저 우리의 마음 가운데 의에 대한 사랑과 소원과 열의를 일으키신다.[73] 즉 신자가 선을 행하려면, 먼저 주님께서 악한 의지를 선한 의지로 바꿔주셔야만 한다.[74]

> 첫째, 주께서 우리의 악한 의지를 교정, 아니 말소하신다.
> 둘째, 주께서 친히 악한 의지를 주님께로부터 난 선한 의지로 바꿔 주신다. 은총이 의지를 앞지른다는 의미에서, 나는 사람의 의지를 '수종자'라고 부를 수 있다고 인정한다.

성도의 신앙생활에 있어서, 선행의 처음은 결심이며 다음은 그것을 수행

72　Inst., Ⅱ. 8. 54.
73　Inst., Ⅱ. 3. 6.
74　Inst., Ⅱ. 3. 7.

하는 강한 노력이지만, 그 근원은 하나님이시다.[75] 모든 일의 주인은 하나님이시며, 우리는 단지 그의 도구일 뿐이다.[76]

> 하나님께서 그의 영적 은혜를 나타내시기 위해서 친히 임명하신 도구들을 사용하시지만, 사람이 자기 힘으로 할 수 있는 일과 하나님의 수중에 있는 일을 잊지 말아야 할 것이다.

그리고 칼빈의 율법의 중요한 세 가지 기능을 강조하면서, 다음과 같이 말했다.[77]

> 첫째, 율법의 정죄적 기능으로서, 하나님 앞에 죄인들을 고발함으로서 그들의 자기기만을 꺾는 기능이라고 할 수 있다.
> 둘째, 율법의 죄의 억제적 기능으로서, 사회적 기능이라고 할 수 있다.
> 셋째, 율법의 도덕적 기능으로서, 거듭한 신자들의 삶의 표준으로서 그들을 적극적으로 인도하는 기능을 말한다.

칼빈은 예수 그리스도 안에서 새 사람된 성도들을 향한 율법의 도덕적 기능을 강조했다. 그는 이 기능이 가장 중요하며, 율법의 본래의 목적에 가까운 것으로 보았다. 이 율법의 도덕적 기능은 주로 성도들을 깨우치며 선행을 적극적으로 독려하는 기능을 말하며, 그것은 무엇보다 구원받은 성도의 생활규범으로서 율법의 본래의 목적에 맞는 것이라고 언급했다.[78]

---

75 Inst., Ⅱ, 3, 9.
76 Inst., Ⅳ, 14, 11. 심는 이나 물주는 이는 아무것도 아니로되 오직 자라나게 하시는 하나님뿐이니라(고전 3:7).
77 Inst., Ⅱ, 6-11.
78 Inst., Ⅱ, 7, 12.

이 용도는 하나님의 영이 이미 그 영혼 속에 사시며 주관하시는 신자들 사이에서 발견된다. 그들의 마음속에는 하나님의 손가락으로 율법이 기록되고 새겨져 있지만(렘 31:33; 히 10:16), 다시 말하면 그들은 하나님의 영의 감동과 격려로 하나님께 복종하겠다는 열심이 있지만, 역시 두 가지 방면에서 율법의 혜택을 입는다. 그들이 앙모하는 주의 뜻이 무엇인가를 매일 더욱 철저히 배우며 확고하게 이해하는 데 율법은 가장 훌륭한 도구가 된다. 마치 주인의 마음에 들겠다는 성의와 준비가 있는 하인이 주인의 습관을 따르며 거기 순응하기 위해서는 그 습관을 자세히 연구하며 관찰해야 하는 것과 같다. 또 이 필요성은 아무도 피할 수 없다. 또 우리는 배울 뿐 아니라 권면을 받을 필요가 있으므로, 하나님의 종이 율법에서 받는 혜택은 이 방면에도 있다. 즉, 율법에 대해서 자주 명상함으로써 복종하겠다는 열성을 얻으며 복종하는 힘을 얻으며 범죄의 미끄러운 길에 들지 않게 된다. 성도는 이와 같이 전진을 계속해야 한다. 하나님께서는 사람들에게 복종심을 불어넣으시고, 그런 사람들이 율법을 읽을 때에 그들을 가르쳐 주신다는 것이다. 결국 신자는 교훈뿐 아니라, 거기 동반하는 은총의 약속을 붙잡게 된다.

우리의 선행의 모든 열매는 우리에게서 나온 것이 아니며, 또한 우리의 공로도 결코 아니다. 즉 선행은 하나님의 은혜에 기초하며, 오직 하나님의 능력으로 말미암아 이루어지는 거룩한 열매이다.[79] 그래서 바울은 "내가 모든 사도보다 더 많이 수고하였으나, 내가 아니요 오직 나와 함께 하신 하나님의 은혜로라"(고전 15:10)고 고백했다. 우리는 주의 제자들이 날마다 십자가를 지고 주를 따라갔듯이, 우리도 날마다 참된 풋대가 되시는 예수 그리스도를

---

[79] Inst., Ⅳ. 1. 6. 하나님께서는 사람의 지성을 조명하고 마음을 새롭게 하는 것은 자기가 하는 일이라고 하시며, 사람이 이 일의 일부라도 자기의 공적이라고 주장하는 것은 신성 모독이라고 경고하신다.

바라보면서 자신의 거룩함과 선한 생활의 진보를 나타내며 살아가도록 최선을 다해야 한다.[80]

> 우리의 성공이 사소한 때에도 낙심하지 말라. 원하는 데까지 미치지 못하더라도 어제보다 오늘이 나으면 무익한 노력이 아니다. 우리는 다만 진실하고 단순한 마음으로 우리의 목표를 바라보면서 앞으로 나아갈 뿐이다. 자기만족에 빠지거나 자신의 악행을 변명하지 말고 종점을 향해서 계속 분투노력하라. 우리의 목적은 선한 일에서 평소보다 조금씩 나아져 드디어 선 자체에 도달하는 것이다. 우리의 전 생애를 통해서 추구하고 따라가는 것은 바로 이것이다.

그래서 칼빈은 '그리스도인의 참된 생활원리'를 제시함으로, 모든 성도들이 하나님께 영광을 돌리며 살아갈 것을 강조했다.[81]

> 첫째, 거룩함을 위해 힘쓰라.
> 둘째, 그리스도인의 생활의 핵심은 자기 부정이다.
> 셋째, 우리는 그리스도의 제자로서 십자가를 져야 한다.
> 넷째, 내세에 대한 묵상이다.
> 다섯째, 현세생활을 선용하라.

결론적으로 칼빈의 제네바 요리문답과 웨스트민스터 소요리문답에서는 인생의 주된 목적이 '하나님을 아는 것과 하나님을 영화롭게 하는 것'이라고 고백한다. 그러므로 칼빈의 신학 사상에 있어서 가장 중요한 것은 인간의 자기중심적 구원이나 사랑의 실천이라는 신적 의지의 보편성이 아니라, 모든

80　Inst., Ⅲ. 7. 5.
81　Inst., Ⅲ. 6-10.

피조물의 궁극적인 목적인 오직 '하나님의 영광'이었다.

(3) 바빙크

바빙크는 선행에 대하여, '우리로 하여금 선을 행하게 하시는 선의 주체이신 하나님과 선을 행하는 자 곧 제일 원인과 제이 원인을 명확하게 구분하여 이해하여야 할 것'을 말했다.[82]

> 제일 원인과 제이 원인 곧 하나님과 사람을 구별해야 한다. 선을 행할 때에 그 일을 그의 기뻐하시는 뜻에 따라서 역사하시고, 또한 행하고자 하는 의지를 이루시는 분은 하나님이시다.

모든 성도는 하나님께 영광을 돌리기 위하여 선한 일에 열심을 내야하며, 하나님께서 우리를 구원하신 것은 바로 우리의 선행을 통해 영광받기를 원하신다는 것을 알아야 한다. 또한 참된 선행은 참된 믿음이 전제되어야 하며, 참된 믿음이 없이는 어떤 선행도 하나님께 받아들여지지 않는다는 사실도 분명히 인식해야 한다.

예수 그리스도께서는 그의 제자들을 향하여 말씀하셨다

> 너희는 세상의 빛이라 산 위에 있는 동네가 숨겨지지 못할 것이요. 사람이 등불을 켜서 말 아래에 두지 아니하고 등경 위에 두나니 이러므로 집안 모든 사람에게 비치느니라. 이같이 너희 빛이 사람 앞에 비치게 하여 그들로 너희 착한 행실을 보고 하늘에 계신 너희 아버지께 영광을 돌리게 하라"(마 5:14-16).

---

82 Herman Bavinck, 『개혁교의학 개요』, 216.

한편 루터는 종교개혁을 설교의 직분을 회복시키는 것으로 제한하였으며, 일단 사람이 어떻게 구원을 얻는가 하는 질문에 대해서 성경에서 답변을 찾은 다음에는 거기서 노력을 중단시켜버렸다. 반면 칼빈은 사람의 구원에 안주하지 않고, 하나님의 구속에서 나타난 하나님의 은혜와 그 이면에 있는 하나님의 주권을 찾았다. 이는 구원받은 성도가 어떻게 하나님께 영광을 돌리며 살아야 하는가라는 궁극적인 목적을 이루는데 관심을 두었다.[83]

결론적으로 성령께서 그의 은혜로 주신 참된 믿음은 반드시 선행의 열매를 맺는다. 그러므로 어떤 사람이 구원을 받았다고 말하면서, 그리스도인의 선행을 부정하거나 하나님을 경외하고 그만을 영화롭게 하는 일에 열심을 내지 않는 사람은 결코 참된 신앙을 가지고 있다고 말할 수 없을 것이다.

83 Ibid., 144.

제10장

기도론

1. 개요

　성령께서는 그리스도 안에서 새 사람된 성도들을 위하여 은총의 열매인 기도라는 특권과 직무를 주셨다. 성령께서는 성도가 믿음으로 전능하신 하나님께 나아가 주 예수 그리스도의 이름을 의지하여 기도함으로 모든 은총과 능력을 받아 누리게 하시며, 또한 그의 믿음과 삶으로 하나님께 영광을 돌리며 살아가도록 이끄신다.
　삼위일체 하나님께서는 그의 영원한 경륜 가운데 우리를 택하시고, 성령의 은혜로 말미암아 우리를 그리스도와 연합된 하나님의 자녀가 되게 하셨다. 그리고 이 세상을 살아가는 신자들의 연약함을 아시고, 그들을 보호하시고 도우시기 위하여 성령을 선물로 보내주셨다. 또한 보혜사 성령께서는 구원받은 신자들을 위하여 교회 가운데 여러 가지 은총의 수단들을 허락하셨는데, 그 가운데 모든 성도들에게 주신 귀한 특권과 직무가 바로 '기도'이다.
　기도는 성령께서 구원받은 성도들에게만 주신 특별한 은총이다. 아울러 성도의 올바른 기도는 삼위일체 하나님과의 교통으로서 하나님의 온전한 뜻 가운데 이루어져야만 한다. 그래서 우리는 하나님께서 계시하신 올바른 기도의 원리를 알아야 한다.

먼저 기도가 삼위일체 하나님 안에서 올바로 실행되어야 한다. 즉 우리는 성부 하나님께 성령 안에서 성자의 이름을 통하여 기도해야 한다. 즉 하나님께서는 우리로 하여금 성자이신 예수 그리스도 말미암아 한 성령 안에서 아버지께 나아감을 얻게 하셨다(엡 2:18).

다음으로 우리가 오직 '예수 그리스도의 이름'만으로 기도해야 한다는 것이다. 왜냐하면 기도는 우리가 우리의 자격이나 능력으로 하나님께 나아가는 것이 아니라, 우리의 유일한 중보자이신 예수 그리스도의 이름의 공로와 권세로서만 하나님께 나아갈 수 있기 때문이다.

예수 그리스도께서는 약속하셨다.

> 내가 진실로 진실로 너희에게 이르노니 너희가 무엇이든지 아버지께 구하는 것을 내 이름으로 주시리라. 지금까지는 너희가 내 이름으로 아무 것도 구하지 아니하였으나 구하라 그리하면 받으리니 너희 기쁨이 충만하리라(요 16:23-24).

지금도 주께서는 하나님의 보좌 우편에서 우리를 위해 친히 간구하고 계신다(롬 8:34). 또한 성령께서는 우리가 마땅히 빌 바를 알지 못할 때에 친히 탄식하며 하나님의 뜻대로 간구하심으로 우리를 돕고 계신다(롬 8:26). 그러므로 모든 성도는 자신의 삶이 연약함에 의하여 또한 탐심과 게으름을 따라 인본주의적이고 세속적인 방향으로 가지 않도록 하기 위해서 날마다 기도에 힘써야 한다.

우리가 성령 안에서 말씀과 기도로 하나님과의 교제가 충만하여 질 때, 우리는 성령의 충만함을 받아 거룩함과 선한 행실로 살아갈 수 있으며, 그리스도의 사랑과 은혜를 주의 교회와 온 세상 가운데 바르고 힘있게 전할 수 있다. 사도 바울은 말했다.

> 내 말과 내 전도함이 지혜의 권하는 말로 하지 아니하고 다만 성령의 나타남과 능력으로 하여 너희 믿음이 사람의 지혜에 있지 아니하고 다만 하나님의 능력에 있게 하려 하였노라(고전 2:4-5).

그리고 하나님께서는 우리가 주의 뜻을 위해 살아갈 때, 우리의 모든 필요를 채워주신다고 약속하셨다. 즉 하나님의 자녀의 삶은 미래에 대한 염려로 살아가는 것이 아니라 오직 하나님의 은혜와 신실하심으로 위로부터 주어지는 것이다(마 6:33-34).

성경적으로 '참된 기도'(προσεύχομαι, exchange wishes)란 우리의 소원을 바꾸는 것이다. 즉 주님이 말씀하시는 바른 기도생활이란 우리의 인간적인 소원이 관철되는 것이 아니라 주님의 소원이 이루어지도록 목표하는 것이다. 그것은 바로 주님의 기도를 배우는 것이며, 주께서 가르쳐주신 '주기도문'의 모범을 따라 기도하는 것이다. 주께서 알려주신 '주기도문'의 기본정신은 먼저 우리가 기도하기 전에 하나님께서 하시고자 하는 일과 방법과 때와 장소 등을 하나님이 원하시는 대로 결정하시도록 믿고 신뢰하라는 것이다.

지금도 하나님께서는 그의 영광을 위하여 그의 손으로 만물을 지탱하시며, 그의 사랑으로 성도들을 눈동자와 같이 지키시고, 그의 능력으로 주의 교회를 붙들고 계신다. 사랑의 하나님께서는 때때로 우리를 고통스러운 현실 가운데 세우신다. 그것은 우리가 하나님만 전심으로 의뢰하여 살아가도록 믿음을 연단하시는 것이다. 또한 우리가 하나님께 기도함으로 그의 크신 은총을 경험하게 하시어 하나님의 선하심을 알게 하시고, 하나님을 온전히 신뢰하는 가운데 하나님께 온전한 영광을 돌리며 살아가게 하신다.

2. 주요논쟁

1) 초대교회와 신령주의 운동

기독교회사를 살펴보면, 성경적인 기도에 대한 바른 이해를 결핍한 여러 형태의 신령주의 운동이 지속적으로 일어났다. 이들은 진리에 기초한 정상적인 믿음생활보다는 개인의 신비적 경험과 초월적인 체험을 강조했다. 심지어 이들은 기도를 신과의 교통이나 합일을 위한 수단으로 사용했다.

이 신령주의자들의 특징은 하나님이 계시하신 성경을 등한시하고, 도리어 신비적 방언이나 예언을 통한 새로운 특별계시를 주장한다. 또한 이들은 현세적인 신앙생활과 진리의 실천보다는 내세를 대망하는 종말론적 공동체를 세워서 극단적인 금욕생활을 강조하기도 한다. 그리고 그들은 성경의 절대성과 역대 교회의 정통교리를 부정하고, 오로지 자신들의 영적 체험을 신앙의 표준으로 삼았다. 그 결과 그들은 성경과 참된 진리에서 벗어나, 거짓된 이론과 주장으로 신자들을 미혹하고 진리를 대적하는 이단운동으로 정죄받게 되었다.

초대교회사 속에서 2세기경 몬타누스(Montanus)는 소아시아의 페푸자라고 부르는 곳에서 살았는데, 그는 개종하기 전에 이교도의 사제였었다. 당시 그는 정치적 사회적 현실에 회의를 품고, 육신적 절제와 금욕주의와 도덕성을 강조하기 시작했다.[1] 그리고 몬타누스는 그리스도의 재림이 임박해졌다는 사실과 그것이 페푸자에서 일어날 것이라는 신념을 가졌다. 또한 그는 성령께서 그 자신의 인격에 나타났으며, 자신을 통해 성령께서 새로운 계시를 주셨다고 주장했다.

아울러 몬타누스는 자신의 이름으로 세례를 주었고 신비한 방언으로 말하

---

1 Justo L. Gonzalez, 『초대교회사』, 130.

였는데, 이런 방식으로 부흥운동을 전개했다. 그는 자신으로 말미암아 종말적 성령의 시대가 왔다고 가르쳤으며, 몬타니스트들은 자신들이 '성령과 예언의 은사'를 소유했다고 생각했다. 게다가 그들은 독신과 순교를 강조하였는데, 특히 영적인 이유로 결혼을 포기하는 것이 허락되었으며, 순교가 적극적으로 권장되었다.

2) 중세 시대 이후의 신비주의 운동

중세의 로마가톨릭교회는 초대교회의 성도들이 피와 순교로 파수하고 확립한 정통교리와 참된 신앙의 길에서 벗어난 그릇된 신학과 인본주의적 전통들을 가지고 타락하고 부패한 길로 나아갔다. 이러한 로마가톨릭교회의 타락은 종교의식과 기도행위에서도 확연하게 드러난다. 그들은 마리아를 비롯한 여러 성자들을 성상을 만들어 놓고 그들을 숭배하고, 그들에게 기도하였으며, 심지어 그들의 이름으로 기도하기도 했다. 게다가 죽은 자들을 위한 미사와 기원 그리고 산자의 죽은 자를 위한 선행을 강요했다.

아울러 그들은 로마가톨릭의 사제들이 사죄권이 있다고 보았고, 신자들은 자신이 면죄받기 위하여 사제들에게 죄를 고백하는 고해성사를 시행했다. 또한 교황과 사제들은 자신들의 종교사업과 육신적 탐욕을 채우기 위하여 면죄부를 팔기도 했다.

중세 시대의 신비주의 운동은 종교생활에 많은 영향을 주었다. 그들은 '명상'과 '내적인 광명'을 강조하고, 하나님과의 직접적인 대면을 추구했다. 그래서 이들의 모임에서는 묵상을 통한 하나님과의 직접적인 관계와 내적 체험이 하나님의 말씀을 대신하였으며, 그들은 마음의 음성이 하나님의 참된 내적인 말씀이라고 생각했다.

이 신비주의자들은 사람이 본질적으로 거룩한 신성의 일부분이라고 주장하였으며, 또한 연속된 신비적인 경험과 다양한 단계를 거쳐 신비주의의 가장 높은 단계, 즉 신성과의 합일의 단계로까지 진행할 수 있다고 생각했다. 특히 신비주의 철학자인 엑크하르트(Meister Eckhart, 1260-1328)는 신플라톤주의의 영향을 받아 만물의 창조원리를 설명하면서 플로티누스의 '유출설'을 사용했다.[2]

엑크하르트는 '유출과 상승' 혹은 '발원과 귀환'이라는 원리를 가지고 신과의 합일을 추구했다. 그는 일자로부터 세계의 다양성으로 내려오는 존재의 하강적 발전과 일자로 복귀하는 상승적 발전이라는 신플라톤주의에 기초한 영성을 추구했다. 또한 인간의 최고 축복은 하나님과 함께 되는 신성화라고 주장했다.[3] 하지만 하나님이 그의 본성 그 자체가 피조물의 본질과 지성을 초월하신 분이므로 피조물의 불완전한 속성으로서는 결코 하나님께 이를 수가 없다고 보았다.

결국 인간은 피조물의 속성을 거부하는 부정의 방법으로만 하나님 존재에 이르게 된다고 '부정신학'을 주장했다. 그러므로 인간의 구원이란 하나님과의 합일을 추구하는 것이며, 이것은 상승적 발전이라는 신비주의적 과정에 의존해야만 했던 것이다. 1329년 3월에 교황 요한 23세는 엑크하르트를 이단적인 인물이며 그의 저서와 가르침은 로마가톨릭교회의 전통에 반하는 신비주의적 이단 사상으로 칙서를 발행하여 정죄했다.[4]

16세기 종교개혁 시기의 재세례파는 신령주의 전통을 이어받은 운동으로서 개종자들에 대한 재침례를 중시하고, 유아세례를 거부했다. 또한 내면적인 빛과 성령의 직접적인 인도에 의한 예언을 하나님의 말씀보다 더 높은 곳에 두었다. 그래서 이들의 신비주의적 사고와 분리주의적 교회관은 종교개혁자들의 사상과는 대립되는 것이었다.

---

2 Hackett, Jeremiah, *A Companion to Meister Eckhart*, Brill (2012), xxⅡ.
3 Ernst H. Klotsche, 『기독교 교리사』, 227.
4 Bernard McGinn, *The Mystical Thought of Meister Eckhart* (New York: Crossroad Publishing Company, 2001), 18.

그 후 재세례파의 사상을 이어받은 영국의 퀘이커교도는 자신들을 '진리의 자녀,' '빛의 자녀'라고 불렀으며, 후에는 '친구들의 종교회'(the Society of Friends)라고 불렀다. 이 모임의 창시자인 조지 폭스(George Fox, 1624-1691)는 역사적인 기독교를 철저히 부정하고 신적인 말씀보다는 성령의 직접 조명과 내적인 빛을 강조했다.[5] 그런데 이들의 모임에는 성례전이 없고, 준비된 설교도 없었으며, 다만 종교의식이란 기도로부터 시작해 고요한 명상을 통해 내적 광명을 얻는 것이었다.

17세기에 영국을 중심으로 등장한 반율법주의자들은 용서의 은혜와 속죄의 영속성을 강조했고, 새 사람이 된 성도들에게는 더 이상 회개가 필요없다고 주장했다. 또한 그들은 극단적인 주권 사상을 가지고 기도나 선행도 불필요한 것으로 보았다.

그 후 19세기 중엽에 등장한 세대주의 신학은 영국의 배타적이고 폐쇄적인 형제교회(Separatist Plymouth Brethren) 지도자 다비(John Nelson Darby, 1800-1882)에 의해서 시작되었다. 그는 잉글랜드국교회가 부패했다면서, 형제운동을 시작하며 세대주의를 체계화했다. 그들은 자신들의 모임을 풀리머스 형제단으로 불렀는데, 그들은 무교회주의 운동조직과 유사하여, 신앙을 고백하는 신자는 누구나 그들의 형식에 메이지 않는 예배에 참석시켰다. 또한 그들은 성직제도나 예배순서도 없이 모임을 진행하였는데, 그러한 자신들의 방식이 신약교회의 정치와 예배형식으로 돌아가는 것이라고 주장했다.

오늘날 세대주의자들은 성경의 여러 상징적인 숫자와 영적인 표현들을 문자적으로 해석함으로써, 많은 교회와 신자들이 반율법주의적이고 신비주의적인 종말론에 쉽게 끌려 들어가게 하는 여지를 만들었다.

---

5 Ernst H. Klotsche, 『기독교 교리사』, 430.

3) 현대교회와 은사주의 운동

20세기 초반에 오순절운동(Pentecostalism)이 시작되었는데, 이 운동은 미국 캔사스주의 벧엘성경학교의 교장 찰스 펄햄(Charles Parham, 1873-1929)에 의하여 현대적 방언운동으로 전개되었다. 이 은사주의 운동은 1906년에 로스앤젤레스의 아주사 거리에서 흑인 부흥사인 윌리엄 세이모어(William Seymour)가 3년에 걸친 연속적인 부흥집회를 개최한 이후에 더욱 본격적으로 전개되었다. 그 자리에서 세이모어는 '사도적 믿음'을 주장하면서, 종말적 사도적 은사와 새로운 예언을 주장했다. 당시 이들의 은사주의 집회에 참여했던 많은 사람들은 자신들의 체험을 강조하면서, 그것을 '성령세례' 혹은 '제2의 축복'으로 이해했다. 그리하여 이들은 1914년에 '하나님의 성회'(Assembly of God)를 조직하였으며, 이 교단은 오순절운동이 낳은 가장 큰 교단으로 성장했다.

그 후 오순절운동은 1930-40년대의 '늦은 비 운동,' 1980년대 마이크 비클(M. Bickle)의 캔자스시티 선지자 그룹과 존 윔버(J. R. Wimber)의 '빈야드 운동(Vineyard Movement),' 1994년에 일어난 '토론토 블래싱'을 거치면서 현대의 신사도운동으로 발전했다. 이 과정에서 1989년에 존 윔버와 마이크 비클이 연합하고, 피터 와그너(P. Wagner)가 합류하여 신사도운동이 태동하게 되었다.

20세기 후반부터 은사주의자들에 의한 기독교연합운동이 전개되고 있다. 그래서 1977년에 미국 미조리주에서 로마가톨릭교회를 비롯하여, 루터교, 침례교, 장로교, 감리교, 성공회 등의 수많은 은사주의자들이 '제1차 은사운동 국제집회'를 열었다. 아울러 1983년 밴쿠버에서 열린 제6차 WCC 세계총회에서는 은사주의자들이 '24시간 중보기도운동'을 벌이기도 했다.

2010년에 스웨덴 스톡홀름에서 열린 '오순절세계협의회'(Pentecostal World Conference)에서는 WCC의 사무총장 올라브 트베이트(O. F. Tveit)가 참석하였으며, 그는 방언과 성령세례를 강조하는 은사주의가 세계종교들 간의 대화와 일치운동의 효과적이고 중요한 역할을 감당하고 있다고 주장했다.

　최근에는 신은사주의자들이 등장하여 소위 종말적인 범세계적 선교운동과 기도운동을 명분으로 '신사도운동'(new apostolic movement)을 주도하고 있다. 이 운동의 지도자들은 자신들을 말세의 '신사도'라고 부르며, 자신들이 방언기도와 예언의 은사를 통해서 종말적인 새 예언을 받았다고 주장한다. 그 결과 그들은 직접 계시와 보편적인 예언의 은사를 주장함으로 수많은 신자들을 미혹하고 있다.

　끝으로 이러한 신사도운동가들에 의해서 한국교회 안에 새로운 유행처럼 사용되고 있는 '중보기도운동'에는 올바른 신학적 이해가 필요하다. 먼저 '중보기도'란 용어를 금지해야 한다. 주의 교회 안에서 성도들이 서로를 위해서 기도하는 것은 반드시 필요하고 권장할만한 일이다. 그러나 성도들이 그들의 기도생활 속에서 '중보기도'의 의식을 가지는 것은 비성경적인 일이다.

　중보자는 오직 그리스도 한 분뿐이시다. 그리스도만이 우리의 기도를 중보해 주시는 분이시다 우리 가운데 어떤 사람도 주를 대신하여 기도의 중보자가 될 수 없다. 다만 우리는 예수 그리스도의 이름을 의지하여 하나님께 나아가 간절히 기도하는 것뿐이다.

　성경은 "아버지 앞에 대언자가 있으니 곧 의로우신 예수 그리스도시니라"(롬 8:24), 또한 "하나님도 한 분이시오 중보도 한 분이시다"(딤전 2:5)라고 말한다. 그러므로 모든 기도는 유일한 중보자이신 예수 그리스도의 중보기도에 연결되어야 한다는 것을 가장 확고한 원칙으로 여겨야 한다.[6]

---

[6] Inst., Ⅲ. 20. 20. 그리스도는 구속의 중보자요, 신자들은 중보기도의 중보자라고 지껄이는 궤변가들의 무의미한 말을 들어 보라. 마치 그리스도께서는 일정한 기간 동안에 한 번 중보 직책을 다하시고, 영원불변하는 중보 직책은 종들에게 맡기셨다는 것과 같은 말이다.

3. 역대 신조

1) 제네바 요리문답에서는, 우리가 기도할 때에 반드시 '기도응답의 확신'을 갖고 나아갈 것을 말한다.[7]

> 우리의 기도들은 하나님에 의해 열납되어진다는 것과 그리고 우리의 구하는 바가 합당한 것인 한에서 우리가 그것을 얻게 된다는 것입니다. 바울은 올바른 기도란 신앙으로부터 나온다고 말하였습니다. 즉 우리가 하나님의 선하심을 신뢰하지 않을 경우 그분에게 진정으로 기도드린다는 것은 불가능하기 때문입니다.

그리고 '주기도문'을 다루면서, 신자가 오직 하나님의 영광만을 구하는 자로 성숙한 믿음의 자리에 나아갈 것을 권면하고 있다.[8]

> 참으로 하나님은 그의 무한한 자비로써 그분의 이름의 영광을 위하여 존재하시지만 동시에 우리에게 유익하지 않는 것은 하나도 없도록 모든 것을 섭리로 처리하시고 정하시고 계십니다. 따라서 당신의 이름이 거룩히 여김을 받으실 때 하나님께서는 이것을 우리의 성화로 바꾸어 놓으시며, 그의 나라가 임할 때 우리도 어떤 의미에서 그 나라에 참여하게 해 주셨습니다. 그러나 이러한 것들을 갈망하며 구할 때 우리는 우리 자신에 대해 생각한다거나 우리 자신의 유익을 구해서는 안 되고 오직 하나님의 영광만을 찾아야 합니다.

---

7 Catechism of the Church of Geneva 제248문.
8 Catechism of the Church of Geneva 제258문.

이어서 나머지 간구들에 대해서도 "우리 스스로에게 유익한 것들을 갈망하도록 규정된 것이긴 하나 우리는 이 간구들 안에서도 하나님의 영광을 마음에 간직해야 합니다"라고 말하고, 또한 '주기도문'에서 가르치신 모든 간구의 최종목표가 '하나님의 영광'이 되어야만 한다고 가르친다.[9]

2) 스코틀랜드 신앙고백서는, 우리는 무익한 종들이요 무가치한 도구들이라고 고백하고 있으며, 모든 열매를 허락하신 하나님의 크신 은혜와 사랑에 감사하는 가운데 오직 그분께만 영광을 돌려드려야 할 것이라고 말한다.[10]

> 우리가 모든 것을 행했을 때 겸손하게 무익한 종임을 고백해야 한다. 그러므로 자기 자신의 행위의 공적을 자랑하거나 자기의 공적을 신뢰하는 사람은 누구든지 헛된 것을 자랑하며 저주받을 우상숭배에 신뢰하는 것이다.

3) 하이델베르크 요리문답은, 성도의 기도가 하나님께 드리는 가장 큰 감사라고 말하고, 하나님께서 들으시는 기도자의 요건에 대해 다음과 같이 고백한다.[11]

> 첫째, 말씀을 통하여 자신을 계시하신 유일하신 참 하나님께 그의 뜻에 합당한 것들을 진심으로 구해야 합니다.
> 둘째, 우리의 가난하고 비참한 상태를 인정하고 아무것도 숨기지 말며 존귀하신 하나님 앞에서 겸손해야 합니다.
> 셋째, 비록 우리는 무가치한 존재일지라도 하나님께서는 우리 주 그리

---

9   Catechism of the Church of Geneva 제259문.
10 Scottish Confession 제15조.
11 Heidelberg Catechism 제117문.

스도의 공로로 말미암아 우리의 기도를 들어주신다는 확고한 신앙을 지녀야 합니다.

4) 웨스트민스터 신앙고백서는, 하나님께서 그의 은혜로 구원하신 거룩하신 참 성도들이 은혜에서 전적으로 최종적으로 떨어질 수 없다고 말한다.[12] 그럼에도 불구하고 성도들이 여러 가지 원인들에 의하여 범죄함으로 잠시 실족하게 될 수도 있음을 알려준다.[13]

> 성도들은 첫째, 사탄의 꾀임, 둘째, 이 세상의 시험들, 셋째, 신자들 자신 안에 깊이 남아 있는 죄의 부패한 요소, 넷째, 신자가 그들을 보존해 주는 은혜의 방편들을 무시함으로 해서 중한 죄에 빠질 수 있으며(마 26:70,72,74), 그리고 얼마 동안 그 죄 가운데 거하기도 한다(시 51:14).

이어서 성도들이 여러 가지 원인을 따라서 저지른 죄악들이 때로는 심각한 결과를 초래하기도 한다고 말한다.[14]

> 그로 말미암아 첫째, 그들은 하나님의 분노를 사며(사 64:5,7,9; 삼하 11:27), 둘째, 그의 성령을 근심케 하고(엡 4:30), 셋째, 그들이 받은 바 은혜와 위로의 얼마를 상실하게 되고(시 51:8,10,12; 계 2:4), 넷째, 그들의 마음이 강퍅해지고(막 6:52; 16:14), 다섯째, 그들의 양심은 상처를 받으며(시 32:3,4), 여섯째, 남을 해치거나 중상하여(삼하 12:14) 일시적인 심판을 자초하게 되는 것이다(시 89:31,32; 고전 11:32).

---

12   WCF 제17장 제1항.
13   WCF 제17장 제3항.
14   WCF 제17장 제3항.

그리고 제21장에서는 성도가 힘쓸 참된 기도의 원리에 대하여 다음과 같이 제시하고 있다.[15]

> 기도가 열납되도록 하기 위해서는, 성자의 이름으로(요 14:13,14; 벧전 2:5), 성령의 도우심을 받아(롬 8:26), 하나님의 뜻을 따라서(요일 5:14) 사려분별과 경외심과 겸손과 열심과 믿음과 사랑과 인내를 가지고 하되, 만일 소리를 내어 하는 경우에는 알 수 있는 말로 해야 한다.

5) 웨스트민스터 대요리문답에서는, 하나님과 우리 사이의 유일한 중보자이신 예수 그리스도의 이름만으로 기도해야 한다고 말한다.[16]

> 사람의 죄악상과 이로 인하여 하나님과 사람 사이에 생긴 거리가 심히 크므로 중보자 없이는 하나님 앞에 접근할 수 없으며, 그리스도 한 분밖에는 그 영광스러운 사역에 임명받았거나 그것에 적합한 자가 하늘이나 땅에 없으므로 우리는 다른 이름으로는 할 수 없으며, 오직 그의 이름으로만 기도할 수 있습니다.

그리고 성령께서는 우리의 기도를 도우시며, 친히 우리를 위해 간구하고 계신다고 말한다(롬 8:26-27).[17]

> 우리가 마땅히 기도할 바를 알지 못하므로 성령께서 우리의 연약함을 도우셔서 누구를 위해, 무엇을, 어떻게 기도할 것을 우리로 하여금 깨달을 수 있게 함으로 그리고 기도의 의무를 올바르게 행하는 데 필수적인

15　WCF 제21장 제3항.
16　Westminster Larger Catechism 181문.
17　Westminster Larger Catechism 182문.

> 이해력과 열정과 은혜들을 우리 심령 속에서 활성화시킴으로써(비록 모
> 든 사람에게나 어느 때에든지 다 같은 분량으로 하는 것은 아니지만) 우리를 도와
> 주십니다.

끝으로 주님께서는 우리에게 바른 기도의 지침을 주셨는데, 그것이 바로 '주기도문'(마 6:9-13)이다. 즉 기도는 항상 주기도문의 구조를 따라야 한다고 말한다. 하나님의 말씀 전체가 기도의 의무에 관한 지침으로 사용되지만, 특별한 기도 법칙은 그리스도께서 자기 제자들에게 가르치신 기도의 양식인데, 곧 주기도문이라고 하는 것입니다.[18]

4. 요점 : 성도의 직무

1) 주기도문(Lord's Prayer)

예수 그리스도께서는 그의 제자들에게 참된 기도를 가르쳐 주셨으며, 또한 친히 그 기도를 따라 행하심으로 참된 기도의 모범을 보여 주셨다. 그런데 주께서 '주기도문'을 통하여 우리에게 가르치고 계신 것은, 우리가 자신을 위한 기도를 드리기 전에 무엇보다 하나님의 뜻만이 이루어지기를 기도해야 한다는 것이다(마 6:10).[19]

먼저 우리의 기도의 대상은 오직 '하늘에 계신 우리 아버지'이신 자비롭고 전능하신 여호와 하나님이시다. 또한 우리는 하나님 아버지께 부를 때에, 반드시 그리스도의 이름으로 나아간다.[20]

---

[18] Westminster Larger Catechism 186문.
[19] Inst., Ⅲ. 20. 50.
[20] Inst., Ⅲ. 20. 40.

'아버지'라는 이름은 우리가 확신을 품고 기도를 드릴 수 있도록 신뢰감을 일으킬 뿐 아니라, 우리의 마음을 의심스러운 거짓 신들에게 끌리지 않게 하는 힘이 있으며, 우리의 마음이 독생자로부터 천사들과 교회의 유일한 아버지께로 올라가는 것을 허락하신다. 또한 하나님의 보좌가 하늘에 있어서 온 우주가 그의 지배하에 있으므로, 그리고 그는 기꺼이 우리에게 즉각적인 도움을 주시기 때문에, 우리는 공연히 그의 앞으로 나아가는 것이 아니라는 생각을 반드시 하게 된다. 하나님께 나아가는 자는 반드시 그가 계신 것과 또한 그가 자기를 찾는 자들에게 상 주시는 이심을 믿어야 할지니라(히 11:6).

여기서 하나님이 하늘에 계신다는 말은, 여호와 하나님께서 그의 위대한 힘으로 우주 전체를 포용하시며 유지하시며 지배하신다는 것을 의미한다. 그러므로 그것은 마치 하나님께서는 무한히 크시며 또는 높으시며, 이해할 수 없는 본질을 가지셨으며, 무한한 위력을 가지셨으니 영생 불사하신다고 말하는 것과 같다.[21]

첫째, 우리의 기도는 하나님의 이름이 거룩하게 되는 것, 곧 오직 하나님께 영광을 돌려 드리는 것을 간구해야 한다. 그러므로 우리는 시편의 기자처럼 "하나님이여 주의 이름과 같이 찬송도 땅 끝까지 미쳤도다"(시 48:11) 하며, 그의 이름에 합당한 영광과 찬송을 그에게 돌려 드려야 한다.[22]

둘째, 우리의 기도는 하나님 나라가 이 땅 위에 임하기를 간구해야 한다. 사람들이 자기를 부인하고 세속의 생활을 경멸하며 천국생활을 사모함으로써 하나님께서 그의 성령의 권능으로 육체의 모든 정욕들을 바로잡고, 우리의 모든 생각을 하나님의 통치에 순종하도록 인도하시기를 구해야 하는 것이다.[23]

---

21 Inst., Ⅲ. 20. 40.
22 Inst., Ⅲ. 20. 41.
23 Inst., Ⅲ. 20. 42.

셋째, 우리의 기도는 하나님의 뜻이 이루어지기를 간구해야 한다. 이는 모든 사람들이 하나님의 말씀에 계시되어 있는 그의 뜻에 순복하게 되는 때에, 하나님께서 이 세상과 만물의 참된 왕으로서 그분의 온전한 통치를 행하시기 때문이다.[24]

넷째, 우리의 기도는 일용할 양식을 구해야 한다. 이 기원을 통해서 우리 몸에 필요한 일반적인 모든 것을 구함으로써 우리는 하나님의 보호에 우리 자신을 맡기고 그의 섭리를 신뢰하여 하나님이 우리를 먹이시고 키우시며 보존하도록 하는 것이다.[25]

다섯째, 우리의 기도는 하나님께 죄의 용서를 구해야 한다. 우리는 우리를 위하여 자신을 대속물로 주신 예수 그리스도 안에 있는 구속을 하나님께서 긍휼을 베풀어 받으신 결과로 우리의 죄를 용서해 주심을 알고, 우리가 하나님의 그 크신 긍휼에 근거하여 죄의 용서를 간구해야 한다는 것이다. 여기서 우리가 남의 모든 허물을 사해 준다는 말은 도리어 우리의 마음속에서 다른 사람에 대한 분노, 증오, 복수심 등을 다 제거한다는 것을 뜻한다.[26]

여섯째, 우리의 기도는 시험에 들지 않기를 간구해야 한다. 우리에게 있는 계속되는 사단과의 싸움에서 승리를 얻을 수 있도록 주님의 권능으로 굳게 설 수 있게 해 주옵소서 하는 것이다.[27]

결론적으로 주기도문은 하나님으로 시작하여 하나님으로 끝난다. 그런즉 성도의 참된 기도는 주의 이름과 주의 나라와 주의 영광을 위해 하나님의 뜻이 온전히 이루어지도록 목표해야 한다. 또한 우리의 확신과 견고한 기도의 삶을 위한 영원한 기초는 하나님 나라와 권세와 영광에 있음을 바르게 알아야 한다.

---

24 Inst., Ⅲ. 20. 43.
25 Inst., Ⅲ. 20. 44.
26 Inst., Ⅲ. 20. 44.
27 Inst., Ⅲ. 20. 44.

2) 기도의 특권과 직무

자비로우신 하나님께서는 그의 은혜로 구원받은 성도들을 돕기 위한 은총의 열매로서 기도를 허락해 주셨다. 이 세상을 살아가는 연약한 성도들이 항상 예수 그리스도의 이름의 권세를 온전히 믿고 의지함으로 전능하신 하나님께 나아가 기도함으로 모든 필요와 도움을 받아 누리게 하신다. 성도의 기도는 하나님께 드려야할 합당한 고백이다. 또한 그것은 유일한 중보자이신 예수 그리스도의 이름으로 하나님께 올려드리는 향기로운 제사이다(시 141:2; 계 8:3-4).

아울러 기도는 하나님께서 성도들에게 주신 놀라운 특권이요 하나님께 영광을 돌려드리기 위한 거룩한 직무다.

먼저 기도는 전능하신 하나님께서 그에게 나와 기도하는 그의 자녀들의 모든 필요를 채워주시겠다는 약속 가운데 주신 모든 성도들의 특권이다. 그러므로 기도는 성령께서 이 악하고 고통스런 세상을 살아가는 연약한 성도들을 돕기 위한 은총으로서, 모든 성도는 예수 그리스도의 이름으로 하나님께 나아가 기도함으로 신앙과 삶에 필요한 모든 지혜와 능력과 도움을 받아 누리게 된다. 아울러 보혜사 성령께서는 하나님의 말씀으로 성도들을 교훈하심으로, 그들로 하여금 날마다 자신의 죄를 회개하고 주의 거룩함을 따라 살게 하시며, 또한 성도가 하나님의 선한 뜻을 알고 그에 따라 참된 기도의 삶을 살아가도록 역사하신다.

칼빈은 "기도란 하나님의 자녀들에게 있는 으뜸가는 특권이며, 하나님께서는 우리의 기도를 통하여 믿음의 참된 증거들을 우리에게 나타내시기 때문에 기도를 믿음의 영속적 행사"라고 말했다.[28]

---
28 Inst., Ⅲ. 20. 2.

우리를 위하여 하늘의 아버지 곁에 저축되어 있는 부요함에 우리가 가서 닿을 수 있는 것은 오직 기도의 은총에 의해서이며, 주님이 우리에게 복음을 가르쳐 주었고 우리의 믿음의 눈으로 본 보화들을 기도를 통하여 얻어낸다는 것은 틀림없는 진실이다.

그리고 하나님께서 우리에게 기도를 명하신 것은 그분 자신을 위해서가 아니고 우리를 위해서라고 말한다. 또한 성도들이 반드시 기도를 해야 하는 이유에 대하여, 다음과 같이 말한다.[29]

첫째, 우리의 마음을 전심을 다해 하나님을 찾고 사랑하고 섬기겠다는 열성적이며 불타는 소원으로 불붙게 하기 위해서이다. 우리가 곤란한 모든 일을 당할 때 하나님의 거룩한 빛으로 믿고 하나님께 달려가는 습관을 길러야 한다.

둘째, 하나님 앞에 부끄러움이나 욕망의 소원이 우리 마음속에 들어오지 못하도록 해야 한다. 즉 우리는 우리의 모든 것, 우리의 심정을 하나님 앞에 내어 놓아야 한다.

셋째, 기도는 우리가 하나님께서 여러 가지로 주시는 진정한 감사와 고마움의 마음으로 받을 수 있도록 하기 위해서이다. 즉 우리가 드리는 기도는 우리에게 모든 은혜가 하나님의 손에서 나온다는 것을 기억해야 한다.

넷째, 우리로 하여금 찾던 것을 얻고 하나님께서 우리의 기도에 응답해 주셨다는 확신을 가지고 그의 인자하심을 더욱 열심히 묵상하도록 하기 위함이다.

다섯째, 기도를 함으로써 얻었다고 인정되는 것들을 더욱 큰 즐거움으

---

[29] Inst., Ⅲ, 20, 3.

로 받아들이도록 하기 위해서이다.

여섯째, 우리의 연약한 정도에 따라서 기도는 습관과 경험으로 그의 섭리를 확인하도록 하기 위함이며 우리 속에 확증을 주기 위함이다.

다음으로 기도는 하나님의 백성들이 하나님의 뜻이 이루어지도록 기도하여 주의 능력을 받아서 그의 뜻에 순종함으로 하나님께 영광을 돌리게 하는 거룩한 직무이다. 이는 성도들이 이 세상에서 사는 동안 '주기도문'에 가르치신 내용과 같이, 하나님의 이름이 거룩하게 높임을 받게 하고, 하나님의 뜻이 이 땅에서 이루어지도록 하며, 하나님 나라가 속히 회복되기를 소망하며 기도하는 거룩한 제사장으로 세움을 받았다는 것이다.

그래서 사도 베드로는 주의 신기하고 놀라운 은혜로 말미암아 구원받은 성도들을 향해 다음과 같이 말한다.

> 너희는 택하신 족속이요 왕 같은 제사장들이요 거룩한 나라요 그의 소유가 된 백성이니 이는 너희를 어두운 데서 불러내어 그의 기이한 빛에 들어가게 하신 이의 아름다운 덕을 선포하게 하려 하심이라(벧전 2:9).

사도 바울은 우리가 성령으로 기도하고 또한 마음으로 기도해야 한다고 말한다(고전 14:15). 이 말씀은 기도를 성령에게 전적으로 맡겨 버리고, 우리는 아무렇게나 행하여도 된다는 것이 아니라 오직 성령의 도움을 간절하게 바라며 깨어있으라는 뜻이다.[30]

종말로 성도는 때를 따라 돕는 은혜를 얻기 위하여 믿음을 가지고 은혜의 보좌 앞에 담대히 나아가 기도해야 할 것이다. 그리고 성도들은 '주기도문'의 바른 표준을 따라서 온 세상 가운데 하나님의 이름이 높임을 받으시며,

---

30 Inst., Ⅲ. 20. 5.

오직 그의 나라와 뜻이 이 땅에 속히 이루어지기를 간구해야 한다.

3) 하나님의 작정과 기도

우리의 기도생활에 있어서도 삼위일체 하나님의 역할은 매우 분명하게 나타난다. 먼저 성부는 우리의 기도를 들으시며 응답하시는 분(hearer and answerer)이시고, 성자는 우리의 기도의 유일한 중보자(mediator)이시며, 성령은 우리의 기도를 바르게 인도하시며 활성화시키시는 분(activator)이시다.

그런데 삼위일체 하나님의 영원한 작정을 근거로, 어떤 이들은 성도의 기도의 필요성을 부정한다. 그런데 이는 아주 잘못된 사고이다. 왜냐하면 하나님이 하시는 일과 사람이 마땅히 해야 할 일을 구분하지 못한 결과이기 때문이다.

우리는 하나님의 주권과 인간의 책임을 구분할 수 있어야 한다. 하나님께서는 그의 능력으로 그의 영원한 경륜을 이루어가시며, 우리는 하나님께 순종함을 통하여 하나님께 영광을 돌리게 된다. 그러므로 하나님이 모든 것을 그의 능력으로 이루시기 때문에 우리는 아무 것도 구하지 말아야 한다는 것이 아니다. 즉 성도는 이 세상의 방식이나 자신의 임의대로 행하라는 것이 결코 아니며, 도리어 성도는 하나님의 말씀을 따라 순종하며 살아야 한다는 것이다. 더욱이 이 말은 우리가 기도로 하나님의 뜻이나 경륜을 바꿀 수 있다는 말이 아니다. 도리어 우리가 하나님의 뜻을 바로 알고 그 뜻대로 살아가도록 기도해야 한다는 말이다.

나아가 하나님께서는 그의 경륜을 이루심에 있어서 우리를 사용하신다. 본래 하나님께서 우리를 창조하신 것은 하나님의 선하고 기쁘신 뜻을 이루시기 위함이다. 그런즉 하나님께서는 우리가 그의 말씀을 따라 기도함으로 그의 도우심을 받고, 그의 은혜로 그의 뜻을 이루게 하심으로 하나님께 온전한 영광을 돌리시기를 기뻐하신다.

칼빈은 하나님의 섭리가 우리의 책임을 벗어나게 하지 않는다고 말했고, 불경스러운 자들의 그릇된 기도에 대해 비판했다.[31]

> 그들은 또한 신자의 기도는 무익하다고 할 수는 없어도 그릇된 것이라고 결론짓고, 이 기도는 이미 영원 전부터 작정해 놓으신 것을 주시도록 주님께 요구하는 것에 지나지 않는 것이라고 했다. 요약해서 말하자면, 그들은 미래와 관계된 모든 계획은 인간의 생각과 상관없이 자신의 원하시는 대로 작정하시는 하나님의 섭리와 반대되는 것이라고 하여 이를 부정한다. 그리하여 그들은 현재 발생한 것을 모두 하나님의 섭리의 탓으로 돌리고, 분명히 그 사건과 직접 관계있는 인간의 책임에 대하여는 눈을 감아 버린다.

참된 기도란 하나님의 은혜에 감사하며, 그의 선하신 뜻을 따라 간구하는 것이다. 우리는 하나님의 기쁘신 뜻을 따라 기도하도록 힘써야 한다. 성경은 "너희가 얻지 못함은 구하지 아니하기 때문이요, 구하여도 받지 못함은 정욕으로 쓰려고 잘못 구하기 때문이라(약 4:2-3)," 또한 "그를 향하여 우리가 가진 바 담대함이 이것이니 그의 뜻대로 무엇을 구하면 들으심이라, 우리가 무엇이든지 구하는 바를 들으시는 줄을 안즉 우리가 그에게 구한 그것을 얻은 줄을 또한 아느니라"(요일 5:10-11)고 말한다. 이와 같이 기도는 살아계신 하나님과 그의 약속에 대한 믿음에서 출발한다(히 11:6). 즉 믿음이 기도에 선행한다. 아울러 기도 속에는 하나님의 사랑과 은혜에 대한 감사와 찬송, 죄에 대한 자백과 회개, 모든 사람들을 위한 간구가 포함되어 있어야 한다.

성도는 오직 하나님의 뜻을 바로 알고 그 뜻대로 기도하도록 힘써야 할 것이며, 무엇보다 주께서 주신 참된 기도의 표준인 '주기도문'의 가르침을 따

---

31 Inst., Ⅰ. 17. 3.

라 기도해야 한다. 결론적으로 우리는 날마다 하나님의 뜻과 그의 크고도 놀라운 경륜이 이루어지도록 기도하여야 한다. 먼저 우리는 하나님 앞에 합당하게 살지 못한 자신을 회개하고, 이 세상의 온갖 어려움 속에서 하나님의 참된 평안과 도우심을 간구해야 한다. 다음으로 우리는 하나님의 지혜와 능력을 받아 하나님이 각자에게 주신 소명을 감당하고 선한 열매를 맺음으로 하나님께 영광을 돌릴 수 있도록 기도해야 할 것이다.

한편 칼빈은 "참된 기도의 어머니는 말씀을 기초로 한 믿음이며, 하나님의 말씀에서 멀어지는 기도는 즉시 부패하지 않을 수 없으므로, 오직 그리스도만이 유일한 중보자이심을 믿고 기도해야 한다"고 주장했다.[32]

> 올바른 기도는 믿음에서 생기며, 믿음은 하나님의 말씀을 듣는데서 생기며(롬 10:14,17), 하나님의 말씀에는 상상에 불과한 중보기도에 대해서는 한 마디도 언급이 없다는 것이다. 왜냐하면 하나님께서 주시지 않은 자를 자기들의 대언자로 받아들인다는 것은 미신적인 일이기 때문이다. 신자들이 서로 교우를 위해서 하나님께 기도하는 것은 그리스도의 유일한 중보를 조금도 손상시키지 않는다는 것을 우리는 밝혔다. 모든 신자들은 그리스도의 이 중보를 믿으면서, 자기와 다른 교우들을 위해서 하나님께 기도해야 한다(약 5:16).

그리고 그는 참된 기도는 다음의 4가지 원칙을 가지고 있어야 한다고 말했다.

> 첫째, 경건한 태도이다. 기도로 하나님과 대화하는 자는 올바른 마음과 정신을 가져야 된다는 것이다. 그러므로 우리는 기도할 때 우리에게 육

---

32 Inst., Ⅲ. 20. 27.

신적 근심과 생각들을 버려야 하고 온 마음을 다해야 하며,[33] 누구든지 기도하는 사람은 자기의 능력과 노력을 기도에 바쳐야 하고, 그다음 어지러운 생각으로 흩어짐이 없어야 한다.[34]

둘째, 진심으로 부족한 마음과 회개하는 마음에서 기도한다. 우리는 언제나 기도할 때 우리가 불충분하다는 마음을 가지고 우리가 구하는 모든 것이 얼마나 절실한가를 진심으로 생각해서 열심을 가지고 불에 타는 듯한 소망을 기도에 첨부시켜야 한다. 주기도문에 나와 있는 것처럼 기도할 때 우리는 그 거룩히 여김을 받는 것을 좇아 주리고 목마른 사람처럼 열심히 기도해야 한다.[35]

셋째, 자신에 대한 확신을 버리고 겸손히 용서를 비는 기도를 해야 한다. 기도하는 사람이 하나님과 화해가 되지 아니하면 하나님께 얻으려 해서는 안 된다는 것이다.[36] 즉 기도의 가장 중요한 부분은 바로 죄의 용서를 구하는 것이며, 이는 합당한 기도의 시작이며 준비인 것이다.[37]

넷째, 확신하고 소망을 품고 용기를 내어서 기도해야 한다. 확신은 모든 불안에서 해방되게 하며 우리를 감미롭게 하며, 확신은 완전한 평안으로 우리의 믿음을 위로하지만 더욱더 깊은 의미는 하나님께 기도하는데 도움을 준다.[38]

끝으로 칼빈은『기독교강요』의 저술목적이 구원에 대한 올바른 지식과 함께 성도들의 모든 경건함을 위함이라고 하면서,[39] 신자가 항상 경건생활의

---

33 Inst., Ⅲ. 20. 4.
34 Inst., Ⅲ. 20. 5.
35 Inst., Ⅲ. 20. 6.
36 Inst., Ⅲ. 20. 6.
37 Inst., Ⅲ. 20. 9.
38 Inst., Ⅲ. 20. 11.
39 Inst(1536) 제1판 제목.『기독교강요』는 구원론에서 취급할 전체적 사항과 경건의 개요를

진보와 성장을 이루는 일에 힘써야 한다고 말했다.[40]

> 성경의 교훈을 보면 우리의 마음은 어느 하루만 조명을 받고 그 후에는 자기 힘으로 볼 수 있는 것이 아니다. 이는 방금 바울에게서 인용한 구절이 계속적인 전진과 성장을 말하기 때문이다. 다윗은 이 뜻을 적절한 말로 표현했다. "내가 전심으로 주를 찾았사오니 주의 계명에서 떠나지 말게 하소서"(시 119:10). 거듭나고 진정한 경건에서 적지 않은 전진을 한 그였지만, 이미 받은 지식에서 후퇴하지 않기 위하여 그는 매순간 계속적인 인도가 필요하다고 고백했다. 그러므로 그는 자기의 허물로 잃어버린 바른 정신이 회복되기를 기도한다(시 51:10).

나아가 칼빈은 '주기도문'을 기도의 표준이라고 강조했고, 터툴리안이 주기도를 '합법적 기도'라고 부른 것은 옳은 말이며 훌륭한 말이라고 했다. 즉 이 말은 모든 다른 기도는 법 밖에 있고, 따라서 금지를 당한다는 뜻을 표시한다고 말했다.[41]

결론적으로 기도는 하나님의 은총의 선물이며, 삼위일체 하나님의 선하심과 그의 구원을 바로 아는 지식에서 시작된다. 이 하나님을 아는 참 지식은 우리로 하여금 하나님께 진정한 감사와 경배를 올리며, 또한 오직 하나님의 영광을 위하여 기도하며 살아가는 겸손한 기도의 사람으로 만든다. 성도는 날마다 성령의 인도하심을 따라서 예수 그리스도의 이름으로 성부 하나님께 나아가 기도함으로 모든 하늘의 은총과 도움을 받으며, 나아가 하나님의 뜻을 따라 살아갈 수 있는 지혜와 능력을 얻도록 힘써야 한다.

모두 포함했다. 경건에 열심이 있는 모든 사람이 읽어야 할 가치가 있는 책이다.
40 Inst., Ⅱ. 2. 25.
41 Inst., Ⅲ. 20. 48.

우리는 삼위일체 하나님을 참되고 바르게 알아가는 가운데 하나님께서 특별히 성도에게 은총의 열매이자 은총의 수단으로 허락하신 기도의 특권과 직무를 다함으로써 하나님께 온전한 영광과 합당한 찬송을 돌려야 할 것이다.

제11장

선교론

1. 개요

성령께서는 주의 교회와 모든 성도들에게 은총을 베푸시어 그들로 하여금 온 세상에 나가서 천국복음을 전파하여 하나님 나라를 확장하도록 역사하신다. 이 일에 있어서 삼위일체 하나님은 선교의 주인이시며, 주의 교회는 하나님의 놀라운 구속의 경륜을 성취하는 영광스런 도구이며 복음의 심부름꾼이다.

삼위일체 하나님께서는 영원 전에 그의 기쁘신 뜻을 따라 자신의 백성을 택하셨으며, 그들을 그리스도 안에서 구원하사 교회로 세우셨다. 또한 이 교회를 구원의 통로로 사용하셔서 복음을 선포하게 하심으로 이 세상 가운데 있는 자기 백성을 구원하고 계신다. 여기서 성령께서는 선교의 주인이시다. 그분은 은혜로 우리를 구원하사 교회로 세우시고, 온 교회와 성도들에게 지속적인 은총을 베푸사 그들로 하여금 주 예수 그리스도의 복음과 진리의 말씀을 파수하며 증거하도록 이끄신다.

선교는 성령께서 주신 은총의 열매이다. 즉 성령께서는 성도들에게 거룩함을 추구하는 동시에 선한 일을 행하도록 선한 의지와 선한 열심을 주시는 것이다. 특히 그분은 성경을 통하여 이 선교의 일이 바로 하나님의 영원하고 놀라운 구속의 경륜을 성취하는 영광스런 일이요, 주 예수 그리스도께서 그의 백성들에게 부탁하신 위대한 사명이라는 사실을 알게 하신다.

예수 그리스도께서는 "인자가 온 것은 잃어버린 자를 찾아 구원하려 함이니라"(눅 19:10)라고 선언하셨고, 또한 친히 12제자들을 부르시고 그들에게 "나를 따라오라 내가 너희로 사람을 낚는 어부가 되게 하리라"(막 4:17)고 말씀하시고 그들을 온 동네에 보내사 복음을 전파하게 하셨다. 그리고 부활하신 주께서는 "아버지가 나를 보내신 것같이 나도 너희를 보내노라"(요 20:21)고 말씀하시고, "너희는 이 모든 일의 증인이라"(눅 2:48), "너희는 온 천하에 다니며 만민에게 복음을 전파하라"(막 16:15)고 부탁하셨다.

사도 바울도 "나의 달려갈 길과 주 예수께 받은 사명 곧 하나님의 은혜의 복음을 증언하는 일을 마치려함에는 나의 생명을 조금도 귀한 것으로 여기지 아니하노라"(행 20:24)고 고백하며 복음을 위해 죽기까지 달려갔다. 아울러 그는 자신의 영적 아들이자 목회자인 디모데를 향하여, "너는 말씀을 전파하라 때를 얻든지 못 얻든지 항상 힘쓰라"(딤후 4:1-2)고 부탁했다. 그리고 사도 베드로도 주께서 우리를 택하시고 구원하신 것은 증인의 삶을 살게 하기 위함이라고 말한다.

> 너희를 어두운 데서 불러내어 그의 기이한 빛에 들어가게 하신 이의 아름다운 덕을 선전하게 하려 하심이라(벧전 2:9).

기독교의 참된 선교는 예정의 열매나 결과보다 복음증거 자체를 중시한다. 왜냐하면 복음을 통해 택함을 받은 자들에게 구원을 주시는 분은 하나님이시기 때문이다. 선교는 하나님의 주권적인 사역이다. 하나님만이 그의 택한 자녀들에게 구원과 영생을 베푸시는 유일한 분이시오 또한 선교의 유일한 주체가 되신다. 즉 전도와 선교는 생명의 주되신 하나님께서 만민 가운데 잃어버린 자기 백성을 구원하시는 거룩한 사역이다. 아울러 선교의 목적은 오직 하나님의 영광이다. 그것은 하나님께서 친히 세우신 영원한 구속의 경륜을 우리를 통해 이루심으로 하나님께서 영광을 받으시는 것이다.

결론적으로 선교는 하나님께서 만물 가운데에서 자신의 영광을 회복하시는 거룩하고 영광스러운 사역이다. 본래 하나님은 그의 영광이 조금도 부족함이 없으시다. 그러나 하나님은 범죄하여 타락함으로 하나님의 형상을 잃어버린 죄인들을 구원하여, 그들로 하여금 하나님께 합당한 영광을 돌려드리도록 역사하시는 것이다.

2. 주요논쟁

1) 기독교 선교역사

예수 그리스도와 구속사역의 성취와 성령의 강림으로 예루살렘에 최초의 기독교회가 설립되었다. 성령의 강한 역사 가운데 사도들을 통하여 복음이 온 유대와 사마리아와 땅끝까지 전파되었으며, 또한 로마제국의 각 지역에는 많은 교회가 세워져 나갔다.

당시 초대교회는 로마황제의 우상숭배와 종교박해 가운데에서도 성장하여, 4세기에는 로마제국의 국교로 자리를 잡게 되었다. 그러나 이 시기에는 기독교회가 외부를 향한 선교보다는 내적으로 여러 핍박 가운데 승리하며, 또한 기독교 이단들과의 투쟁 속에서 정통교리를 확립하는 일이 중요한 일이었다.

6세기 이후에는 수도원을 중심으로 하여 로마제국 밖의 야만인들을 위한 선교를 실시하기도 하였는데, 대표적 인물로는 스코틀랜드의 콜럼바와 아일랜드의 패트릭과 독일의 보니페이스 등이 있었다.

중세 시대의 로마가톨릭교회는 교황제도를 확립하고 자신의 위상정립에 힘을 쏟았으며, 반면에 622년경 이슬람교가 창립되어 기독교의 선교는 새로운 도전에 직면하게 되었다. 그 후 로마가톨릭은 교황을 중심으로 종교적 권세와 세속권을 모두 갖게 되었으며, 그들은 오직 로마가톨릭교회 밖에는 구원이 없다고 주장하며, 단지 세례로 구원에 참여하게 된다는 구원론 사상으로 많은 불신자들을 진정한 회심이 없이 받아들여 교세를 확장해나갔다.

16세기의 종교개혁운동은 성경의 진리와 정통교리에서 타락한 로마가톨릭교회를 개혁하기 위한 운동이었다. 먼저 이 개혁운동은 오직 성경에 기초한 참된 구원론의 회복운동으로 시작되었으며, 후에는 비성경적인 교회관과 성직자관 및 종교의식의 개혁으로 나아갔다. 결국 종교개혁이란 바로 성경으로 돌아가는 진리혁명이요 신학혁명이었다. 아울러 유럽의 각국에서는 칼빈주의 사상을 기초로 한 개혁주의 교회가 세워지게 되었는데, 이는 내부적인 진리의 개혁운동이 외적인 선교의 열매로 맺어진 결과이다. 칼빈은 제네바교회의 목회와 제네바아카데미의 설립을 통하여 유럽과 세계에 목회자와 선교사를 배출함으로 근대선교에 크게 기여했다.

17세기에는 독일의 경건주의 운동에서 영향을 받은 할레선교회와 모라비안의 선교운동과 함께 영국 안에서는 복음주의적 부흥운동이 일어났는데, 이 운동은 영국과 미국을 중심으로 하여 대각성운동으로 전개되었다.

한편 1793년 영국침례교선교회의 파송을 받은 윌리엄 케리(William Carrey, 1761-1834)가 인도선교사로 가면서 기독교의 근대선교가 본격적으로 시작되었다. 그 후 영국에서는 '런던선교회' 등 많은 선교단체가 조직되어 로버트 모리슨, 허드슨 테일러, 케임브리지 7인 등을 선교사로 파송하였으며, 19세기에는 유럽 각국과 미국교회에서 교파나 교단별 선교단체가 조직되어 세계선교를 활발히 진행했다.

1910년에는 '이 세대 내의 세계복음화'란 주제로 영국에서 '에딘버러세계선교대회'가 열려서 새로운 선교운동의 방향을 제시했으며, 이어서 세계교회협의회(WCC)와 세계복음주의연맹(WEA)이 조직됨으로서 각자의 신학 사상에 기초한 선교운동을 전개하게 되었다.

20세기 중반에는 미국교회를 중심으로 신복음주의 운동이 일어났다. 이 운동은 맥가브란(D. A. McGavran, 1897-1990)의 교회성장학과 여러 프로그램들을 소개하여 선교운동을 주도하였으며, 최근에는 선교적 교회운동을 통해 현대교회의 갱신과 세계선교의 전환을 시도하고 있다.

역사적으로 선교학은 17세기초에 화란신학자 보에티우스(G. Voetius, 1589-1676)가 '교회정치'에서 고전적인 선교개념과 삼중목적을 제시한 이후, 바빙크(J. H. Bavink)와 바이엘하우스(P. Beyerhaus)는 그의 선교개념을 따라 선교신학을 수립했다. 또한 20세기에는 독일의 바르넥(G. Warneck)에 의해 학문으로서의 '선교학'이 성립되었다.

개혁주의 관점에서 볼 때, 종래의 선교신학은 선교의 주되신 하나님과 교회의 관계를 바로 이해하지 못하였으며, 하나님의 구속경륜 속에서 선교를 보는 총체적인 안목이 미흡했다. 그 결과 현대선교는 '개혁주의 전통'에서 벗어나 복음주의 선교신학에 의해 잠식되었고, 점차 사회복음주의 운동에 기초한 총체적 선교, 교회성장학과 은사주의 운동, 선교적 교회운동 등의 인본주의적 선교운동으로 나아갔다.

이제는 개혁주의 선교학에 근거하여 올바른 선교가 실행되어야 한다. 성경적인 참된 선교는 삼위일체 하나님과 그의 영원한 뜻을 따라 성경의 권위를 높이며 참된 진리로 교회를 바로 세우는 가운데 마지막 선교사명을 감당함으로써 오직 하나님께 영광을 돌리는 것이다.

2) 신정통주의와 WCC

20세기에는 자유주의 신학전통에 대항하여 성경 중심과 십자가 중심을 표방한 '신정통주의'(Neo Orthodoxy)가 등장하게 되었는데, 이들에 의하여 자유주의 신학은 중단된 것이 아니라 도리어 새로운 변형을 통해 더 크게 확장되는 결과를 낳게 되었다.

1919년경에 칼 바르트(Karl Barth, 1886-1968)의 사상에 기초하여 등장하게 된 신정통주의 사상은 제1차 세계대전(1914) 이후에 개신교 신학의 새로운 접근방식이 되었다. 그의 새로운 신학은 '위기의 신학' 혹은 '변증법적 신학'으로 불렸는데, 여기에는 정통기독교의 신앙고백적이고 객관적인 교리와 진리는 없고 단지 하나님과 인간이 만나는 주관적이고 직접적인 교통만 있을 뿐이었다. 특히 그는 성경을 하나님의 객관적인 말씀으로 보지 않았으며, 고등비평을 환영하고 성경의 영감성을 부인했다.[1] 이 사상은 에밀 브루너, 폴 틸리히, 불트만, 몰트만으로 이어지면서 크게 발전했다. 20세기 중반에는 두 형제 곧 라인홀드 니버와 리차드 니버에 의해 미국교회에 보급되었다.

신정통주의는 인간학으로 실추된 신학에 새로운 활로를 모색하고 그 가능성을 제시하고자 한 신학운동이었다. 하지만 하나님의 계시를 강조하면서 실제로는 고등비평을 수용하여 성경의 무오를 인정하지 아니하고 성경의 오류를 주장하며, 성경의 비신화화를 추구했다. 그들은 하나님의 초월성을 근거로, 신학적 방법으로서 '역사적 예수'를 강조하고, 이 세상 안에서의 종교사회운동을 전개했다. 그들의 궁극적인 목적은 바로 인간의 책임 하에 정의로운 사회를 형성하고 지상적인 하나님 나라를 건설하는 데 있었다.

20세기 자유주의에 기초한 신정통신학에 의해 등장한 것이 바로 WCC의 에큐메니칼 선교운동이다. 즉 WCC의 선교운동은 바로 자유주의 신학운동의 산물이라고 할 수 있다.[2] WCC가 지향하는 에큐메니칼운동은 그 목적이 지상교회를 하나로 통합하여 '하나의 세계교회'가 되게 하려는데 있다. 그러나 이 에큐메니칼운동의 궁극적인 목적은 많은 교파들을 통합하면서 로마가톨릭과도, 심지어는 이방종교들과도 하나가 되는 것을 목표로 하고 있다. 본

1　Ernst H. Klotsche, 『기독교 교리사』, 490.
2　Harvie M. Conn, 『현대신학 해설』, 19. 한 감리교 교수는 '20세기에 있어서 바르트보다 선교신학에 강력한 영향을 준 사람은 없다'고 했다.

질적으로 이것은 참되고 유일하신 하나님을 믿으며 그의 독생자 예수 그리스도가 유일한 구원의 길이라는 기독교의 진리를 부인하는 것이라고 밖에 볼 수 없다.

오늘날 WCC는 전 세계를 향한 총체적이고 통합적인 선교운동을 전개하고 있으며, 실제로 정치투쟁 참여, 연대적인 코이노니아, 그리스도 중심의 구원론의 탈피, 전통교회를 배제함, 인권문제 그리고 생태계 신학과 반세계화운동까지가 모두 '하나님의 선교'(Missio Dei)라는 틀 안에 수용되어 전개되고 있다. 실상 WCC는 에큐메니칼운동을 통하여 스스로 반기독교적 정체성을 명백히 드러내고 있다. 그것은 그들이 이론적으로 교회일치운동을 주장하지만, 실제로는 그리스도 안에서의 참된 연합과 일치운동이 아닌 종교다원주의로 나아가고 있다.

3) 신복음주의와 WEA

17세기말 독일의 경건주의 운동과 18세기 중엽 영국의 복음주의 각성운동 그리고 미국의 대각성운동 등은 19세기 복음주의적 선교운동으로 이어지게 되었다. 1846년에는 영국의 런던에서 세계 10개국에서 온 800명이 런던에서 모여서 복음주의 연맹을 창설하였는데, 당시 복음주의연맹은 그리스도인들이 사회봉사와 세상에 대한 선교 등의 문제에 있어서 함께 협력하기 위한 토론의 자리를 마련했다.

1942년 4월에 미국의 보수주의자들은 신복음주의연맹(NEA, Neo Evangelical Association)을 창설했다. 그들은 근본주의자들과 자신들을 구분하는 의미로 신복음주의자라고 하였으며, 그리스도 신앙을 통한 구원을 믿는다면 로마가톨릭교회 신자나 진보기독교인들과도 대화할 수 있다고 생각했다. 1943년에 영국의 복음주의자들은 런던바이블칼리지(LBC)를 설립하였으며, 1944년에는 케임브리지대학 내에 틴테일 하우스를 설립했다. 또한 영국에서는 잉글랜드국교회 복음주의자인 존 스토트 신부가 이 운동에 참여하게 되었다.

그 후 1951년에는 전 세계로부터 온 21개 국가의 교회대표들이 모여서 WEF(World Evangelical Fellowship)를 조직하였는데, 이는 WCC를 주도한 유럽 기독교의 진보적 경향에 반발한 세대주의적이고 은사주의적인 복음주의 교회 지도자들이 WEF를 결성한 것이다.

그 후 2001년에는 명칭을 WEA(World Evangelical Alliance)로 변경했으며, 현재 WEA는 세계 128개국의 복음주의 연맹과 104개 회원단체 회원 약 4억 2천만 명을 대변하는 기구로서, 그 총회는 6년마다 열린다. 이 WEA의 복음주의 운동의 선교개념이 집약적으로 나타나 있는 주요한 문건들에는 1966년 베를린(Berlin) 대회의 선언, 1966년의 휫튼(Wheaton) 선언, 1970년 프랑크푸르트(Frankfurt) 선언, 1974년 로잔(Lausanne) 언약, 1975년 서울(Seoul) 선언, 1989년 마닐라(Manila) 선언 및 2010년 케이프타운(Capetown) 서약 등이 있다.

20세기 후반에는 WCC와 WEA 간의 이질적인 점을 극복하기 위하여 혼합된 형태의 선교 개념이 등장하게 되는데 이를 새로운 선교의 개념이라고 한다. 이는 복음주의 진영에서 선교의 목표로서의 '인간화'와 '복음화'의 차이를 좁히기 위한 노력으로 새로운 개념을 모색하게 된 것이었다. 이는 복음적 명령(Evangelistic Mandate)과 함께 문화적 명령(Cultual Mandate)에도 관심을 가져야 한다는 것이다. 결국 '신복음주의'(Neo Evangelicalism) 운동은 소수파로 드러난 신근본주의자들 가운데서 일어났다.

당시 신근본주의자들은 진리를 위해 끝까지 싸우기보다 평화와 안정을 더 좋아했으며, 또한 신실한 소수의 보수주의자들과 보수주의 교회들 간의 교제와 협력보다 더 폭넓은 교제와 협력을 추구했다. 이들은 성경적 분리의 교

훈을 따르기보다 일치와 화합을 원했다.[3]

초기의 신복음주의 운동은 본래 신정통주의를 효과적으로 대항하고 분리주의적인 근본주의를 개혁하며, 현대지성과 함께 호흡하는 신학운동을 전개하겠다는 포부로 출발했다. 즉 사회적인 메시지와 함께 근본주의를 전향적으로 발전시키고자 한 운동이라고 할 수 있다. 하지만 근본주의자들은 성경의 무오성을 부정하는 신복음주의를 '미지근한 이단'으로 호칭했으며, 또한 '신복음주의 운동은 절충에서 나서 교만으로 양육을 받고, 악을 무마함으로 성장하고, 하나님의 말씀의 심판을 기다린다'라고 정죄했다.[4]

신복음주의 운동의 대표적인 신학자들은 1949년에 복음주의 신학학회를 형성하였으며, 1956년에는 「크리스챤 투데이」를 발행하여 영향력을 확대해 나갔다. 이 운동의 대표적인 인물은 칼 헨리를 비롯하여 헤롤드 오켕가, 에드워드 카넬, 버나드 램, 월터 메이어 등이 있으며, 또한 풀러신학교, 휘튼대학교, 트리니티, 달라스, 고든 콘웰, 에즈베리, 리폼드, 베델신학원 등이 참여하였다. 그리고 이들은 베이커, 존더만, 어드만, 틴테일 그리고 무디 등의 출판사를 통해 자신들의 사상을 전파했다.[5]

이 운동을 역사적으로 살펴보면, 20세기의 신복음주의 운동은 1942년에 미국의 신복음주의연맹(NEA)의 창립으로부터 시작되었으며, 그 후 1951년에는 세계복음주의협회(WEF)로 조직되어 점차 발전하게 되었고, 2001년에 세계복음주의연맹(WEA)으로 변경되어서 지금에까지 이르고 있음을 알 수 있다.

결론적으로 복음주의가 회심과 중생의 체험을 강조하고, 근본주의가 성경과 죄인의 구원을 강조하며, 신복음주의가 교회의 사회적 참여를 외치고 있

---

3 Harvie M. Conn, 『현대신학 해설』, 171. 칼 메킨타이어나 밥존스대학과 관련된 이들에게는 '새로운 중립주의' 혹은 '현대주의와 신정통주의보다 더 위험한 것'으로 지탄받는다.
4 Ibid., 182.
5 Ernst H. Klotsche, 『기독교 교리사』, 537-538.

지만, 그들은 성경적이고 역사적인 정통교리와 참 교회의 본질에서 멀어지고 말았다.

3. 역대 신조

1) 스코틀랜드 신앙고백서에서는 "우리는 항상 하나님은 아담 이후 예수 그리스도가 육신을 입고 오실 때까지 모든 시대에 있어서 그의 교회를 보존하시고 인도하시고 증가시키시고 교회에 영예를 주시고 죽음에서 생명으로 불러내셨다고 믿는다"라고 고백하고 있다.[6]

2) 하이델베르크 요리문답에서는, 삼위일체 하나님께서는 구속언약을 이루시기 위해 처음부터 복음에 대한 계시를 주셨으며, 또한 이 복음은 역사적으로 전체 성경을 통해 통일성있게 계시되었음을 보여준다고 고백한다.[7]

> 하나님께선 이미 에덴동산에서 복음을 계시하셨고 그 후엔 거룩한 족장들과 선지자들을 통하여 선포하셨고 율법의 의식과 희생제사를 통하여 상징적으로 보여 주셨으며 마침내 그의 사랑하시는 아들을 통하여 성취하셨습니다.

이어서 제84문에서는, 교회의 복음전파가 예수 그리스도의 명령에 기초하여 천국의 문을 열고 닫는 열쇠가 된다는 사실을 밝히고 있으며, 또한 신자의 구원과 불신자들의 심판도 복음의 증언에 기초하고 있다고 말한다.[8]

---

6 Scottish Confession 제5조.
7 Heidelberg Catechism 제19문.
8 Heidelberg Catechism 제84문.

> 모든 신자들이 참된 믿음으로 복음의 약속을 믿을 때 하나님께서 그리스도의 공로로 말미암아 그들의 모든 죄를 용서해 주신다는 것을 사람들에게 공적으로 선포하고 선언함으로써 천국의 문은 열리는 것입니다. 그러나 불신자들과 위선자들에게는 그들이 회개하지 않는 한 하나님의 진노와 영원한 저주를 받게 된다고 공적으로 선포하고 선언함으로써 천국의 문은 닫히는 것입니다. 하나님의 심판은 이러한 복음 증언에 기초하고 있습니다.

그리고 103문에서는, 주의 교회를 향한 하나님의 뜻은 무엇보다도 교회가 매 주일마다 복음전파와 복음에 대하여 교육하는 것이라고 선언하고 있다.[9]

> 우리를 향한 하나님은 뜻이란 무엇입니까. 첫째, 복음전파와 복음에 관한 교육이 계속되어야 하며 특별히 주일에 하나님의 말씀을 배우며 성례에 참여하고 공적인 기도를 드리며 가난한 자들을 위한 헌금을 바치기 위하여 하나님의 백성들의 모임에 정규적으로 참석해야 합니다.

3) 돌트신경에서는, 먼저 첫째 교리에서 삼위일체 하나님께서 그가 영원 전에 택한 사람들이 그리스도를 믿어 영생에 이르도록 복음을 주신다고 말한다.[10]

다음으로 둘째 교리에서는, 주의 교회가 하나님의 뜻을 따라 보다 적극적으로 그리스도의 복음을 힘써서 온 세상에 나가서 선포하고 알려야 함을 말하고 있다.[11]

---

9   Heidelberg Catechism 제103문.
10 Canons of Dort 첫째 교리 제3장. 인간이 믿음을 얻도록 하기 위하여 하나님께서는 그가 원하시고 기뻐하시는 사람에게 복음을 주시는데, 이 사역을 위하여 사람들이 부름을 받아 회개하고 십자가에 못 박힌 그리스도를 믿는 것이다.
11 Canons of Dort 둘째 교리 제5장.

더욱이 복음은 십자가에 못 박힌 그리스도를 믿기만 하면 누구든지 멸망치 않고 영생을 얻을 것임을 약속하고 있다. 회개하고 믿으라는 명령과 함께 주신 이 약속은 누구에나 똑같이 온 세계에 선포되고 알려져야 하며, 하나님은 그의 기쁘신 뜻대로 이 복음을 사람들에게 주신다.

4) 웨스트민스터 신앙고백서에서도, 주의 영광스런 복음은 온 세상에 전파되어야 하며, 모든 교회는 이 거룩한 일에 충성하여야 함을 강조하고 있다.[12]

5) 웨스트민스터 대요리문답에서는, 주기도문의 둘째 기원에 대해 설명하면서, 죄와 사탄의 나라가 파멸되고 복음이 온 세계에 속히 전파되기를 기도하라고 말한다.[13]

6) 웨스트민스터 예배모범(1645)의 '설교 전 공중기도에 대하여'란 항목에서도, "복음과 예수 그리스도의 왕국을 모든 족속에서 전파할 것이니, 유대인들이 예수 믿고 돌아오는 것과 이방인의 수가 차는 것과 적그리스도가 무너지는 것과 우리 주님의 재림이 속히 이룰 것"을 위해 기도하라고 말하고 있다.

4. 요점 : 교회의 사명

1) 하나님의 작정과 선교

삼위일체 하나님께서는 그의 영광을 위해 그의 기쁘신 뜻을 따라 구속의

---

[12] WCF 제15장 제1항. 생명에 이르는 회개는 복음에서 오는 은혜이다. 이 회개의 교리는 그리스도를 믿는 신앙의 교리의 경우와 마찬가지로, 모든 복음의 사역자들에 의해 전파되어야 한다.
[13] Westminster Larger Catechism 제191문.

역사를 이루신다. 그런데 하나님께서는 영원 전에 은혜를 베푸사 구원을 받아 영생에 이르게 될 자들을 특별히 선택하셨으며, 또한 다른 자들을 그들의 죄악을 따라 벌하시기로 작정하셨다.

이는 하나님께서 구원의 주체가 되신다는 것이다. 구원의 근거가 사람에게 있지 않고 오직 하나님의 은혜에 기초하며, 구원의 목적이 오직 하나님께만 영광을 돌리는 데 있음을 말하는 것이다. 그러므로 개혁교회는 예정론에 기초하여 구원의 원리를 가르치며, 기독교회의 바른 선교적 책무를 수행하고자 노력하고 있다. 하지만 역사적으로 많은 교회들은 성경적인 예정론을 선교의 방해가 되는 교리라고 주장하면서 강하게 거부해 왔다.

예정론은 전도와 선교에 방해가 되는 교리가 아니라 도리어 선교를 독려하는 적극적인 효과를 준다. 우리는 이 세상 사람들 가운데 하나님께서 택하신 백성들이 남아있기 때문에 그들을 구원하기 위해서 복음을 전해야 한다는 것이다. 아울러 비록 전도자들이 선교의 현장에서 열매가 신속히 맺히지 않더라도, 오직 하나님의 예정과 주권적인 은총을 신뢰하는 가운데 낙심하지 않고 인내로서 충성스럽게 사역하도록 격려해 준다.

여기서 우리가 알아야 할 것은 무엇보다 하나님의 택하신 백성이 누구인지 모르기 때문에 모든 사람을 향해 복음을 전해야 한다는 것이다.[14]

> 우리는 누가 예정된 수효에 포함되며 누가 포함되지 않는지를 모르므로, 모든 사람들의 구원을 원하는 생각을 가져야 한다. 그러므로 우리는 사람마다 우리의 평화에 참가하도록 노력해야 한다.

우리는 하나님의 선택의 확실성을 알기 위하여 전도에 힘써야 한다. 왜냐하면 하나님의 영원한 선택은 성령의 은혜로우신 소명에 의해 확실하게 되

---

14 Inst., Ⅲ. 23. 14.

기 때문이다. 즉 선택받은 사람은 효과적인 부르심을 받아서 그리스도의 교제에 가입하게 될 것이며, 악한 자들은 눈이 어두워지며 마음이 굳어지게 된다.[15] 그러므로 우리는 선교를 통하여 하나님의 주되심과 그의 놀라운 구속의 역사를 경험하게 된다. 이는 구원이 사람에게 나지 않고 오직 하나님의 자비롭고 은혜로우신 역사로 이루어진다는 사실을 깨닫게 하심으로, 우리로 하여금 구원의 하나님만을 신뢰하는 성숙한 믿음을 갖게 하시고, 오직 하나님께만 영광을 돌리며 살아가도록 인도하신다.

중보자 예수 그리스도께서는 하나님의 영원한 경륜을 따라서 이 땅에 오셔서 구속사역을 완성하셨다. 그리고 보혜사 성령께서는 그의 은혜로 말미암아 하나님의 택하심을 받은 자들이 복음을 듣게 하시고, 그들로 하여금 그리스도를 믿음으로 구원을 받게 하시어 천국의 백성을 삼으신다. 그런데 이 천국복음은 보편적으로 온 세상의 모든 사람에게 차별없이 전파되지만, 복음을 듣는 모든 이들이 구원받는 것은 아니다. 즉 구원은 하나님께서 베푸신 특별한 은총이다.

만세 전에 하나님께서 그의 기쁘신 뜻대로 그리스도 안에서 선택하신 사람만이 성령의 은혜로 말미암아 복음을 믿고 구원받아 하나님의 자녀가 된다.[16] 아울러 택함을 받지 못한 자들도 하나님께 돌아와서 회개하지도 않고 선한 생활을 하지도 않지만 마땅히 자신의 죄악된 삶을 회개하고 선한 생활을 해야만 하는 것이 그들의 의무임에는 틀림없다. 왜냐하면 비록 타락된 인류의 일원이라 하더라도 그들은 여전히 자유로운 도덕적 행위자이며 그들의 성품과 행실에 대해 책임이 있는 자들이기 때문이다.[17]

그래서 택함을 받지 못한 자에 대한 복음전파도 결코 무용한 것이 아니다. 왜냐하면 그들이 비록 복음을 통해 구원은 못 얻는다 할지라도 복음을 듣지 않았더

---

15 Inst., Ⅲ. 24. 1.
16 Inst., Ⅲ. 22. 10. 하나님의 부르심의 보편성과 선택의 특수성
17 Loraine Beitner, 『칼빈주의 예정론』, 352-353.

라면 더 많이 지었을 죄를 범하지 않도록 억제해 주는 효과가 있기 때문이다.[18]

결론적으로 하나님의 은혜 안에서 복음의 보편성과 선택의 특수성이 상충되지 않는다.[19] 더욱이 예정론은 선교의 장애물이 아니라 그 원천이 되는 교리이다. 그러므로 우리는 구원이 오직 하나님의 은혜로우신 선택에 기초하고 있음을 알고, 전도에 힘써야 할 것이다.[20]

> 우리는 전도를 계속하여 사람들을 믿음으로 인도하며, 그들을 믿음 안에서 보존하여 끊임없는 유익을 얻게 해야 한다. 그러나 예정에 대해 인식함을 막지 말라. 그래야만 복종하는 자들도 자기의 힘으로 되는 일같이 자랑하지 않고 주를 자랑하게 될 것이다. 그리스도께서 "귀 있는 자는 들으라"(마 13:9)고 하신 말씀에는 이유가 있다. 귀를 가진 사람들에게 우리가 권고하며 전도할 때에, 그들은 기꺼이 순종하지만, 귀가 없는 사람들에게는 "듣기는 들어도 깨닫지 못할 것이요"라는 말씀이 응한다(사 6:9).

2) 선교적 교회운동

21세기의 복음주의 교회 안에서는 '선교적 교회운동'(missional church movement) 혹은 '선교적 교회론'(missional ecclesiology)이 크게 대두되고 있다. 여기서 '선교적 교회'라는 용어가 전통적으로 선교지향적 교회를 의미하는 것으로 생각할 수 있는데, 사실은 그런 개념과는 전혀 다르다. 선교적 교회란 오히려 교회의 본질이 선교라는 개념을 주장함으로 존재론적이며 신학적

---

18 Ibid., 354.
19 Inst., Ⅲ. 22. 10. 외적인 전도에 의해서 모든 사람이 회개와 믿음으로 오도록 부르심을 받지만 회개와 믿음의 영을 모든 사람에게 주시는 것은 아니라는 두 가지 생각을 조화시킨다.
20 Inst., Ⅲ. 23. 13.

인 의미를 담은 용어이다. 이것은 선교보다는 오히려 교회론 자체의 반성에서 나온 것이라고 할 수 있다.

선교적 교회론은 성경과 교리에 충실한 전통교회에서 나온 것이 아니다. 이는 20세기의 진보주의 선교운동과 복음주의적 교회성장운동 및 은사주의 운동이 결합하여 그 한계를 벗어나기 위한 대안으로서 새로운 형태의 교회론을 주창하게 된 것이다. 오늘날 기독교의 문제는 선교적 교회운동을 주창하고 있는 현대복음주의 운동과 교회성장학에서 나온 폐단들이지, 그들이 비평하는 보수기독교나 정통교회의 사회적 무관심에서 나온 것이 아니며, 성경적이고 역사적인 교회론에 문제가 있는 것이 아니다.

결국 이 선교적 교회운동가들은 교회의 본질과 사명을 혼돈하는 오류를 범하고 있다. 이들은 교회의 본질을 선교라고 보고 있으나, 선교는 교회의 본질이 아니라 교회의 목표이자 책임이다. 또한 이들은 전통적인 복음 중심의 선교를 도외시 한 채, 선교를 교회공동체가 사회의 한 구성원으로서 행하는 사회운동으로 이해함으로서 기존에 선교를 이 세계 내의 하나님의 통치로 보는 자유주의자들과 동일한 견해를 견지하고 있다.

성경적인 선교는 참 진리에 바로 서 있는 참된 교회 안에서 밖으로 나오는 자연스런 결과이며, 참 신앙의 열매이다. 그러므로 교회의 본질에 대한 바른 신학적 기초 위에서 바른 선교가 이루어지는 것이다. 하지만 선교적 교회론자들은 정통교리와 참된 교회의 본질에 대해서 도외시하며, 교회가 먼저 진리 안에서 하나됨을 이루는 것이 선교의 가장 중요한 기초임을 간과하고 있다.

결론적으로 선교적 교회론 혹은 선교적 교회운동은 선교의 본질과 내용으로서 교회가 고백하고 증거해야 할 복음과 진리의 내용 및 그 목적인 참 교회의 본질과 표지를 상실한 선교운동이라고 볼 수 있다.

칼빈은 우리가 참된 교리에 기초한 목회와 선교를 수행해야 할 것을 강조했고, "주의 교회는 복음전파를 통해 하나님 나라를 확장하여야 하며, 또한

교회가 순수한 교리와 경건을 파수하도록 목표해야 한다"고 말했다.[21]

> 우리는 하나님께서 교회를 세계 각지로부터 자기 앞으로 모으시도록, 교회와 교인의 수효를 늘리시도록, 교회에 각종 선물을 주시도록, 교회 사이에 바른 질서를 확립하시도록 기도해야 한다. 그리고 순수한 교리와 경건의 원수들을 모두 타도하시도록, 그들의 계획과 노력을 분쇄하시도록 매일 기원해야 한다. 이것을 보아도 매일 전진하도록 열심을 다하라는 명령이 무용한 것이 아님을 알 수 있다.

16세기의 종교개혁자 칼빈은 제네바교회를 통해 기독교 선교의 확고한 기초와 큰 영향을 남겼다. 실제로 그는 조국 프랑스와 브라질 등에 많은 선교사를 보냈으며, 문서를 통해서 이태리를 비롯한 많은 지역의 영주들과 귀족들에게 복음을 전하기도 했다.

칼빈의 선교사역은 유럽 전역의 교회개혁을 통한 선교운동이었다고 할 수 있는데, 특히 그는 제네바아카데미를 설립하여 전 유럽을 향하여 개혁파 교회지도자들을 육성함으로 선교에 힘썼으며, 또한 제네바교회를 중심으로 피난민들을 전도하고 섬기는 목회 중심적 선교운동을 전개했다.

그리고 칼빈은 복음전도의 사명 곧 선교가 교회의 항구적인 사명이라고 하면서, "값없이 하나님과 화목케 된다는 소식은 하루 이틀만 전할 것이 아니며, 이 전도사명은 교회 안에서 항구적인 것이라고 바울은 증거한다"(고후 5:18-19)라고 했다.[22]

아울러 칼빈은 목사를 사도의 사명을 이어받은 자로 연결시키었는데, 이는 목사가 사도와 같이 복음을 전파함으로 온 세계 안에서 하나님 나라를 확장하는 선교적 사명을 받은 자라는 것이다. 결국 그는 성경적으로 사도의

21　Inst., Ⅲ. 20. 42.
22　Inst., Ⅲ. 14. 11.

성격은 온 천하에 다니며 만민에게 복음을 전파하라고 한 명령으로 분명해진다고 말하면서 목사의 본질적인 사명을 선교적으로 인식했다.[23]

> 복음을 세상에 널리 선포할 목적으로 주께서 택하신 열두 제자들은 가장 높은 서열에 있었다. 그런데 '사도'라는 말은 원래 보냄을 받은 사람이라는 뜻이다. 교회의 사역자들은 주께서 자기의 사자로서 파견하시는 사람들이기 때문에 '사도'라고 부르는 것은 당연하다. 엄밀히 구분해서 열두 제자들에게만 이 말을 적용한다. 그러나 목사들은 사도들과 똑같은 책임을 맡았다.

나아가 칼빈은 그리스도의 대위임령(마 28:18-20)을 말하면서, 선교사역을 우리의 권한이 아니라 심부름이라고 보았으며, 그 일에 참여하는 자들을 복음을 전달하는 심부름꾼과 같다고 말했다.[24]

> 그리스도께서는 복음선포에 있어서, 사도들은 심부름하는 것뿐이며 그들의 입을 도구로 삼아 모든 일을 말하고 약속하는 것은 그리스도 자신이라고 확언하셨다. 우리는 그 구절들에서 열쇠의 권한은 복음선포에 불과하며 사람의 입장에서는 그것이 권한이라기보다 심부름이라고 단정한다. 이는 그리스도께서 실제로 이 권한을 사람들에게 주시지 않고 그의 말씀에 주셨으며, 사람들은 그 말씀을 전하는 사역자로 삼으셨기 때문이다.

결론적으로 주의 영광스런 복음은 이스라엘과 이방인의 담을 허물고 모든

---

[23] Inst., Ⅳ. 3. 5.
[24] Inst., Ⅳ. 11. 1.

민족이 그리스도 안에서 하나가 되게 한다.[25]

> 이스라엘은 하나님이 성별해 주셨으나, 다른 민족들은 속화되었다. 이스라엘은 하나님이 함께 계셔 주시는 영예를 받았으나, 다른 민족들은 모두 하나님에게 접근하는 길이 막혔었다. 그러나 만유를 회복하시기로 지정하신 '때가 차매'(갈 4:4) 주께서 하나님과 사람의 화해자로 나타나셨다. 오랫동안 하나님의 자비를 이스라엘의 경계선 안에 국한하던 '담을 허시며'(엡 2:14), "먼데 있는 자들에게 평안을 전하고 가까운 데 있는 자들에게 평안을 전하였으니"(엡 2:17), 이는 그들이 함께 하나님과 화평하여 한 백성으로 융합하게 하시려는 뜻이었다(엡 2:16). 그러므로 지금은 유대인이나 헬라인(갈 3:28), 할례나 무할례의 차별이 없고(갈 6:15), 오직 "그리스도가 만유시오 만유 안에 계시다"(골 3:11), "그리스도께서는 열방을 유업으로 만들어 주었고 소유가 땅끝까지 이르게 되어"(시 2:8), "저가 바다에서부터 바다까지와 강에서부터 땅끝까지 다스리게" 된 것이다(시 72:8, 슥 9:10).

이 복음전파의 사명은 하나님께서 그의 영광의 빛 가운데 사람에게 구원과 영생을 주시는 거룩한 일이며, 따라서 교회 안에서 가장 중요하고 가장 영광스러운 일이다.[26]

---

25 Inst., Ⅱ. 11. 11.
26 Inst., Ⅳ. 3. 4. 어두운 데에 빛이 비치라 말씀하셨던 그 하나님께서 예수 그리스도의 얼굴에 있는 하나님의 영광을 아는 빛을 우리 마음에 비추셨느니라(고후 4:6).

제12장

종말론

1. 개요

주 예수 그리스도께서는 세상 끝 날에 다시 오셔서 이 세상과 모든 인류를 심판하실 것이다. 그 날에 주님은 영원 전에 선택하시고 그의 피로 구원하신 성도들을 천국에 들이시고, 모든 악한 자들과 불신자들을 심판하사 영벌에 처하실 것이다. 우리는 장차 도래할 영광스런 하나님 나라를 바라보며, 이 땅에서 참된 진리에 굳게 서서 오직 하나님의 영광을 위해 각자의 부르심 앞에 충성을 다해야 할 것이다.

하나님의 영원한 경륜은 그리스도의 재림으로 성취된다. 그것은 주께서 다시 오셔서 온 세상과 죄악을 심판하고 그의 자녀들을 천국에 들이심으로 완성될 것이다. 성경적으로 이 죄악된 세상과 인류의 역사는 영원히 지속되는 것이 아니라, 종말에 이 세상은 하나님의 심판으로 멸망당할 것이며, 하나님께서는 그의 백성들에게 새 하늘과 새 땅을 허락하실 것이다.

이 종말은 악한 자들과 불신자들에게는 심판의 날이요 영원한 형벌로 다가오지만, 영원 전에 택함을 받아 성령의 은혜로 말미암아 그리스도를 믿음으로 구원받은 성도들에게는 소망의 날이요 최종적인 승리의 날인 것이다. 주의 날은 성령 안에서 그리스도와 연합된 성도들이 온전한 성화를 이루는 때이며, 모든 성도들은 부활하여 거룩하고 신령한 몸을 입고 천국에 들어가서 영생의 복을 누리게 될 것이다.

지상의 교회는 성도들의 참된 안식처나 영원한 하나님 나라가 아니다. 그런데 오늘날 많은 거짓 교회들이 일어나 비성경적인 종말론에 기초하여 성도들을 미혹하고 있다. 이는 무엇보다 성경에 대한 잘못된 해석과 정통교리에 대한 무지에서 나온 것이다.

기독교는 이 죄악된 세속사회의 제도적 개선이나 혹은 죄인들의 지상적 행복에 목적을 두고 있지 않다. 참된 신앙은 이 세상의 모든 불행의 원인이 바로 죄에 있음에 집중한다. 성도는 비록 이 세상에서 선을 행하고 복음을 전파하다가 당하는 여러 환난과 고통을 받게 되지만, 인간에 대한 복종이 하나님에 대한 불복종이 되지 않도록 해야 한다. 또한 우리는 경건을 버리기보다는 차라리 고통을 받는 편이 주께서 요구하시는 순종을 실천하는 것이라는 생각으로 위로를 얻어야 할 것이다.[1]

하나님께서는 성도의 죽음을 귀히 보신다. 모든 사람의 육체적 죽음은 홀연히 다가오는데, 의인의 영혼은 죽는 즉시 완전한 거룩함을 이루어, 지극히 높은 낙원에 들어가 거기서 빛과 영광 가운데 하나님의 얼굴을 뵈오며, 주의 재림의 날까지 몸의 완전한 구속 곧 육체의 부활을 기다린다. 그러나 하나님을 믿지 않는 악인들은 즉시 지옥에 던지어져 거기서 고통과 칠흑 같은 어두움 가운데 지내며, 마지막 심판을 기다리게 되어 있다.

본래 죽음은 죄의 삯이요 형벌이지만, 성도들에게는 비상한 유익을 준다. 그리고 죽음은 성화의 수단이다. 그것은 성도들에게 이 땅의 삶을 절제하며, 경건하고 거룩하게 살도록 교훈하고, 또한 남은 날들을 하나님의 뜻을 알고 겸손히 선을 행함으로 하나님께 영광을 돌리며 살도록 독려해 준다.

기독교의 종말론은 오직 성경에서 나왔으며, 교회가 바르게 알고 믿어야

1　Inst., Ⅳ. 20. 32.

할 진리이다. 그 종말론은 기독론 안에 있고 그 자체가 기독론이다. 그런즉 종말론은 모든 대적자들에 대해서 최종적이고 완전한 그리스도의 승리와 그의 왕국의 영광스런 도래와 영원한 성취에 대한 완전한 교리이다.

결론적으로 주의 재림의 때에 의인은 부활하여 영생에 이르게 되어 주께로부터 오는 충만한 기쁨을 얻게 될 것이나, 악인들은 심판을 받아 영원한 고통 가운데 던져지어 주님 앞으로부터 그리고 그의 능력의 영광으로부터 오는 영원한 파멸의 벌을 받을 것이다.

2. 주요논쟁

1) 초대교회와 종말론

초대교회의 교부들은 만물의 종말이 가까웠다고 보았다. 또한 그들은 심판의 확실성을 강조하였으며, 하늘의 성도들은 그들이 이 땅에서 행한 선에 보상될 축복으로 즐거워할 것이라고 생각했다. 그래서 폴리캅(Polycarp, 69-156)은 "이제 성부 하나님의 오른 편에 높이 자리를 잡고 계신 우리의 영원한 대제사장, 하나님의 성자께서 죽은 자와 산 자를 심판하러 오실 것이다"라고 말하였으며, 로마의 클레멘트는 "이제 육체의 부활이 있을 것이며, 이 육체 속에서 우리는 합당한 상급을 받게 될 것이다"라고 주장했다.[2]

2세기경 몬타니스트들은 "178년에 예수님이 재림하면 그들의 공동체가 있는 페푸자는 새 예루살렘이 건설될 것이며, 지상의 천년왕국이 시작된다는 예언을 받았다"고 주장했다.[3]

그 후 3세기 이집트 알렉산드리아의 클레멘트와 오리겐은 이 땅에서 죄인

---

2   Ernst H. Klotsche, 『기독교 교리사』, 53.
3   Ibid., 82.

이 삶 속에서 시작된 정화의 과정은 죽음 이후에도 계속된다고 보았다. 그래서 사람이 죽은 후에 선한 자들은 낙원 또는 추가적인 교육이 이루어지는 곳에 들어가고, 악인들은 정화의 과정으로서 심판의 불을 경험한다고 주장했다.[4]

6세기에 로마교회의 대주교였던 그레고리 1세는 환상에 미혹되어 연옥을 실제적인 불로 생각했으며, 연옥 사상을 분명하게 제시함으로 '연옥의 창시자'라는 별명이 붙었다.[5] 그는 이미 죽은 자들의 영혼을 연옥에서 구원해내기 위하여 미사의 희생과 성찬이 매우 큰 중요성을 가지고 있다고 주장했다.[6]

2) 중세 시대 이후의 종말론

중세의 로마가톨릭교회는 아퀴나스(Thomas Aquinas, 1224-1274)의 사상을 따라서 중간상태의 처소들이 있다고 믿었다.[7] 그 처소들은 다음과 같이 나누어진다고 보았다.

(1) 천국(완전 상태에 도달한 의인이 감)
(2) 지옥(영세받지 못한 어른들과 사망에 이르는 죄를 짓고서 고해성사를 안한 신자가 감)
(3) 연옥(지옥의 가까운 지역으로 사소한 죄를 지었거나, 사망에 이르는 죄를 짓고 고해성사를 했으나, 보석을 마치지 않은 자가 감)
(4) 유아림보(림보는 지옥에서 먼 변두리로서, 영세받지 못하고 죽은 유아들이 가는 곳, 천국에서는 제외되나 큰 고통은 받지 않는 곳)
(5) 선조림보(구약 성도들이 머물러 있던 곳으로 낙원 혹은 아브라함의 품)

---

4 Louis Berkhof, 『기독교 교리사』, 79. 오리겐은 하나님의 구속사역은 만물을 회복하는 것이며, 이 만물의 회복에는 사단과 귀신들까지 포함된다고 주장한다.
5 Ibid., 278.
6 Ernst H. Klotsche, 『기독교 교리사』, 178.
7 Louis Berkhof, 『기독교 신학개론』, 313-314.

이러한 주장은 1439년 로마카톨릭교회가 개최한 플로렌스 종교회의에서 확정되었으며, 또한 1563년 트렌트 종교회의에서 재확인되었다. 그 후 로마 가톨릭교회는 지금까지도 이 교리를 그대로 믿고 있다.

16세기의 종교개혁자들은 그리스도께서 세상을 심판하기 위하여 다시 오신다고 하는 단순한 성경적 교리를 결정하는데 만족했다. 그래서 개혁자들은 세계의 끝날에 있을 일반적 심판과 함께, 천국의 영원한 축복과 지옥의 영원한 고통을 공통적으로 믿었다.

재세례파(Anabaptist)는 긴박한 시한부 종말론을 주장하는 동시에 지상 천년왕국을 주장했다. 그들은 말세에 부어지는 특별한 은사를 강조하였으며, 뮌처(Thomas Müntzer)와 같은 사람들은 농민혁명을 통해 천년왕국이 온다고 생각했다. 그리고 그들은 인간이 사후에는 중간상태로서 영혼이 죽음과 부활 사이의 긴 기간 동안 무의식의 수면상태에 놓인다고 하는 '영혼수면설'을 주장했다.

아울러 소시니안파(Socinianism)는 인간의 죄와 사망은 아무 관련이 없다고 보았다. 그래서 아담은 죄를 안 지었어도 죽었을 것이며, 인간의 영혼은 중간상태에서 멸절된다는 '영혼멸절설'을 주장했다. 이러한 주장은 사람이 사망할 때에 육체와 영혼이 함께 죽어서 완전히 무존재의 상태가 된다는 것으로서, 소시니안파 외에도 안식교, 여호와증인, 바르트, 쿨만 등이 주장했다. 반면 현대의 자유주의 신학자들은 성경적인 종말론을 부정하고 천국과 지옥을 모두 상징적으로 이해하고 있으며, 이를 단지 지상적인 장소나 상태로 보았다.

17세기의 자연신론자들은 이 세상은 하나님이 정한 자연법에 의하여 인류의 번영과 발전을 위해 무한히 진행되고 있으며, 또한 이 땅의 모든 문제들이란 인간의 지혜와 힘으로써 해결할 수 없는 것은 없다고 주장했다. 그래서 이들은 인본주의적이고 낙관적인 역사관을 가지고 세상에는 종말이 없다고 보았다.

당시 영국의 청교도들은 초림과 재림 사이에 하나님 나라의 지속적인 성장이 있으나 배교와 이방인의 타락도 함께 발전한다고 보았다. 그러나 이들 가운데 일부는 지상의 역사 가운데 점차 복음의 승리에 초점을 맞춘 후천년 주의자들이 되었다.

3) 현대교회와 종말론

19세기에는 다비(J. N. Darby, 1800-1882)와 그의 추종자들에 의해서 세대주의 종말론이 등장했다. 다비는 플리머스 형제단을 세웠으며, 그의 세대주의 종말론은 20세기에 무디의 사경회, 스코필드의 관주성경을 통하여 반지성적 보수주의적 근본주의자들에게 전파되어 확산되었다. 이들의 주된 사상은 그리스도가 유대인들을 구원하기 위하여 7년 환란을 두었으며, 그리스도는 지상재림을 통하여 이 땅에 천년왕국을 이루시는데 이것은 유대인 중심의 천국이라는 것이다.

이 세대주의 신학 사상에 대하여 개혁주의자들은 그들의 성경해석이 자의적이고 문자적이며 비성경적이라고 반박하며, 주로 계시의 점진성과 전천년설을 확고한 기초로 삼고 있다고 본다. 또한 세대주의자들이 이스라엘과 교회와의 연속성을 부정하며, 유대민족 중심의 급진적인 종말론을 주장한다고 비평하고 있다.[8]

오늘날 세대주의 운동은 다시금 신사도운동가들에 의해서 소위 '이스라엘 회복운동' 혹은 '백투예루살렘 운동'으로 전개되고 있으며, 최근에는 메시아닉 유대인들과 결탁하여 제3성전 회복운동과 종말적 선교운동으로 나아가고 있다.

한편 독일 관념주의 역사철학자 헤겔(Hegel, 1770-1831)은 기독교와 철학

---

[8] 김재성,『개혁신학 광맥』, 546-547.

의 동일화를 추구하였다. 그는 튀빙겐신학교를 졸업한 루터교인으로서 이성과 신앙을 화해시킴으로써 기독교에 대한 새로운 영지주의적이고 신비적인 '직관철학'(Gnosis)을 주장했다.[9] 이러한 헤겔의 관념적 종교철학은 19세기 신학 연구에 막대한 영향을 주었는데, 그는 교의학에서는 루터교의 기독론을 따랐으며, 역사신학에서 진보의 개념을 새롭게 통찰케 하는 자극을 주었다.

그리고 헤겔의 제자인 포이에르바하(Feuerbach, 1804-1872)는 『기독교의 본질』(1841)이란 책에서 헤겔의 관념론은 유물론과 무신론으로 포장된 종교비판서로 계승되었다.[10] 결국 그의 철학은 맑스와 엥겔스로 이어져 변증법적 유물사관에 기초한 맑스주의(Marxism) 혹은 유토피아적 공산주의 사상으로 나아가고 말았다.

나아가 리츨(A. Ritschl)은 하나님 나라는 가정과 직장, 국가라는 세상 질서 안에서 실현된다고 보았고, 기독교는 당 시대의 문화적 하나님 나라와 협력해야 한다고 주장하였음으로 '프로테스탄트 문화주의'의 조상이 되었다.[11] 또한 리츨의 영향을 받은 하르낙(Adolf von Harnack)은 고대교회의 삼위일체론이나 기독론 등을 복음의 기반 위에 있는 헬레니즘 정신의 산물로 파악했고, 정통교리들을 역사적으로 상대화시켰다.[12]

20세기의 신정통주의자들은 종말론을 상징적으로 혹은 실존주의적으로 이해한다. 그래서 하르낙과 헤르만의 제자 바르트(Karl Barth)는 키에르케고르가 말하는 시간과 영원 사이의 무한한 질적 차이를 증거로 새로운 신학을 일으키는데 주도적인 역할을 했다.[13] 그는 종말이란 미래에 발생될 어떤 사건이 아니고 실존상황 속에서 하나님과의 만남이며 그리스도를 직면하는 것이라고 주장했다. 불트만은 철저한 인간론에 기초하여 천국이나 지옥, 부활

---

9 J. Wallman, 『종교개혁 이후의 독일교회사』, 234-235
10 Ibid., 235.
11 Ibid., 276.
12 Ibid., 277.
13 Ibid., 310.

과 심판 및 재림 등은 문자적으로 받아들일 수 없고, 신화의 껍질을 벗겨내어 재해석하여야 한다고 주장했다. 결국 그에게 구원이란 이기적인 인간이 이타적인 인간으로 새롭게 태어나는 것이며, 구원의 핵심은 이타적 인간이 되는 것이다. 즉 성경의 종말도 이타적으로 이해해야 한다고 말한 것이다.

그 후 몰트만(J. Moltmann)은 '희망의 신학'을 논하면서, 하나님 나라는 미래적 나라라고 하였다. 하나님 나라는 이 세계 내에서 완성되지만 앞으로 도착해야 할 미지의 미래이며 희망의 약속이라고 했으며, 그 미래적 희망이란 인간이 능동적이고 전투적으로 현세를 변화시키는 것으로서 하나님 나라는 정치와 혁명에 의하여 도입된다고 보았다.

실상 그의 신학 사상은 맑스주의 철학자였던 에른스트 블로흐에게 영향을 받은 것이었다. 그는 현재의 존재론적 운동을 주창하면서도 침묵하던 '신정통주의'와 신은 죽었다고 선언한 '세속화 신학'의 종교적 패배주의 가운데 헤겔철학과 맑스주의 안에서 미래에 대한 기대를 제시하고자 했던 것이다.[14] 결국 그는 기독교의 종말론을 정치적이고 사회적인 신학으로 변질시키고 말았다. 그 최종목표는 그리스도의 영광의 충만한 현시가 아니라 지상에 건설된 이상이었다.[15]

오늘날 현대교회 안에는 비성경적인 종말론을 주장하는 많은 이단들이 나타났다. 그래서 이단에 속한 신도들은 자신들의 교주를 하나님 혹은 재림주라고 숭배하기도 하고, 그러한 이단단체의 교주들은 자신이 하늘로부터 직접 재림의 날짜나 종말적 새 계시를 받았다고 주장하며 신도들을 미혹하고 있다.

19세기 말에 등장한 '여호와의 증인'은 그리스도의 육체적인 부활을 부정하고 영적인 부활을 주장한다. 또한 그리스도의 재림도 역시 가시적인 재림을 부정하고 비가시적인 재림을 주장한다. 그들은 영혼을 단순히 육체를 살

14　Ernst H. Klotsche, 『기독교 교리사』, 521-522.
15　Harvie M. Conn, 『현대신학 해설』, 90.

게 하는 생명력 또는 원리로 보고, 육체의 죽음과 더불어 악인의 영혼은 소멸된다고 하는 '영혼멸절설'을 주장하며, 신자의 영혼은 잠자다가 심판 때에 하나님에 의해 영적 존재로 다시 창조되어 생명을 부여받는다는 '영혼수면설'을 주장한다.

정통 기독교는 악인에 대한 영원한 형벌과 그 장소로서 지옥의 존재를 믿고 있는 반면, 여호와의 증인들은 하나님의 사랑과 공의에 모순된다는 이유로 '무지옥설'과 '무형벌론'을 주장한다. 이들에게 있어서 지옥은 뜨거운 곳도 끝없는 고통의 장소도 아니다. 죽은 자는 생명도 의식도 없기 때문에 고통을 받을 수가 없다. 따라서 성경에서 지옥으로 번역된 '게헨나'는 예루살렘 성 밖에 있는 힌놈의 골짜기를 의미하며 통상적인 죽음을 상징한다고 본다.

다음으로 몰몬교는 본래 종말이 가깝다는 이유에서 그 공식명칭을 '말일성도예수그리스도교회'라고 했다. 그들의 종말론은 먼저 이스라엘 민족의 문자적인 회복을 믿는다. 그들은 유대인들이 사방에서 집합하고 그 열 지파가 회복될 것을 믿고 있다. 그리고 그들은 세 종류의 천국 곧 해의 왕국, 달의 왕국, 별의 왕국이 있다고 말한다. 오직 그들만이 최고단계의 천국인 해의 왕국에 들어간다는 것이다. 또한 그들은 지옥의 존재를 부인하며, 보편구원론에 입각하여 이미 죽은 사람들의 세례를 주장함으로서 사후에도 구원의 기회가 있다고 말한다.

아울러 안식교(제7일 안식일 재림교회)는 시한부종말론으로 시작된 이단이다. 그들은 계시록에 나오는 짐승의 표를 주일(일요일)로 해석하고, 하나님의 인을 안식일(토요일)로 해석하며, 오직 토요일에 예배하는 안식교만 참 교회로서 하나님의 인을 받는 교회라고 말한다. 오늘날 주일(일요일)에 예배하는 모든 기성교회들은 거짓교회인 바벨론으로서 짐승의 표를 받는다고 주장한다. 아울러 구원을 받으려면 하나님의 인을 받아야만 하는데, 하나님의 인은 오직 토요일(안식일)을 지킴으로만 받을 수 있다고 한다. 나아가 종말에 모든 사람은 하나님의 '조사심판'(율법의 준수여부)을 통해서 최종적으로 구원을 받게 된다고 주장하며, 그 중 가장 중요한 것은 바로 안식일 규례와 음식 규례라고 주장한다.

결국 안식교는 여호와증인과 마찬가지로 사후 영혼의 존재를 부인하여 '악인소멸론'을 주장하며, 또한 지옥과 영벌을 부인함으로 '무지옥론'과 '무형벌설'을 주장한다. 하지만 이들의 주장과 같이 사후에 악인들이 소멸되거나 지옥의 형벌이 없다면, 신자들은 복음을 전파하거나 적극적인 선행을 하지 않게 될 것이며, 죄인들은 더욱 강퍅해져서 복음을 대적하고 극악무도한 삶을 살아가게 될 것이다.

한편 성경신학자 보스(Geerhardus Vos, 1862-1949)는 하나님 나라의 양면성을 주장하였는데, 그것은 현재적이며 내적이고 영적인 발전의 개념과 동시에 격변을 통한 최종적 마무리의 관념이 함께 있다는 것이다.[16] 그는 교회가 종말을 향한 움직임의 표적뿐 아니라 최종적인 완성과 안식의 표적 속에서 나서 그 속에 서있다고 보았다. 그래서 그는 "교회는 무엇을 행하는 것만이 아니라 열매를 맺는 것에 있으며, 교회 그 자체가 목적이라는 가장 좋은 증거는 교회가 종말의 세계에 포함되어 있다"고 말했다.[17] 이와 같이 보스는 하나님 나라의 현재적인 면과 미래적인 면을 동시에 강조하며, 역사를 이 세대와 오는 세대로 구분했다. 그러므로 이 땅 위 교회는 이 세대와 오는 세대의 교차상태에 머물러 있으며, 하나님 나라는 현재성과 미래성이 교차된 상태 곧 종말론적인 긴장상태에 존재하고 있다고 볼 수 있다.

지금 우리는 이 땅 위에 있는 모든 지상교회는 전투적 교회이고, 주가 계신 천상의 교회는 승리적 교회라고 믿으며, 장차 주와 함께 도래할 완성된 교회 곧 하나님 나라를 대망하고 있다.

결론적으로 개혁교회는 성경의 통일성을 가지고 종말론을 이해한다. 그것

16　Geerhardus Vos, 『성경신학』, 522.
17　Ibid., 550.

은 그리스도의 승천과 재림까지를 종말의 기간으로 보며, 이 시기에는 그리스도가 왕노릇하심으로 그의 교회를 통치하시고, 또한 성령께서 그의 교회로 하여금 마귀와 싸우며 복음을 전파함으로 하나님 나라를 완성해 가는 시간으로 본다.[18]

3. 역대 신조

1) 벨직 신앙고백서(1561)는, "우리는 하나님의 말씀에 따라 주께서 약속하신 때가 이르고 구원받은 수가 차게 되면, 주 예수 그리스도께서는 하늘로 승천하셨듯이, 놀라운 영광과 위엄으로 하늘로부터 이 세상에 가시적인 모습으로 강림하시되, 산 자와 죽은 자를 심판하는 심판주로, 또한 옛 세상을 불과 화염으로 사르셔서 깨끗게 하시는 분으로 오실 것을 믿는다"라고 고백한다. 아울러 주께서는 최후심판 때에 성도들이 선악 간에 행한 대로 상급을 받을 것이라고 말한다.[19]

> 그 때에 죽은 자들이 이 땅 위에서 선악 간에 행한 그들의 행위를 따라 책들이 펴지고 책들이 기록된 대로 심판을 받게 될 것이다. 따라서 심판은 악하고 불경건한 이들에게는 두렵고 떨리는 것이며 택함받은 의인들에게는 소망과 위로가 되는 것인데, 그 이유는 그때에야 의로운 자들에게 완전한 구원이 이뤄지며 그들이 수고한 모든 노력과 상급을 받게 되기 때문이다.

---

18 이 천국복음이 모든 민족에게 증거되기 위하여 온 세상에 전파되리니 그제야 끝이 오리라(마 24:14).
19 Belgic Confession 제37장.

2) 제2스위스 신앙고백서(1566)는, "그리스도께서 세상의 사악함이 극에 달하고 적그리스도가 참 종교를 부재시킬 때, 심판하러 다시 세상에 오신다. 그는 적그리스도를 멸망시키고 산자와 죽은 자를 심판하실 것이다"라고 하면서, 일체의 그릇된 종말론 사상을 정죄한다.[20]

> 우리는 참된 부활을 부인하고, 모든 신들과 심지어 마귀까지도 궁극적인 구원에 이를 것으로 가르치는 모든 자들을 배격한다. 우리는 또 유대교적 천년왕국 사상이나 최후 심판 이전에 지상의 황금시기가 있을 것이라는 사상도 배격한다.

3) 웨스트민스터 신앙고백서는, "인간의 육체는 사후에 흙으로 돌아가 썩게 되나, 영혼은 결코 죽거나 잠들지 않는 불멸적인 본질을 가지고 있기 때문에 그것을 주신 하나님께로 즉시 돌아간다"고 고백하고 있다.[21]

> 이 마지막 날에 살아서 남아 있는 자들은 죽지 않고 변화될 것이로되, 죽은 자들은 모두 전과 같은 몸으로 부활케 될 것이다. 불의한 자들의 몸은 그리스도의 능력으로 말미암아 부활하여 굴욕 받게 되나 의로운 자들의 몸은 그의 성령으로 말미암아 부활하여 영광에 이르며 그리스도 자신의 영화로운 몸을 닮게 될 것이다.[22]

그리고 전능하신 하나님께서는 예수 그리스도로 말미암아 의로써 세상을 심판하실 한 날을 정해 놓으셨다(행 17:31). 아울러 예수 그리스도에게는 모든 심판하는 권세가 성부로부터 주어져 있다. 그 날에는 타락한 천사들이 심

---

20 The Second Helvetic Confession(1566), 제11장.
21 WCF 제32장 제1항.
22 WCF 제32장 제3항.

판을 받을 뿐만 아니라, 이 땅에 살았던 모든 사람이 그리스도의 심판대 앞에 서서 자기들의 생각과 말과 행동의 전말을 밝히고, 또한 그들이 선악 간에 몸으로 행한 것에 따라서 보응을 받게 될 것이다.[23]

끝으로 하나님께서 이 마지막 날을 정하신 목적은 주의 택함 받은 자들을 영원히 구원하여 그의 자비의 영광을 나타내며, 또한 사악하고 불순종하는 버림받은 자들을 정죄하여 그의 공의의 영광을 나타내시기 위함이다.[24] 그리고 주께서 장차 심판날이 있으리라 하신 것은 모든 성도들이 이 세상에서 죄를 멀리하게 하고 경건한 사람들이 역경 가운데 있을 때 큰 위로를 받게 하시기 위함이다.[25]

삼위일체 하나님께서는 그의 영원한 영광을 위하여 그의 기쁘신 뜻을 따라 그리스도 예수 안에서 우리를 택하시고, 때가 차매 성령의 은혜로 말미암아 우리를 그리스도 안에서 구원하사 흠이 없고 거룩한 하나님의 백성이 되게 하시어, 우리로 하여금 영원토록 하나님의 영광을 찬송하게 하신다(엡 1:3-6).

그런데 하나님께서 자신의 영광을 취하시는 방식이 바로 그의 택하신 자들을 그리스도 안에서 구원하사 영화로운 존재로 빛으시고 완성하시어, 그들로 하여금 그들에게 베푸신 하나님의 자비와 은혜를 인하여 하나님께 영원토록 찬송을 돌리게 하신다는 것이다.

지극히 선하고 지혜로우신 여호와 하나님께서는 그분의 영원한 목적을 이루심에 있어서, 우리를 배제하시거나 단지 그의 목적을 이루기 위한 수단으로 사용하고 버리시는 것이 아니며, 도리어 은혜를 베푸시어 우리를 영광스런 자리에 세우심으로 그의 영원한 경륜을 이루신다. 그래서 우리에게 참으로 신비하고 놀라운 것은 하나님께서 피조물들에게서 영광을 취하심에 있어

---

23   WCF 제33장 제1항.
24   WCF 제33장 제2항.
25   WCF 제33장 제3항.

서, 하나님께서는 자신의 영광을 피조물들 안에서, 그것들에 의해서, 그것들에게, 그것들 위에 나타내시는 방식으로 영광을 받으신다는 사실이다.[26]

결론적으로 기독교의 올바른 종말론은 성경에서 계시하신 하나님의 신실한 언약에 근거하며, 장차 예수 그리스도의 영광스런 재림으로 완성될 영원한 하나님 나라를 지향하고 있다.

4. 요점 : 하나님 나라

1) 그리스도와 하나님 나라

하나님 나라(βασιλεία τοῦ θεοῦ, Kingdom of God)는 하나님이 그의 왕권을 가지고 직접 통치하는 나라를 말한다. 이 나라는 하나님의 통치를 받는 실제적인 왕국으로서, 주권자인 하나님과 하나님의 백성으로 세워진다. 성경에서 이 나라는 하나님께서 첫 사람 아담과 이 땅 위에 세워진 에덴동산 가운데 시작되었다.

본래 이 나라는 영원하고 영적이며 완성될 나라를 지향하고 있었다. 그래서 아담의 타락과 함께 에덴동산이 폐쇄되자, 곧 하나님께서는 메시야로 인해 세워질 참되고 영원한 나라를 계시해 주셨다. 그것은 "내가 너를 여자와 원수가 되게 하고 너의 후손도 여자의 후손과 원수가 되게 하겠다. 여자의 후손이 네 머리를 상하게 할 것이며 너는 그의 발꿈치를 상하게 할 것이다"(창 3:15)라는 언약에서 드러났다.

구약에서는 하나님 나라의 형태가 지상적인 왕국의 모습으로 드러났지만, 그 본질은 영적인 성격을 띠고 있었다. 또한 그 왕국은 이스라엘 가운데 신

---

26 WCF 제2장 제2항.

정왕국의 통치와 거룩한 성전으로 계시되었으며, 나아가 메시야의 도래로 세워질 영원한 나라를 바라보게 했다. 마침내 신약에서는 예수 그리스도가 오심으로 이 세상 가운데 하나님 나라가 세워지게 되었다(마 4:17). 이 나라는 현세적인 나라가 아니라 영적이고 영원한 나라의 성격을 갖고 있었다.

예수 그리스도는 유대인들과 제자들이 기대했던 정치적인 메시야가 아니었으며, 그가 세우시는 나라는 결코 세속적인 왕국이나 지상천국이 아니었다. "내 나라는 이 세상에 속한 것이 아니라"(요 18:36)고 말씀하셨고, "하나님의 나라는 볼 수 있게 오는 것이 아니다. 왜냐하면 하나님의 나라는 너희 안에 있기 때문이다"(눅 17:2)라고 말씀하셨다.

하나님 나라는 현재성과 미래성을 가지고 있다. 먼저 그 나라는 그리스도의 성육신과 사역을 통하여 세상 안에 이미 들어왔고, 또한 성령의 능력 가운데 역사 속에서 강권적이고 지속적으로 확장되고 완성되어가고 있으며, 장차 그리스도의 재림과 함께 도래할 영광스런 미래의 나라이기도 하다. 우리 성도들은 그리스도 안에서 구속 곧 죄사함을 받아 하나님의 다스림을 받는 하나님의 거룩한 백성이 되었다. 그러므로 이 땅에서 하나님의 은총을 받는 자들로 살아가면서, 또한 장차 도래할 영원한 나라를 소망하며 살아가는 하나님의 후사들이다.

예수 그리스도께서 보혜사 성령으로 말미암아 세우신 교회는 바로 하나님의 영원한 선택을 따라 구원받은 택자들의 공동체이다. 또한 이 세상에서는 승리한 그리스도의 몸으로서 온 세상에 천국복음을 전파하여 하나님 나라를 확장해나가는 하나님의 심부름꾼이요, 하나님의 거룩하고 영광스러운 도구이다. 하지만 교회는 장차 영광스러운 그 나라가 도래하기까지 이 세상에서 악한 세력과 투쟁하는 전투하는 교회의 모습으로 서있다. 그러므로 성도는 성령의 충만을 받아 죄와 싸워 승리하며, 성령의 능력을 힘입어 그리스도의 복음을 증거하는 일에 최선을 다해야 할 것이다.

우리는 그리스도께서 말씀하신 보배로운 약속을 바라보며 인내로 믿음을 파수하고, 환난 가운데 영광의 면류관을 바라보며 각자의 부르심에 충성하는 성도들이 되어야할 것이다.

> 보라 하나님의 장막이 사람들과 함께 있으매 하나님이 저희와 함께 거하시리니 저희는 하나님의 백성이 되고 하나님은 친히 저희와 함께 계시리라(계 21:3).

2) 하나님 나라와 천년왕국(Millennium)

현대의 자유주의자들은 이 땅 위에 종교적 사회적 정의가 실현된 이상사회로서의 지상천국을 세워야 한다고 말하며, 신복음주의자들은 일반은총 안에서 신자와 불신자가 협력하여 문화변혁의 사명을 이루기 위해 사회개혁과 윤리운동에 적극 참여해야 한다고 주장한다.

참된 기독교는 이 세상의 개선이나 죄인들의 도덕적 세속적 행복에 그 가치를 두지 않는다. 도리어 사람들의 불행의 근본적인 원인인 죄와 그들의 영원한 운명에 초점을 둔다. 즉 죄인들이 처한 육적인 현실이 아니라 영혼에 관심을 갖는다.

오늘날에는 요한계시록의 천년기간(계 20:4)에 대한 이해에 따라서, 종말론과 관련된 4가지의 대표적인 천국왕국론이 있는데, 그것들은 세대주의 전천년설, 역사적 전천년설, 후천년설, 무천년설 등이다.

먼저 후천년설(Post-millennialism)은 천년왕국이 이루어진 후에 그리스도의 재림이 있다고 보며, 천년을 재림 전의 기간으로 해석한다. 그래서 그리스도의 재림 직전의 천년기간 동안에는 점차 온 세계에 복음이 효과적으로 전파되어 거의 모든 사람이 주님을 믿는 성도가 되는 이상적인 시대가 도래하는데, 이것이 천년왕국이라는 것이다.

19세기 이후 후천년주의자들은 자유주의 신학의 터 위에 자리를 잡고 있으며, 장차 이 세상 가운데 그리스도의 법이 완전히 성취되어 평화와 정의가 실현되는 새로운 사회제도가 도래한다고 주장하지만, 실제로는 지상적인 이상사회의 실현을 말할 뿐 도래하는 천국을 인정하지 않고 있다.

다음으로 전천년설(Pre-millennialism)은 천 년 기간을 문자적으로 보는데, 천년왕국 전에 그리스도께서 재림하셔서 천년왕국을 통치하다는 것이다. 이는 역사적 전천년설과 세대주의 전천년설로 나뉜다.

역사적 전천년설은 천년왕국 전에 그리스도 지상재림이 있다고 본다. 그래서 교회는 종말 전에 환난을 통과하게 되며, 그 후 주께서 재림하시고 성도들은 휴거되어 주를 영접하고, 성도들은 다시 지상에 내려와 주님과 함께 이 땅에서 천년왕국을 통치한다는 것이다. 또한 천년왕국 기간에 사단은 결박당하고, 적그리스도가 살해되며, 이스라엘의 대회개가 일어난다고 한다. 그리고 이 천년의 끝에는 아마겟돈 전쟁이 있는데, 주님은 악한 영들과 악인들을 무저갱에 던지시고 최후심판을 실행하시며, 성도들은 이 최후심판을 통과한 후에 영원한 천국에 들어가게 된다.

반면 세대주의 전천년설은 성경을 7세대로 구분하고, 그 마지막 부분에 천년왕국을 둔다. 천년왕국 전에 그리스도께서 공중에 재림하시고, 그 때 남은 성도들은 휴거되어 공중에서 7년간 혼인잔치를 한다. 또한 지상에 남아 있는 유대인과 불신자는 7년 대환난을 통과하며, 이 큰 환난 가운데 유대인들의 대규모 회개가 일어날 것이라고 보는 견해이다.

여기서 종말의 7년 대환난은 다시 복음증거의 전 3년 반과 적그리스도에 의한 대박해의 후 3년 반으로 나뉘는데, 이 대환난이 끝나면 주님은 부활한 성도들과 함께 다시 이 땅으로 지상재림을 해서 천년왕국을 통치하게 된다. 그리고 이 천년왕국이 지난 후에 사단이 놓임을 받아 아마겟돈 전쟁이 일어나고, 주님은 악인들을 징벌하고 최후심판을 실행하시며, 신자는 이 최후심판을 통과한 후 영원한 천국으로 들어간다는 것이다.

끝으로 무천년설(Amillennialism)은 천년기간을 영적으로 상징적으로 해석한다. 즉 그리스도의 승천에서부터 재림까지의 전 기간을 천년으로 생각하며, 이 세상에서 교회를 통한 그리스도의 영적 통치를 천년왕국으로 본다. 또한 그리스도의 구속사역의 승리로 말미암아 사단은 패배하고 이 세상에서 쫓겨나 무저갱에 감금된 상태에 있다. 이 시기에 그리스도는 영적으로 주의 교회를 통치하시며, 성도들로 하여금 믿음으로 사단의 종들인 마귀들과 악인들을 대적하고, 천국복음을 온 세상에 전파함으로 그의 나라를 확장하신다. 천년왕국의 끝에는 배교가 일어나며, 이 때 주님의 재림으로 인해 이 세상에 대한 불심판을 받아 멸망하고, 동시에 성도는 부활 및 최후심판을 통과하여 새 하늘 새 땅에 들어간다.

역사적으로 개혁교회는 천년왕국에 대하여 무천년설을 지지해 왔다. 이는 천년왕국을 문자적으로 존재한다고 보지 않고 '완전한 기간' 곧 신약 시대를 상징한 것으로 보며, 역사의 끝에는 그리스도의 재림과 사람의 부활과 최후심판이 동시에 이루어진다고 믿는다.

이 천년왕국의 기간 동안 주의 교회는 왕이신 그리스도의 통치를 받는 가운데 하나님과 거룩한 진리를 대적하는 사단의 권세와 싸우며 복음을 온 세계에 전파함으로 하나님 나라를 널리 확장하는 선교의 사명을 수행한다. 주께서 재림하실 때 주를 믿는 신자의 영광스런 부활과 이 세상의 심판이 동시에 이루어질 것이다. 비록 이 왕국 안에는 가락지와 알곡이 섞여 있을 것이나, 그 때에는 알곡은 천국에 들어가게 되며 가락지들은 불 속에 던져질 것이다.

결론적으로 이 땅에서의 시간적이고 공간적인 천년왕국을 주장하는 학설들은 모두가 비성경적이고 불건전한 사상이라고 할 수 있다. 더욱이 기독교회사 속에서 역대 교회의 공인 신조 가운데 천년왕국론이 교리적으로 언급되거나 고백된 적이 결코 없다.

성경이 명백하게 가르쳐 주는 것은 그리스도의 왕국이 이미 존재하고, 영적이고 불가시적이며, 세속적이거나 물질적이 아니라는 것이다. 또한 그 왕국은 영원한 것이지 오직 천 년 동안만이 아니고, 이스라엘의 전유물이 아니라 택한 모든 민족들에게 주어졌다는 것이며, 종말에 그 왕국이 최종적인 형태로 나타난다는 것이다.[27]

그리고 성경은 지금이 마지막 날들이라고 말한다. 사도 요한은 우리가 마지막 날에 살고 있다고 말하고, 베드로는 이 마지막 날들의 끝에 우리가 지금 알고 있는 대로의 땅이 없어질 것이라고 말한다. 그러므로 그리스도의 재림 후에 또 하나의 다른 시기가 이 세상에 있을 것으로는 도무지 생각할 수 없다.[28] 전능하신 하나님께서는 택한 자녀들을 구원하사 그의 천국에 들이실 것이며, 그들로 하여금 부활한 거룩하고 온전한 몸으로 새 하늘과 새 땅에서 영원토록 하나님의 영광을 찬미하게 하실 것이다.

전능하신 하나님께서는 그의 영원한 경륜 가운데 주의 교회를 그의 구원의 통로로 사용하셔서 그의 택하신 백성들을 구원하고 계신다. 그러므로 주의 교회는 그리스도의 부활과 재림 사이에서 복음에 대한 신성한 책임과 의무감을 가지고 종말적인 구속의 역사에 헌신하여야 할 것이다. 종말로 우리가 이 타락하고 절망적인 세상 가운데 살아가는 죄인들에게 선포할 메시지는 바로 "회개하고 복음을 믿으라"(막 1:15)는 것이며, 또한 "주 예수를 믿으라 그리하면 너와 네 집이 구원을 얻으리라"(행 16:31)는 말씀이다.

3) 성도의 영원한 상급(Eternal Reward)

개혁주의는 하나님이 역사의 주인이시며, 예수 그리스도가 교회의 머리요 왕이심을 고백한다. 예수 그리스도는 처음과 나중이시며, 우리 믿음의 주요 구원의 완성자시다. 성경은 역사가 하나님의 창조로 말미암아 시작되었으며, 그리스도의 재림으로 종결된다고 말한다. 이러한 교회의 종말성은 보다

27　G. I. Williamson, 『웨스트민스터 신앙고백서 강해』, 499.
28　Ibid., 500.

적극적으로 성도들이 악한 자들과 이단들의 미혹과 이 세상의 극심한 타락 속에서도 하나님의 은혜를 간구하게 하고 지속적으로 경건한 삶을 살아가도록 하며, 또한 이 세상을 향한 교회의 책임을 크게 강화시켜 복음전도에 충성하도록 한다.

성도의 종말론적인 삶은 예수 그리스도의 재림과 연결되어 있는 것으로 천국을 소망함으로 자신과 세상을 부인할 수 있게 하며, 오직 주와 주의 말씀을 따라 사는 자만이 하나님께 참된 영광을 돌릴 수 있다는 믿음에 근거하고 있다. 그런데 사단과 악한 권세들은 하나님과 진리를 대적하고 있으며, 많은 전도자들이 복음을 전하다가 고난을 받으며 억울한 일을 당하기도 한다. 하지만 승리하신 주께서는 복음을 위해 고난당하는 자들에게 다음과 같이 말씀하신다.

> 기뻐하고 즐거워하라 하늘에서 너희의 상이 큼이라. 너희 전에 있던 선지자들도 이같이 박해하였느니라(마 5:12).

나아가 자비롭고 은혜로우신 하나님께서 그의 자녀들의 모든 선행에 대하여 보상하신다. 주께서는 "인자가 아버지의 영광으로 그 천사들과 함께 오리니 그 때에 각 사람의 행한 대로 갚으리라"(마 16:27)고 말씀하셨고, 사도 바울도 "우리가 다 반드시 그리스도의 심판대 앞에 드러나 각각 선악 간에 그 몸으로 행한 것을 받으려 함이라고 말했다"(고후 5:9-10).

만물의 심판장이신 주께서는 "보라 내가 속히 오리니 내가 줄 상이 내게 있어 각 사람에게 그가 행한 대로 갚아 주리라"(계 22:12)고 말씀하셨다. 이 성경구절들에서 말하는 상이나 상급이 영생 혹은 구원 그 자체라고 본다면, 성도들이 행한 모든 선행은 영생의 조건이 되고 만다. 이는 우리가 자신들의 선행과 공로에 대한 보상으로 천국에 들어가게 되었다는 말이 되어 결국 알미니안주의에 빠지는 오류를 낳는다.

오늘날 상급론에 대하여는, 상급론을 인정하는 신학자들과 무상급론을 주장하는 신학자들이 대립하고 있다. 또한 어떤 이들은 천국의 상급을 오해하여 세속적인 상급론으로 이해하고 있기도 하다.

여기서 무상급론자들은 우리가 본래 하나님의 창조의 은혜로 존재하게 되었으며, 아담의 원죄로 인해 전적으로 타락한 절망적인 상태에서 은혜로 구원받았음을 강조한다. 그래서 하나님께서 주시는 상급이란 하나님 자신이며, 우리의 구원이요, 부활이고, 영생이며, 천국 그 자체라는 것이다. 그래서 그들은 우리에게 영생이나 천국 외에 다른 상급은 없다고 주장한다.[29] 이들은 구원만을 신앙의 초점에 놓고 은혜만을 강조함으로서 성도로서 성화의 삶과 그리스도의 제자로서의 사명을 부정하는 결과를 낳는다. 또한 하나님께서는 그에게 순종하는 자에게 현세뿐만 아니라 내세에도 예비하신 복과 상급을 주신다는 성경의 모든 약속을 소홀히 하는 결과를 낳는다.

성령께서는 성도가 선을 행함으로 많은 열매를 맺어 하나님께 영광을 돌리며 살아가게 하신다. 그런데 무상급론자들의 주장은 성도로 하여금 반성화주의와 반율법주의에 빠지게 하며, 결국은 성도들이 자신의 구원만을 자랑하고 실제로는 하나님의 말씀과 상관없이 살아가며 외식하는 거짓 신자들이 되게 할 것이다.

우리는 자신의 공로로 천국에 들어가는 것이 결코 아니다. 또한 성도의 선행이 결코 구원의 조건이 될 수 없다. 그러므로 선행은 성령께서 구원받은 성도들에게 맺게 하시는 성화의 열매이며, 동시에 경건한 성도의 외적인 표증이다. 성경은 장차 주께서 성도들에게 주시는 상에는 이중상급 곧 보편상급과 특별상급이 있음을 말한다.

먼저 보편적인 상급 혹은 균등적인 상급이 구원받은 모든 하나님의 자녀가 천국에 들어가 영생을 누리며 영화로운 삶을 사는 것이라면, 다음으로 특

29　The Second Helvetic Confession(1566), 제16장. 우리는 선행을 멸시하거나 무용하다고 하는 자들을 모두 정죄한다.

별한 상급 혹은 차별적인 상급이란 이 땅에서 각자가 자기의 직분과 위치에서 믿음으로 순종하여 맺은 선행의 열매들에 대하여 상을 주시는 것이다.

우리의 선행이 비록 불결하고 불완전한 것일지라도 하나님께서는 오직 그리스도를 통하여 우리의 믿음과 행위를 거룩하게 받으시며, 그 선행을 인정하시며 상급을 허락하신다.[30]

> 그럼에도 불구하고, 신자들의 인간됨이 그리스도를 통하여 용납되어 있기 때문에, 그들의 선행 또한 그리스도 안에서 용납되는 것이다(엡 1:6; 창 4:4 히 11:4). 그러나 그들이 이 세상에서 하나님 보시기에 전혀 흠이 없거나 책망 받을 것이 없다는 뜻에서가 아니라(시 143:2), 그의 아들 안에 있는 그들을 보시기 때문에, 비록 많은 연약성과 불완전성을 수반하고 있을지라도, 성실하게 행한 것에 대해서는 용납하시고 상 주시기를 기뻐하신다는 뜻이다(히 13:20; 히 6:10; 마 25:21,23).

이 상급은 전적으로 하나님의 자비로우심과 은혜로우심으로 주어지는 것이다. 성령께서는 우리에게 은혜를 베푸사 구원을 받게 하시고, 또한 우리에게 지속적인 은총을 주셔서 선한 열매를 맺게 하신다. 그런데 하나님은 그것이 마치 우리의 힘과 수고로 맺은 것인 것처럼 미쁘게 여겨서 특별히 상을 주신다는 것이다. 여기서 무엇보다 놀라운 사실은 우리의 선행이 아주 대단하다는 데에 있지 않고, 그것들이 하나님 앞에 기꺼이 용납되고 상급을 받는다는 데 있다. 그러므로 순종의 은혜가 많으면 많을수록 상급의 은혜가 더 많아지며, 땅에서의 은혜가 많으면 많을수록 하늘에서의 영광이 더 많아진다.[31]

그런데 우리가 장차 천국에서 받게 될 상급은 이 세상에 속한 어떤 물질적

---

[30] WCF 제16장 제6항.
[31] G. I. Williamson, 『웨스트민스터 신앙고백서 강해』, 244.

이고 세속적인 보상을 말하는 것이 아니다. 그것은 장차 하나님께서 주실 새 하늘과 새 땅에서 우리가 그의 자비로우심을 따라 베푸신 각자의 자리에서 그의 통치와 영광에 참여하는 것이다. 아울러 참된 신앙의 목적은 이 세상에서의 임시적 행복이나 지상적인 축복에 있지 않다. 왜냐하면 본래 하나님께 범죄하여 타락한 모든 죄인들은 사망에 처하게 되었으며(롬 6:23), 죽음 후에는 심판과 영벌을 받도록 되어있었기 때문이다(히 9:27).

종말의 시대를 사는 성도의 바른 삶은 하나님의 말씀을 따라 순종하며 천국을 대망하며 살아가는 것이다. 장차 성도들은 부활하여 신령한 몸을 입고 새 하늘과 새 땅에 들어가서 거룩하고 흠이 없이 온전한 모습으로 하나님의 영광을 영원토록 찬미하게 될 것이다. 나아가 주께서는 의의 심판을 통하여, 악인들에게는 그들의 악행을 따라 영원한 저주와 형벌을 내리시고, 그의 자녀들에게는 영생과 천국의 선물과 함께 그들이 행한 선행에 대해 상을 베푸실 것이다.

결론적으로 삼위일체 하나님은 사람의 최고선(The Highest Good)이시다. 그분은 생명의 근원이시며, 역사와 모든 만물의 창조주이시다. 여호와 하나님은 모든 선함과 지혜와 은혜의 원천이심으로 마땅히 우리의 모든 경배와 감사와 영광의 주가 되신다.

삼위일체 하나님이 '우리의 지극히 큰 상급'(Our Exceeding Great Reward)이시다(창 15:1). 이 진리는 그리스도 안에서 성취되었고, 성령으로 우리 안에서 확증되었다. 진실로 우리의 생명과 삶의 온갖 좋은 은사와 온전한 선물이 다 위로부터 빛들의 아버지이신 하나님께로부터 내려온다(약 1:17).

4) 역사와 기독교윤리

　삼위일체 하나님의 영원한 경륜과 은혜로 말미암아 구원받은 성도는 그리스도 안에서 새 사람이요 곧 주와 함께 십자가에서 죽고, 또한 주와 함께 다시 산 자가 되었다(갈 2:20). 이제 성도는 자기의 육신과 장차 멸망당할 이 세상을 위해 사는 자들이 아니라 영원한 천국을 바라보며 오직 하나님의 영광을 위해 사는 자가 된 것이다. 하지만 기독교회사 속에는 비성경적인 신학사상들이 등장하여, 주의 교회와 신자들을 미혹하여 하나님이 말씀하신 참된 신앙의 길과 영원한 천국의 소망으로부터 멀어지게 했다.
　오늘날 기독교 내에서 일어난 비성경적인 신앙운동들은 대표적으로 다음의 3가지로 분류하여 살펴볼 수 있다.
　첫째, 신비주의 신앙운동이다. 이는 기독교의 본질을 개인과 하나님과의 직접적인 교통에 두고 있으며, 초월적이고 신비적인 체험과 현세의 축복을 추구한다. 이들은 성경을 통한 하나님과의 교제와 참된 진리에 대한 앎보다는 기도나 수양을 통한 은사와 능력, 치유와 이적, 방언과 예언 등을 중시한다.
　최근 기독교 은사주의 운동은 로마가톨릭교회나 신비주의자들의 종교생활을 모방한 성품계발과 윤리실천 및 영성훈련의 프로그램을 실행하고 있으며, 특히 세계선교를 강조하면서 종말적 예언운동으로 성도들을 미혹하고 있다.
　둘째, 자유주의 사회운동이다. 이는 기독교의 본질을 교회의 사회에 대한 윤리적인 책임과 활동에 두고 있으며, 기독교의 신앙과 교리를 인본주의적인 종교철학이나 사회윤리로 만들어 버렸다.
　오늘날 그들은 이 세상과 역사에 대한 낙관적인 환상을 가지고 있는데, 결국에는 성경적인 종말의 심판과 천국을 부정하고 유신진화론이나 역사발전론, 생태신학 등을 주장하면서 이 세계 내의 이상사회를 추구하고 있다.

셋째, 세속주의 부흥운동이다. 이는 기독교의 본질을 가시적이고 현세적이며 물량적인 성과에 둔다. 오늘날 많은 복음주의 교회들이 소위 세속적인 번영신학 혹은 성공신학에 편승하여 지상교회의 양적인 성장과 기독교의 세상적인 영향력의 확대를 자만하고 있다.

오늘날 신복음주의자들은 기독교회와 신자의 정체성을 하나님과 성경에 기초한 역사적이고 공교회적인 정통교리 안에서 구하지 않고 있으며, 여전히 인본주의적이고 물량적인 외적 성취와 건물의 크기, 목회자의 명성이나 과시적인 선교활동, 세속적 영향력 등에 두고 있다.

기독교의 참된 표준은 오직 하나님과 성경에 있으며, 참된 신앙이란 진리 안에서 하나님을 바로 알고 그의 뜻대로 순종하는 것이다. 성경은 주의 교회가 살아계신 하나님의 집이요 '진리의 기둥과 터'(the pillar and foundation of the truth)라고 말한다(딤전 3:15). 이 말씀은 바로 참 교회의 본질이 하나님과 참 진리 안에 있다는 말이다. 결국 현대교회의 그릇된 세속적이고 물량주의적인 부흥운동과 종말적 선교운동들은 그들의 영적 무지의 소산이라고 할 수 있다.

한편 기독교인의 올바른 삶이란 예수 그리스도를 본받는 것이요, 그것은 순례자의 삶과 증인의 삶으로 살아가는 것이다.

먼저 기독교인의 삶은 순례자의 삶이다. 우리는 더 이상 자기 자신을 위해 사는 자가 아니라 예수 그리스도를 위해 사는 자가 되었다. 우리는 영광스런 '천국시민'(Heavenly Citizen)이요, 또한 이 땅에서는 나그네와 행인의 모습을 가지고 본향을 향해 걸어가는 천국의 '순례자'(Pilgrims)이다.

성도의 삶은 이 세상에서 목적이나 향방없이 살아가는 무지하고 허망한 인생이 결코 아니다. 그것은 창조주요 구원자이신 하나님을 바로 알고, 신앙과 삶의 참 모범이신 그리스도를 닮아가는 삶이다. 그러므로 우리는 하나님의 말씀을 통하여 분명한 정체성과 바른 삶의 방향을 알고 살아가는 가장 지혜롭고 존귀한 존재이다.

다음으로 기독교인의 올바른 삶은 증인의 삶이다. 성도의 생애는 어둠 속에서 헤매이며 살아가는 소경과 같이 답답하고 절망적인 인생이나 삶의 목표가 없이 그저 방황하며 세월을 허송하는 방랑객이나 유랑자의 모습이 아니다. 진실로 성도는 오직 하나님의 뜻을 추구하며, 각자에게 주신 소명을 따라 성실히 살아가는 자들이다. 우리는 전 생애를 통하여 하나님의 사랑과 은혜를 전하고 실천하며 살아가는 하나님의 거룩한 '증인'(Witness)들이다.

우리는 성령의 은혜를 힘입어 이 악하고 타락한 절망적인 세상 가운데 '천국복음'을 전파하여 죄인들을 구원하고, 그들을 진리와 사랑으로 인도하는 '천국의 가이드'(Heavenly Guide)이다. 종말로 모든 인류에게는 오직 예수 그리스도가 필요하다. 예수 그리스도는 바다 속으로 침몰해 가는 여객선 타이타닉호와 같은 어둡고 절망스런 세상과 역사의 터널의 끝에서 온 인류가 찾아야할 참 빛이요 유일한 소망이시다.

예수 그리스도는 우리의 전부가 되신다. 그분 자신이 현재와 과거와 미래요, 우리의 모든 것의 모든 것이다. 기독교인은 생의 가치를 자신의 육신과 이 세상에 두지 않으며, 오직 참된 생의 기쁨과 소망을 참되고 유일하신 하나님과 예수 그리스도께 두며 살아간다.

오늘날 많은 신학자들은 세속적인 기독교윤리를 주장하며 교회와 성도들의 신앙과 삶을 인간과 세상으로 향하게 하고 있다. 하지만 하나님께 범죄하여 사망과 심판의 저주 아래 놓인 인류에게 필요한 것은 단지 인간성 함양이나 사회윤리의 실천이 아니다. 그것은 잠시 위안을 주는 진통제가 아니라 근본적인 치료제여야만 한다.

기독교는 본질적으로 윤리가 아니라 진리이다. 기독교인의 삶이란 예수 그리스도의 영광스런 재림을 대망하면서, 하나님과 진리를 알아가는 가운데 순전한 믿음을 지키며 살아가는 것이다. 또한 만민에게 천국복음을 전파하고, 하나님 나라와 의를 위해 충성함으로 하나님께 온전한 영광을 돌리는 것이다.

(1) 어거스틴

어거스틴은 인간이 최고선에 들어가는 복된 삶을 얻기 위한 참된 중보자는 오직 예수 그리스도이며,[32] 하나님의 도성에 사는 사람들은 현실의 삶 속에서도 희망으로 행복하다고 했다.[33] 그는 모든 그리스도인들이 현재 속해 있는 하나님의 경륜단계 속에서 하나님이 다스리시는 천년왕국을 이루고자 애써야 한다고 가르쳤다.

당시 어거스틴은 초기 기독교의 전통을 따라 전천년설을 믿고 있었으나, 그것이 세속적인 종말론이라고 이해한 후에는 그 이론을 거절했다. 그래서 어거스틴은 기독교회사 속에서 처음으로 무천년설을 주장한 신학자가 되었다. 하지만 서방교회는 어거스틴이 지상교회를 하나님 나라와 동일시하고 있다고 여겼으며, 많은 교회들이 미래로부터 현재로 눈을 돌려야 한다고 생각했다. 그래서 프랑크제국의 샤를마뉴 대제는 지상 위에 온전한 '신의 도성' 곧 기독교제국을 건설하고자 했으며, 로마가톨릭교회는 지상교회를 하나님 나라와 동일시하여 교회 밖에는 구원이 없다는 주장을 펼쳐왔다.

이는 어거스틴의 신학 사상에 대한 오해에서 나온 것이었다. 실로 어거스틴은 이 땅 위의 교회와 도래할 하나님 나라 곧 완성된 천국을 명확하게 구별하여 말했다. 즉 지상교회 가운데에는 알곡과 가라지가 섞여 있으며, 천국은 악인이 없는 미래의 교회라고 했다.[34] 또한 그는 교회가 하나님의 도성을 대표하는 것이지만 하나님의 도성 자체는 아니고, 하나님의 도성을 지향해야 하는 공동체일 뿐이라고 보았다.

그리고 어거스틴은 종말로 교회 안에 있는 사악한 자들과 많은 문제들이 있음을 말했다. 또한 그는 경건한 신자들에게 그들을 대함에 있어서 다음과

---

32 Augustine, *De civitate Dei*, 9. 17.
33 Augustine, *De civitate Dei*, 19. 20.
34 Augustine, *De civitate Dei*, 20. 9.

같이 행하도록 충고했다.[35]

> 시정할 수 있는 것은 인자하게 시정하라. 시정할 수 없는 것은 끈기 있게 참으며 사랑으로 애통하라. 하나님께서 시정하시거나 추수 때에 가라지를 뽑으며 쭉정이를 키질하실 때까지 기다리라(마 13:40, 눅 3:17).

아울러 어거스틴은 이 세상에서 금생의 많은 시련을 참고 견딘 성도들이 받게 될 상은 바로 모든 피조물이 원하는 최종목표인 평화이며, 영원한 평화를 누리는 행복이 바로 성도의 목표이며 진정한 완성이라고 보았다.[36]

(2) 칼빈

칼빈은 그리스도께서 친히 세우신 복음의 본질은 이 세상 가운데 사는 죄인들의 육신적이고 세속적인 만족이나 이 땅의 필요와 문제를 해결하기 위해 주어진 땅의 축복이 아니라고 말했다.[37]

> 복음은 사람의 심정을 현세의 기쁨에 국한하지 않고, 영생을 바라보는 경지로 들어올린다. 지상의 쾌락에 얽어매는 것이 아니라, 하늘에서 안식을 얻는 희망을 전언함으로써 이를테면 사람의 심정을 하늘로 옮겨간다.

그는 로마가톨릭교회의 '연옥설'을 비평하면서, 그것은 사탄이 만든 치명적인 거짓말이라고 했다.[38]

---

35 Inst., Ⅳ. 1. 16.
36 Augustine, *De civitate Dei*, 19. 11.
37 Inst., Ⅱ. 10. 3.
38 Inst., Ⅱ. 5. 6.

연옥은 사탄이 만들어낸 치명적인 거짓말이라고 부르짖어야 한다. 연옥은 그리스도의 십자가를 수포로 돌아가게 하며, 하나님의 자비에 참을 수 없는 모욕을 가하며, 우리의 신앙을 뒤집으며 부숴 버린다.

아울러 그는 하나님의 은혜로 말미암아 구원을 받은 우리가 이 세상 가운데 적극적으로 경건한 삶을 곧 그리스도와 진리를 위하여 고난받아야 할 것을 주장했다.[39]

> 베드로는 사람보다 하나님을 순종하는 것이 마땅하니라는(행 5:29) 칙령을 선포했으므로, 우리는 경건을 버리기보다는 차라리 고통을 받는 편이 주께서 요구하시는 순종을 실천하는 것이라는 생각으로 위로를 얻도록 하자.

나아가 칼빈은 하나님께서 우리의 선행에 대하여 상을 주신다고 말했으며, 아울러 선행의 모든 가치는 오직 하나님의 은혜에서 나온다고 말했다.[40]

> 그럼에도 불구하고 하나님께서는 우리에게 선행을 주시고, 그것을 '우리 것'이라고 부르시며 그것을 받아주실 뿐만 아니라, 그것에 대해서 상까지 주시겠다고 약속하셨다. 우리는 이렇게 위대한 약속에 감격해서 선을 행하다가 낙심하지 않도록(갈 6:9; 살후 3:13) 용기를 내며, 하나님의 큰 친절을 충심으로 감사하게 받아들일 의무가 있다. 또한 행위에 참으로 칭찬할 만한 것이 있다면 그것은 물론 하나님의 은혜이다.

우리의 선행이 하나님께 기쁨이 되며 행하는 사람에게 무익하지 않다. 하

---

39 Inst., Ⅳ. 20. 30.
40 Inst., Ⅲ. 15. 3.

지만 사람이 일종의 보상으로서 하나님의 지극히 풍성한 은혜를 받는 것은, 당연히 받을 만하기 때문이 아니라 친절하신 하나님께서 그들에게 그런 가치를 붙여주셨기 때문이다.[41] 그러므로 모든 그리스도인들은 십자가를 지고 주를 따라가는 길에는 비록 많은 고난이 있지만 하늘의 영원한 상을 바라보며 끝까지 충성해야 할 것이다.[42]

성경은 구원역사 전체가 삼위일체 하나님으로부터 시작되고 그로 말미암아 끝난다는 것을 밝히고 있다. 즉 하나님은 알파와 오메가요 처음과 나중이요 시작과 끝이다. 여기서 구원의 전 역사에서 하나님이 처음이시라는 것은 특별계시와 구원의 은총이 전적으로 그로부터 온다는 것을 알게 하며, 또한 구원역사가 영원한 구속경륜에 의존한다는 사실을 분명히 드러낸다.

결론적으로 삼위일체 하나님의 놀라운 구원의 경륜 속에는 하나님께서 영원 전에 택하신 자들에게 베풀고자 하시는 그 구원 전체의 성취와 충만한 은총이 들어있는 것이다.

주의 재림이 다가올수록 이 세상은 악한 세력들의 미혹을 받아 점점 더 타락하고 패역한 지경으로 나아갈 것이고, 장차 주님의 재림과 함께 모든 만물과 모든 인류는 그의 최후심판을 맞게 될 것이다. 그러므로 칼빈은 이 세상을 살아가는 성도들에게 올바른 영적 분별력을 가지고 지혜로운 삶을 살아가야할 것을 말했다.[43]

---

41 Inst., Ⅲ. 15. 5.
42 Inst., Ⅲ. 8. 7. 우리가 무죄하고 양심에 부끄러울 것이 없음에도 불구하고, 악한 자들 때문에 재산을 빼앗긴다면 우리는 인간 사회에서는 몹시 빈궁하게 될 것이다. 그러나 하늘에 계신 하나님 앞에서는 이런 일을 통해서 우리의 진정한 재산이 불어난다. 자기 집을 쫓겨난다면 하나님의 가족으로서 더욱 친근하게 영접을 받을 것이다. 괴로움과 멸시를 당한다면, 우리는 반드시 그만큼 더 견고하게 그리스도 안에 뿌리를 박게 된다. 모욕과 수치를 당한다면, 반드시 하나님 나라에서 더 훌륭한 자리를 얻는다. 죽임을 당한다면, 복된 생명으로 들어가는 문이 우리 앞에 열릴 것이다. 그러므로 주께서 크게 가치 있는 것으로 인정하신 일들을 현세의 허망한 일시적 유혹보다 낮게 평가하는 것을 부끄러워해야 한다.
43 Inst. Ⅳ. 20. 1.

> 참 신자는 몸과 영혼을 구별하며 덧없는 현세와 영원한 내세를 구별할 줄 알며, 그리스도의 영적인 왕국과 세속적인 지배권은 전혀 다르다는 것을 안다. 그리스도의 왕국을 이 세상의 초보적인 제도에서 찾으며 거기에 한정하려는 것은 유대적인 허망한 생각이다.

예수 그리스도는 인류의 유일한 구원의 길이요 진리요 생명이시다(요 14:6). 그분은 하나님의 계시와 역사이시며, 우리의 존재와 삶과 미래가 되신다. 또한 하나님의 비밀이신 그리스도(the knowledge of the mystery of God, Christ) 안에는 지혜와 지식의 모든 보화(all the treasures of wisdom and knowledge)가 감추어져 있다(골 2:3).

우리는 다시 오실 영광의 주님을 바라보며, 천국복음을 모든 민족에게 전파하며(마 24:14), 영원 전에 하나님의 택함을 받은 모든 자들이 열방과 족속들에서 주께 속히 돌아오도록 기도해야 할 것이다(계 7:9).

주 하나님(Κύριος ὁ θεός)이 이르시되, "나는 알파와 오메가라(τὸ ἄλφα καὶ τὸ ὦ ἀρχῇ καὶ τέλοj), 이제도 있고(who is) 전에도 있었고(who was), 장차 올 자요(who is coming) 전능한 자라" 하시더라(계 1:8). 내가 또 들으니 하늘 위에와 땅 위에와 땅 아래와 바위 위에와 또 그 가운데 모든 피조물이 말하되, "보좌에 계신 이와 어린 양에게 찬송과 존귀와 영광과 권능을 세세토록 돌릴지어다"(계 5:13). 아멘!

부록1: 개혁주의 장로교회 12신조(초안)

1. 우리는 참되고 유일하시며 자존하시는 삼위일체 여호와 하나님을 믿는다. 하나님은 성부, 성자, 성령의 삼위로 계신데, 삼위가 한 분이시다. 그리고 삼위는 동일본질로서 한 실체로 존재하시는데, 성부에게서 성자가 영원히 발생하시며, 성부와 성자로부터 성령이 영원히 발출하신다. 또한 하나님은 동시에 사역하시며 결코 분리되지 아니하신다.

2. 성경은 하나님의 자기계시이며 정확무오한 절대 진리라고 믿는다. 성경 66권은 하나님께서 직접 영감하신 말씀으로 신앙과 삶의 절대표준이다. 신구약 성경은 통일적 계시로서 성령의 조명을 통하여 사람으로 하여금 예수 그리스도를 믿어 구원을 얻고, 또한 하나님을 바로 알며 하나님을 영화롭게 하도록 인도한다.

3. 하나님께서는 그의 선하심과 완전하신 지혜 가운데 그의 영원한 영광을 위하여 그의 기쁘신 뜻을 따라 영원한 경륜을 세우신 후, 그 구속경륜을 이루시기 위해 만물을 창조하시고 섭리하고 계심을 믿는다. 그리고 하나님은 구원의 먼 원인으로서 창세 전에 구원받을 택자들과 유기자들을 예정하셨다. 이 영원한 작정 안에는 모든 천사와 모든 사람이 포함된다. 또한 하나님은 그 목적을 이루시기 위한 가까운 원인으로서 그 수단과 방법까지도 예정하셨다.

4. 하나님께서는 자신의 형상 곧 지식과 거룩함과 의를 따라 본래 사람을 선하게 창조하셨음을 믿는다. 하나님은 사람의 최고선이시며, 사람은 하나님의 선물인 자유의지로 하나님께 순종하여 하나님께 영광을 돌리도록 창조되었다. 그런데 사람은 마귀의 유혹을 받아 스스로 범죄하여 전적으로 타락하였고, 죄의 대가로

사망과 심판과 영벌을 받게 되었으며, 자신이 결코 스스로를 구원할 수 없는 처지에 놓이게 되었다.

5. 예수 그리스도는 삼위 중 제2위이신 성자 하나님이심을 믿는다. 성부는 성자와 영원한 경륜을 따라서 구속언약을 맺으시고, 성자를 중보자로 이 땅에 보내셨다. 예수 그리스도는 위격적 연합을 통하여 완전한 하나님이시며 완전한 사람으로 성육신하셨는데, 이는 하나님께서 만세 전에 택하신 자들을 위해 중보사역을 감당하시기 위함이시다. 예수 그리스도는 성령으로 잉태하사 동정녀 마리아에게 나시고, 수난을 받으사 십자가에 못박혀 죽으시고 장사되었다가 사흘만에 부활하셨으며, 또한 승천하시어 하나님 보좌 우편에 앉아 계시며, 지금도 신자들을 위해 중보하시고 계신다. 예수 그리스도만이 유일한 구주이시다.

6. 성령은 삼위 중 제3위이신 하나님이심을 믿는다. 성령은 성부와 성자로부터 항상 나오시는데, 성령께서는 그의 은혜로 말미암아 택자들을 부르사 그리스도와 연합하여 구원을 얻게 하신다. 즉 택자들이 복음을 듣고 그리스도를 믿음으로 죄사함을 받게 하시고, 의로운 하나님의 자녀로 인치시며, 그들을 영화에 이르기까지 견인하신다.

7. 예수 그리스도만이 교회의 유일한 머리되심을 믿는다. 주의 교회는 사도와 선지자의 터 위에 서 있으며, 예수 그리스도의 거룩한 몸이다. 그리스도는 그의 교회를 성령과 말씀으로 통치하신다. 또한 주의 교회는 하나님께서 만세 전에 선택하신 모든 택자들의 공동체이며, 이들은 하나님만이 아시는 참 교회의 회원들로서, 역사적으로나 지리적으로 그리스도와 연합된 모든 성도를 포함하며, 장차 천국에서 완성될 천상의 총회이다.

8. 성령이 주의 교회에게 주신 참 교회의 표준과 은혜의 수단으로는 직접수단인 말씀과 성례가 있으며, 보조수단인 권징이 있다. 이것은 참 교회의 표지이다. 또한 성령은 교회에 보조자인 목사와 교사를 세워주셨다. 아울러 말씀의 선포와 성례의 집행은 안수받은 목사가 합법적으로 행하되, 세례와 성찬의 두 가지가 있다. 세례는 성인 신자와 그들의 유아에게 시행한다. 그러나 성찬은 주의 몸을 분별할 수 있는 성인세례자에게만 시행한다.

9. 예수 그리스도는 교회의 치리권을 목사와 장로들로 구성되는 장로들의 회에게 주셨음을 믿는다. 특히 목사의 직임은 복음선포를 통하여 천국의 열쇠권을 수행하도록 부름받아 공교회의 치리회에서 안수받은 합법적이고 항존적인 직분이다. 그리고 교회의 치리회에는 당회, 노회, 총회가 있으며, 주의 교회에게 허락하신 직분에는 목사, 교사, 장로, 집사가 있다.

10. 주의 교회는 성령과 진리로 하나가 되도록 힘써야 하며, 모든 신자들은 사랑 안에서 합심하여 서로 돌보며 주의 몸된 교회를 세워나가야 한다. 이를 위해 목사는 매주 개혁주의 신조를 성실히 가르쳐야 하며, 신자는 주일을 거룩히 지키고, 참된 교리를 배우며, 감사함으로 자원하여 헌금하고, 하나님의 뜻대로 기도하며, 주의 말씀을 따라 선을 행하는 가운데, 천국복음을 땅끝까지 전파함으로 잃어버린 양들을 구원하여 하나님 나라를 확장하는 일에 선한 열심을 다해야 한다.

11. 예수 그리스도의 영광스런 재림을 소망하며, 주께서 다시 오셔서 이 세상을 심판하시고 성도들에게 새 하늘과 새 땅을 주실 것을 믿는다. 마지막 날에, 주께서는 모든 사람을 그 앞에 모으시고 최후심판을 실행하시되, 모든 믿는 자들에게는 육체의 부활과 영생 그리고 그의 자비와 은혜를 따라서 하늘의 예비된 상급을 주시고 그들을 영원한 천국에 들이신다. 반면 모든 믿지 않는 자들을 그들의 불신앙과 악한 행위를 따라 처벌하시되 형벌의 심판과 지옥의 영원한 저주와 고통에 처하도록 벌하신다.

12. 성령께서 교회에게 성경의 참 진리로 고백하게 하신 사도신경, 니케아신경, 칼케돈신경, 아타나시우스신경을 정통신조로 받으며, 또한 개혁교회의 영적 유산인 벨직 신앙고백서, 하이델베르크 요리문답, 돌트신경 및 웨스트민스터 신앙고백서, 웨스트민스터 대요리문답, 소요리문답, 예배모범과 정치모범을 공인신조로 받는다. 아울러 개혁교회는 성경적이고 사도적이며 역사적이고 공교회적인 개혁주의 전통을 따르며, 모든 목회자와 성도는 공인 신조들에 나타난 참 진리를 따라 신앙하며 온전히 순종함으로 오직 하나님께 영광을 돌려야 한다.

부록2 : 한국교회 개혁방안 12개조(제안)

1. 기독교회의 참된 본질을 회복하기 위하여, 교회는 담임목사의 교권남용과 부패행위를 방지하고 교회를 섬기는 종으로서의 합당한 본분과 성도들과의 올바른 관계를 수립할 수 있도록 매 7년마다 1회 신임투표(공동의회, 신자 2/3 참여와 2/3 찬성으로 의결)를 실시한다.

2. 담임목사의 임기를 현행 만 70세에서 하향하여, 사회통념에 부합하도록 만 65세로 정한다. 또한 담임목사직에 대한 세습을 원천적으로 금하며, 후임목사의 선정은 당회가 은퇴하는 담임목사를 제외한 청빙위원회를 별도로 구성하되, 노회가 파송한 임시당회장과 협의하여 시행한다.

3. 당회 운영에 있어서, 장로회제도의 근간 요소인 직분 간의 평등권 확보를 위하여 담임목사와 함께 본 교회에 시무하는 부목사를 비롯한 모든 목사에게 당회원의 자격을 부여한다.

4. 성경적으로 교회제도를 개혁하기 위하여 교회 안에 들어온 비성경적인 모든 직임을 철폐한다. 성경적 직임인 목사, 교사, 장로, 집사제도를 보존하되, 비성경적인 직임들(증경총회장, 증경노회장, 공로목사, 원로목사, 원로장로, 원로권사, 권사 등)을 폐지한다.

5. 모든 교역자 간의 차별과 부조리를 근절하기 위하여 총회차원의 교역자 사례표준안을 정하여 시행한다(목회자의 자녀수와 학령을 고려한다). 또한 교역자의 퇴직금은 일반적인 사회통념에 따르며, 개교회 형편을 고려하여 은퇴목사에게는 최저생계비 일부를 지원한다. 그러나 어떠한 명목의 전별금 지급을 금한다.

6. 모든 선교사는 총회파송을 원칙으로 한다(노회나 개교회 파송금지). 그러므로 개교회의 모든 선교비는 총회선교부로 송금하여야 하며, 선교사의 사례비는 목사와 동일한 총회규정에 따른다(퇴직금 규정도 동일함). 아울러 이는 파송국가별 물가지수를 고려하여 합리적으로 지급할 수 있다.

7. 총회는 사랑과 믿음 안에서 노회제도의 올바른 기능을 회복하기 위하여 미자립교회의 목회자 생활지원에 최우선적으로 힘쓴다(정기노회 시 미자립교회의 현황과 목회자 생활실태 조사함). 이를 위해서 노회는 각 교회의 상회비를 책정하되, 개교회 재정상황에 상응하는 비례분담금제를 실시한다.

8. 성경적인 치리제도의 원리에 맞도록 치리회(임시회)의 대표자(1년 단임제) 명칭을 현재의 회장이란 이름에서 당회의장, 노회의장, 총회의장으로 부르도록 호칭을 변경한다. 아울러 총회기관의 교권과 부패를 막기 위하여, 각 기관장(신학교 이사장, 총장, 신문사 사장, 각 위원회의 위원장)의 임기는 모두 단임제로 하되 그 임기는 3년으로 제한한다. 또한 각 기관의 총무나 국장의 임기는 3년으로 하되, 특성상 단 1회에 한하여 연임할 수 있다.

9. 총회나 노회의 치리회 의장과 부의장 선거는 먼저 입후보한 사람을 대상으로 전체 투표를 통하여 다수득표자 2인을 선발한 후, 최종적으로 그 2인에게 제비뽑기를 실시하여 선출하도록 한다. 여기서 최종 선발된 사람이 의장이 되고, 탈락한 사람이 부의장이 되어 서로 합력하여 동역할 수 있도록 한다. 또한 총회나 노회의 임역원도 각 노회나 각 시찰별로 비례하여 선발하되, 회의에서 추천을 받은 후 투표를 통해 선출한다.

10. 장로교회 치리제도의 민주성과 평등성을 실현하기 위하여, 각 노회와 총회의 총대(만 65세 이하, 목사와 장로)를 각 연령대별로 선출하도록 한다(30대~60대, 각 연령대별로 비례하여 총대를 선출, 각 연령대에서 최소한 1인 이상이 선출되도록 배려한다).

11. 은퇴목사의 사역에 관하여는, 각 교회는 고령화 시대를 맞이하여 은퇴한 목사가 지역교회의 노인목회(개교회의 만 65세이상 신자)를 우선적으로 담당하여

사역할 수 있도록 한다. 아울러 지역교회는 은퇴목사가 그의 전문성을 발휘하여 국내전도나 해외선교를 위해서도 사역할 수 있도록 적극 협력한다.

12. 모든 교역자는 한 국가의 공민으로서 납세의 의무를 다해야 한다. 이는 무엇보다 개교회가 교회재정을 투명하게 공개함으로 하나님과 사람 앞에 정직함을 회복하기 위함이며, 특히 일부 목사들의 고질적인 부정부패와 교역자의 사례에 대한 불공정한 차별대우를 근절하기 위한 현실적인 교회개혁 방안이다. 특히 실제적으로 미자립교회의 가난한 목회자가 사회적인 역차별을 받지 않도록 하기 위함이다.

참고문헌

1. 역대 신조

사도신경(Apostolic Creed, 200)
니케아신경(Nicene Creed, 325)
니케아콘스탄티노플신조(Nicene Constantinople Creed, 381)
칼케돈신경(Creed of Chalcedon, 451)
아타나시우스신경(Athanasius Creed, 500)
제네바 요리문답(Catechism of the Church of Geneva, 1542)
프랑스 신앙고백(Confession de La Rochelle, 1559)
스코틀랜드 신앙고백(Scottish Confession of Faith, 1560)
벨직 신앙고백(Belgic Confession, 1561)
하이델베르크 요리문답(Heidelberg Catechism, 1563)
제2스위스 신앙고백(The Second Helvetic Confession, 1566)
돌트신경(Canons of Dort, 1619)
웨스트민스터 신앙고백(Westminster Confession of Faith, WCF-1647)
웨스트민스터 소요리문답(Westminster Smaller Catechism, 1647)
웨스트민스터 대요리문답(Westminster Larger Catechism, 1648)

2. 참고서적

김영규.『엄밀한 개혁주의와 그 신학』. 서울: 도서출판 하나, 1998.
김재성.『개혁신학 광맥』. 경기: 킹덤북스, 2016.
_____.『개혁신학의 정수』. 서울: 이레서원, 2003.
Ames, William.『신학의 정수』. 서원모 역. 고양: 크리스찬다이제스트, 2012.
Augustine.『고백록』. 김희보 역. 서울: 동서문화사, 2008.
_____.『삼위일체론』. 김종흡 역. 고양: 크리스찬다이제스트, 1994.
_____.『신국론』. 추인애 역. 서울: 동서문화사, 2013.
_____.『자유의지론』. 박일민 역. 서울: 도서출판 풍만, 1989.
Beeke, Joel. R.『칼빈주의』. 신호섭 역. 서울: 지평서원, 2010.
Beitner, Loraine.『칼빈주의 예정론』. 김남식 역. 서울: 베다니, 1996.

Berkhof, Louis. 『기독교 교리사』. 박문재 역. 고양: 크리스찬다이제스트, 2008.
_____. 『기독교 신학개론』. 신복윤 역. 서울: 성광문화사, 1991.
Beza, Theodore. 『베자의 예정론』. 안성균 역. 서울: 나눔과 섬김, 2004.
_____. 『존 칼빈의 생애와 신앙』. 김동현 역. 서울: 목회자료사, 1999.
Calvin, John. 『기독교강요』(1559). 김충호 역. 서울: 한국출판사, 2000.
_____. 『칼빈주석』. 박문재 역. 고양: 크리스찬다이제스트, 2014.
Conn, Harvie M. 『현대신학 해설』. 서울: 개혁주의신행협회, 1994.
Ernst H. Klotsche. 『기독교 교리사』. 강정진 역. 서울: CLC, 2002.
Geerhardus, Vos. 『성경신학』. 원광연 역. 고양: 크리스찬다이제스트, 2005.
Gonzalez, Justo L. 『기독교 교리사』. 이후정 역. 서울: 컨콜디아사, 2010.
_____. 『기독교 사상사』. 김종희 역. 서울: CLC, 2004.
_____. 『초대교회사』. 서영일 역. 서울: 은성, 1995.
Herman, Bavinck. 『개혁교의학 개요』. 원광연 역. 고양: 크리스찬다이제스트, 2004.
_____. 『하나님의 큰일』. 김영규 역. 서울: CLC, 1999.
Latourette, K. S. 『기독교사』. 윤두혁 역. 서울: 생명의말씀사, 1989.
Lohse, Bernhard. 『기독교 교리사』. 구영철 역. 서울: 컨콜디아사, 2001.
Murray, John J. 『현대 영국 개혁주의 부활』. 서울: 부흥과개혁사, 2010.
Neve, J. L. 『기독교 교리사』. 서남동 역. 서울 : 대한기독교서회, 1991.
Niesel, Wilhelm. 『칼빈의 신학』. 이종성 역. 서울: 대한기독교서회, 1980.
Perkins, William. 『황금사슬』. 김지훈역. 경기: 킹덤북스, 2016.
Schaff, Philip. 『신조학』. 박일민 역. 서울: CLC, 2000.
_____. 『어거스틴의 은총론』. 차종순역. 서울: 한국장로교출판사, 1996.
Ursinus, Z. 『하이델베르크 요리문답해설』. 원광연 역. 고양: 크리스찬다이제스트, 2006.
Wallman, J. 『종교개혁 이후의 독일교회사』. 오영옥 역. 서울: 대한기독교서회, 2016.
Williamson, G. I. 『소교리문답 강해』. 최덕성 역. 서울: 개혁주의신행협회, 2009.
_____. 『웨스트민스터 신앙고백서 강해』. 류근상 역. 서울: 크리스챤출판사, 2009.
Augustine. *The Confessions*(398). Vintage, 1998.
_____. *On the Trinity*(419). CSI Publishing Platform, 2004.
_____. *The City of God*(426). Hendrickson Pub, 2004.
Calvin, John. *Institute of the Christian Religion*(1559). Hendrickson Pub, 2007.
Schaff, Philip. *The Creeds of Christendom*. MI: CCEL, 2002.
Beza, Theodore. *The Life of Calvin*(1564). CSI Publishing Platform, 2016.
Ames, William. *The Marrow of Theology*(1643). Baker Books, 1997.
Perkins, William. *A Golden Chain*(1592). Puritan Reprints, 2010.

개혁주의 교리사
The History of Reformed Doctrine

2017년 4월 20일 초판 발행

지은이 | 김학관

편 집 | 정희연
디자인 | 신봉규, 서민정
펴낸곳 | 사)기독교문서선교회
등 록 | 제16-25호(1980. 1. 18)
주 소 | 서울시 서초구 방배로 68
전 화 | 02) 586-8761-3(본사) 031) 942-8761(영업부)
팩 스 | 02) 523-0131(본사) 031) 942-8763(영업부)
홈페이지 | www.clcbook.com
이메일 | clckor@gmail.com
온라인 | 기업은행 073-000308-04-020, 국민은행 043-01-0379-646
       예금주: 사)기독교문서선교회

ISBN 978-89-341-1649-3 (93230)

* 낙장 · 파본은 교환해 드립니다.

이 도서의 국립중앙도서관 출판시 도서목록(CIP)은 서지정보유통지원시스템 홈페이지(http://seoji.nl.go.kr)와 국가자료공동목록시스템(http://www.nl.go.kr/kolisnet)에서 이용하실 수 있습니다.
(CIP제어번호: CIP2017006831)